D1725844

À plus !

Nouvelle édition

4

Französisch für Gymnasien

Dieses Lernmittel ist Eigentum des Landes Sachsen-Anhalt.
Im Schuljahr .... ist es ausgeliehen an das Gymnasium Oschersleben.

Schuljahr	Name
1. 2017/18	Amelie Witte
2. 2019/20	Hadita Freise
3. 2020/2021	Nelly Frömling
4. 2021/22	Mai Kim Luu

À plus! 4 *Nouvelle édition*

Lehrwerk für den Französischunterricht an Gymnasien

Im Auftrag des Verlages erarbeitet von
Gertraud Gregor, Catherine Jorißen, Catherine Mann-Grabowski, Lara Nikolic, Dirk Philipp, Fidisoa Raliarivony-Freytag und Erik Wagner (Bilan)

und der Redaktion Französisch
Julia Goltz (Projektleitung), Iris Gleimann, Yvonne Hildebrandt, Barbara Jantzen und Marie-France Lavielle

Beratende Mitwirkung:
Rita Beyer (Püttlingen), Otto-Michael Blume (Hilden), Dr. Martin Braun (Nürnberg), Anne Delacroix (Magdeburg), Hermann Demharter (Heidelberg), Herta Fidelak-Beilke (Oberhausen), Marliese Frings-Mock (Köln), Anette Fritsch (Dillenburg), Renate Gegner (Nürnberg), Madeleine Hütten (Stuttgart), Thilo Karger (Frankfurt am Main), Prof. Ulrike Klotz (Stuttgart), Jens-Uwe Klün (Stockstadt am Rhein), Jutta Hanna Knoop (Hannover), Dr. Hans-Ludwig Krechel (Königswinter), Martina Mäsch-Donike (Düren), Klaus Mengler (Buseck), Prof. Dr. Jürgen Mertens (Ludwigsburg), Anke Rogge (Bonn), Peter Schmachtel (Lübeck), Heidi Schmitt-Ford (Bad Kreuznach), Michael Stenz (Straßburg), Silke Topf (Frankfurt am Main), Verena Unmüßig (Heidelberg), Peter Winz (Wermelskirchen), Stefanie Wölz (Sinsheim)

Illustrationen: Laurent Lalo
Karten: Lennart Fischer
Umschlagfotos: © Glow Images: GRAPHEAST RM (links), © Shutterstock/Edyta Pawlowska (rechts)
Gesamtgestaltung und technische Umsetzung: werkstatt für gebrauchsgrafik, Berlin

Begleitmaterial zu À plus! 4 *Nouvelle édition:*

Audio-CDs zum Schülerbuch	ISBN 978-3-06-021321-4
DVD zum Schülerbuch	ISBN 978-3-06-020807-4
Carnet d'activités + CD-ROM	ISBN 978-3-06-520119-3
Grammatikheft	ISBN 978-3-06-520197-1
Vokabeltaschenbuch (TING®)	ISBN 978-3-06-520191-9
Klassenarbeitstrainer + Audio-CD	ISBN 978-3-06-023275-8

www.cornelsen-schulverlage.de

Die Mediencodes enthalten ausschließlich optionale Unterrichtsmaterialien; sie unterliegen nicht dem staatlichen Zulassungsverfahren.

Allgemeiner Hinweis zu den in diesem Lehrwerk abgebildeten Personen:
Soweit in diesem Buch Personen fotografisch abgebildet sind und ihnen von der Redaktion fiktive Namen, Berufe, Dialoge und Ähnliches zugeordnet oder diese Personen in bestimmte Kontexte gesetzt werden, dienen diese Zuordnungen und Darstellungen ausschließlich der Veranschaulichung und dem besseren Verständnis des Buchinhalts.

Alle Drucke dieser Auflage sind inhaltlich unverändert und können im Unterricht nebeneinander verwendet werden.

Druck: Mohn Media Mohndruck, Gütersloh

ISBN broschiert 978-3-06-520047-9   1. Auflage, 1. Druck 2015
ISBN gebunden 978-3-06-520048-6

Avant-propos

Chers élèves!

Euer Französischbuch *À plus!* 4 enthält folgende Teile:

ein kurzes Kapitel zum Einstieg nach den Ferien (fakultativ),

die drei *Unités* des Buches, die den Pflichtstoff enthalten,

einen *Bilan des compétences*, mit dessen Hilfe ihr euren Lernstand überprüfen könnt,

sechs *Modules* (fakultativ), für deren Behandlung der Stoff der *Unités 1–3* Voraussetzung ist. Sie sind frei wählbar und bauen nicht aufeinander auf.

einen Anhang, in dem ihr z. B. die Methodenseiten, Hilfen zum Verständnis der Übungsanweisungen oder einen Überblick über alle euch bekannten Zeiten und Modi der Verben findet.

Jede *Unité* besteht aus folgenden Seiten:

einer Doppelseite Übungen, mit deren Hilfe ihr den Stoff der letzten Jahre wiederholen und euch wieder ins Gedächtnis rufen könnt: ziemlich nützlich, um fit in die darauffolgende *Unité* zu starten,

einer Doppelseite, die euch alle wichtigen Informationen zu den Inhalten und Zielen der *Unité* gibt: praktisch auch für die Vorbereitung auf Klassenarbeiten ...,

zwei Doppelseiten (*Coin Lecture A* und *B*), auf denen ihr Texte aus französischsprachigen Jugendbüchern und Comics findet (es ist auch ein Film dabei). Ihr könnt einen von beiden oder auch beide Texte im Unterricht lesen (fakultativ).
Unter den Texten stehen Worterklärungen, die euch beim Verstehen des Textes unterstützen. In der *Liste des mots* findet ihr zu jedem der beiden Texte eine Auswahl an nützlichen Ausdrücken, die ihr in euren Lernwortschatz übernehmen könnt (fakultativ),

drei *Volets*, wie ihr sie aus den ersten drei Bänden kennt. Sie vermitteln den Pflichtstoff,

einer Doppelseite mit zwei Lernaufgaben (*Tâches*), zwischen denen ausgewählt werden kann. Neben den Aufgaben bieten sie weitere Lese- oder Hörtexte und viele Tipps und Verweise auf Hilfsmittel.

der Doppelseite mit den *Repères*, die euch einen Überblick liefert über Grammatik und Redemittel, die ihr zum Sprechen oder Schreiben rund um das Thema der *Unité* (und somit auch für die *Tâches*) gut gebrauchen könnt.

Viel Erfolg und Spaß beim Französischlernen wünschen die Autoren und die Redaktion!

Die folgenden aufgelisteten Angebote sind nicht obligatorisch abzuarbeiten.
Die Auswahl der Übungen und Übungsteile richtet sich nach den Schwerpunkten des schulinternen Curriculums.
Grün gekennzeichnete Lektionsteile und Übungen sind fakultativ.

Inhalt

Symbole und Verweise

Diese Symbole findest du in deinem Buch:

CD 1₂ Hörtext auf der CD (z. B. CD 1, Track 2)

DVD Film auf der DVD

✎ schriftliche Aufgabe

🯇🯇 Partneraufgabe

🯇🯇 Partneraufgabe (A und B) mit unterschiedlichen Informationen (Aufgabenteil für Partner B im Annexe ab S. 110)

🯇🯇🯇 Gruppenaufgabe

Koop Hier arbeitet zunächst jeder für sich. Dann vergleicht ihr eure Ergebnisse und kommt zu einer gemeinsamen Lösung.

DELF Vorbereitung auf die DELF-Prüfung.

◣🯆 Sprachmittlungsaufgabe

P F Portfolio/Lerntagebuch

▶ 2|3 passende Aufgabe im Carnet d'activités (z. B. S. 2, Aufgabe 3)

GH 22 passender Abschnitt im Grammatikheft (z. B. Abschnitt 22)

Differenzierung:

◯ leichte Aufgabe

◉ anspruchsvollere Aufgabe

//◉ anspruchsvolle Aufgabe mit Hilfestellung im Annexe ab S. 114

//◯ Hilfestellung im Annexe ab S. 114

webcode **APLUS-4-25** Gib den jeweiligen Webcode auf www.cornelsen.de/webcodes ein. Dort findest du kostenlose Zusatzmaterialien und Arbeitsblätter.

[…]

[...]

Dans le sac, elle trouve des clés et une carte d'identité ...

[...]

Elle va à l'adresse indiquée sur la carte d'identité. Devant la porte, elle se demande ce qu'elle va trouver dans l'appartement. Elle entre. Il n'y a personne, seulement un chat. Elle regarde tout: les meubles, les objets, les photos ... mais elle ne reconnaît rien ...

... Quelques jours plus tard, elle trouve un carton dans la chambre à coucher ...

je ferais mieux de + inf. ich sollte lieber + Inf.
ça a l'air d'être moi es sieht so aus, als wäre ich das
un genre de coffre au trésor eine Art Schatztruhe

Extrait de: La Page blanche, Pénélope Bagieu/Boulet, Éditions Delcourt 2012, p. 6–81

1 a Lis la bédé. Explique dans quelle situation se trouve la jeune femme.

b Décris la jeune femme. Tu trouves des expressions utiles sur webcode (APLUS-4-11).

bizarre	calme	content/e	curieux/-euse	courageux/-euse	étonné/e	fatigué/e
faible	furieux/-euse	idiot/e	intelligent/e	malheureux/-euse	pauvre	rassuré/e
seul/e	spécial/e	sympa	touchant/e	triste	_____	

c «Mais qu'est-ce qui m'arrive?» (▶ Texte, p. 10). Faites des hypothèses.

2 Qu'est-ce que la jeune femme trouve dans le carton? Imagine ce que ces objets lui disent sur sa vie et sa personnalité. (Tu peux aussi imaginer que, dans le carton, la jeune femme trouve encore autre chose, qu'on ne voit pas sur le dessin.)

3 À toi. Remplis une boîte avec des objets qui disent quelque chose sur toi et présente-toi à l'aide de ces objets.

Dans ma boîte, j'ai mis ____.	Ça, c'est ____.
J'adore / Je déteste ____.	Je fais du / de la / des ____.
Mon/Ma/Mes ____ préféré/e(s), c'est / ce sont ____.	(Plus tard,) j'aimerais ____.

1 Qu'est-ce que la voyante leur dit? Utilise le futur simple. (▶ Pense-bête, p. 232)

> Il aura onze frères et sœurs.

1. il *avoir* onze frères et sœurs
2. ils *s'amuser* bien ensemble
3. il *s'intéresser* à la nature
4. il *collectionner* les pierres
5. il *être* sportif
6. il *gagner* beaucoup de tournois
7. il *faire* beaucoup de voyages
8. il *aller* au Canada
9. il *connaître* beaucoup de monde
10. il ne jamais *être* seul
11. il *réussir* sa vie
12. vous *être* fiers de lui

2 a C'est la rentrée. Les jeunes prennent des bonnes résolutions*. Qu'est-ce qu'ils disent? Utilise le futur simple.
(▶ Pense-bête, p. 232)

* **la bonne résolution** der gute Vorsatz

> **1** Je/*rêver*/moins.
>
> **2** Je/*lire*/plus de livres.
>
> **3** Nous/*avoir*/des meilleures notes en français.
>
> **4** Je/*faire*/plus de sport.
>
> **5** Et toi, qu'est-ce que tu/*faire*?

b À toi. Prends des bonnes résolutions* pour cette année comme en a.
Tu peux utiliser:

(ne pas / ne plus)   *aller*   *apprendre*   *commencer* à + inf.   *faire*   *jouer* à   *jouer* de   ____

3 a Trouve des conditions et complète les phrases. Utilise le présent.
Exemple: S'il pleut demain, je resterai au lit toute la journée.
1. ____, je changerai mon mot de passe.
2. ____, je deviendrai prof de français.
3. ____, j'aurai 1 250 amis sur Internet.
4. ____, je ferai beaucoup de sport.
5. ____, ma vie ne sera pas ennuyeuse.

b Qu'est-ce qui se passera si …? Termine les phrases. Utilise le futur simple. (▶ Pense-bête, p. 232)
1. Si je fais un stage de ? cet été, ____.
2. Si j'ai des bonnes notes en ? , ____.
3. Si je trouve un/e correspondant/e en/au/aux ? , ____.
4. Si je m'entraîne régulièrement cette année, ____.

4 a Tu connais déjà ces métiers*. Trouve leur nom.

                                                      * **le métier** der Beruf

1. Il/Elle joue dans des films. Il est ? / Elle est ? .
2. Il/Elle joue d'un instrument de musique. Il est ? / Elle est ? .
3. Il/Elle travaille dans un cirque. Avec lui/elle, les gens rient beaucoup. Il est ? / Elle est ? .
4. C'est le métier de ZAZ et de Stromae. Elle est ? . Il est ? .
5. Il/Elle travaille dans un hôpital et s'occupe des malades. Il est ? / Elle est ? .
6. Il/Elle est le/la chef des surveillants. Il est ? / Elle est ? .
7. C'est le métier de Gustave Eiffel. Il était ? .

b À vous. Expliquez trois noms de métiers comme en a à votre partenaire.

    prof   auteur   guide   arbitre   entraîneur
    documentaliste   journaliste   principal

5 Trouve la forme féminine de ces métiers et fais un tableau. Puis, complète-le par les mots de l'exercice 4. Range ton tableau dans ton classeur de français.
Tu pourras l'utiliser dans l'unité 1.
(▶ Liste alphabétique, p.188)

masculin	féminin
l'artiste	
le marchand	
l'animateur	
l'ouvrier	
le médiateur	
le navigateur	

6 Sois diplomate. Reformule les phrases à l'aide des expressions que tu trouves dans l'encadré, à droite. Il y a plusieurs possibilités.

    ce serait sympa de   je ne voudrais pas
    on voudrait   tu devrais   tu pourrais
    il faudrait   on pourrait   je voudrais

1. Sois à l'heure.
2. Je veux une glace!
3. Tu dois ranger tes affaires aujourd'hui.
4. On veut faire une fête samedi.
5. Je ne veux pas que vous dérangiez les voisins.
6. Aide-moi!
7. Je veux qu'on aille au cinéma demain soir.
8. Il faut que tu travailles plus vite.

Ce serait sympa d'être à l'heure.

7 Autrefois, la vie était différente. Raconte comment c'était. Utilise l'imparfait.   (▶ Pense-bête, p.232)

                exister   pouvoir   écrire
(ne pas)   travailler   partir   avoir
                faire   être   passer   ‾‾‾

Exemple: Autrefois, les ordinateurs n'existaient pas.
              On ne pouvait pas ‾‾‾.

Unité 1 Demain n'est pas loin

P F   **Tâches – au choix**
Am Ende dieser Unité kannst du

A eine Person vorstellen, die dich
fasziniert.

B ein Bewerbungsgespräch für ein
Praktikum führen.

Coin lecture – au choix

- ein Auszug aus einem Jugendroman (S. 16–17)
- ein Comic (S. 18–19) ⬚

Compétences communicatives
Du lernst

- über Berufswünsche zu sprechen. (▶ V1)
- deine Bewunderung auszudrücken. (▶ V1)
- Ratschläge zu geben, Vermutungen und Wünsche zu äußern. (▶ V1)
- Möglichkeiten und Bedingungen auszudrücken. (▶ V2)
- ein Bewerbungsschreiben und einen Lebenslauf zu schreiben. (▶ V3)
- dich telefonisch auf eine Job-Annonce zu melden. (▶ V3)

Dazu brauchst du z. B.

- das *conditionnel présent*.
- die Verneinung mit *personne ne* ... und *rien ne* ...
- den irrealen Bedingungssatz.
- Außerdem lernst du das Verb *(se) battre*.

Compétences interculturelles

- Du lernst französische Persönlichkeiten kennen.
- Du erhältst Einblicke in die französische Arbeitswelt.

Apprendre à apprendre
Du lernst

- wie du vorgegebene Texte als Modell zum Schreiben eines eigenen Textes nutzen kannst.

Chapitre 1

CD 1
2

— Vous avez quel âge?

— Quatorze ans.

— Vous avez déjà gardé des enfants?

— Non.

5 — Ce n'est pas grave. Je vous attends demain à 17 h.

Je ne me suis pas posé de questions. Je n'ai pas pensé que j'étais trop jeune ou que je n'avais jamais langé[1] un bébé. Je n'avais aucune idée du nombre d'enfants à garder, ni de leur âge. J'avais vu l'annonce à la boulangerie, j'ai appelé. Je lis

10 toujours les petites annonces, on ne sait jamais. En général[2], je cherche un travail plus épanouissant[3] pour Maman ou une voiture d'occasion[4] vraiment bon marché[5] ou une maison à garder pendant les vacances, avec piscine de préférence. L'annonce précisait[6] *une jeune fille* et *pour une durée[7] d'environ*

15 *quatre mois*. Ce n'était pas une annonce pour Maman, elle a l'air jeune, mais tout de même[8]. *Deux fois par semaine.* Parfait. J'ai tout de suite fait le calcul[9]: en comptant[10] 5 euros de l'heure, cinq heures par semaine, pendant environ quatre mois, j'aurais environ 450 euros, deux fois plus que ce qu'il me fallait pour participer au stage cet été. Il me resterait de quoi[11] acheter, enfin,

20 un téléphone portable. Et de quoi voir venir. Mais après le coup de fil[12], la première chose à laquelle j'ai pensé, c'est à la tête de Célia et Odile. J'étais peut-être l'intello de service[13] ou la plus petite de la classe, j'étais celle qui[14] avait les plus petits seins[15], celle qui n'était pas encore sortie avec un garçon et celle qui ne portait pas de vêtements de marque, mais je devenais la première de la classe à faire du baby-sitting. [...]

25 La deuxième chose à laquelle j'ai pensé, c'est au soulagement[16] de Maman. Elle voit défiler[17] tellement de[18] jeunes qui ne font rien de leur jeunesse qu'elle se demande souvent à quoi sert quoi[19]. J'allais lui montrer que j'étais d'une autre trempe[20]. Elle aimerait me servir[21] du steak plus souvent, mais *l'argent ne tombe pas du ciel[22]*. Je déteste le steak et j'adore les pâtes[23] au beurre, mais je vois bien que ce n'est pas facile pour elle,

30 et l'idée de gagner[24] de l'argent moi-même me donnait l'impression d'avoir pris dix centimètres[25] en un coup de téléphone[26].

Extrait de: Premier chagrin, Eva Kavian, Éditions Mijade 2011, p. 9–11

---

1 langer qn jdn wickeln   **2 en général** d'habitude, le plus souvent   **3 épanouissant** *hier:* intéressant
4 d'occasion gebraucht   **5 bon marché** ≠ cher   **6 préciser** dire qc plus clairement
7 la durée die Dauer   **8 tout de même** quand même   **9 faire le calcul** etw. berechnen
10 en comptant *hier:* quand on calcule   **11 il me resterait de quoi** + inf. mit dem Rest könnte ich + Inf.
12 le coup de fil l'appel téléphonique   **13 l'intello** *m./f.* **de service** der/die Streber/in vom Dienst
14 celle qui diejenige, die   **15 le sein** die Brust   **16 le soulagement** die Erleichterung
17 défiler passer   **18 tellement de** so viele   **19 se demander à quoi sert quoi** sich fragen, wozu etw. nutzt
20 être d'une autre trempe *hier:* être différent/e des autres   **21 servir qc** etw. servieren, auftischen
22 le ciel der Himmel   **23 les pâtes** *f. pl.* die Nudeln   **24 gagner qc** *hier:* etw. verdienen
25 prendre dix centimètres um zehn Zentimeter wachsen   **26 le coup de téléphone** l'appel téléphonique

1 Regarde la première de couverture* du roman et lis les lignes 1–5. Expose la situation: à ton avis, qui parle et où a lieu cette conversation?

         * la première de couverture die Titelseite, das Cover

2 a Lis le texte et prends des notes sous forme de dessins ou de symboles sur les mots ou passages du texte que tu trouves importants.
(▶ Méthodes, p. 128/26.1)

b Travaillez en groupe. Présente tes dessins ou tes symboles aux autres et justifie ton choix.

c Maintenant présentez vos résultats à la classe.

3 a Quels sont/seraient les avantages de ce travail pour la jeune fille? Avant de répondre, relis les lignes 17 à 31.

b Explique pourquoi la fille a «[…] l'impression d'avoir pris dix centimètres en un coup de téléphone.» (l. 30)

4 Cherche dans le texte les mots et les expressions que tu peux utiliser pour parler d'argent. Fais un associogramme. Complète-le par des mots et des expressions que tu connais déjà.
(▶ Liste alphabétique, p. 188)

l'argent

5 Choisis une des activités suivantes.

a La narratrice retrouve ses copines Odile et Célia. Qu'est-ce qu'elle leur raconte? Quelles questions est-ce qu'Odile et Célia vont poser? Imaginez leur dialogue.

b Et toi, est-ce que tu as déjà (eu) un job? Qu'est-ce que tu fais (as fait)? Pourquoi est-ce que tu as choisi ce job? Quels sont les avantages? Écris un petit texte. (▶ Méthodes, p. 121/5.2, ▶ Dictionnaire)

faire du dog-sitting

donner des cours de soutien scolaire

distribuer des journaux

réparer des vélos

laver des voitures

s'occuper de personnes âgées

faire les courses pour qn

tondre le gazon

CD1
3

Extrait de: Boulard, 1 En mode cool, Mauricet/Erroc, Bamboo édition 2013, p. 38

la file d'attente die Warteschlange   **le pôle emploi** die Agentur für Arbeit / die Arbeitsvermittlung
le chômeur / la chômeuse der/die Arbeitslose   **en fin de droits** nach Ablauf des Arbeitslosengeldes
le don de voyance die hellseherische Gabe   **faire flipper qn** *fam.* jdm Angst machen

1 Regarde et lis d'abord les deux premières vignettes. Puis expose la situation. (▶ Méthodes, p. 128/24)

2 Lis la bédé en entier et réponds aux questions.
1. Comment est-ce que Thierry se voit dans dix ans?
2. Qu'est-ce que Chloé pense de cela?

3 Comment est-ce que tu trouves les deux jeunes? Justifie ta réponse à l'aide de la bédé. Tu peux utiliser les adjectifs suivants.

réaliste   égoïste   modeste   timide   violent/e   tranquille   ouvert/e
flexible   calme   compliqué/e   lâche   sérieux/-euse   fier/fière
fort/e   faible   curieux/-euse   créatif/-ive   courageux/-euse   ennuyeux/-euse

4 Trouve un titre à cette bédé.

5 Choisis une des activités suivantes.

a Raconte la bédé à quelqu'un qui ne la connaît pas.
Utilise le présent.

demander à qn si   *vouloir* savoir si   *dire* à qn que   *répondre* à qn que

b Imagine une autre fin possible à cette bédé. Tu peux la dessiner ou l'écrire.

c Et toi, comment est-ce que tu te vois dans dix ans? Tu peux écrire un petit texte ou dessiner des vignettes comme dans la bédé, p. 18, vignettes 3 à 5. (▶ Méthodes, p. 121/5.2, ▶ Dictionnaire)

6 Faites le hit-parade des métiers dans votre classe et comparez-le avec le hit-parade des métiers des jeunes Français/es. (▶ Méthodes, p. 120/5, ▶ Dictionnaire)

Les jeunes Français/es veulent devenir …	
1 photographe	**11** fleuriste
2 architecte	**12** ingénieur de la police scientifique
3 cuisinier/cuisinière	**13** agent de voyage
4 vétérinaire	**14** infirmier/infirmière
5 médecin	**15** jardinier/jardinière paysagiste
6 chirurgien/chirurgienne	**16** professeur des écoles
7 décorateur/décoratrice d'intérieur	**17** sage-femme
8 concepteur/conceptrice de voyage	**18** avocat/avocate
9 journaliste	**19** ostéopathe
10 styliste	**20** webmaster

Source: palmarès des métiers 2014
Sondage exclusif réalisé par *Orientations*

Projets d'avenir

CD 1
4–7

Le
Monde
des
jeunes

Spécial métiers

Les métiers de rêve

Interview avec
Leïla Bekhti:
Comment je suis
devenue actrice

Rendez-vous chez
le conseiller
d'orientation

1

Matéo: Vous savez ce que vous aimeriez faire plus tard?

Lara: Moi, je ne sais pas encore.

Lili: Moi, je rêve de devenir dessinatrice. Le dessin, c'est ma passion!

Matéo: Je trouve que tu es très douée pour le dessin. Et en plus, tu es créative. Moi, je te verrais bien auteure de bédés parce que tu as aussi de l'humour. Je suis sûr que tu aurais du succès.

Lili: Merci, c'est gentil de me dire ça! ... Et toi, tu ferais un très bon conseiller d'orientation.

> Le conseiller d'orientation va dans les collèges et conseille les élèves sur leur orientation après la troisième et sur leur avenir.

2

Marion: C'est quoi, ton métier de rêve?

Lucie: Ben, l'autre jour, dans «Le Monde des jeunes», j'ai lu un article sur Leïla Bekhti et depuis, je rêve de devenir actrice. Je sais, ce n'est pas réaliste, mais je voudrais faire comme elle.

Marion: Je te comprends, c'est une des meilleures actrices du moment.

Lucie: Et ce qui m'impressionne le plus chez elle, c'est son courage. Elle est partie de rien mais elle s'est battue, et elle a réussi. Et malgré ça, elle est restée modeste. Je voudrais lui ressembler!

3

Sami: L'homme qui vient de passer, c'est mon voisin. Il travaille pour «Médecins du Monde». Il part soigner les gens partout où il y a des conflits. C'est un type très courageux. Rien ne lui fait peur. Et il s'engage aussi en France! Il aide les pauvres et se bat contre l'exclusion. C'est vraiment quelqu'un de bien. Je l'admire. Je voudrais suivre son exemple. Et puis, j'aime me sentir utile.

Aurélien: Personne ne t'empêche de faire comme lui! Moi, à ta place, c'est ce que je ferais. J'irais là où les gens ont besoin de moi.

4

Lire, écouter et comprendre

1 a Lis les dialogues et réponds. Qu'est-ce que les jeunes veulent devenir? Pour quelles raisons?

CD 1
7
   b Écoute le dialogue **4** et réponds aux questions. (▶ Méthodes, p. 123/12)
   1. Qu'est-ce que ces deux jeunes veulent faire plus tard?
   2. Quel est le problème de Félix? Explique-le.

Parler

👥 **2** Et toi, qu'est-ce que tu voudrais devenir? Qu'est-ce que tu ne voudrais surtout pas faire plus tard?
   Et pourquoi? Faites le tour de la classe, posez ces questions à vos camarades et répondez à leurs questions.
   Prenez des notes. (▶ Tableau, p. 13/5; ▶ Exercice, p. 19/6; ▶ Dictionnaire)

> **Pour les réponses:**
> Je me verrais bien ____
> Je voudrais devenir ____   parce que ____.
> Je ne voudrais surtout pas devenir ____

Découvrir

Koop **3** a Übersetzt die beiden Sätze. Stellt den Bedeutungsunterschied heraus.
   1. À ta place, je **parlerais** à mes parents.
   2. Demain, je **parlerai** à mes parents.

   b Findet weitere Beispielsätze mit dem *conditionnel présent* im Text, S. 20. Wie werden die Formen des
   conditionnel présent **gebildet?**

S'entraîner

👥 **4** a Donnez des conseils à ces jeunes. Utilisez:
   Moi, à ta place, je ____ + conditionnel présent.
   (▶ Repères, p. 33/2)

> *s'engager* (pour ____)
> *faire* un stage
> *devenir* acteur/actrice/____
> *partir* au pair
> *travailler* pendant les vacances
> *aller* chez un conseiller d'orientation
> *parler* à ____
> *faire* des études de ____

> 1 Le théâtre, c'est ma passion.
>
> 2 J'aime aider les gens.
>
> 3 Je voudrais passer un an en France mais mes parents n'ont pas beaucoup d'argent.
>
> 4 Je ne sais pas ce que je voudrais faire plus tard.
>
> 5 Je voudrais voyager, aller partout dans le monde.

👥 b À vous. Ton/Ta partenaire te parle d'un problème (amour/amitié, argent, école, famille, ____).
   Donne-lui des conseils comme en a.
   Exemple: – J'aimerais sortir avec Nadia mais je n'ose pas lui dire.
   – À ta place, je l'inviterais au cinéma / je lui composerais une chanson.

5 Comment ce serait sans ____? Imagine.
Utilise le conditionnel présent.
(▶ Repères, p. 33/2)   //○ ▶ p. 114

> Sans télé, on s'ennuierait un peu mais les gens liraient peut-être plus souvent.

sans télé   sans Internet   sans ami/e
sans casque   sans chocolat   sans vélo
sans vêtements de marque   sans livres
sans ____

6 Aurélie a des problèmes.
Explique pourquoi.
Utilise *personne ne …* et *rien ne …*
(▶ Repères, p. 32/1)

l'*intéresser* vraiment   lui *plaire*
l'*encourager*   lui *donner* des conseils
se *passer* comme elle veut   l'*aider*
changer dans sa vie   *être* facile pour elle
la *consoler*   lui *parler*   *penser* à elle

Médiation

7 Tu as lu ce blog sur la chanteuse ZAZ. Tu racontes à un copain allemand, qui ne la connaît pas, comment l'auteur du blog la trouve et pourquoi.   (▶ Méthodes, p. 133/33)

Fan de ZAZ   le blog de Louna

À 4 ans, elle a déclaré à ses parents: «Je serai chanteuse». Et elle l'est devenue!
Elle a commencé à chanter dans les rues et maintenant, c'est une grande star. ZAZ n'est
pas comme tout le monde et elle le montre dans son titre «Je veux», son premier succès.
J'adore sa voix chaude, et ses chansons sont pleines d'émotion. Voilà enfin quelqu'un qui sort de l'ordinaire.
5   Ses textes décrivent la réalité des choses de la vie. Et on comprend chaque mot!
Elle mélange différents styles musicaux à la perfection: le jazz, la pop, le soul, le hip-hop, le dubstep avec
des influences arabes et africaines, elle joue de la trompette avec ses mains pour seul instrument. Elle est
magique. Son nouvel album est sorti: il faut que vous l'écoutiez!
En plus, ZAZ est très engagée dans l'association «Colibris», une association qui s'occupe de projets pour un
10   meilleur respect de l'homme et de la nature, partout dans le monde.
ZAZ, tu es géniale, tu es mon idole, j'aimerais trop te rencontrer!

Vocabulaire

8 Lisez encore une fois les textes p. 20. Relevez les mots et les expressions pour parler d'une personne que vous admirez. Complétez avec des expressions de 7. Vous pourrez les utiliser pour la tâche A.

Activité

9 Prépare un rendez-vous chez le conseiller d'orientation. Fais une fiche.

nom?   âge?   passions?   hobbys?
matières préférées?   métiers de rêve?
modèle?   projets d'avenir?   qualités?

CD 1
8–9

Qu'est-ce qui compte pour toi?

Le Monde des jeunes

Quand on te parle de «demain», comment est-ce que tu te vois? Dans un bureau ou libre comme l'air? Avec beaucoup de responsabilités? Ou est-ce que tu n'en sais rien? Fais vite ce test pour le savoir.

TEST Qu'est-ce qui compte pour toi?

1 Si tu passais une semaine sur une île déserte, tu emporterais ...
B ... des jumelles. *Fernglas*
A ... une montre. *Armbanduhr*
C ... un cahier et un stylo.

2 Si tu ratais un examen, ...
C ... tu arrêterais tes études et tu monterais ta propre entreprise.
A ... tu le repasserais plus tard.
B ... tu poserais ta candidature pour faire un stage à l'étranger.

3 Tu voudrais que ton futur travail ...
B ... soit passionnant et enrichissant. *bereichernd*
C ... te permette d'avoir des horaires de travail flexibles.
A ... te permette de gagner beaucoup d'argent.

4 Tu n'aimes pas ... *das selbe*
B ... faire toujours la même chose.
A ... être seul/seule.
C ... qu'on te donne des ordres.

5 Si tu travaillais en équipe, ...
A ... l'avis des autres compterait beaucoup pour toi.
B ... tu n'hésiterais pas à poser beaucoup de questions.
C ... c'est toi qui prendrais les décisions.

6 Si tu étais un super-héros, ...
C ... tu sauverais le monde plusieurs fois par jour.
B ... tu utiliserais tes pouvoirs pour réussir ta vie.
A ... tu rêverais d'avoir une vie normale.

7 Ta qualité principale: *certig   riebet*
B tu es flexible et tu es prêt/prête à travailler dans différents domaines.
A tu es sérieux/sérieuse, on peut te faire confiance.
C tu es optimiste et rien ne te fait peur.

RÉSULTATS

Tu as quatre A ou plus:
Tu voudrais être ton propre chef. Tu aimes décider librement de ce que tu fais. Tu pourrais devenir concepteur/conceptrice de jeux vidéo, artiste ou traducteur/traductrice.

Tu as quatre B ou plus:
Tu as besoin d'un travail sûr avec un salaire fixe. Tu pourrais faire des études d'économie pour travailler dans une grande entreprise.

Tu as quatre C ou plus:
Tu ne sais pas encore ce que tu veux faire plus tard. Tu es curieux/curieuse et tu voudrais vivre un tas d'expériences formidables. Tu pourrais par exemple devenir journaliste, reporter ou guide.

Lire et comprendre

1   Fais le test «Qu'est-ce qui compte pour toi?».

Parler

2   Est-ce que tu te reconnais dans ce que dit le test sur toi? Discute de tes résultats avec ton/ta partenaire.

> Je (ne) me reconnais (pas).
> Je (ne) suis (pas) d'accord.
> Je suis plutôt ____.
> J'aimerais + *infinitif* ____.
> Je voudrais (plutôt) + *infinitif* ____.
> Je me vois / Je me verrais bien/plutôt ____.
> Je rêve de + *infinitif* ____.
> J'ai besoin de + *infinitif* ____.
> Je ne sais pas encore. / Je n'en sais rien.

> Moi aussi, je ____.
> Moi non plus, je ____.
> À mon avis, tu ferais un/e bon/ne ____.
> Je te verrais plutôt ____.
> Tu pourrais + *infinitif* ____.
> Moi, à ta place, je + *conditionnel* ____.

Découvrir

Koop   **3 a**   Regarde les deux dessins et lis les bulles. Quelle bulle correspond à quel dessin? Justifie ta réponse.

> Si je peux, je passerai chez toi.

> Si je pouvais, je passerais chez toi.

b   Lest die Sätze. Welche Verbform wird in den folgenden Sätzen im „si"-Satz verwendet? Welche im Hauptsatz? Stellt eine Regel auf.
1. Si je **ratais** cet examen, ce **serait** une catastrophe.
2. Si je **passais** une semaine sur une île déserte, j'**emporterais** mon portable.

c   Übersetzt die Sätze von b ins Deutsche und Englische und vergleicht den Gebrauch der Verbformen in den drei Sprachen.

d   Complétez les phrases. Utilisez l'imparfait et le conditionnel présent.
1. Si je/j' *(être)* concepteur de jeux vidéo, je/j' *(inventer)* des jeux pour mes parents.
2. Si Félix *(devenir)* reporter, ses parents ne/n' *(être)* pas contents.
3. Qu'est-ce que tu *(faire)* si tu *(ne pas avoir)* cours aujourd'hui?

S'entraîner

4 a Qu'est-ce que tu ferais dans ces situations? Pose des questions à ton/ta partenaire et réponds à ses questions. (▶ Repères, p. 33/3)   ▶ p. 114

Qu'est-ce que tu ferais … *Was würden Sie tun*

1. … si tu pouvais partir en vacances avec tes copains – sans tes parents?
2. … si tu étais le principal / la principale de ton collège? *Wenn sie … wären*
3. … si tu étais très riche? *Wenn sie sehr reich wären*
4. … si tu avais 18 ans? *Wenn sie 18 waren*

b Qu'est-ce que tu ferais si …? Imagine et réponds par écrit.
Utilise l'imparfait et le conditionnel présent. (▶ Repères, p. 33/3)   ▶ p. 114

1. *vivre* seul/e sur une île déserte
2. *parler* sept langues
3. *rencontrer* un acteur célèbre dans la rue
4. *avoir* des pouvoirs surnaturels
5. ne pas *devoir* aller à l'école
6. ____

> *Si je vivais seul/e sur une île déserte, je mangerais seulement du poisson, je parlerais aux animaux et je dormirais sur la plage.*

Écouter et comprendre

CD1 10 **5 a** Écoute la conversation et décris la situation. (▶ Méthodes, p. 124/13)

b Vrai ou faux? Écoute encore une fois la conversation et réponds. Corrige les phrases fausses.
(▶ Méthodes, p. 124/14)

1. Guillaume s'intéresse aux maths.
2. Il a de très bonnes notes.
3. Il voudrait vivre comme ses parents.
4. Il devrait arrêter l'école.

CD1 11 **6** Écoute la chanson de Pascal Obispo et de Natasha St-Pier. Quelle question la chanson pose-t-elle? Tu trouveras les paroles sur webcode (APLUS-4-25).

Vocabulaire et expression

7 a Trouve dans les textes (p. 20, p. 23) des adjectifs pour décrire les qualités d'une personne. Fais une liste. Complète-la par des adjectifs que tu connais déjà. Tu pourras utiliser ta liste pour la tâche A.

b Quelles qualités est-ce qu'il faut avoir pour être un/e bon/ne journaliste? Trouvez au moins trois qualités. Utilisez votre liste de a et justifiez votre réponse. Continue avec d'autres métiers.

journaliste	médecin	clown	artiste
auteur/auteure	animateur/animatrice		
professeur	dessinateur/dessinatrice		
acteur/actrice	reporter	____	

Écrire

8 *Le Monde des jeunes* fait une enquête sur l'avenir des jeunes et sur le thème: «À 25 ans, je serais heureux/heureuse si …»
Réponds-y. Écris un petit texte.   ▶ p. 115

> *À 25 ans, je serais heureuse si j'étais directrice d'un zoo. Je m'occuperais des animaux, je ____*

Le stage de troisième

CD 1
12–14

*Je dois bientôt faire un stage en entreprise et
je ne sais pas comment poser ma candidature.
Pourriez-vous m'aider, s'il vous plaît?*
Raphaël, élève de 3ᵉ

Toi aussi, comme Raphaël, tu vas faire un stage?

Voici quelques tuyaux pour réussir ta candidature.

Le Monde des jeunes

❶ Ta lettre de motivation

Elle doit donner envie à l'employeur de te rencontrer! Alors, n'attends pas jusqu'au dernier moment pour l'écrire.

Nicolas Tabel
18, rue du Commerce
75015 Paris
01 45 65 78 39
nicotabel@nomail.fr

> Attention à ton adresse mail: donne une adresse sérieuse, ne mets pas superheros@nomail.fr pour une demande de stage!

Restaurant La Table de Léo
23, rue Mademoiselle
75015 Paris

Paris, le 1ᵉʳ septembre 2015

Objet: Demande de stage en entreprise en classe de 3ᵉ du 15 au 20 février 2016

Madame, Monsieur,

Je suis en classe de troisième au collège André Citroën à Paris. Cette année, je dois faire un stage
en entreprise pendant une semaine.

5

Je suis très intéressé par tout ce qu'on fait dans un restaurant.
Je sais faire la cuisine. Ma spécialité, ce sont les desserts. Je
suis créatif et j'aime inventer des recettes. De plus, je suis très
doué pour décorer les tables et mettre le couvert. Quand il y a
une fête de famille, c'est moi qui sers tout le monde parce que
j'aime m'occuper des gens.

10

> Là, tu expliques tes points forts. Tu peux en rajouter. Mais n'exagère pas trop quand même.

Je m'intéresse particulièrement au service en salle depuis le
jour où mon oncle, qui a un restaurant à Montpellier, m'a
demandé de l'aider. J'ai beaucoup aimé et j'ai pu utiliser mes
connaissances d'allemand et d'anglais pour servir les touristes.
Faire un stage dans votre restaurant me permettrait de mieux
connaître le métier de serveur et le travail en équipe.

15

> Là, tu dois montrer à l'employeur que tu es vraiment motivé/e et que tu as le profil idéal.

Je serais très heureux de pouvoir faire mon stage dans votre restaurant.
J'espère que ma candidature vous intéresse et que je pourrai bientôt vous rencontrer.

20

Dans l'attente de votre réponse, je vous prie de recevoir, Madame, Monsieur,
mes salutations respectueuses.

Nicolas Tabel

> Et tu signes.

Pièce jointe: CV

> Enfin, tu fais la liste des documents que tu envoies avec ta lettre de motivation.

2 Ton CV

Le CV (= curriculum vitae), c'est un peu le film de ta vie en quelques mots.

Nicolas Tabel
18, rue du Commerce
75015 Paris
01 45 65 78 39
nicotabel@nomail.fr

Né le 15 juin 2000 à Paris

Choisis une belle photo d'identité sur laquelle tu souris. Ça fait plus sympa.

Formation

Études   Depuis 2012 Collège André Citroën à Paris

Langues   Anglais (niveau B1)
2015 Échange de 15 jours à Cambridge
Allemand (niveau A2)

Expérience professionnelle

2014 Stage de 4e au club de sport Grenelle à Paris
Découverte du travail en entreprise en trois jours

Connaissances en informatique

Word, Powerpoint

Hobbys

Cuisine
Sport (athlétisme)

Si, après trois semaines, tu n'as pas de réponse, téléphone pour demander s'ils ont reçu ta candidature.

Lire et comprendre

1 a Survole les deux pages. De quoi est-ce qu'il s'agit?

b Qu'est-ce qu'il faut faire pour poser sa candidature?

c Lis les documents et trouve les points forts de Nicolas.

d À ton avis, Nicolas a-t-il les bonnes qualités pour ce qu'il veut faire? Justifie ta réponse.

Écouter et comprendre

CD1 15   **2**   **a**   **Trois semaines plus tard, Nicolas n'a pas reçu de réponse. Il appelle le restaurant. Écoute et réponds.**
1. Comment est-ce que le patron réagit?
2. À ton avis, qu'est-ce que Nicolas va faire maintenant? Formule des hypothèses.

CD1 16   **b**   Écoute la suite. Comment est-ce que la conversation se termine? Compare avec tes hypothèses.

CD1 15–16   **c**   Faites deux groupes. Écoutez une deuxième fois la conversation et prenez des notes. Le premier groupe se concentre sur ce que dit Nicolas, le deuxième groupe se concentre sur ce que dit le patron. Quels sont les arguments de Nicolas? Quels sont les arguments du patron?   (▶ Méthodes, p. 123/12)

Parler

3   Lis les petites annonces. À quelle annonce est-ce que tu répondrais? Pourquoi? Explique.

1
Cherche jeune m./f. qui aide mon fils à faire ses devoirs (surtout allemand et maths, niveau 6ᵉ).

04 69 54 48 32 — 04 69 54 48 32 — 04 69 54 48 32 — 04 69 54 48 32 — 04 69 54 48 32 — 04 69 54 48 32

2
Ferme[1] dans le Languedoc-Roussillon cherche jeunes pour faire les vendanges[2] du 15 septembre à fin octobre. 5 euros de l'heure, repas et camping à la ferme.
Contacter M. Gardère:

04 65 58 90 02 — 04 65 58 90 02 — 04 65 58 90 02 — 04 65 58 90 02 — 04 65 58 90 02 — 04 65 58 90 02

3
Famille cherche baby-sitter pour s'occuper de Ludivine (4 ans) du 22 octobre au 2 novembre (6 jours par semaine, 5 heures par jour) dans sa maison de vacances avec piscine chauffée à 10 mn de Montpellier. 150 euros d'argent de poche.

Tél.: 01 88 44 25 64, après 19 heures. — Tél.: 01 88 44 25 64, après 19 heures. — Tél.: 01 88 44 25 64, après 19 heures. — Tél.: 01 88 44 25 64, après 19 heures. — Tél.: 01 88 44 25 64, après 19 heures. — Tél.: 01 88 44 25 64, après 19 heures.

4
Music'halle cherche jeunes pour distribuer[3] prospectus, centre commercial du Polygone, octobre à décembre, Mobile:

06 55 11 12 42 — 06 55 11 12 42 — 06 55 11 12 42 — 06 55 11 12 42 — 06 55 11 12 42 — 06 55 11 12 42

1 **la ferme** der Bauernhof
2 **les vendanges** *f. pl.* die Weinlese
3 **distribuer qc** etw. austeilen

Vocabulaire et expression

Koop   **4**   Fais un associogramme sur le thème du travail. Il sera utile pour la tâche B et l'exercice 5b. Tu peux aussi utiliser les textes du *Coin lecture* (p. 16–19) et la chanson *Vous pouvez travailler chez nous* (▶ webcode APLUS-4-28) pour trouver des mots.

CD1 17

le travail

Apprendre à apprendre

5   Wie du einen Text zum Schreiben eines eigenen Textes nutzen kannst

a   Wenn du einen Text schreiben willst, ist es hilfreich, auf einen Modelltext zurückzugreifen. Lies die Ratschläge im Methodenteil (S. 130–131/29) und wende sie in **b** an.

b   Tu veux faire un stage en France, par exemple dans une colonie de vacances, un restaurant, un hôtel? Écris ton dossier de candidature (lettre de motivation et CV) sur le modèle du dossier de Nicolas (▶ Texte, p. 26–27). Utilise ton associogramme de l'exercice 4.

Où?   Quand?   Pourquoi?   Tes qualités?   Ton expérience?   Tes connaissances?

Écouter et comprendre

CD 1
18

6 a   Lucas cherche un job. Il a lu ces annonces. Lis-les toi aussi. Puis écoute la conversation et trouve à quelle annonce Lucas répond.

1 Cherche dog-sitter pour mes deux labradors, le mercredi. 7,50 € par jour. **Tél: 04 71 18 00 22**

2 Cherche dog-sitting, 2 fois par semaine, 14h à 15h, parfois le samedi. 6,50 €/h. **Tél: 04 61 34 99 12**

3 Garder chiens quelques heures en semaine. 2 Jack Russel, 12 ans, très gentils. **Renseignements par téléphone: 04 35 65 42 86**

4 Cherche dog-sitter expérimenté pour s'occuper de mon chien, 8 ans. 2 promenades de 30 min/jour. 7,50 €/jour. **Renseignements: 04 57 36 38 40**

CD 1
19

b   Lucas rappelle madame Richard parce qu'il ne peut pas venir à 18h. Écoute. Qu'est-ce que tu comprends?

c   Prépare ta réponse et joue le rôle de Lucas.

Regarder et comprendre

DVD   **7**   Regarde la séquence et décris-la.

Activité

8   Tu cherches un job pour les vacances? Travaillez à deux et choisissez une annonce dans l'exercice 3. Préparez l'appel téléphonique entre le jeune et l'employeur et jouez-le.

Choisis une des deux tâches.

PIF A   Je voudrais lui ressembler

Toi aussi, tu participes à l'enquête «Mon modèle» du magazine *Le Monde des jeunes*:
Présente une personne que tu admires.

- Choisis une personne, célèbre ou non.
- Fais une courte biographie de cette personne et décris ce qu'elle (a) fait dans sa vie.
  (▶ Méthodes, p. 127/21)
- Explique les raisons pour lesquelles tu l'admires (qualités, etc.).
- Pour préparer ton texte, tu peux d'abord faire une fiche d'identité de ton «modèle».
- Après, présente cette personne à tes camarades.

Tu cherches des idées? Les documents sur cette page peuvent t'aider. Tu cherches des expressions utiles?
▶ *Repères* (*Qu'est-ce qu'on dit*, p. 32), *textes* (p. 20), *exercices* (p. 22/7+8), *Méthodes* (p. 131/29).

«As-tu une personne modèle?»

C'était notre question du mois dernier. Comme beaucoup d'entre vous, Alissa et Ben y ont répondu. Lisez leur témoignage.

Le Monde des jeunes

C'est la personne que j'admire

Je voudrais vous présenter Aïcha, ma belle-mère. Elle est née en Tunisie mais elle habite en France depuis longtemps. Elle est venue
5 avec ses parents qui n'avaient pas beaucoup d'argent et ne pouvaient pas payer ses études. Elle est partie de rien mais elle s'est battue et elle a réussi. Maintenant, elle est infirmière-psychologue. Elle n'est
10 pas célèbre mais je l'admire beaucoup. D'abord, elle me comprend et m'aide: je suis souvent perdue avec mes parents séparés et elle me donne toujours des conseils utiles. Elle me montre que tout est
15 possible et qu'il faut continuer. Elle me dit toujours: «Rien n'est impossible. Si on a des rêves, il faut les réaliser».
Ce qui m'impressionne le plus chez elle, c'est son courage et son engagement mais aussi
20 son humour. Avec elle, je peux rire de beaucoup de choses. Je rêve de lui ressembler.
Alissa, 14 ans

C'est mon modèle!

Alain Prost – qu'on appelle aussi «le professeur» – est vraiment le meilleur pilote français de For-
5 mule 1 et aussi un des plus grands pilotes de l'histoire de ce sport.
Il est né en 1955 en France. À l'âge de 14 ans, il découvre sa
10 passion: le karting.
À 17 ans, Prost décide de commencer sérieusement la compétition. Il arrête ses études - il voulait devenir professeur d'éducation physique -, et travaille dans la petite entreprise de son père pour gagner de
15 l'argent et pouvoir payer son premier kart.
À 18 ans, il devient champion de France junior. Trois ans plus tard, il gagne le Championnat de France de Formule Renault: 12 victoires sur 13 courses!
C'est un résultat incroyable, jamais vu avant!
20 En 1980, il commence la Formule 1 dans le team Mc Laren. Rien ne l'arrête: quatre ans plus tard, il est déjà champion du monde – et il est le premier Français qui gagne ce titre.
Il a participé à 199 Grand-Prix, il a terminé 128 fois dans les points, dont 106 fois sur le podium. Il a gagné 51 Grand-
25 Prix et il a été quatre fois champion du Monde.
Pour moi, il reste le meilleur pilote de Formule 1 de tous les temps. Ce qui m'impressionne le plus chez lui c'est son courage. Je l'admire. Aujourd'hui encore, beaucoup de jeunes qui commencent la compétition en Formule Renault
30 voudraient lui ressembler et suivre son exemple.
Moi aussi, je fais du karting et je rêve de faire comme lui: gagner de l'argent pour pouvoir acheter mon propre kart un jour!
Ben, 15 ans

B   Des entretiens d'embauche pour un stage

Faites deux groupes. Le premier groupe joue le rôle des employeurs. Le deuxième groupe joue le rôle des candidats.

Avant les entretiens:
- Chaque élève choisit une fiche (▶ webcode APLUS-4-31), lit ce qu'il/elle doit faire et prépare son entretien d'embauche.

Pendant les entretiens:
- Chaque employeur/employeuse rencontre trois candidats et chaque candidat/e se présente à trois employeurs/employeuses. Prenez des notes.
Changez de partenaire toutes les deux minutes.

Après les entretiens:
- Chaque candidat/e choisit le stage qu'il/elle préfère et chaque employeur/ employeuse choisit son candidat préféré / sa candidate préférée. Présentez et expliquez votre choix en classe.

Tu cherches des expressions utiles?   ▶ *Repères* (*Qu'est-ce qu'on dit*, p. 32), *textes* (p. 20, 23, p. 26–27), *exercices* (p. 22/9, p. 25/7, p. 28/2+4, p. 29/6+8).

Exemples:

Tu es le directeur / la directrice d'une auberge de jeunesse
- Fais le profil de ton auberge de jeunesse.
  - Où est-ce que ton auberge se trouve? (quelle région? près d'une ville / à la montagne / au bord de la mer)
  - Combien de places?
  - Combien d'employés?
  - Où est-ce qu'un/e stagiaire pourrait travailler dans ton auberge de jeunesse?
  - Qu'est-ce qu'il/elle pourrait faire?
  - La durée du stage?
  - Les horaires de travail?
  - Le salaire?
  - Les jours libres?
- Prépare les questions que tu veux poser aux candidats.
  - Ses expériences?
  - Pourquoi est-ce que ce stage l'intéresse?
  - Pourquoi dans ton auberge?

Tu cherches une place pour un stage dans une auberge de jeunesse
- Prépare ton entretien.
  - Présente-toi.
  - Parle de tes points forts, de ton expérience, de ce que tu aimes faire.
- Prépare tes questions.
  - Où est-ce que tu peux travailler?
  - Qu'est-ce que tu peux faire?
  - Tes collègues?
  - La durée du stage?
  - Les horaires de travail?
  - Ton salaire?
  - Les jours libres?

1 Bonjour, Mademoiselle.

2 Bonjour, Monsieur. Je m'appelle Alexandra Kreter. J'ai quinze ans et je suis en classe de troisième au collège Viktoriaschule à Darmstadt. J'aimerais faire un stage dans votre auberge de jeunesse.

3 Avez-vous déjà fait un stage dans une auberge de jeunesse?

4 Non. Mais j'ai déjà travaillé dans un camping et ____.

Qu'est-ce qu'on dit?

Du sprichst über Berufswünsche
Tu sais ce que tu aimerais faire plus tard?
C'est quoi, ton métier de rêve?
Je rêve de devenir (acteur).
Je me vois / Je me verrais bien (reporter).
J'aimerais faire un métier (d'Internet)/quelque
 chose avec (les langues).
J'aimerais monter ma propre entreprise.
Je voudrais avoir un travail passionnant/
 enrichissant/sûr.
J'aimerais avoir un salaire fixe / travailler dans un
 bureau / dans une grande entreprise.

Du sprichst über deine Stärken und Interessen
Je suis doué/e pour (le dessin).
(Le dessin,) c'est ma passion.
Je ferais un/e bon/ne (dessinateur/dessinatrice).
J'ai de l'humour. / Je suis flexible et sérieux/-euse.
C'est ma qualité principale.
J'aime me sentir utile.
J'aime prendre des décisions.
L'avis des autres compte beaucoup pour moi.
Je n'aime pas qu'on me donne des ordres.
Je suis prêt/e à travailler dans différents domaines.
On peut me faire confiance.
Je m'intéresse particulièrement à (l'économie).
Je suis intéressé/e par (tout ce qu'on fait dans un
 restaurant).

Du bittest höflich um etwas
Pourriez-vous (m'aider), s'il vous plaît?
Je voudrais savoir si vous avez reçu ma candidature.

Du sprichst über jemanden, den du bewunderst
Je l'admire parce qu'il/elle (s'engage).
Il/Elle se bat contre (l'exclusion).
C'est un/e des meilleurs/meilleures (acteurs/
 actrices du moment).
Ce qui m'impressionne le plus chez lui/elle, c'est
 (son courage).
Il/Elle est parti/e de rien. Malgré ça, il/elle a réussi.
Il/Elle est resté/e modeste.
C'est un type (courageux) / une femme (courageuse).
C'est vraiment quelqu'un de bien.
Il/Elle s'est battu/e.
Rien ne lui fait peur.
Je voudrais lui ressembler / suivre son exemple.

Du gibst jemandem einen Ratschlag
Moi, à ta place, je (leur parlerais).
Tu pourrais devenir (journaliste).
Tu devrais faire des études (d'économie).
Personne ne t'empêche de faire cela / comme lui/elle.
Moi, c'est ce que je ferais.

Du stellst Vermutungen an
Ils ne comprendraient pas.
Je suis sûr/e que tu aurais du succès.
Tu ferais un très bon (conseiller d'orientation).

Du drückst Bedingungen aus
Si je passais une semaine sur une île déserte,
 j'emporterais (un livre).
Si nous rations l'examen, nous pourrions le
 repasser plus tard.

Grammaire

Weitere Verneinungen:

GH 13 **1** |Personne ne| m'invite. |Rien ne| lui plaît.

Dazu brauchst du:

→ *personne ne …* **und** *rien ne …*

Personne ne t'empêche de faire comme lui.
Il **n'**empêche **personne** de faire comme lui.

Rien ne change.
Il **ne** change **rien**.

À vous:
a Traduisez les phrases ci-dessus et expliquez la différence entre:
 personne ne … **et** *ne … personne*, *rien ne …* **et** *ne … rien*.
b **Dites-le en français: 1.** *niemand hat ihn gesehen*; **2.** *niemand kommt heute*; **3.** *niemand hilft mir*;
 4. *nichts ist unmöglich*; **5.** *nichts ist interessant*; **6.** *nichts gefällt ihr.*

Du drückst eine Möglichkeit aus:

GH 11   **2**   Je **voyagerais** partout dans le monde.   → **das** *conditionnel présent*

1. Moi, à ta place, je leur **parlerais**.
2. Je **voudrais** lui ressembler.
3. Ils ne **comprendraient** pas.

Dazu brauchst du:

> Die Endungen des *conditionnel présent* kennst du schon vom *imparfait*.

Die Bildung des *conditionnel présent*

	parler	**finir**	**attendre**
-ais	je parler**ais**	finir**ais**	attendr**ais**
-ais	tu parler**ais**	finir**ais**	attendr**ais**
Infinitiv + -ait	il/elle parler**ait**	finir**ait**	attendr**ait**
-ions	nous parler**ions**	finir**ions**	attendr**ions**
-iez	vous parler**iez**	finir**iez**	attendr**iez**
-aient	ils/elles parler**aient**	finir**aient**	attendr**aient**

> Folgende Verben haben im *conditionnel* einen eigenen Verbstamm. Diesen Stamm kennst du schon vom *futur simple*.

! avoir	→ j'**aur**ais	vouloir	→ je **voudr**ais	voir	→ je **verr**ais
être	→ je **ser**ais	pouvoir	→ je **pourr**ais	envoyer	→ j'**enverr**ais
aller	→ j'**ir**ais	savoir	→ je **saur**ais	venir	→ je **viendr**ais
faire	→ je **fer**ais	devoir	→ je **devr**ais	il faut	→ il **faudr**ait

À vous:

a **Traduisez:** 1. *Ich würde reisen.* 2. *Das wäre super.* 3. *Was würdest du an meiner Stelle machen?*
   4. *An deiner Stelle würde ich Reporter werden.* 5. *Ich möchte einen interessanten Beruf haben.*

b **Lies die Beispielsätze oben. Was kannst du mit Hilfe des** *conditionnel présent* **ausdrücken?**

Du drückst eine Bedingung aus:

GH 12   **3**   Si tu **faisais** ce test, tu te **connaîtrais** mieux.   → **den irrealen Bedingungssatz** *(la condition irréelle)*

Dazu brauchst du:

Si tu **faisais** un stage, tu **apprendrais** beaucoup de choses.
Si nous **étions** en vacances, nous **irions** à la plage tous les jours.

À vous:
Übersetzt die Beispielsätze und bestimmt die Verbformen:
Im *si*-Satz verwendet man ? , im Hauptsatz ? .

Neue Verben:

GH 14   **4**   (se) battre   → *Verbes,* p.138–143

1 **a** Décris ces endroits. Utilise des propositions relatives avec *qui*, *que* et *où*.

le Louvre

– un musée
– *se trouver* à Paris, au bord de la Seine
– *être* un palais royal, autrefois
– *pouvoir* visiter
– *montrer* des tableaux célèbres
– *voir* la Joconde

le pont du Gard

– un pont
– *se trouver* dans le Languedoc-Roussillon
– *faire* 273 mètres de long
– les Romains *construire* au 1er siècle
– *amener* l'eau dans les villes, autrefois
– des millions de touristes *visiter*

la passerelle Mimram

– un pont
– *appeler* aussi la passerelle des Deux-Rives
– *faire* 387 mètres de long
– *traverser* le Rhin à Strasbourg
– *pouvoir* traverser à pied ou à vélo
– *être* un symbole de l'amitié franco-allemande

la tour Eiffel

– un monument
– *se trouver* à Paris, au bord de la Seine *qui se*
– *faire* 324 mètres de haut *qui fait*
– *avoir* 3 étages *qui a*
– Gustave Eiffel *construire* en 1889, pour l'Exposition universelle *que*
– *appeler* aussi «la dame de fer» *qu'on*

qu'on appelle

  b Choisis cinq endroits en Allemagne ou dans ta ville et décris-les comme en **a**.
Ton/Ta partenaire devine de quel endroit il s'agit. Puis, échangez les rôles.

2 Lis les deux portraits (B ▶ p.110), puis présente tes deux personnalités à ton/ta partenaire, en allemand.
Précise en quoi ces personnes sont franco-allemandes.

Stéphane Hessel, activiste et écrivain

Il est né en 1917 à Berlin et à l'époque, il s'appelait encore Stefan Hessel. En 1924, sa famille est partie vivre à Paris et il est devenu Français. Pen-
5 dant la Seconde Guerre mondiale, il s'est battu pour la France et en 1941, il est parti à Londres et il a travaillé pour la Résistance française. En 1944, la Gestapo l'a arrêté à Paris et l'a envoyé dans le camp de concentra-tion de Buchenwald. Là-bas, un surveillant lui a sauvé la vie avec des faux papiers. Après la guerre, il a long- 10
temps travaillé pour l'ONU (l'Organisation des Nations Unies) et il s'est battu toute sa vie pour les droits de l'homme. En 2010, il a écrit le petit livre «Indignez-vous!» qui a eu beaucoup de succès partout en Europe et pour lequel il a reçu le prix de l'Académie de Berlin en 15
2011. Il est mort en 2013.

Célia Šašić, footballeuse

Je suis née en 1988 à Bonn, en Allemagne. Mon père vient du Cameroun et ma mère est Fran-çaise. Un jour, quand j'avais
5 5 ans, j'ai accompagné mon frère à son entraînement de foot et c'est comme ça que tout a commencé! J'ai été Française jusqu'à l'âge de 16 ans, mais je suis devenue Allemande pour pouvoir jouer dans l'équipe nationale. Je suis milieu de terrain, mais je suis aussi une très bonne buteuse. Parce que mon nom de famille était 10
trop long (avant de me marier, je m'appelais Célia Okoyino da Mbabi), j'étais la seule joueuse de la Bun-desliga qui portait seulement son prénom sur son mail-lot, comme les joueurs brésiliens. Depuis 2010, je suis ambassadrice d'intégration de la ligue allemande de 15
football (DFB). Avec l'équipe nationale, j'ai été cham-pionne d'Europe en 2009 et 2013, et joueuse de l'an-née en 2012. J'ai même joué mon propre rôle dans un épisode de la série policière «Tatort».

3 a Pour mieux connaître ton/ta partenaire, tu prépares un questionnaire. Formule six questions à partir des éléments suivants.

Quelle est la personne	sans	lequel	tu peux toujours compter?
Quel est l'objet	avec	laquelle	tu ne pourrais pas vivre?
Quel est le personnage	pour	lesquels	tu voudrais passer du temps?
Quels sont les films	sur	lesquelles	tu aimerais jouer?
Quels sont les pays	dans		tu aimerais vivre?
Quelles sont les idées			tu te battrais, s'il le faut?

b Pose tes questions à ton/ta partenaire. Il/Elle répond.

4 Erlangen et Rennes sont des villes jumelées depuis 1964. Lis les informations sur ces deux villes et compare-les. Utilise *plus de*, *moins de*, *autant de* et le comparatif.

Rennes ▌▐
fondée en 57 avant J.C.
environ 200 000 habitants

jeune
branchée
moderne
riche
50,39 km^2
11,2°C en moyenne*
1 gare
15 universités
environ 30 festivals par an

Erlangen ▬
fondée en 1002 après J.C.
environ 100 000 habitants

traditionnelle
belle
célèbre
riche
76,95 km^2
8,9°C en moyenne
1 gare
1 université
environ 3 festivals par an

* **en moyenne** im Durchschnitt

CD 1 20

5 a Écoute *La chanson des optimistes* et note les adverbes que tu entends (il y en a cinq).

Koop

b Maintenant, lis les paroles de la chanson (▶ webcode APLUS-4-35). Trouve pour chaque mot souligné s'il s'agit d'un adjectif ou d'un adverbe.

6 Ton/Ta correspondant/e français/e est chez toi. Il/Elle ne se sent pas bien. Faites des mini-dialogues. Utilisez le subjonctif, si nécessaire. (▶ Pense-bête, p. 232)

Exemple: – Ça ne va pas?
– Non, j'ai mal au ventre / à la tête[1] / à la gorge[2] / ___.
– Tu veux que je te fasse une tisane[3] / ___?
– Oui, merci.
– Il faudrait que tu ailles au lit / qu'on ___.

faire une tisane[3]   *aller* au lit   *appeler* le médecin / tes parents
aller à la pharmacie   *boire* beaucoup d'eau   *ouvrir* la fenêtre
prévenir mes parents   *prendre* un médicament
donner un bonbon à qn   *mettre* des vêtements plus chauds

1 la tête der Kopf   **2 la gorge** *hier:* der Hals   **3 la tisane** der Kräutertee

Tâches – au choix

Am Ende dieser Unité kannst du

A einem Franzosen / einer Französin etwas typisch Deutsches vorstellen.

B in einem Rollenspiel ein Missverständnis zwischen Deutschen und Franzosen darstellen und es ausräumen.

Coin lecture – au choix

- ein Filmausschnitt (S. 38–39) ☐
- ein Comic (S. 40–41) ◉

Compétences communicatives
Du lernst

- Gewohnheiten zu beschreiben. (▶ V1)
- Gegenstände zu beschreiben. (▶ V1, V3)
- Handlungs- und Lebensweisen zu vergleichen. (▶ V2)
- Gefühle auszudrücken und etwas zu bewerten. (▶ V2, V3)
- erlebte Situationen zu erzählen. (▶ V2, V3)
- Probleme und Missverständnisse zur Sprache zu bringen und sie auszuräumen. (▶ V3)

Dazu brauchst du z. B.

- weitere Auslöser des *subjonctif*.
- weitere Adverbien.
- die Verben *dire de / demander de* + Infinitiv
- Außerdem lernst du die Verben *se plaindre* und *rejoindre*.

Compétences interculturelles

- Du lernst typische französische Gegenstände und Gewohnheiten kennen.
- Du lernst deutsch-französische Institutionen kennen.

Apprendre à apprendre
Du lernst

- wie du deinen Wortschatz individuell erweiterst.
- wie du beim Sprachmitteln mit kulturellen Besonderheiten umgehst.

1 a Voici l'affiche d'un film allemand. Décris-la. (▶ Méthodes, p.126/19)

 b À ton avis, quel est le genre du film et quelle est l'histoire? Formule des hypothèses. ▶ p. 115

François **GÖSKE**   Paula **SCHRAMM**   Lennard **BERTZBACH**   und   Christian **TRAMITZ**

FRANZÖSISCH für ANFÄNGER

1 **la famille d'accueil** die Gastfamilie
2 **le malentendu** das Missverständnis
3 **au signal du réalisateur** auf ein Zeichen des Regisseurs

DVD **2** a Regarde le début du film et vérifie tes hypothèses de 1b.

b Décris le problème de Henrik.

c Qu'est-ce que vous feriez à sa place? Discutez. (▶ Pense-bête, p. 232)

d À ton avis, quelle décision va-t-il prendre? Formule des hypothèses.

DVD e Regarde la séquence suivante. Explique la décision de Henrik et donne ton avis.

DVD **3** a Après une première nuit passée dans sa famille d'accueil[1], Henrik se réveille.
Regarde la séquence et décris ce qui se passe.

b Explique le malentendu[2] entre la mère et Henrik et les raisons possibles de ce malentendu.

c Travaillez en groupe. Chacun choisit un membre de la famille d'accueil. Rejouez la scène, puis, au signal du réalisateur[3], arrêtez-vous et dites ce que votre personnage pense.

Koop 4 Si vous regardez le film en entier, choisissez une des activités suivantes (a, b ou c). Vous trouverez les trois fiches de travail correspondantes sur webcode (APLUS-4-39).

a Faites un schéma qui montre l'évolution de l'histoire.

b Faites le portrait d'un des protagonistes et présentez-le.

Henrik

Mathieu et Charlotte

Valérie

Johannes

c Étudiez une des chansons du film, présentez-la et expliquez pourquoi (à votre avis) le réalisateur l'utilise dans son film et à ce moment précis du film.

5 a Des jeunes français et allemands ont vu le film et ils en parlent sur Internet. Dites en français s'ils ont aimé le film et pour quelles raisons.

Louise: C'est un film super drôle et vraiment réaliste. Et les acteurs jouent vraiment bien. Vous saviez que l'acteur qui joue Henrik a une mère française? Ça vous étonne? Eh bien moi aussi, parce que pendant tout le film, on dirait qu'il ne comprend vraiment rien!

Malaika: Der Film kommt nicht ganz ohne Klischees aus. Da fällt mir zum Beispiel die Frühstücksszene mit der Weinflasche ein. Aber ich finde trotzdem, dass er sich insgesamt auf liebevolle Art über die kleinen Schwierigkeiten in den deutsch-französischen Beziehungen lustig macht. Mir hat er jedenfalls gefallen.

Joris: Während der Film lief, habe ich die ganze Zeit gedacht: „So etwas würde ich nie machen!" Henriks Verhalten ist total ungeschickt und unglaubwürdig.

Bastien: J'ai adoré! Bien sûr, il y a l'histoire d'amour entre Henrik et Valérie qui est vraiment cool … Mais pour moi, le meilleur moment du film, c'est la scène où Henrik met du vin dans ses céréales. J'étais mort de rire!

Omar: J'avais très envie de voir le film, mais je suis vraiment déçu: un tas de clichés sur la France et les Français et rien d'autre … Du vin au petit-déjeuner, n'importe quoi!

b Est-ce que vous êtes d'accord avec ce que les jeunes disent sur le film / la scène du petit-déjeuner? Discutez en classe ou en groupe et justifiez votre avis. Si vous avez vu le film en entier, vous pouvez aussi écrire une critique de film. (▶ Méthodes, p. 130–131/29)

la pomme de terre die Kartoffel serrer la main à qn jdm die Hand geben se faire la bise sich mit Küsschen begrüßen
la saucisse die Wurst se marrer s'amuser

1 Lis les trois premières vignettes* de la bédé, puis expose la situation. (▶ Méthodes, p.128/24)

* **la vignette** le dessin

 2 a Maintenant, lis la bédé en entier. Décris la rencontre entre Mathieu et Nils. Comment se comportent-ils? Que font-ils et pourquoi? Justifie à l'aide de la bédé. `//○` ▶ p. 116

b Il y a des vignettes dans lesquelles personne ne parle. Imagine des bulles-pensée* pour les personnages.

c Trouve un titre pour la bédé.

* **la bulle-pensée** die Gedankenblase

3 Retrouve à quels moment de l'histoire correspondent ces deux vignettes. Décris et compare l'ambiance dans les deux situations. Puis montre les moyens graphiques[1] (couleurs, arrière-plan[2], composition de l'image[3] etc.) que la dessinatrice utilise pour illustrer l'évolution de l'histoire.

1 **les moyens graphiques** *m. pl.* die gestalterischen Mittel
2 **l'arrière-plan** *m.* der Hintergrund
3 **la composition de l'image** der Bildaufbau
4 **la bouche** der Mund
5 **les rayures** *f. pl.* die Streifen

le(s) personnage(s)   en face de   à côté de   loin de   près de   séparé
toucher qn   l'arrière-plan   vide   le contraste   les cheveux *m. pl.*
les vêtements *m. pl.*   embrasser sur la bouche[4]   les rayures[5] *f. pl.*   timide   différent

4 a Fais un tableau et réponds spontanément à ces questions. Puis mettez vos résultats en commun.
  1. Qu'est-ce que tu associes* à la France / à l'Allemagne?
  2. Comment les Français / les Allemands sont-ils?

* **associer qc à qc/qn** etw. mit etw./jdm verbinden

b On a posé les mêmes questions à des élèves français et allemands. Lisez les réponses suivantes. Pour chacune des réponses, devinez si c'est ce que les élèves allemands ont dit de la France / des Français ou si c'est ce que les élèves français ont dit de l'Allemagne / des Allemands. Puis, vérifiez vos hypothèses à l'aide des résultats du sondage (▶ Solutions, p.144–145). Enfin, comparez vos réponses de a aux résultats du sondage.

1. À la France / À l'Allemagne, j'associe ...
la Seconde Guerre mondiale[1]   le foot
plus que trois repas par jour   la musique
le fromage   la charcuterie (au petit-déjeuner)
la baguette   les vacances   la bière
les longs dîners qu'on prend tard   le vin[2]
une langue difficile   des beaux paysages
le soleil   les voitures de luxe   l'amour
des bons films   les après-midis libres

2. Les Français / Les Allemands sont ...
sympa   grands   généreux[3]   élégants
écolos[4]   arrogants   accueillants[5]
chaotiques   gourmands[6]   beaux
drôles   ouverts   timides   sportifs
fiers de leur pays   bavards   végétariens

1 **la Seconde Guerre mondiale** der Zweite Weltkrieg
2 **le vin** der Wein   3 **généreux/-euse** großzügig
4 **écolo** umweltbewusst   5 **accueillant/e** gastfreundlich
6 **gourmand/e** naschhaft, gefräßig

c Est-ce que vous vous reconnaissez dans ce que les élèves français disent des Allemands? Discutez. (▶ Méthodes, p.125/18)

CD1
22–23

Vive la différence!

«Karambolage» est une émission qui passe sur la chaîne de télévision franco-allemande Arte.

vasistas

Collège Victor Hugo, Nantes

En cours d'allemand, nous avons vu l'émission «Karambolage» et nous avons bien aimé. C'est pourquoi, avec nos correspondants allemands, nous avons voulu faire pareil et présenter quelques habitudes de la vie quotidienne en Allemagne et en France.

L'objet

Les mouillettes

5 En France, un œuf à la coque, ça se mange en général comme ça: on met du beurre sur une tranche de pain blanc et on la découpe en morceaux longs et fins qu'on appelle des mouillettes. Ensuite, on trempe les mouillettes dans son œuf. Mmm! C'est drôlement bon!

10 Mais attention: si l'œuf n'est pas assez cuit, on en met partout et c'est un peu dégoûtant. Et s'il est trop dur, on ne peut plus y tremper ses mouillettes et c'est bien dommage! Les Allemands, eux, utilisent une petite cuillère en plastique ou en métal à la place des mouillettes.

La «Schultüte»

15 La «Schultüte» est une tradition allemande du 19e siècle. C'est un grand cornet en carton et en papier qui se ferme avec un ruban. En Allemagne, le premier jour d'école, les parents offrent une «Schultüte» à leur enfant. Il part à l'école avec son cadeau qu'il tient fièrement dans ses bras. Les parents peuvent, bien sûr, acheter la «Schultüte»,

20 mais c'est beaucoup plus sympa de la faire soi-même. On la remplit, par exemple, avec des objets utiles comme des stylos et des crayons, mais aussi avec des bonbons, un jeu de cartes et un porte-bonheur. Mais … chut! Le contenu de la «Schultüte» doit rester une surprise jusqu'au dernier moment!

25 **Vos commentaires:**

Tom: Vous oubliez de dire qu'en France, on mange les œufs à la coque plutôt le soir et pas au petit-déjeuner comme en Allemagne. **le 3 décembre**

Zaïa: Je trouve que la «Schultüte» est une belle tradition. On devrait l'introduire en France! **le 4 décembre**

Lire et comprendre

1 a Lis le début du texte (l. 1–3) et explique ce que fait l'émission *Karambolage*.   (▶ Civilisation, p. 137)

b Explique en allemand à ton/ta partenaire comment on mange les œufs à la coque en France. Ton/Ta partenaire vérifie à l'aide du texte et complète tes informations si nécessaire.

c Lis le texte sur la «Schultüte». Est-ce que les élèves français présentent la tradition de la «Schultüte» comme tu la connais? Écris un commentaire pour le site *Vasistas*.

Parler

2 Choisissez un des objets et faites des devinettes, puis échangez les rôles.
Vous pouvez aussi choisir d'autres objets qui se trouvent dans votre salle de classe.
Exemple:
– C'est un objet en métal?   – Oui. / Non.
– C'est quelque chose qu'on utilise pour manger de la glace?   – Oui, par exemple. / Non.
– C'est une cuillère?   – Oui, c'est ça!

en fer
en métal
en plastique
en papier
en carton

avec *lequel* on _____
sur *lequel* on _____
qu'on utilise pour _____
qu'il faut pour _____
_____

le porte-revues   la rampe   le couteau   le marque-page   la chemise   l'enveloppe *f.*

Vocabulaire et expression

3 a Trouve les phrases qui correspondent à ces phrases allemandes dans le texte, p. 42. Comment est-ce qu'on peut exprimer un passif allemand en français?
1. Sie wird zum Beispiel mit nützlichen Gegenständen gefüllt.
2. Das ist eine große spitze Tüte, die mit einem Band verschlossen wird.

b Choisis un mot et explique-le. Ton/Ta partenaire devine ce que c'est.   ▶ p. 116

un stylo   une porte   «merci»
une glace   le foot
les vêtements   le pain   la lecture

ça se/s' | *acheter   manger   dire   jouer   ouvrir*
         | *mettre   apprendre   utiliser   _____*

Recherche

4 Pour en savoir plus sur ce qui est typiquement français ou allemand, fais une recherche sur le site de l'émission *Karambolage* (sous «Toutes les rubriques»). Choisis deux exemples dans deux rubriques différentes, puis présente-les. Les questions suivantes peuvent t'aider pour structurer ta présentation.

Où?   Dans quel but?
Comment?   Quand?
Quoi?   Depuis quand?
_____

Lycée et collège de l'Iroise, Brest

Trois mois en Allemagne!

mis en ligne le 10 décembre

CD 1
24–25

On m'a demandé de vous raconter mon expérience «Brigitte Sauzay», alors voilà. Il y a deux ans, mon frère a fait cet échange et il est revenu super content! Évidemment, ça m'a donné envie de partir, moi aussi. Alors, l'an dernier (j'étais en troisième), je suis allée sur le site de l'OFAJ et j'ai trouvé une correspon-
5 dante. Elle s'appelle Anna et vit à Rüsselsheim, près de Francfort. Elle est en 10ᵉ classe (ça correspond à la seconde) au Neues Gymnasium de Rüsselsheim et elle a 15 ans et demi comme moi. Enfin, je suis partie pendant trois mois de septembre à novembre. Anna, elle, viendra chez moi de début mars à fin mai.

    Au début, j'avais peur que ça se passe mal, mais tout s'est très bien passé.
10 Ma famille d'accueil a été absolument adorable! Les parents d'Anna s'appellent Daniel et Katrin. Ils sont très gentils! Sa sœur, Luisa, a 13 ans. Elle m'a gentiment laissé sa chambre pendant ces trois mois et elle a dormi dans la chambre d'Anna. (Ce n'est pas ma sœur qui ferait la même chose!) Le premier soir, on a fait un vrai repas avec une entrée et un plat principal. Les autres soirs,
15 il y avait le «Abendbrot» (qui veut dire mot à mot le «pain du soir»). Moi, j'ai compris «Armenbrot» (mot à mot le «pain des pauvres»). J'ai trouvé bizarre qu'ils appellent ça «Armenbrot» même si ce n'est pas un vrai repas. Alors, j'ai demandé à Anna de m'expliquer. Elle a éclaté de rire! Eh non, je ne connaissais pas ce mot! :-/ Maintenant, je ne parle pas encore couramment allemand, mais j'ai fait énormément de progrès!

    Pendant tout mon séjour à Rüsselsheim, je suis allée en cours avec Anna. En Allemagne, les cours sont
20 cool. (Ils durent seulement 45 minutes. Et les élèves ont cours jusqu'à 13 heures 30 seulement.) Je pense que les élèves sont plus libres que chez nous. Et puis, ils travaillent différemment, de manière plus autonome. Ils sont souvent assis en petits groupes et les profs font le tour de la classe pour expliquer. Pour moi, c'était vraiment super parce qu'au début, je ne comprenais pas grand-chose, mais je n'osais pas déranger. Et puis, j'avais peur qu'on ne me comprenne pas bien ou qu'on se moque de moi à cause de mon accent. Mais on m'a
25 dit de ne pas m'inquiéter à cause de ça. Ce qui m'a beaucoup plu aussi, dans le lycée d'Anna, c'est qu'il n'y a pas de carnets de correspondance comme en France et qu'il n'y a pas de surveillants non plus. C'est carrément cool!

    Avec Anna, on s'est très bien entendues. On a fait un tas d'activités ensemble. Je suis même allée avec elle au club-théâtre du lycée! Pourtant, le théâtre, ce n'est pas trop mon truc. Anna et moi, on a fait aussi
30 beaucoup de choses avec ses copains. Pendant les «Herbstferien» (mot à mot «les vacances d'automne»), ils m'ont montré Francfort, une ville avec un tas de tours modernes. On est allés au «Palmengarten», au «Senckenberg-Naturmuseum», on s'est promenés sur les bords du Main et on a fait du shopping, bien sûr!

    Ces trois mois ont vite passé et je n'ai presque pas eu le mal du pays. Par contre, j'ai eu mal au ventre à cause de l'eau gazeuse. (Il y avait toujours de l'eau gazeuse à table. L'eau plate m'a énormément manqué,
35 mais je n'ai pas osé le dire …)

    C'est dommage que ce soit fini, mais j'ai eu la chance de faire cette expérience. J'ai appris à me débrouiller seule, sans ma famille et mes copains. Alors, forcément, je suis devenue plus indépendante. Et puis, je suis contente qu'Anna vienne bientôt chez moi! Voilà! Vous hésitez à partir pendant trois mois en Allemagne? Allez-y, c'est «toll»!

40

▶ Lisez aussi: <u>Le coin des anecdotes</u>

Morgane, élève de seconde

Lire et comprendre

1 a Lis le texte, puis note les informations que tu y trouves sous forme de schéma.   ▶ p. 116

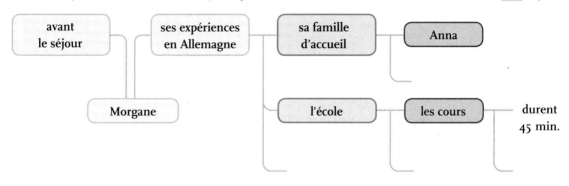

b Un journal veut imprimer le texte de Morgane. Aide-la à trouver des titres pour les paragraphes. Utilise ton schéma de a.

c Que penses-tu de ce que Morgane dit de l'Allemagne à propos des thèmes suivants? Commente.   ▶ p. 116

les repas *m. pl.*   la durée des cours   l'ambiance à l'école *f.*

Koop 2 Trouvez des informations sur l'OFAJ et les programmes d'échange franco-allemands (par exemple *Brigitte Sauzay* et *Voltaire*) sur Internet. Vous pouvez aussi consulter le *Petit Dictionnaire de Civilisation*, p. 134–137.

Parler

3 Aimeriez-vous faire un échange de trois mois en France? Discutez-en avec votre partenaire.

	+	**–**
Ich würde	parler couramment français	rester aussi longtemps en France
J'aimerais	découvrir la France / ___	quitter ma famille / mon chien / ___
Je serais content/e de	aller à l'école en France	manquer des cours *(Unterricht versäumen)*
Ich würde mich freuen	rencontrer des Français/es	avoir le mal du pays
Das würde ich nicht	passer trois mois à l'étranger *Ausland*	parler français tout le temps
Je n'aimerais pas	quitter ma famille / ___	ne pas comprendre les gens / ___
J'aurais peur de	être indépendant/e	manger du fromage / ___
Ich hätte Angst vor	___	

Découvrir

Koop 4 a Mit folgenden Satzanfängen werden Gefühle und Wertungen ausgedrückt. Übersetze sie.

J'ai trouvé bizarre que ___.   C'est dommage que ___.

J'avais peur que ___.   Je suis content/e que ___.

b Finde heraus, wie die Sätze aus a in Morganes Bericht (▶ p. 44) weitergehen. Welche Verbform steht jeweils im Nebensatz?

S'entraîner

5   *TV Jeunes* a interviewé quelques jeunes Allemands qui font un échange en France. Raconte ce qu'ils disent. (▶ Repères, p.54/1, ▶ Pense-bête, p.232)

Exemple: 1. Elle trouve nul que l'école finisse très tard.

> L'école finit très tard. Je trouve ça nul!

> Les élèves ont des carnets de correspondance. Je trouve ça bizarre.

> Et si les profs ne me comprennent pas? J'ai peur …

> Ma famille d'accueil est sympa. Je suis content!

> Il n'y a pas d'atelier foot dans le lycée de mon corres. C'est dommage.

 6   Imaginez le/la corres de vos rêves et le/la corres de vos pires cauchemars* et décrivez-les à votre partenaire. Utilisez le subjonctif.   (▶ Repères, p.54/1, ▶ Pense-bête, p.232)   ▶ p.117

Ce serait cool / ____ que ____.
J'ai envie / Je voudrais que ____.
Je trouverais super / ____ que ____.
Il faudrait que ____.

Ça m'énerverait que ____.
J'ai peur que ____.
Il ne faudrait pas que ____.
Je ne voudrais pas que ____.

*   **les pires cauchemars** *m. pl.*   die schlimmsten Albträume

Écouter et comprendre

CD 1
26

7 a   Dans une émission à la radio, des jeunes parlent de leur échange. Fais un tableau et note d'abord comment ils ont trouvé l'échange en général (☺ ☺ ☹).

    b   Écoute encore une fois et note ce qui leur a plu / ce qui ne leur a pas plu.   (▶ Méthodes, p.123/12)

prénom	en général
Colin	
Nino	
Sophie	

Vocabulaire et expression

 8   Morgane prépare le séjour de sa corres Anna à Brest. Rends le texte plus vivant: complète-le par les adverbes français qui conviennent. Parfois, il y a plusieurs possibilités.   ▶ p.117

1. Il faut *(unbedingt)* qu'Anna se sente chez elle quand elle viendra. Il faut que j'explique à papa et maman qu'Anna ne parle pas *(fließend)* le français et qu'il faudra parler moins vite.
2. À l'école, ça va être moins cool qu'à Rüsselsheim … En France, on apprend *(anders)* et j'ai *(wirklich)* peur que ce soit ennuyeux pour Anna. En plus, on a *(sehr viel)* de devoirs …
3. *(selbstverständlich)*, on va faire un tas d'activités. Qu'est-ce qui plairait à Anna? Ah oui! Ce serait *(total)* cool si on pouvait aller au théâtre. Et *(ausgerechnet)*, mamie m'a *(netterweise)* offert deux places pour aller voir «Le bal des voleurs» d'Anouilh, ça tombe bien!
4. Et puis, on ne peut pas faire de séjour à Brest sans voir l'océan! Alors, *(zwangsläufig)*, on fera un tour en bateau et je lui montrerai Océanopolis, elle va *(sicherlich)* trouver ça génial!
5. Je suis contente qu'elle arrive bientôt et qu'elle reste trois mois, et pas *(nur)* une semaine!

Médiation

9 Le journal de ton école présente des objets typiques du monde entier. Écris un texte sur le Carambar, en allemand. (▶ Méthodes, p. 133/33)

Nos objets cultes

Ah … le Carambar! Ce bonbon que tous les enfants français connaissent et adorent! On l'appelle Carambar parce qu'il s'agit d'une «barre» de «caramel» dure et longue de 8 centimètres. Quand a-t-on inventé le Carambar? Eh bien justement, on ne l'a pas inventé! Il est né en 1954 quand une machine à fabriquer les bonbons n'a pas marché correctement et a fait des bonbons beaucoup trop longs. Depuis, ce bonbon fait plaisir aux enfants: on le mange à la récré, au goûter, à la maison et on peut
5 acheter des Carambars presque partout! Mais si vous avez la chance d'en manger un, faites attention: il est très, très dur! C'est pourquoi il vaut mieux le garder un peu dans la main avant de le manger. Mais où est passé le papier d'emballage du Carambar? Ne me dites pas que vous l'avez mis à la poubelle! Il ne faut pas, surtout pas! En effet, quand on sort le Carambar de son papier d'emballage, surprise: il y a des blagues sur le papier! Ce sont les célèbres «blagues Carambar». Un exemple?

Dans la rue, un homme demande à une vieille dame:
10 – *Vous n'auriez pas vu un policier?*
 – *Non.*
 – *Alors donnez-moi votre sac à main!*

Allez, encore une:
 – *Maman, maman, l'armoire est tombée!*
15 – *Mon dieu, il faut prévenir ton père!*
 – *Il le sait déjà, il est dessous.*

Vous n'êtes pas morts de rire? Bon, c'est vrai que les blagues ne sont pas toujours très intelligentes, mais on les adore justement pour ça! L'expression «blague Carambar» est même
20 passée dans le langage de tous les jours pour dire «blague nulle».

Le 21 mars 2013, dans une campagne de publicité qu'ils appellent «C'est du sérieux», les producteurs de Carambar expliquent qu'ils vont arrêter les blagues et proposer des questions de grammaire à la place. Tous les journaux en parlent et crient que c'est une catastrophe et que les blagues Carambar manqueraient trop aux Français! Eh bien justement, quatre jours plus tard, les Français apprennent que «la fin des blagues» était une blague, «la plus grande blague de l'année»!
25 Ah, sacré Carambar!

une barre de Carambar

Écrire

10 Va sur le site de l'OFAJ dans la rubrique «Participer», puis «Petites annonces». Choisis une annonce d'un/e élève français/e qui cherche un/e corres et réponds-y par mail. (▶ Dictionnaire)

Apprendre à apprendre

11 **Wie du deinen Wortschatz individuell erweiterst**

a Wenn dir französische Wörter und Ausdrücke begegnen, die du noch nicht kennst, dann entscheide selbstständig, ob sie für dich wichtig und nützlich sind, und nimm sie in deinen Lernwortschatz auf.
Lies die Ratschläge im Methodenteil (S. 123/10) und wende sie in **b** an.

b Lies deine E-Mail aus Aufgabe **10**. Entscheide, welche der neuen Wörter und Ausdrücke für dich nützlich sind, und nimm sie in deinen Lernwortschatz auf.

CD 1
27–31

Le coin des anecdotes

Écrivez-nous!

Ayoub
le 11 décembre

J'ai participé à un échange quand j'étais en quatrième.
J'étais à Hambourg. Un jour, on m'a servi une sorte de
soupe avec des pois, des pommes de terre et des
5 morceaux de saucisse. J'en ai pris très peu parce que je
voulais aussi goûter le plat principal. Eh bien, vous
savez quoi? Cette spécialité allemande, qu'on appelle
«Eintopf», c'était le plat unique! J'ai eu faim tout
l'après-midi, mais je n'ai pas osé le dire. LOL

▶ Commentaire

Fan-de-moi
le 12 décembre

10 Moi, un jour où il faisait chaud, j'ai eu envie d'une glace. J'ai demandé à ma corres Selma:
«Gibt es Glas?» J'étais étonnée qu'elle m'apporte un verre. Mais au bout d'un moment, j'ai
compris le malentendu: «Glas» ne veut pas dire «glace» mais «verre», bien sûr! Selma et
moi, on a bien ri! Eh oui, il faut faire attention aux faux amis. ;-)   ▶ Commentaire

Karim
le 12 décembre

15 Le premier jour où je suis allé au lycée, mon corres a
sorti une boîte en plastique du placard qui ressemblait à
une boîte à cache. Alors, je lui ai demandé: «C'est quoi,
ça? Ça sert à quoi?» Matti était étonné que je ne
20 connaisse pas cet objet, mais il m'a expliqué. En fait, il
s'agit d'une «Brotdose» (mot à mot «boîte à pain») qu'on
remplit avec des tartines de fromage ou de charcuterie,
des fruits et même des boissons pour les emporter à
l'école ou en pique-nique. Il paraît qu'il existe aussi des
25 boîtes à banane, à pomme et même à kiwi. Il fallait y penser!

▶ Commentaire

Nolwenn
le 14 décembre

Moi, un jour, je suis allée toute seule en ville parce que je voulais acheter des cadeaux pour
ma famille et mon copain. J'avais rendez-vous avec ma corres et son amie devant la gare
principale de Stuttgart à cinq heures et demie. J'ai rejoint les filles avec exactement une
30 heure de retard! Je me trompe toujours! Eh oui, les Allemands disent «halb sechs» pour
«cinq heures et demie», et moi, quand j'entends «halb sechs», j'ai six heures et demie en
tête. :-/   ▶ Commentaire

Le Chti
le 15 décembre

Mon corres Gustav n'arrêtait pas de se plaindre. Un matin, au petit-déjeuner, il s'est plaint
35 de son «oreiller en forme de grosse saucisse» qui le dérangeait pour dormir. J'ai trouvé la
comparaison amusante, et j'ai tout de suite compris. «Tu veux dire un ‹traversin›?» Alors,
ma mère lui a donné un oreiller à la place.   ▶ Commentaire

Lire et comprendre

1 a Lis les anecdotes. Dans quelle(s) situation(s) s'agit-il d'un problème de langue et dans quelle(s) situation(s) d'habitudes différentes? Quelquefois plusieurs réponses sont possibles.

	problème de langue	*habitudes différentes*
Ayoub		
Fan-de-moi		

b **Résume chaque anecdote au présent en une ou deux phrases.** ▶ p. 117

Exemple: Ayoub ne mange pas beaucoup de «Eintopf» parce que ____.

Parler

2 **Tu vas bientôt faire un échange en France. Quel(s) cadeau(x) est-ce que tu pourrais apporter à ta famille d'accueil? Discutez.**

du pain noir / de la moutarde / un «Stollen» / ____
le DVD / le dernier album de ____
un livre sur ____
un tee-shirt avec ____ / le maillot* de l'équipe ____

____

* **le maillot** das Trikot

parce que/qu' c'est une spécialité allemande / de notre région
ils ne connaissent peut-être pas ça en France
c'est hyper bon/original/drôle/pratique/____

____

Ah oui, génial!
Super, mais il faudra leur expliquer ce que c'est.
Bonne idée, mais comment tu vas le/la/les transporter?
Non, ça ne sert à rien / c'est nul ____!

S'entraîner

3 **Travaillez à trois. A demande quelque chose à B, qui le dit à C, qui demande à A si c'est vrai. Puis, échangez les rôles. Utilisez les expressions *demander à qn de* + infinitif et *dire à qn de* + infinitif.**

Exemple:
A (à B): Dessine un hamster.
B (à C): Il/Elle m'a demandé de dessiner un hamster.
C (à A): Tu lui as demandé de dessiner un hamster?!

dessiner un hamster   *disparaître*   *dépenser* mille euros

s'énerver   *applaudir*   *s'envoler*   *compter* jusqu'à cent

ressembler à une chaise   *dormir* pendant douze heures

écrire les yeux fermés   ____

Vocabulaire et expression

4 a Quelle définition correspond à quelle photo? Traduis les légendes des photos en allemand.

1

2

C'est un verre dans lequel il y a de l'eau.

C'est un verre qui sert à boire de l'eau.

un verre à eau

un verre d'eau

b Trouve les mots composés qu'on peut former à partir de ces mots et explique-les comme en a.

Löffel une cuillère		café
Dose une boîte	à	biscuits
Teller une assiette		fromage
Tüte un cornet	de	glace
		soupe

Dans une recette, tu lis: "Ajoutez deux cuillères à café de sucre." Qu'est-ce que tu fais? Tu mets du café, du sucre ou les deux?

5 a Attention aux faux-amis! À quels mots allemands ces mots ressemblent-ils? Cherche les mots français dans un dictionnaire (▶ Méthodes, p. 120/5.1) et explique le malentendu possible.

Exemple:

1. une glace → Ça ressemble au mot allemand «Glas», mais ça veut dire «Eis».

1. la glace

2. le régal

3. la canne

4. l'infusion *f.*

5. le baiser

6. la démonstration

7. le tricot

8. la dose

b Traduis mot à mot les expressions suivantes. Puis cherche dans un dictionnaire quelles expressions allemandes leur correspondent. (▶ Méthodes, p. 120/5.1)

Exemple:

«Ne pas être dans son assiette», ça veut dire mot à mot «nicht in seinem Teller sein» et ça correspond à l'expression allemande «sich nicht wohl fühlen».

ne pas être dans son assiette

casser les pieds à qn

poser un lapin à qn

chercher midi à quatorze heures

raconter des salades

ne pas être sorti/e de l'auberge

mettre les pieds dans le plat

appeler un chat un chat

faire la tête

tomber dans les pommes

Regarder et comprendre

DVD
CD1
32–37

6 a Regarde les scènes d'un échange entre jeunes Français et jeunes Allemands. Résume ce qui se passe à l'aide des mots suivants.

le coiffeur

le clavier

le sèche-cheveux

la prise

le comprimé

le digicode

Koop

b Qu'est-ce que les jeunes disent pour parler des problèmes qu'ils rencontrent? Regardez encore une fois et notez les expressions dans un tableau.

S. O. S. échange – les expressions qui sauvent!

J'ai compris quelque chose	Je remarque que quelque chose ne va pas	Je ne sais pas comment on utilise quelque chose	Je veux parler d'un malentendu	Je ne sais pas comment on dit quelque chose en français
Ah bon!				

c Trouvez d'autres expressions avec lesquelles vous pouvez parler d'un problème et le résoudre. Complétez votre liste *S. O. S. échange.* (▶ Textes, p. 44, p. 48, ▶ Liste alphabétique, p. 188)

Apprendre à apprendre

7   **Wie du beim Sprachmitteln mit kulturellen Besonderheiten umgehst**

a Wenn du beim Sprachmitteln daran denkst, auch kulturelle Besonderheiten zu erläutern, kannst du verhindern, dass dich dein Gegenüber nicht versteht oder missversteht.
Lies die Ratschläge im Methodenteil (S. 133/33.2) und wende sie in **b** an.

b Tu es chez ton/ta corres en France. Ton oncle t'a envoyé cette anecdote par mail. Raconte-la à ton/ta corres.

> ● ● ●
>
> Als ich das erste Mal in Frankreich war, wäre ich gleich am ersten Morgen fast überfahren worden …
> Ich war mit meinem Austauschpartner Michel auf dem Weg zur Schule und wir wollten die Straße
> überqueren. Da war ein Zebrastreifen, also wollte ich einfach, ohne groß nach links und rechts zu
> sehen, über die Straße gehen. Da hat Michel „Attention!" gerufen und mich am Arm gepackt, gerade
> 5   noch rechtzeitig, wie sich herausstellte, denn das Auto hielt nicht an! Ich war total fertig und habe
> mich auch ein bisschen geschämt, dass ich nicht mal im Straßenverkehr alleine klar komme … Dann
> hat mir Michel erklärt, dass die Autofahrer in Frankreich nur ganz selten am Zebrastreifen anhalten
> und den Fußgängern den Vortritt lassen, und dass man immer aufpassen muss. Nach diesem Erlebnis
> wurde ich ein wenig übervorsichtig, was mir Michels Spott einbrachte, wenn ich mal wieder brav an
> 10   der Ampel wartete, dass es grün wird – während alle anderen ganz selbstverständlich bei Rot über die
> Straße gingen. Nach einer Weile habe ich mich aber irgendwie an die geheimen Regeln des franzö-
> sischen Straßenverkehrs gewöhnt und als ich wieder frisch zurück in Deutschland war, hatte ich
> Schwierigkeiten, hier wieder zurechtzukommen.

Choisis une des deux tâches.

PIF **A**   **Chez nous, c'est comme ça!**
Les élèves du collège Victor Hugo de Nantes et leurs correspondants (▶ Texte, p. 42) ont fait une liste d'objets, d'habitudes et d'évènements sur lesquels ils aimeraient en savoir plus. Aide-les: présente un objet, une habitude quotidienne ou un évènement typiquement allemand/e, qui n'existe pas ou qui existe différemment en France. Écris un texte à la «Karambolage».

1. Lis la liste et choisis un objet, un évènement ou une habitude quotidienne. Tu peux aussi faire une recherche sur le site de l'émission «Karambolage» ou choisir quelque chose qui est typique de ta région, ta ville, ton village et qui existe peut-être uniquement chez vous.
2. Décris l'objet et explique à quoi il sert. / Décris la fête ou l'habitude et explique pourquoi vous faites comme ça.
   - S'il te manque des mots, cherche-les dans un dictionnaire.   (▶ Méthodes, p. 121/5.2)
   - S'il te manque des informations, fais une recherche sur Internet.
   - Si par exemple chez toi, vous fêtez une fête autrement qu'elle se fête en général en Allemagne, parles-en aussi dans ton texte.
   - Dis aussi comment tu trouves l'objet, l'évènement ou l'habitude que tu expliques.
3. Si tu connais quelque chose en France qui ressemble à ton objet ou à la tradition que tu veux décrire, dis à quoi cela correspond en France ou utilise des comparaisons.
4. Écris ton texte. Tu peux aussi faire un film à la «Karambolage».

> – *Silvester: das Bleigießen, „Dinner for One", die Silvesterknaller, …*
> – *Karneval: die Weiberfastnacht, die Umzüge, …*
> – *das Oktoberfest*
> – *Ostern: Ostereier bemalen, das Osterfeuer, …*
> – *die Bundesjugendspiele*
> – *die Walpurgisnacht, der Maibaum, der Tanz in den Mai*
> – *das Schützenfest*
> – *der Abistreich*
> – *die deutschen Schulnoten*
> – *der Getränkekasten*
> – *das Kirschkernkissen*
> – *das Poesiealbum*
> – *die Currywurst*
> – *der Waldmeister-Geschmack*
> – *…*

Tu cherches des expressions utiles?   ▶ *Repères (Qu'est-ce qu'on dit*, p. 54*), textes* (p. 42, p. 44, p. 48*), exercices* (p. 43/2+3, p. 46/5, p. 51/7)

Le réveillon de la Saint-Sylvestre

Moi, j'aime cette fête parce qu'on fête jusqu'à tard dans la nuit – ou tôt le matin!

La soirée se déroule comme ça: vers 20 h, mes parents et moi, on va chez ma tante et mes cousins et cousines parce qu'on
5   s'amuse bien avec eux, mais je sais que beaucoup de gens fêtent le réveillon aussi entre amis.

On prend l'apéritif bien sûr, avec du champagne et, pour les enfants, du jus de fruits. Puis, ma tante présente son dîner spécial (et très cher!): on mange du foie gras[1] (j'aime bien),
10   des huîtres[2] (beurk – je déteste ça!) ou du poisson (ça va), des gâteaux et d'autres desserts (miam!). Et après, les adultes boivent du champagne (encore!). Le repas dure très longtemps: à minuit, on n'a même pas encore mangé le fromage! Je trouve drôle que les adultes veuillent bavarder tout le

temps, mais parfois, on danse et on fait des jeux. Notre jeu préféré, c'est «Loup-garou»! C'est cool.   15

Mais il faut faire attention à ne pas oublier l'heure parce qu'à minuit, on se souhaite une bonne année, on s'embrasse sous le gui[3], on va dans la rue pour souhaiter la bonne année aux gens. Après on rentre, et la fête continue avec le fromage, le   20
dessert … À la fin, on n'a plus faim du tout!

Je sais qu'il y a une grande fête sur les Champs-Élysées ou sous la tour Eiffel. C'est sûrement beau aussi, mais je préfère être avec ma famille.   25

1 le foie gras die Gänsestopfleber
2 l'huître *f.* die Auster
3 le gui der Mistelzweig

Adrien, 15 ans, Paris

B   Mon anecdote

Présentez un malentendu amusant entre Français et Allemands dans un jeu de rôle. (▶ Méthodes, p. 125/17)

1. Quel problème ou quel malentendu voulez-vous montrer? Vous pouvez vous inspirer des textes et des exercices de l'unité, mais vous pouvez choisir aussi quelque chose de drôle ou d'intéressant qui vous est arrivé pendant un échange ou qu'on vous a raconté.
   Notez vos idées, puis mettez-vous d'accord sur le thème de votre scène. Il pourrait s'agir d'une histoire autour:
   - d'un objet ou d'une habitude inconnue (comme les mouillettes, le «Abendbrot», la «Schultüte», le traversin ...).
   - d'un faux-ami comme «la glace» – «das Glas».
   - d'un malentendu comme celui de Henrik dans le film «Französisch für Anfänger».
2. Répartissez les rôles.
3. Écrivez votre scène. N'oubliez pas de trouver une solution au malentendu que vous avez choisi.
4. Entraînez-vous à la jouer.
5. Jouez la scène. (Vous pouvez aussi la filmer.)

Vous cherchez des idées? Le tableau des faux-amis peut vous aider.
Vous cherchez des expressions utiles?   ▶ *Repères* (*Qu'est-ce qu'on dit*, p. 54), *textes* (p. 42, p. 48), *exercices* (p. 43/2+3, p. 50/5 a, p. 51/6)

FAUX-AMIS			
traduction allemande	mot français	mot allemand	traduction française
das Schlagzeug	la batterie	die Batterie	la pile
der Zirkel	le compas	der Kompass	la boussole
die Sporthalle	le gymnase	das Gymnasium	le lycée
der Schläger	la raquette	die Rakete	la fusée
tapfer	brave	brav	sage
der Kofferraum	le coffre	der Koffer	la valise
der Streuzucker	le sucre en poudre	der Puderzucker	le sucre glace

Qu'est-ce qu'on dit?

Du beschreibst einen Gegenstand

C'est (un grand cornet) en (carton) qui (se ferme avec un ruban).

C'est une sorte de (soupe) avec (des pois et des pommes de terre).

Il s'agit d'(une «Brotdose»), mot à mot («boîte à pain»), qu'on (remplit avec des tartines).

C'est (un grand oreiller) en forme de (grosse saucisse).

Du beschreibst eine Gewohnheit

Ça se mange en général comme ça.

Les (Allemands) utilisent (une petite cuillère) à la place des (mouillettes).

On met (du beurre).

On (la) découpe en morceaux.

On (les) trempe (dans son œuf).

En Allemagne, le premier jour de l'école, les parents offrent une «Schultüte» à leur enfant.

On la remplit par exemple avec (des choses utiles).

Il y avait toujours (de l'eau gazeuse à table).

(Les Français) disent toujours («Allô?») quand ils (répondent au téléphone).

(En France), on (mange) très souvent (du fromage à la fin du repas).

(Les Allemands) ont l'habitude de (passer leurs vacances à l'étranger).

Du vergleichst und bewertest etwas

(La 10ᵉ classe) correspond à (la seconde).

Je pense que (les élèves) sont plus (libres) que chez nous.

Ils travaillent différemment, de manière plus autonome.

Ce qui m'a beaucoup plu, c'est qu'il n'y a pas de carnets de correspondance comme en France.

J'ai trouvé la comparaison amusante.

Je trouve bizarre qu'(ils appellent ça «Armenbrot»).

Du drückst deine Gefühle aus

J'avais peur que (ça se passe mal).

C'est dommage que (ce soit fini).

Je suis content/e qu'(Anna vienne chez moi).

Je n'ai pas osé (le dire).

(L'eau plate) m'a énormément manqué.

Du erzählst von einem Erlebnis

J'ai demandé (à Anna) de (m'expliquer) le mot.

On m'a dit de (ne pas m'inquiéter).

Mais au bout d'un moment, (j'ai compris le malentendu).

Du räumst ein Missverständnis aus

(«Glas») ne veut pas dire («glace»), mais («verre»).

Les Allemands disent («halb sechs») pour («cinq heures et demie»).

Grammaire

GH 16 **1**

Du drückst Gefühle aus oder bewertest etwas:

Je suis content qu'il vienne.

→ **weitere Auslöser des** *subjonctif (déclencheurs du subjonctif)*

J'ai peur que ça se passe mal.
C'est dommage que ce soit fini.
Je suis contente qu'Anna vienne chez moi.

GEFÜHL

Je trouve bizarre qu'ils appellent ça «Armenbrot».

BEWERTUNG

Das kennst du schon:

Je veux / Je voudrais que ____.

WUNSCH/WILLE

Il faut / Il faudrait que ____.

NOTWENDIGKEIT

Übt und wiederholt gemeinsam:

a Wiederholt die Bildung der *subjonctif*-Formen der Verben. (▶ Pense-bête, p. 232, ▶ Verbes, p. 138)

b Sammelt Adjektive, mit denen man Gefühle und Bewertungen ausdrücken kann, und formuliert damit weitere Auslöser des *subjonctif*. (▶ Exercice, p. 46/6)

c Reagiert auf folgende Aussagen und benutzt dabei eure Liste aus b:

> **1** Environ 200 000 jeunes Français et Allemands font un échange chaque année.

> **2** Les Français découpent le fromage autrement que les Allemands.

> **3** Les élèves français ont des vacances d'été plus longues que les élèves allemands.

> **4** Les notes de musique s'appellent do-ré-mi-fa-sol-la-si-do en français.

> **5** En France, les enfants vont à l'école maternelle vers 3 ans.

> **6** Les radios françaises doivent passer 40 % de musique francophone.

Du gibst wieder, worum jemand bittet oder wozu jemand auffordert:

Dazu brauchst du:

GH 18 **2** <u>On m'a demandé</u> **de** vous **raconter** mon expérience.

→ *dire de / demander de + infinitif*

«Ne t'inquiète pas.» → <u>On m'a dit</u> **de** ne pas **m'inquiéter**.

«Anna, est-ce que tu peux m'expliquer ce mot?» → <u>J'ai demandé</u> à Anna **de** m'**expliquer** ce mot.

«Raconte-leur ton expérience.» → <u>On m'a demandé</u> **de** vous **raconter** mon expérience.

Übt und wiederholt gemeinsam:

Lest die englische Entsprechung der Beispielsätze (▶ p. 145/2) und vergleicht mit dem Französischen.

Du beschreibst, auf welche Art und Weise etwas passiert oder gemacht wird:

Dazu brauchst du:

GH 17 **3** Ils travaillent **différemment**.

→ **Adverbien** *(les adverbes)*

Adjektiv	Adverb	
différ**ent**/e	→ différ**emment**	**!** énorm**ément**
viol**ent**/e	→ viol**emment**	forc**ément**
intellig**ent**/e	→ intellig**emment**	carr**ément**
indépend**ant**/e	→ indépend**amment**	gent**iment**
		absol**ument**
! intéress**ant**/e	→ ~~intéress**amment**~~	
	→ **de manière** intéressante	

✓ Ein Adjektiv und das davon abgeleitete Adverb können unterschiedliche Bedeutungen haben.

✓ Nicht von jedem Adjektiv kann man ein Adverb ableiten. Die Art und Weise kannst du auch mit *de manière + adjectif* ausdrücken.

Übt und wiederholt gemeinsam:

a Betrachtet die Adjektive und die dazugehörigen Adverbien. Wie werden diese Adverbien gebildet?

b Lernt die Ausnahmen auswendig.

Neue Verben:

GH 19 **4** (se) plaindre, rejoindre

→ *Verbes, p. 138–143*

1 a Décris les deux villes à ton/ta partenaire sans les nommer. Il/Elle trouve de quelles villes tu parles. Vous pouvez vous aider de la carte à la fin du livre. (B ▶ p. 110)

compter ____ habitants
être à ____ kilomètres de ____
se trouver en ____
à ____
près de ____
au bord de ____
entre ____ et ____
être situé dans une région de
montagnes / de lacs / de forêts
____

b Continuez avec des villes, des régions ou des pays de votre choix.

2 a Présente ces personnalités à l'aide des informations données. Utilise *de/d'*, *du*, *des*, *en*, *au* ou *aux*.
Exemple: 1. Samuel Eto'o est un joueur de foot. Il vient d'Afrique. Il est né au Cameroun. ...

1. Samuel Eto'o, joueur de foot
– *venir* ? Afrique *de*
– *être né* ? Cameroun *au*
– *avoir* joué ? Espagne, puis dans d'autres clubs ? Europe. *en*

2. Leïla Bekhti, actrice
– ses parents *venir* ? Algérie
– *être née* ? France
– *jouer* ? France et ? Maroc

3. Tony Parker, joueur de basket
– *être né* ? Belgique
– son père *venir* ? États-Unis
– sa mère *venir* ? Pays-Bas
– *être célèbre* ? États-Unis et ? France

4. Stromae, chanteur
– son père *venir* ? Rwanda
– sa mère *venir* ? Belgique
– *être né et habiter* ? Belgique

5. Omar Sy, acteur
– *être né* ? France
– son père *venir* ? Sénégal
– sa mère *venir* ? Mauritanie
– *vivre* ? États-Unis

6. Eugenie Bouchard, joueuse de tennis
– *venir* ? Canada
– *avoir* gagné des matchs importants ? Japon et ? Allemagne
– son entraîneur *venir* ? États-Unis

féminin		masculin	
l'Afrique	l'Espagne	le Cameroun	le Maroc
l'Algérie	l'Europe	le Canada	les Pays-Bas
l'Allemagne	la France	les États-Unis	le Rwanda
la Belgique	la Mauritanie	le Japon	le Sénégal

Ländernamen, die auf -*e* enden, sind in der Regel feminin. Auch die Namen der Kontinente enden auf -*e* und sind feminin. Ländernamen, die nicht auf -*e* enden, sind meistens maskulin.

b À toi. Choisis une personnalité et présente-la comme en a.

3 Avec des amis, vous êtes dans un magasin de produits africains à Paris. Tes amis ne parlent pas français. Fais l'interprète. Utilise le discours indirect au présent.

1 Wie viel kostet das?

Mon copain / Ma copine veut savoir / demande/dit ...

2 Aus welchem Land kommt diese Schachtel?

5 Was kann man damit machen?

3 Haben Sie dieses T-Shirt auch in Blau?

4 Das schmeckt sehr gut! Was ist das?

6 Die Musik gefällt mir sehr gut, ich möchte die CD kaufen!

4 a Les élèves d'une classe de troisième veulent organiser une journée de la francophonie dans leur collège. Ils discutent et font des propositions. Mets les verbes entre parenthèses au conditionnel. (▶ Pense-bête, p. 232)

1. Cette année, nous *(pouvoir)* choisir l'Afrique comme thème.
2. Ah oui, ce *(être)* super. Bocar et Djenabou *(pouvoir)* nous donner des tuyaux.
3. Moi, je *(faire)* un stand avec des spécialités africaines que je *(vendre)* aux visiteurs.
4. Toi, Marie, tu *(emprunter)* de la musique africaine au CDI.
5. Vous, Idriss et Ashraf, vous *(montrer)* un film et des photos de votre dernier voyage au Maroc.
6. Tous nos parents *(venir)* et ils *(apprendre)* des choses sur ce continent.

b À toi. Imagine que ta classe veut organiser une journée portes ouvertes au collège. Qui pourrait s'occuper de quoi? Fais au moins cinq propositions et utilise le conditionnel comme en a. (▶ Pense-bête, p. 232)

5 Présente l'Algérie à différentes époques de son histoire. Utilise l'imparfait, le passé composé et le présent. (▶ Pense-bête, p. 232)

1. Autrefois, l'Algérie *(compter)* peu d'habitants.	1. En 1830, les Français *(occuper)* la capitale.	1. Aujourd'hui, on *(parler)* arabe, berbère et français en Algérie.
2. Beaucoup d'habitants *(vivre)* près de la côte.	2. Après, ils *(coloniser)* tout le pays.	2. Le pays *(compter)* environ 40 millions d'habitants, contre 9 millions en 1950.
3. La pêche *(être)* une activité importante.	3. Les Algériens *(se battre)* contre les Français.	3. Quelques tribus nomades *(exister)* toujours.
4. En montagne, il y *(avoir)* des tribus nomades.	4. Entre 1954 et 1962, la Guerre d'Algérie *(avoir)* lieu.	4. Pour beaucoup d'Algériens, la France *(rester)* un pays d'accueil.
5. Les gens ne *(parler)* pas français.	5. Pendant cette guerre, plus de 500 000 hommes *(perdre)* la vie.	5. Beaucoup de personnalités françaises *(venir)* d'Algérie.
6. La majorité des gens *(se déplacer)* à pied.	6. En 1962, le pays *(devenir)* indépendant.	6. Plusieurs films *(raconter)* l'histoire de la relation franco-algérienne.

PF **Tâches – au choix**
Am Ende dieser Unité kannst du

A ein frankophones Land Afrikas vorstellen.

B Musik aus Afrika vorstellen.

Coin lecture – au choix

- ein Auszug aus einem Jugendbuch (S. 60–61)
  ◉
- ein Auszug aus einem Comic (S. 62–63) ◯

Compétences communicatives
Du lernst

- geographische und geschichtliche Angaben zu einem Land zu machen. (▶ V1)
- über Vergangenes zu berichten. (▶ V2)
- biographische Angaben zu Personen zu machen. (▶ V2)
- wiederzugeben, was jemand gesagt hat. (▶ V3)

Dazu brauchst du z. B.

- Bruchzahlen und weitere Mengenangaben.
- das *plus-que-parfait*.
- die indirekte Rede in der Vergangenheit.
- Außerdem lernst du die Verben *accueillir* und *jeter*.

Compétences interculturelles

- Du erhältst einen Überblick über das frankophone Afrika.
- Du lernst Persönlichkeiten des frankophonen Afrikas kennen.
- Du lernst den Senegal näher kennen.

Apprendre à apprendre
Du lernst

- wie du ein Resümee anfertigst.

CD 1
38–39

Une journée inoubliable

Dimanche 7 mars

Il y avait une foule[1] énorme tout à l'heure au stade Amadou Barry. Tout le monde se bousculait[2] pour assister à la rencontre historique entre nos deux grands lutteurs, Bombardier et Tyson. Un policier
5 a dû tirer deux coups de fusil en l'air pour effrayer[3] les fraudeurs[4] qui voulaient entrer sans billet. La place devant le stade s'est vidée en un clin d'œil[5]!

C'est une bonne chose parce que ça nous a permis d'aller nous asseoir plus vite dans les gradins[6].
10 Mon père était très fier d'avoir ses fils autour de lui. C'est la première fois qu'il nous emmenait tous ensemble pour nous féliciter[7] de la fin de notre ramadan. Le stade était plein à craquer[8]. Un peu plus bas, j'ai reconnu des jeunes de mon quartier, des
15 fous de lutte qui passent leur journée à faire de la musculation[9] pour devenir champion un jour. Pendant tout l'après-midi ils lançaient leur cri de ralliement[10]: «Jaap mba dé*.»

* **Jaap mba dé** «réussir ou mourir»

---

1 **la foule** beaucoup de gens ensemble   2 **se bousculer** sich drängen
3 **tirer deux coups de fusil en l'air pour effrayer qn** zweimal mit dem Gewehr in die Luft schießen um jdn einzuschüchtern
4 **le fraudeur** une personne qui essaie d'entrer sans payer   5 **se vider en un clin d'œil** sich im Handumdrehen leeren
6 **le gradin** die Sitzreihe   7 **féliciter qn** jdm gratulieren   8 **être plein à craquer** brechend voll sein
9 **faire de la musculation** Krafttraining machen   10 **le cri de ralliement** der Schlachtruf

---

1 Avant de lire le texte, raconte: est-ce que tu as déjà participé à un évènement où il y avait beaucoup de monde (un concert, une fête, un match, ...)? Comment est-ce que c'était? Raconte.

l'évènement *m.*   l'endroit *m.*   les gens *m. pl.*   l'ambiance *f.*   le début   le déroulement   la fin

20 J'ai adoré l'ambiance. Il y a d'abord de très longs préparatifs où les lutteurs dansent au son des djembés[11], et se jettent des sorts[12] avec l'aide de leur marabout[13]. On leur renverse[14] du lait caillé[15] sur la tête pour leur porter chance. Ils ont même des gris-gris[16] dans leur pagne[17].

25 Puis vient le combat. Il ne dure que quelques minutes. Mais tout le public reste très concentré. C'est Bombardier, mon favori, qui a fini par gagner en mettant à terre[18] les épaules[19] de Tyson. Je n'oublierai jamais cette journée. Il faut

30 que je raconte ça à Sylvain.

La séance de lutte

Plus populaire que le football, la lutte traditionnelle, avec ou sans frappe, allie[20] sport et mysticisme[21].

Footing sur la plage de Dakar, musculation en salle, entraînement de boxe, de karaté, de judo, de lutte gréco-romaine, depuis les années 1980 la **préparation des lutteurs** s'est professionnalisée[22].

Autrefois, on luttait pour porter l'**honneur** de son quartier dans des combats de rue, la nuit. Aujourd'hui, les séances ont lieu dans des arènes.

Extrait de: Aujourd'hui au Sénégal: Bocar, Dakar,
Hervieu-Wane/Fronty/Silloray, Éditions Gallimard Jeunesse
2005, p. 40–41

---

11 **le djembé** *afrikanische Trommel*   12 **se jeter des sorts** sich (böse) Zaubersprüche zurufen, sich (gegenseitig) verwünschen
13 **le marabout** *hier:* der Hellseher, das Medium   14 **renverser qc** etw. kippen   15 **le lait caillé** die Dickmilch
16 **le gris-gris** *ici:* le porte-bonheur   17 **le pagne** der Lendenschurz   18 **mettre à terre** zu Boden bringen
19 **l'épaule** *f.* die Schulter   20 **allier qc et qc** etw. mit etw. verbinden   21 **le mysticisme** *hier:* die spirituellen Rituale
22 **se professionnaliser** devenir plus professionnel

---

2 Le jeune Bocar va voir un spectacle à Dakar, au Sénégal. Lis le texte. Compare ton expérience à ce que Bocar raconte. Qu'est-ce qui est pareil? Qu'est-ce qui est différent? Qu'est-ce qui t'étonne?

3 Explique ce qu'est la lutte sénégalaise. Si tu as besoin de plus d'informations, fais des recherches.

CD 1
40

[...]

baptiser qc/qn donner un nom à qc/qn   **le galérien** *Ausdruck aus der Elfenbeinküste* un jeune homme qui a beaucoup de temps / qui ne travaille pas

Extrait de: Aya de Yopougon, Abouet/Oubrerie, Éditions Gallimard Jeunesse 2005, p. 3–5

gaspiller qc etw. verschwenden **le génito** *Ausdruck aus der Elfenbeinküste* un jeune homme riche **De quoi je me mêle?** Was geht dich das an? **la bouche** der Mund **On dirait cul de vache** *fam. hier:* Du siehst wie der Hintern einer Kuh aus.

1 Lis la bédé. Expose ce que tu apprends sur Adjoua.

2 Raconte la scène entre Adjoua, son frère et Bintou. ▶ p. 118

Koop **3** Décris Adjoua ou son frère. Tu peux aussi utiliser la fiche de travail sur webcode (APLUS-4-63).

beau	branché	curieux	content	ennuyeux	étonné	fier
fort	furieux	intelligent	intéressant	joli	libre	moche
nul	pénible	prêt	sérieux	sympa	timide	touchant

> Pense à l'accord des adjectifs.

4 Le soir, la mère demande à son fils où est Adjoua. Qu'est-ce qu'il répond? Imaginez le dialogue.

Visages de l'Afrique

CD 1
41–45

le souk à Marrakech

un village traditionnel

la pêche

Le Maroc

32,5 millions d'habitants
Langues: l'arabe (langue officielle), le berbère, le français et l'espagnol
Ressources: l'agriculture (les olives, les oranges, les tomates), l'élevage de moutons, les phosphates, l'argent, le tourisme (8 millions de touristes par an)

Le Sénégal

13,7 millions d'habitants
Langues: le français (langue officielle), les langues nationales comme le wolof ou le peul
Ressources: l'agriculture (les arachides, le coton, le riz, les mangues), la pêche, le tourisme

le coton

La Côte d'Ivoire

21,5 millions d'habitants
Langues: le français (langue officielle), les langues nationales comme le baoulé, le dioula ou le malinké
Ressources: l'agriculture (le cacao, le café, le caoutchouc, l'huile de palme, les bananes, les ananas), le bois, la pêche

le cacao

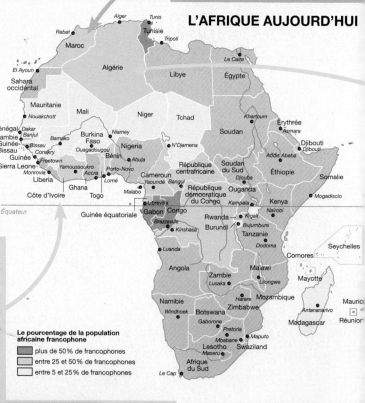

L'AFRIQUE AUJOURD'HUI

Alger
Tunis
Rabat
Tunisie
Tripoli
Maroc
Le Caire
El Ayoun
Algérie
Libye
Égypte
Sahara occidental
Mauritanie
Mali
Niger
Tchad
Khartoum
Érythrée
Nouakchott
Asmara
Sénégal Dakar
Gambie Banjul
Niamey
Soudan
Djibouti
Djibouti
Guinée Bissau
Bamako
Burkina Faso
Bissau
Ouagadougou
Nigeria
N'Djamena
Addis Ababa
Éthiopie
Guinée Conakry
Bénin
Abuja
République centrafricaine
Soudan du Sud
Somalie
Sierra Leone
Freetown
Yamoussoukro
Porto-Novo
Monrovia
Accra
Lomé
Cameroun
Djouba
Liberia
Ghana Togo
Malabo
Yaoundé Bangui
Ouganda
Kenya
Mogadiscio
Côte d'Ivoire
Libreville
Congo
République démocratique du Congo
Kampala
Nairobi
Équateur
Guinée équatoriale
Gabon
Brazzaville
Rwanda
Kigali
Seychelles
Kinshasa
Burundi
Bujumbura
Tanzanie
Luanda
Dodoma
Comores
Mayotte
Angola
Malawi
Zambie
Lilongwe
Lusaka
Mozambique
Maurice
Namibie
Zimbabwe
Antananarivo
Réunion
Windhoek
Harare
Botswana
Gaborone
Madagascar
Pretoria
Maputo
Mbabane
Lesotho
Swaziland
Maseru
Afrique du Sud
Le Cap

Le pourcentage de la population africaine francophone
- plus de 50 % de francophones
- entre 25 et 50 % de francophones
- entre 5 et 25 % de francophones

Yamoussoukro

les bananes

les oranges

des moutons dans l'Atlas

L'AFRIQUE EN 1937

Tunisie
Maroc
Ifni
Rio de Oro
Algérie
Libye
Égypte
Afrique-Occidentale française
Afrique-Équatoriale française
Soudan anglo-égyptien
Somalie française
Somalie britannique
Gambie
Guinée portugaise
Sierra Leone
Liberia
Gold-coast
Togo occidental
Togo oriental
Guinée espagnole
Nigeria
Cameroun britannique
Cameroun français
Afrique-Orientale italienne
Ouganda
Colonie du Kenya
Équateur
Ruanda-Urundi
Cabinda
Congo belge
Territoire du Tanganyika
Zanzibar
Angola
Rhodésie
Nyassaland
Madagascar
Sud-Ouest Africain
Protectorat du Bechuanaland
Mozambique
Swaziland
Basutoland
Union sud-africaine

Territoire
français
britannique
portugais
espagnol
italien
belge

Territoire sous tutelle
française
britannique
belge

L'Algérie

38,5 millions d'habitants

Langues: l'arabe (langue officielle), le berbère (langue nationale), le français

Ressources: l'agriculture (les dattes, les olives), l'élevage de moutons, le gaz naturel, le pétrole

les dattes

le désert du Sahara

INFOS

◆ L'Afrique est le continent le plus peuplé après l'Asie. Elle compte plus d'un milliard d'habitants.

◆ La majorité des Africains parlent plusieurs langues.

◆ Le français est la langue de l'enseignement dans la plupart des pays de l'Afrique francophone.

◆ Environ la moitié des francophones dans le monde vivent en Afrique. En 2050, l'Afrique comptera plus de 90 % des jeunes francophones de 15 à 29 ans dans le monde.

◆ Sur les 7,2 millions d'immigrés qui vivent en France, près d'un tiers viennent du Maghreb et environ 13 % d'Afrique subsaharienne.

◆ Beaucoup de jeunes Français d'origine africaine partent pour s'installer dans le pays de leurs parents ou grands-parents, à Dakar et Abidjan mais aussi à Alger ou Casablanca.

Lire et comprendre

Koop

1 a Regardez les photos et lisez les informations (p. 64–65). Puis dites ce que vous saviez déjà et ce qui est nouveau pour vous.

b Comparez les deux cartes d'Afrique (p. 64–65). Expliquez pourquoi on parle français dans beaucoup de pays d'Afrique.

> Je savais qu'il y a du cacao en Côte d'Ivoire. Mais je ne savais pas qu'on y parle plusieurs langues.

Écouter et comprendre

CD1
46–47

2 a Écoute l'émission de radio. D'où viennent Akissi et Issam?

b Quels indices t'ont aidé/e à trouver le pays d'origine d'Akissi et d'Issam?
Note-les dans ton cahier.

CD1
48

c Écoutez les extraits de musique. Lesquels vous plaisent?
Donnez votre avis. Vous trouverez la liste des extraits
sur webcode (APLUS-4-66).

Akissi

Issam

Recherche

3 a Regardez cette statistique et dites ce qu'on y apprend. (▶ Méthodes, p. 126/20)

L'âge moyen* de la population africaine

la Tunisie 30,5 ans
l'Algérie 28,1 ans
le Maroc 27,3 ans
la Côte d'Ivoire 19,8 ans
le Togo 19,4 ans
le Sénégal 18,2 ans
le Burkina Faso 17 ans
le Mali 16,4 ans
le Niger 15,2 ans

> **Info**
> La moitié des Africains sur tout
> le continent ont 17 ans ou moins.
> Deux tiers des Africains sub-
> sahariens ont moins de 25 ans.

* **moyen/ne** durchschnittlich

b Chacun choisit un pays d'Afrique et trouve sur Internet combien de langues on y parle.
Mettez vos résultats en commun et discutez.

c Comparez ce que vous avez appris sur l'Afrique francophone avec l'Allemagne ou votre land*.
Faites des recherches. (▶ Texte p. 64–65, ▶ Exercice 3 a)   * **le land** das Bundesland

> On parle plus/moins/autant de langues en/au ____ qu'en/au ____.
> En général, les gens sont plus jeunes en/au ____ qu'en/au ____.
> L'âge moyen en/au ____ est ____ ans contre ____ ans en/au ____.
> Il y a plus/moins/autant d'habitants en/au ____ qu'en/au ____, mais c'est beaucoup plus grand/petit.
> Les ressources sont les mêmes / sont très différentes en/au ____ et en/au ____.

Écrire

4 Choisis un pays d'Afrique francophone et décris-le comme Akissi et Issam dans le quiz *Devinez d'où je viens*
(▶ Exercice 2 a). Prépare ton texte par écrit, puis lis-le. Les autres retrouvent le pays dont tu parles. Tu peux utiliser
les expressions suivantes.

> *être* francophone
> *parler* français/arabe/dioula/berbère/____
> *habiter* au bord de la mer
> *se trouver* sur la côte Atlantique / à ____ km de
>   la capitale
>
> *être* la capitale de ce pays / une ville de plus de ____
>   habitants
> *avoir* environ ____ millions d'habitants
> *être* le premier producteur mondial de ____
> *avoir* une histoire compliquée

Médiation

5 Tu as lu cet article sur les Jeux de la Francophonie. Explique ce que c'est à un/e ami/e français/e qui ne connaît pas ces jeux. (▶ Méthodes, p. 133/33)

Auf die Plätze, fertig, los!

Jeder kennt die Olympischen Spiele. Alle vier Jahre treten dabei Sportler und Sportlerinnen aus aller Welt in den unterschiedlichen Disziplinen gegeneinander an. Wer läuft am schnellsten? Wer springt am höchsten? Die Besten gewinnen schließlich die Medaillen.

Aber hast du auch schon einmal von den „Spielen der Frankophonie" gehört?

Diese Spiele finden ebenfalls alle vier Jahre statt, auch hier geht es um sportliche Wettkämpfe und auch hier kommen die Teilnehmer jedes Mal in einer anderen Region der Welt zusammen.

JEUX DE LA FRANCOPHONIE
JEUNESSE, ARTS ET SPORTS

Aber – dieses Land ist immer eines, in dem Französisch gesprochen wird, denn die Spiele der Frankophonie richten sich nur an die etwa 60 Mitgliedsstaaten der „Internationalen Organisation der Frankophonie".

Noch etwas ist anders als bei Olympia: Es nehmen nicht nur junge Sportler und Sportlerinnen an den Spielen teil, sondern auch Künstler und Künstlerinnen! Die Organisatoren dieser Spiele wollen nämlich die kulturelle Vielfalt der frankophonen Länder zeigen und fördern. Du kannst hier also die Werke von Fotografen, Malern und Bildhauern betrachten. Du kannst Sängern und Geschichtenerzählern zuhören. Und du kannst die Darbietung von Jongleuren und Hip-Hoppern bewundern. Bei diesen kulturellen Wettbewerben entscheidet eine Jury darüber, wer die Gold-, Silber- und die Bronze-Medaille gewinnt.

Aber es gibt natürlich auch die sportlichen Wettkämpfe, zum Beispiel in Leichtathletik (übrigens mit und ohne Körperbehinderung), Basketball, Judo, Radsport und in Gambischem Wrestling (das ist ein traditioneller afrikanischer Ringkampf). Bei der Siegerehrung kann man oft Sportler sehen, die später auch an Weltmeisterschaften oder den Olympischen Spielen teilnehmen.

Die Rechnung geht auf!
250 Mio. Besucher und Fernsehzuschauer
+ 2500 aktive Teilnehmer
+ 60 Nationalitäten
+ 10 Tage Programm
+ 1 Sprache
= das größte frankophone Fest weltweit!

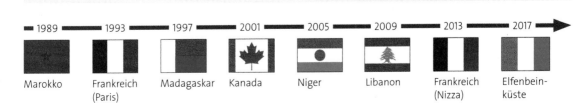

1989 ▬ 1993 ▬ 1997 ▬ 2001 ▬ 2005 ▬ 2009 ▬ 2013 ▬ 2017 ➤

| Marokko | Frankreich (Paris) | Madagaskar | Kanada | Niger | Libanon | Frankreich (Nizza) | Elfenbeinküste |

Portraits d'artistes

CD1
49–51

1 Tiken Jah Fakoly:
le chanteur amoureux de l'Afrique

Le chanteur de reggae Tiken Jah Fakoly est né en 1968 à Odienné, en Côte d'Ivoire, sous le nom de Doumbia Moussa Fakoly. Depuis
5 2003, il vit au Mali, à Bamako, où il s'est exilé parce qu'il avait critiqué le pouvoir ivoirien. Depuis toujours, ses deux passions sont la musique et la danse.

Ses chansons engagées parlent de la corruption
10 en Afrique et des problèmes qui touchent ce continent. Tiken Jah Fakoly chante en français parce qu'il veut qu'une majorité de gens com-
15 prennent le message de ses chansons. Il s'engage aussi pour les enfants d'Afrique et lutte

contre la pauvreté. Avec l'organisation «Action contre la faim», il a voyagé au Burkina Faso pour aider les plus pauvres. Et, dans ses chansons, leur donne une voix. Il a créé sa propre organisation «Un concert, une école». L'argent des concerts qu'il donne sert à construire des écoles en Afrique. Le chanteur aime discuter avec les jeunes. Il va dans les écoles pour leur expliquer qu'ils sont l'Afrique de demain et pour les encourager à rester dans leur pays. Il pense que seuls les Africains peuvent et doivent changer les choses sur leur continent. Enfin, le chanteur se bat pour donner une image positive de l'Afrique.

2 Fatym Layachi:
l'actrice engagée

Fatym Layachi est une actrice marocaine. Elle est née en 1983 à Casablanca. Après le bac, elle a fait ses études à
5 Paris et a appris le métier d'actrice au Cours Florent.
Pour beaucoup de jeunes Marocains, elle est un symbole de la femme moderne et libre depuis qu'elle a joué dans «Marock» (Laïla Marrakchi,
10 2006), un film sur la jeunesse dorée marocaine qui vit selon les modèles occidentaux mais qui reste attachée à son pays et ses traditions. En 2009, elle est revenue
15 s'installer au Maroc. Dans «Machi Lkhatri», une série marocaine sur le thème du multiculturalisme, elle s'est imposée comme l'une des

meilleures actrices de son pays et elle est devenue une star au Maghreb. En 2012, elle a mis en scène une pièce de théâtre, «Je dis non», sur le refus de tout accepter.

Pour Fatym Layachi, il ne faut jamais accepter quelque chose «parce que c'est comme ça», mais il faut se poser des questions et essayer de comprendre. Avant la création de cette pièce, l'actrice s'était déjà engagée pour la liberté de penser. Pour elle, la censure empêche l'art de se développer.

3 Marguerite Abouet:
la mère d'«Aya»

Marguerite Abouet est née en 1971 en Côte d'Ivoire, à Yopougon, un quartier populaire d'Abidjan. Elle vit en France, près de Paris. Elle avait douze ans quand ses parents ont décidé de l'envoyer avec son frère chez un oncle à Paris. Après le lycée, elle n'a pas fait de longues études comme le voulaient ses parents. Elle a fait du baby-sitting et a travaillé comme serveuse avant de commencer à écrire des romans. Un jour, elle a voulu écrire une histoire pour donner une image plus réaliste de son pays et elle a commencé à raconter l'Afrique de son enfance en bédé. C'est son mari, Clément Oubrerie, qui a fait les dessins. «Aya de Yopougon» a vu le jour en 2005. Marguerite Abouet y montre avec beaucoup d'humour une Afrique où il fait bon vivre. En 2013 «Aya de Yopougon» est sorti au cinéma. En 2006, la bédé avait reçu le prix du premier album au festival international de la bande dessinée d'Angoulême. Marguerite Abouet a fondé une organisation «Des livres pour tous» qui crée des bibliothèques de quartier en Afrique pour permettre à tous les enfants de lire.

Lire et comprendre

1 a Lis les trois portraits. Relève tout ce que ces personnes ont en commun.   ▶ p. 118

   b Des gens donnent leur avis. Qui parle de Tiken Jah Fakoly, qui de Fatym Layachi et qui de Marguerite Abouet? Justifie ta réponse à l'aide du texte.

   1. «C'est quelqu'un qui a fait des études en Europe mais qui est revenu vivre et travailler dans son pays. Pour moi, c'est un modèle!»
   2. «Son message pour la jeunesse africaine: Il faut vous engager chez vous, en Afrique!»
   3. «Lire est une clé pour réussir dans la vie et cette personne s'est beaucoup engagée pour la lecture en Afrique.»
   4. «C'est une personne courageuse qui prend des risques et qui dénonce la corruption.»
   5. «J'aime voir comment des gens de cultures différentes vivent ensemble. C'est pour ça que j'adore la série dans laquelle cette star joue.»
   6. «Cette personne veut que les artistes puissent dire tout ce qu'ils pensent et elle lutte pour ça. Je l'admire.»
   7. «C'est quelqu'un qui donne son argent pour aider les pauvres et qui se bat pour la culture dans différents pays d'Afrique. Je voudrais l'aider.»

Koop   c Travaillez en groupe. Retrouvez sur une carte d'Afrique les noms géographiques nommés dans les textes (p. 68–69), trouvez des informations supplémentaires sur ces lieux dans le *Petit dictionnaire de civilisation* (p. 134–137) et sur Internet. Puis informez vos partenaires.

Parler

2 Il y a une semaine africaine près de chez toi. Tu peux voir le film «Marock» avec Fatym Layachi, le film «Aya de Yopougon» de Marguerite Abouet, ou aller à un concert de Tiken Jah Fakoly. Qu'est-ce que tu choisis? Justifie ta réponse.

Découvrir

3 a Lies den Satz. Welche der beiden Handlungen liegt zeitlich weiter zurück?
«Tiken Jah Fakoly **s'est exilé** au Mali parce qu'il **avait critiqué** le pouvoir ivoirien.»

b Beschreibe die Bildung des *plus-que-parfait*.
1. Il avait dormi.
2. Elle était partie.
3. Ils s'étaient éclatés.

c Qu'est-ce qui s'est passé pendant que Fatym Layachi était en France? Complète par les verbes au plus-que-parfait.
1. Quand Fatym est rentrée au Maroc après cinq ans en France, son pays ? . (*changer*)
2. Dans son ancien quartier, on ? une école. (*construire*)
3. Le tourisme ? . (*se développer*)
4. Trois nouveaux hôtels ? sur la côte. (*ouvrir*)
5. Mais les familles pauvres ? pauvres. (*rester*)
6. Et les familles riches ? encore plus riches. (*devenir*)

S'entraîner

4 Une mauvaise journée pour Akissi. Racontez-la ensemble. Utilisez le passé composé et le plus-que parfait.
(▶ Repères, p. 78/1) (B ▶ p. 111)
Exemple: 1. Quand Akissi s'est levée le matin, son frère avait déjà bu tout le café.

A: Akissi / se lever le matin
B: ?

B: ?
A: ses amies / partir

A: Akissi / arriver au cinéma
B: ?

B: ?
A: elle / dépenser tout son argent

A: Akissi / retourner au magasin
B: ?

B: ?
A: ses parents et son frère / manger

Vocabulaire et expression

5 a Trouve dans les textes (p. 68–69) des mots et expressions qui servent à écrire la biographie d'une personne.
(▶ Méthodes, p. 122/9)

b   Choisis une de ces personnalités, fais des recherches et écris sa biographie pour le journal de ton école. Tu peux aussi choisir une autre personnalité ou imaginer ta propre biographie.

Une biographie s'écrit à la troisième personne.

Didier Drogba

Nawal El Moutawakel

Thomas Sankara

Kofi Annan

Activité

CD1
52

6 a   Écoute la chanson puis réponds. Qu'est-ce que Fakoly nous demande de faire?

b   Maintenant, lis les paroles de la chanson. Tu peux utiliser un dictionnaire. Complète le tableau dans ton cahier à l'aide du texte.

Pour Fakoly, l'Afrique, ce n'est pas seulement …	Pour Fakoly, l'Afrique, c'est aussi …
…	

Viens voir de Tiken Jah Fakoly

Viens voir, viens voir
Viens voir, viens voir
Toi qui parles sans savoir

Bamako, Abidjan ou Dakar
5 Sierra Leone, Namibie, Kenya
Viens voir

Mon Afrique n'est pas ce qu'on te fait croire[1]
Pourquoi toujours les mêmes visages?
Pourquoi toujours les mêmes commentaires?
10 Pourquoi toujours les mêmes reportages?
À les écouter
Mon Afrique ne serait que[2] sécheresse et famine
Quand on les écoute
Mon Afrique ne serait que combats
15 Et champs de mines
Viens voir

Viens voir, viens voir
Viens voir, viens voir
Toi qui parles sans savoir

20 Mon Afrique n'est pas ce qu'on te fait croire
Pas un mot sur l'Histoire de ce continent
Sur les civilisations et les richesses d'antan[3]
Aucun mot sur le sens des valeurs
Des gens qui t'accueillent la main sur le cœur
25 Viens voir

Viens voir, viens voir
Viens voir, viens voir
Toi qui parles sans savoir

Mon Afrique n'est pas ce qu'on te fait croire
30 Africa n'est pas ce qu'on te fait croire
Viens dans nos familles
Viens dans nos villages
Tu sauras ce qu'est l'hospitalité
La chaleur, le sourire, la générosité
35 Viens voir ceux qui n'ont rien
Regarde comme ils savent donner
Tu repartiras riche
Et tu ne pourras pas oublier
Viens voir

40 *Viens voir, viens voir*
Viens voir, viens voir
Toi qui parles sans savoir

1 **faire croire qc à qn** jdn etw. glauben machen
2 **ne serait que** wäre nur
3 **d'antan** aus vergangenen Zeiten

c   Explique le passage l. 35–37 à l'aide de ton tableau de b.

d   Comment trouves-tu cette chanson? Te donne-t-elle envie d'aller en Afrique? Change-t-elle ton image de l'Afrique? Justifie ta réponse.

CD2
1–2
«Bonne arrivée au Sénégal!»

Le voyage de Boubacar

Salut les copains!

Je veux vous donner mes impressions de voyage avant de rentrer à Paris parce que j'ai trop de choses à raconter! Moi qui n'étais pas revenu au Sénégal depuis huit ans, j'ai découvert mon pays! Bon, je commence par
5 le début.

Mon grand frère, Yerim, et moi, on habite chez ma tante Kaba, à la Médina, un vieux quartier, un des plus peuplés de Dakar. Kaba vit dans une maison avec mes cinq cousins et cousines.

Quand on est arrivés là-bas, Yerim et moi, tout le monde nous a dit: «Bonne arrivée au Sénégal!» C'est une phrase de bienvenue. C'est comme ça qu'on accueille les gens ici. Les deux premiers jours, on a passé notre

10 temps à recevoir la famille et à faire la fête. On nous avait préparé des spécialités sénégalaises comme le tiep-bou-diene (du poisson avec du riz rouge à la sauce tomate) ou le poulet yassa (du poulet au citron vert). Ma famille est wolof, alors, elle parle wolof. Avec mon frère, on le comprend bien, mais on le parle mal. Pourtant ma famille nous a dit
15 qu'on avait fait des progrès en peu de temps!

Après ces deux jours de fête, mon cousin Élimane et moi, on s'est baladés dans le centre de Dakar: on est allés au Plateau, un quartier branché où se trouvent les principales entreprises du Sénégal.

Mes cousins, en train de jouer au foot

On est passés par la place de l'Indépendance avec ses tours modernes et on est allés au marché Sandaga. C'est
20 très grand et on y trouve de tout: de la vaisselle, des tissus, des fruits et des légumes, de la viande, etc. J'ai voulu acheter un boubou. Alors, mon cousin m'a expliqué qu'il fallait toujours marchander parce qu'il n'y a pas de prix fixes. (Il ne faut pas être pressé pour faire ses courses! 😉) J'ai payé le
25 boubou 12 000 francs CFA (environ 18 euros). Élimane a trouvé que je m'étais mal débrouillé et que je pouvais mieux faire. Alors, j'ai marchandé quelques bananes à un bon prix parce que je ne voulais pas passer pour un touriste étranger!

Le lendemain, on est allés à la plage parce qu'il faisait très
30 chaud (35° ou même plus, mais en avril, c'est normal). Les plages de Dakar ne sont pas super et les gens y jettent leurs déchets au lieu de les jeter dans des poubelles! 🙁 Yerim et moi, on voulait aller à Saly où il y a des plages de rêve. Mais ma cousine Souadou nous a dit que c'était trop loin pour une journée et qu'on irait une autre fois. Le soir, on est allés voir un match de foot au stade Léopold-Sédar-Senghor avec mon oncle Mattar. C'étaient les
35 Lions du Sénégal contre les Éléphants de Côte d'Ivoire. Mattar nous a promis que si les Lions gagnaient, il nous inviterait à un concert des Daara J, un groupe de rap sénégalais. Il nous a dit ça parce qu'il était sûr que les Éléphants gagneraient. Eh bien, ce sont les Lions qui ont gagné! 😃 Avec mon oncle, on a vu aussi
40 un tournoi de lutte sénégalaise. C'est un sport traditionnel dont je suis devenu fan. Ici, c'est encore plus populaire que le foot!

Un autre jour, on est allés sur l'île de Gorée, près de Dakar. Cet endroit est un symbole de la traite des Noirs en Afrique pendant trois siècles! On a visité la maison des esclaves avec sa célèbre «porte du voyage sans retour». C'est de là que

45 *les bateaux avec les esclaves partaient pour l'Amérique. J'ai appris avec horreur que les Africains aussi avaient participé à la traite des Noirs et qu'ils avaient échangé des hommes, des femmes et des enfants contre des tissus ou des armes.*

Après, on a fait encore plein de choses intéressantes. On est allés au Lac rose dont l'eau est vraiment rose! On a voyagé en Casamance, la région la plus verte du pays! On a aussi visité le parc

50 *national de Niokolo Koba où on peut voir les animaux du Sénégal, mais je vous raconterai ça en détail à mon retour parce que mes cousins m'attendent pour aller danser!*

Voilà! Après-demain, on rentre à Paris, mais je suis content de vous revoir. Je compte sur vous pour m'accueillir avec ces mots: «Bonne arrivée en France!»

Lire et comprendre

1 a   Lis le blog et indique ce qu'on apprend sur Boubacar et sa famille.

  b   Raconte ce que Boubacar a fait pendant ses vacances.

  c   Retrouve sur la carte du Sénégal (au début du livre) les endroits où Boubacar est allé.

  d   Fais des recherches et explique pourquoi le stade de Dakar s'appelle «Léopold-Sédar-Senghor».

Parler

2   Au marché Sandaga, Boubacar cherche des souvenirs pour ses amis.
Il marchande. Faites des dialogues.

1000 francs CFA correspondent à environ 1,50 €.

les bracelets *m. pl.*   les babouches *f. pl.*   les boucles d'oreilles *f. pl.*   les lanternes *f. pl.*   les épices *f. pl.*   les poupées *f. pl.*

Pour le rôle de Boubacar, tu peux utiliser:
Combien est-ce que vous voulez pour ____?
C'est (très/trop) cher!
J'ai vu ____ pour ____ francs CFA là-bas.
Là, vous exagérez!
Mais regardez, là, c'est / ce n'est pas ____.
Je ne vous crois pas!
D'accord, je vous donne ____ francs CFA.

Pour le rôle du marchand, tu peux utiliser:
Je vous le/la/les vends pour ____ francs CFA.
Mais regardez cette qualité! C'est ____.
Vous ne trouverez pas ça moins cher.
Bon, faites-moi une proposition.
Quoi? Mais il faut bien que je vive, moi aussi!
Vous voulez ma mort?!
C'est mon dernier prix!

traditionnel   ancien   nouveau   original   difficile à faire   idéal pour ____   magnifique
beau   en coton   en bois   en argent   en verre   en or   en papier   ____

Découvrir

3 a Lies die Beispielsätze und bestimme die Verbformen in der direkten und in der indirekten Rede in der Vergangenheit. (▶ Pense-bête, p. 232)

discours direct	discours indirect au passé
présent	*imparfait*

1. Souadou a expliqué: «C'**est** trop loin.» → Souadou a expliqué que c'**était** trop loin.
2. Souadou nous a promis: «On **ira** une autre fois.» → Souadou nous a promis qu'on **irait** une autre fois.
3. Kaba nous a dit: «Vous **avez fait** des progrès!» → Kaba nous a dit qu'on **avait fait** des progrès.

Koop **b** Vergleicht die indirekte Rede in der Vergangenheit im Englischen mit der im Französischen.

S'entraîner

4 Souadou a consulté un marabout. Le soir, elle raconte à sa sœur ce que le marabout lui a dit. Fais des phrases. Utilise le discours indirect au passé. (▶ Repères, p. 79/2, ▶ Pense-bête, p. 232) ▶ p. 118

1 La vie n'a pas toujours été facile pour vous.

Il a dit que la vie n'avait pas toujours été facile pour moi.

2. Vous avez eu beaucoup de problèmes les derniers mois.
3. Vous êtes malheureuse et vous cherchez le bonheur.
4. Bientôt, les choses changeront.
5. Vous réussirez.
6. Vous rencontrerez un jeune homme.
7. Je le vois! Il est très beau!
8. Est-ce que vous voulez écouter la suite?
9. Ça fait encore 1000 francs CFA …!

Il a dit/expliqué/raconté/promis que ____.
Il a demandé/voulu savoir si ____.

Denke auch daran, Pronomen oder Begleiter anzupassen, wenn nötig.

5 Boubacar a envoyé un mail à son ami Jérémy. Prends le rôle de Jérémy et raconte ce que Boubacar a écrit. Utilise le discours indirect au passé. (▶ Repères, p. 79/2, ▶ Pense-bête, p. 232).

Exemple: Boubacar a demandé s'il faisait beau à Paris.

● ● ●

Salut Jérémy!
Est-ce qu'il fait beau à Paris? À Dakar, le temps est génial.
On a fait beaucoup de choses. Un jour, nous sommes allés à Cayar, le village de ma grand-mère. Je ne connais pas trop ma grand-mère, je la vois très
5 rarement. Dans sa maison, il n'y a pas d'eau. Il faut aller la chercher au puits du village. Je te montrerai plus de photos quand je serai de retour!
Ma grand-mère nous a préparé un très bon repas traditionnel. Nous avons mangé des pastels (des petits gâteaux avec du poisson).
Quand j'ai dit «au revoir» à ma grand-mère, j'ai presque pleuré. Je ne sais pas si je la reverrai un jour.
10 Au Sénégal, les gens vivent moins longtemps qu'en France …
À bientôt, Boubacar

6 Lisez les devinettes. Votre partenaire trouve la réponse dans l'unité 3. A commence. B continue.   (B ▶ p. 111)

1. C'est le continent dont on parle dans cette unité.
3. C'est une organisation dont Tiken Jah Fakoly s'occupe.
5. C'est une bédé dont Marguerite Abouet est l'auteure.
7. C'est le pays dont Boubacar parle dans son blog.
9. Ce sont les plages dont Boubacar et Yerim rêvent.
11. C'est une maison sur l'île de Gorée dont une porte est célèbre.

Apprendre à apprendre

7 Wie du ein Resümee anfertigst

a Indem du ein Resümee eines Textes anfertigst, zeigst du, ob du einen Text verstanden hast und seine wesentlichen Inhalte wiedergeben kannst. Lies den Abschnitt im Methodenteil (S. 132/32) und wende die Hinweise in **b** an.

b Lis le texte ▶ webcode (**APLUS-4-75**) et fais-en un résumé.

Médiation

CD 2
3

8 Un nouveau restaurant africain a ouvert près de chez toi. Tu y vas avec une copine qui ne parle pas français. Le serveur parle mieux français qu'allemand. Écoute et fais la médiation entre ta copine et le serveur.

Regarder et comprendre

DVD

9 a Regarde les séquences du film *Ouaga Saga*, qui se passe au Burkina Faso. Décris ce qu'on voit dans la rue.

b Dis ce que le jeune Pelé fait chez Sidibé.

c Explique ce qui se passe au magasin de musique.

Écrire

10 Tu as déjà appris beaucoup de choses sur l'Afrique francophone.
Imagine que tu vas y passer tes vacances. Qu'est-ce que tu voudrais voir? Où est-ce que tu voudrais aller? Pourquoi? Écris un mail à ton/ta corres français/e.

pays? région? ville?	nature? cuisine? musique?
monument? parc national?	Histoire? sport?

Choisis une des deux tâches.

A   **L'Afrique francophone**

Pour la journée internationale de la francophonie, vous préparez une exposition sur l'Afrique francophone. Choisis un pays qui t'intéresse spécialement, fais des recherches et prépare une affiche.

Vous pouvez aussi combiner les présentations des deux tâches A et B: organisez une journée portes ouvertes dans votre école, avec des stands.

Ton affiche doit être composée de deux parties:

1. Des informations générales sur le pays que tu as choisi:
   - la population
   - la capitale
   - les grandes dates de l'histoire
   - les langues qu'on y parle
   - les ressources

2. La présentation d'une personnalité et/ou d'un thème qui a un rapport avec ce pays:
   - un acteur / une actrice, un homme / une femme politique, un sportif / une sportive, …
   - la cuisine, un évènement, un sport, une tradition, …

Puis, à l'aide de ton affiche, essaie de donner envie à tes camarades de classe de mieux connaître ce pays / de voyager dans ce pays.

Tu cherches des expressions utiles?   ▶ *Repères* (*Qu'est-ce qu'on dit*, p. 78), *textes* (p. 64–65, p. 68–69, p. 72–73), *exercices* (p. 66/3+4, p. 70/5)

Tu cherches des idées? Les photos sur cette page peuvent t'aider.

le caftan

les cornes de gazelle

les moyens de transport

le beurre de karité

les Lions du Sénégal

le jeu de l'awalé

B   La musique en Afrique

Vous faites une exposition sur la musique africaine. Choisis un sujet qui t'intéresse, fais des recherches et prépare une présentation.   (▶ Méthodes, p. 127/21)

Vous pouvez aussi combiner les présentations des deux tâches A et B : organisez une journée portes ouvertes dans votre école, avec des stands.

Dans ta présentation, tu peux parler :
- d'une chanson,
- du chanteur et de sa biographie,
- d'un groupe et de ses activités,
- d'un style de musique ou des rythmes typiques,
- des instruments traditionnels,
- d'un festival de musique, ...

Trouve des extraits de chansons que tu peux passer comme exemples.

Trouve aussi des photos que tu peux montrer.

Tu cherches des expressions utiles?   ▶ *Repères* (*Qu'est-ce qu'on dit*, p. 78), *textes* (p. 68–69), *exercices* (p. 70/5)

Tu cherches des idées?   ▶ *exercices* (p. 66/2 c),   ▶ photos sur cette page

la kora

le Festival international du raï

le balafon

Douzi

Rokia Traoré

la tradition des griots

Magic System

Qu'est-ce qu'on dit?

Du sprichst über ein Land / einen Kontinent

Bevölkerung

(L'Afrique) compte plus d'(un milliard) d'habitants.

C'est le continent le plus peuplé après l'Asie.

La moitié (de la population a 17 ans ou moins).

Deux tiers (des Africains subsahariens ont moins de 25 ans).

Sur les (7,2 millions d'immigrés en France), environ 30 pour cent (viennent du Maghreb).

Environ cinquante pour cent des (francophones vivent en Afrique).

C'est comme ça qu'on accueille les gens ici.

Sprachen

La majorité (des Africains) parlent plusieurs langues.

(Le français) est la langue de l'enseignement dans la plupart des pays (d'Afrique).

Dans ce pays, (l'arabe) est la langue officielle.

Les langues nationales sont (le baoulé, le dioula et le malinké).

Geographie

(Oran) se trouve à (430) kilomètres de (la capitale).

(La Côte d'Ivoire) est le premier producteur mondial de (cacao).

Le climat est agréable, c'est un climat méditerranéen.

(La capitale) est dans le (sud/nord) du pays.

C'est un des quartiers les plus peuplés de (Dakar).

Du stellst eine Person und ihr Werk vor

Il est né en (1968) sous le nom de (Doumbia Moussa Fakoly).

Après le lycée / le bac, elle a fait ses études à (Paris).

Elle n'a pas fait de (longues études).

Il/Elle a appris le métier d'(acteur/actrice).

Depuis (2003), il vit (au Mali / en France).

Depuis toujours, ses passions sont (la musique et la danse).

Ses chansons engagées parlent de (la corruption).

Il veut qu'une majorité de gens comprennent (son message).

Elle s'engage pour (les enfants d'Afrique).

Il a créé/fondé sa propre organisation.

Elle se bat pour (donner une image positive de l'Afrique).

Il lutte contre (la pauvreté).

Son argent sert à (construire des écoles en Afrique).

Elle est un symbole de (la femme moderne et libre).

Il est devenu une star (au Maghreb / en Europe).

Il/Elle a travaillé comme (serveur/serveuse) avant de commencer à (écrire des romans).

Elle est revenue s'installer (au Maroc / en Tunisie).

Elle s'est imposée comme (l'une des meilleures actrices) de son pays.

(En 2012), il a mis en scène (une pièce de théâtre).

Pour elle/lui, il ne faut jamais accepter quelque chose «parce que c'est comme ça».

Grammaire

Du berichtest über Ereignisse in der Vergangenheit: Dazu brauchst du:

GH 21   **1**   En 2013, «Aya» est sorti au cinéma. Avant, la bédé **avait reçu** le prix du premier album.   →   **das** *plus-que-parfait*

Il **s'est exilé** (en 2003) parce qu'**il avait critiqué** le pouvoir ivoirien (en 2002).

Fakoly **avait critiqué** le pouvoir ivoirien.	Il **s'est exilé**.	Il **habite** à Bamako.
Vorvergangenheit	Vergangenheit	Gegenwart

Das *plus-que-parfait* mit *avoir*

parler

j' avais   parlé

tu avais   parlé

il/elle/on avait   parlé

nous avions   parlé

vous aviez   parlé

ils/elles avaient parlé

Das *plus-que-parfait* mit *être*

aller

j' étais   allé/all**ée**

tu étais   allé/all**ée**

il était   allé

elle était   all**ée**

on était   allé(s)/all**ée**(s)

nous ét**i**ons   all**és**/all**ées**

vous étiez   allé(s)/all**ée**(s)

ils étaient   all**és**

elles étaient   all**ées**

À vous:

a   Bildet das *plus-que parfait* und korrigiert euch gegenseitig: *(je) regarder, (tu) prendre, (il) s'engager, (elle) sortir, (on) arriver, (nous) voir, (vous) lire, (ils) venir, (elles) s'intéresser.*

b   Complétez les phrases et utilisez le plus-que parfait.

   1. *Quand nous sommes arrivés au cinéma, (film / déjà commencer).*

   2. *Dimanche, Marlène était fatiguée parce qu' (elle / danser toute la nuit).*

   3. *Quand je suis arrivé chez mes cousins, (ils / déjà sortir).*

Du gibst wieder, was jemand gesagt hat:

GH 22   **2**

Mattar: «Je vous inviterai à un concert.»

Mattar a dit qu'il nous inviterait à un concert.

Dazu brauchst du:

→   **die indirekte Rede in der Vergangenheit**
(le discours indirect au passé)

Boubacar a dit:

«Il **faut** toujours marchander.»

«Nous **avons fait** des progrès.»

«J'**irai** une autre fois à Saly.»

Boubacar a dit …

… qu'il **fallait** toujours marchander.

… qu'ils **avaient fait** des progrès.

… qu'il **irait** une autre fois à Saly.

Boubacar a dit:

«Il **faisait** chaud.»

«Mes tantes **avaient préparé** des spécialités.»

«Je **voudrais** aller au Lac rose.»

Boubacar a dit …

… qu'il **faisait** chaud.

… que ses tantes **avaient préparé** des spécialités.

… qu'il **voudrait** aller au Lac rose.

À vous:

a   Comparez le discours direct au discours indirect dans les phrases ci-dessus et complétez votre tableau de l'exercice, p. 74/3 a.

b   Qu'est-ce que Yerim a dit? Utilisez le discours indirect au passé.

   1. *«Boubacar s'est mal débrouillé.»* **2.** *«À Dakar, les plages ne sont pas super.»*

   3. *«Boubacar et Élimane voulaient aller au marché.»* **4.** *«Élimane viendra à Paris.»*

   5. *«Élimane pourrait monter sur la tour Eiffel.»*

Neue Verben:

GH 24   **3**

accueillir, jeter

→   *Verbes,* p. 138–143

▶ Solutions, p. 145

Hier kannst du überprüfen, was du in den Unités 1–3 gelernt hast. Unter www.cornelsen.de/webcodes APLUS-4-80 kannst du diese Aufgaben als Arbeitsblatt herunterladen. Die Hörtexte findest du dort als Audiodateien.

Compréhension écrite

DELF 1 Tu as trouvé cette recette dans un livre. Lis la recette et trouve les bonnes réponses.

1. D'où vient la tarte Tatin?

2. Quelle est l'histoire d'une des sœurs Tatin et de sa tarte Tatin?
   a Elle voulait essayer une nouvelle recette de tarte aux pommes pour son restaurant.
   b Elle voulait faire une tarte aux pommes normale, mais elle a fait une erreur.
   c Elle a trouvé une vieille recette de ses parents pour faire une tarte aux pommes.

3. Combien de temps est-ce qu'il faut mettre le gâteau au four?
   a exactement une heure et demie
   b 25 minutes au maximum
   c 30 minutes puis encore 25 minutes

4. Pour faire une tarte Tatin, qu'est-ce qu'il faut d'abord mettre au four?

a   b   c

5. Quand la tarte est finie, il vaut mieux la manger …
   a tout de suite.
   b une heure après.
   c froide.

Tarte Tatin

La tarte Tatin est une spécialité que tout le monde connaît et adore dans la région entre Orléans et Bourges. Son histoire a commencé à la fin du 19e siècle dans un village près d'Orléans,
5 dans l'hôtel-restaurant des sœurs Tatin (ou plutôt dans l'hôtel de leurs parents). Un jour, une des sœurs voulait préparer un gâteau aux pommes. Mais elle rêvait un peu. Elle a mis les pommes avec du sucre dans le four mais elle a
10 oublié la pâte. Quand elle a sorti le moule du four, elle a vu ce qui était arrivé. Elle a rajouté la pâte et a remis le gâteau au four.

Quand elle a sorti le gâteau, sans trop réfléchir, elle a vite retourné le gâteau et l'a servi aux
15 clients qui ont adoré ce nouveau dessert. Le sucre était devenu du caramel. Très vite, cette «tarte Tatin» est devenue célèbre dans toute la région! Les clients venaient de loin pour la goûter! Aujourd'hui, c'est un classique des
20 restaurants dans toute la France.

Temps de préparation: 1 h 30
Difficulté: facile
Recette pour: 6 personnes
Ingrédients:

170 g de	farine
70 g de	beurre
20 g de	sucre
1 pincée de	sel
1	œuf
1,6 kg de	pommes
80 g de	beurre fondu
130 g de	sucre

Préparation

1. Pour faire la pâte: mélanger le beurre avec la farine, le sucre et le sel. Ajouter l'œuf et un peu d'eau. Mettre au frigo pendant une heure.

2. Pendant ce temps: découper les pommes, mettre le beurre fondu, le sucre et les pommes dans un moule. Mettre le moule dans le four à 200° C pendant 30 minutes.

3. Après 30 minutes, sortir le moule avec les pommes du four. Étaler la pâte, poser la pâte sur les pommes et remettre le gâteau au four pendant 25 minutes.

4. Sortir le moule du four, poser une assiette sur le moule et retourner le gâteau.

La tarte Tatin est meilleure quand elle est encore chaude.

Bon appétit!

DELF **2**   Lis les annonces. Quelle personne répondra à quelle annonce? Attention: il y a une annonce en trop.

A Jeune Française, 16 ans, élève de 3ᵉ, donne cours d'anglais, d'allemand et de français par correspondance (e-mail, Facebook, msn, Skype) à des élèves de la 6ᵉ à la 4ᵉ; 5 € de l'heure.
Florine: **floritorture2000@rouge.fr**

B esfa/ Échanges Scolaires Franco-Allemands pour jeunes Français(es) et jeunes Allemand(e)s
76, Cours Charlemagne, 75016 Paris
Où? Mer du Nord (mai) et Ardèche (juin)
Niveau: 4 ans (ou plus) d'apprentissage de la langue étrangère
Pour toutes informations, s'adresser à: **esfa1@bleu.fr**

C aev – Apprendre en vacances
38, Place Européenne, 75002 Paris
Pâques: Méditerranée 23/03–07/04
Été: Provence 08/08–22/08
Qui participe? Jeunes Anglais(es) et Allemand(e)s
Quel niveau de langue? Minimum 2 ans d'apprentissage du français
Cela vous intéresse? Alors informez-vous sur: www.aev.fr ou demandez plus d'informations:
aev1@internet.com.

D Jeune Allemande (15 ans) cherche jeune Française pour s'entraider. Tu pourrais corriger mes exercices et mes textes. Et moi, je peux t'aider en allemand. On pourrait correspondre par e-mail. *J'attends ta réponse:*
maja.schneider11@wepp.de

E Salut, je m'appelle Yann, j'ai 16 ans et je viens de France. Je voudrais correspondre en anglais avec quelqu'un de mon âge pour préparer mon année aux États-Unis. Donc, des correspondant(e)s américain(e)s ou anglais(es) sont les bienvenu(e)s.
À bientôt peut-être!
Yann222@bleu.fr

F *Quoi?* Année au pair
Où? Paris et région parisienne
Quand? D'août à juillet
Qui? Entre 16 et 21 ans, niveau brevet, avec ou sans expérience de baby-sitting
Comment contacter?
Tél: **01.42.22.50.34**, AFJE

1. Nadja, 13 ans, Allemande, veut avoir des meilleures notes et cherche une fille française pour l'aider en français.
2. Muriel, 15 ans, qui habite à Paris, cherche quelqu'un pour contrôler ses devoirs en allemand.
3. Jana, 17 ans, qui a terminé l'école voudrait passer une année en France.
4. Tom, 16 ans, élève de 2ᵈᵉ à Londres (Angleterre) cherche quelqu'un pour échanger des e-mails, mais il n'est pas très bon en français.
5. Nico, 15 ans, Allemand, apprend le français depuis trois ans et cherche des cours pendant deux semaines pour préparer un examen.

Compréhension orale

CD2 **3**   Tu vas entendre un enregistrement. Pour cet exercice, tu vas avoir:
4
– *30 secondes pour lire les questions,*
DELF   – *une première écoute, puis 30 secondes de pause pour commencer à répondre aux questions,*
– *une deuxième écoute, puis 30 secondes de pause pour compléter tes réponses.*

Il y a un nouveau message sur ta messagerie. Écoute et trouve la bonne réponse.

1. Qui a appelé?
   a Marie   b Karine   c Sandra
2. Qui ne va pas venir ce soir? C'est ? .
3. Où est-ce que tu vas retrouver tes copines?

4. Quand est-ce que tu vas les retrouver?
   a À 19h   b À 19h20   c À 19h30
5. À quelle heure est-ce que le film commence?
6. Au cinéma, il y a un film d' ? et un film d' ? .

a   b   c

CD2 **4**
5

DELF

Tu vas entendre un enregistrement. Pour cet exercice, tu vas avoir:
- *30 secondes pour lire les questions,*
- *une première écoute, puis 30 secondes de pause pour commencer à répondre aux questions,*
- *une deuxième écoute, puis 30 secondes de pause pour compléter tes réponses.*

Ta classe fait un échange avec un collège à Paris. Au collège, tu entends le message suivant.
Écoute et trouve la bonne réponse.

1. Pourquoi est-ce que la piscine ferme?

a   b   c

2. Où se retrouvent les élèves français?
3. Où doivent aller les élèves allemands?
4. Quand est-ce que les cours finissent aujourd'hui pour les Allemands?

a **11:00**   b **14:00**   c **16:30**

Production écrite

 5

DELF

Sur ton portable, il y a un message de ta copine française Sandra. Elle t'invite à son anniversaire. Tu ne peux pas venir à sa fête et tu lui envoies ton cadeau avec une lettre. Dans ta lettre,
- tu la remercies,
- tu dis pourquoi tu ne peux pas venir et tu t'excuses,
- tu proposes un autre rendez-vous (quand? où? que faire ensemble?),
- tu dis quel cadeau tu as choisi pour elle et pourquoi.

> Salut toi! Enfin mes 16 ans! Je t'invite à ma fête d'anniversaire. Quand? Samedi 13 mai. Où? Chez moi. Tu as le temps de venir? Réponds-moi vite, s'il te plaît!
> Bisous, Sandra

> Salut Sandra!
> …

 6

DELF

PF

Tu es chez ton/ta corres en France. Il/Elle n'est pas là quand un copain de l'école téléphone pour t'inviter au cinéma. Le film commence dans 20 minutes. Avant de sortir, tu écris un message à ton/ta corres pour le mettre au courant. Dans le message, tu écris:
- à quelle heure tu es sorti/sortie,
- où tu vas,
- ce que tu fais,
- avec qui tu es,
- à quelle heure tu vas rentrer.

Production orale

7   Entretien dirigé: A se présente. B écoute, pose des questions et prend des notes. Puis vous échangez les rôles.
Vous parlez de:
- votre nom/prénom et votre âge,
- votre maison/appartement,
- votre famille / vos amis,
- vos hobbys.

8 a   Monologue suivi. B va à la page 112. A: Tu dois parler pendant deux minutes sur l'un de ces sujets.
Tu as deux minutes pour te préparer. B t'écoute et peut te poser des questions pour t'aider.   (B ▶ p. 112)

La télévision

Le collège

b   B choisit un sujet. Il/Elle doit en parler pendant deux minutes. Tu peux lui poser des questions pour l'aider.

Manger en famille
- Toi et ta famille, quand est-ce que vous mangez ensemble?
- Quels sont tes plats et boissons préférés?
- Qui est-ce qui fait la cuisine chez vous?

Les technologies modernes *(le portable, l'ordinateur)*
- Pourquoi est-ce que l'ordinateur / le portable est important pour toi?
- Quand et pourquoi est-ce que tu les utilises?
- Combien de temps est-ce que tu passes sur ton portable/ordinateur?

Médiation

9   Un ami français doit préparer un exposé sur une personnalité franco-allemande et il a choisi Emmanuel Peterfalvi alias «Alfons», un Français qui vit en Allemagne. Il a trouvé une interview en allemand et ne la comprend pas bien. Il voudrait que tu lui expliques:
- ce qu'Emmanuel voulait devenir quand il était jeune,
- ce qu'il a fait avant de devenir «Alfons»,
- de quelles différences entre Allemands et Français il parle dans l'interview.

Lis l'interview, p. 112–113. Puis écris un mail à ton ami et réponds à ses questions.

CD 2
6

10   Avec tes parents et la famille de ton correspondant, tu fais une randonnée à vélo en France. La mère de ton correspondant parle avec la réceptionniste d'un hôtel pour réserver des chambres. Tu les écoutes pendant que les autres vous attendent dehors avec les vélos. Quand vous sortez, tes parents ont plein de questions. Écoute d'abord la conversation et prends des notes. Puis, réponds à leurs questions:
Sie wollen wissen,
1. ob ihr alle unterkommt und in welchem Zimmer du schlafen wirst,
2. wie teuer die Übernachtung für euch alle sein wird,
3. ob im Preis auch das Frühstück inbegriffen ist,
4. wo man etwas Typisches essen gehen kann,
5. ob das Hotel abends geschlossen ist oder ob die Rezeption die ganze Nacht über besetzt ist.

Hier lernst du, in einer Diskussion zu einem Film Stellung zu nehmen.

CD2
7–8

Au cinéclub

Lycée Louis Lumière –

C i n é c l u b

Mercredi 10 mars:

«Entre les murs» de Laurent Cantet (2008)

Synopsis

François Marin est un jeune professeur de français dans un collège difficile du 20ᵉ arrondissement de Paris. Il a des élèves parfois agressifs et insolents, mais il discute beaucoup   5 avec eux et il fait tout pour les motiver et les aider, même s'il doit prendre des risques.

Critique du film

«Entre les murs» est un film du réalisateur Laurent Cantet. Il est sorti en 2008 et a reçu   10 la Palme d'or au Festival de Cannes. C'est une adaptation d'un roman de François Bégaudeau, un ancien professeur de français. Bégaudeau a écrit le scénario avec Robin Campillo et Laurent Cantet et il a aussi joué   15 son propre rôle dans le film. D'ailleurs, tous les acteurs du film sont des amateurs parce que le réalisateur voulait tourner avec des visages inconnus pour rendre l'histoire plus authentique.   20

Un peu comme dans un documentaire, «Entre les murs» décrit le quotidien d'un professeur et de ses élèves de quatrième, des jeunes de toutes les origines, qui sont très différents par leur culture, leur caractère, leurs idées et leurs goûts. Tout le film se passe à l'intérieur de ce collège et dans cette classe en particulier.   25

Laurent Cantet a su rendre son film vivant: il est à la fois dur et plein d'humour, il captive le spectateur. La caméra montre les personnages en gros plan. Elle filme leurs émotions. Elle suit le professeur, puis un élève et un autre … Au premier plan, on voit des élèves qui participent au cours, à l'arrière-plan, on en voit qui pensent à autre chose. On a l'impression d'être dans la classe. À voir absolument!

Vos commentaires

Caméra-man:
Le film ne m'a pas plu: il est trop long et il n'y a pas d'histoire. Et puis, ce prof est nul! Je 30
ne comprends pas son comportement. Il joue avec les mots et il veut toujours discuter de
tout. Il croit bien faire, mais à la fin, il ne maîtrise plus la situation. Si Souleymane devient
violent, c'est à cause de lui. Il aurait dû empêcher Esmeralda et Louise de dire n'importe
quoi au sujet du conseil de classe. 35

Jeanne-de-Cannes:
Moi, je ne me suis pas ennuyée et je n'ai pas été déçue non plus. Les dialogues sont bons
et les acteurs jouent aussi bien que des acteurs professionnels, ils sont vraiment touchants.
J'ai beaucoup aimé la scène où il y a un malentendu entre Khoumba et le prof. Elle pense
qu'il a quelque chose contre elle. Dans une lettre, elle lui reproche de ne pas la respecter, 40
mais il ne réagit pas. À la place de Khoumba, je n'aurais pas écrit à mon prof. Je serais allée
le voir et je lui aurais parlé.

Ciné-Phil:
C'est un film qui donne à réfléchir. La scène où Esmeralda et Louise rient pendant le conseil
de classe est exagérée, mais c'est un moment-clé de l'histoire. C'est leur faute si la situation 45
dégénère à la fin. Au lieu de rigoler, elles auraient dû prendre leur tâche de déléguées de
classe plus au sérieux.

Mercredi 17 mars:

«Les Profs» de Pierre-François Martin-Laval (2013)

Dans un style complètement différent, la comédie «Les Profs», qui s'inspire de la B. D.
du même nom, nous invite dans un lycée très spécial ...

 [Lire la suite]

Mercredi 24 mars:

«Sur le chemin de l'école» de Pascal Plisson (2013)

Ce documentaire montre l'aventure quotidienne de quatre enfants qui veulent ...
aller à l'école!

 [Lire la suite]

Mercredi 31 mars:

«Les Choristes» de Christophe Barratier (2004)

Un voyage dans le temps qui nous emmène en 1949, dans un internat de garçons où
la vie est très dure. Un nouveau surveillant, ancien prof de musique, arrive et change
tout.

 [Lire la suite]

1 a Lis la synopsis et la critique du film *Entre les murs*. Indique ce que tu apprends sur
François Bégaudeau et Laurent Cantet et leur rôle dans la création du film.

//○ ▶ p. 119

Koop

b Lisez les commentaires sur le film et notez dans une grille ce que Caméra-man, Jeanne-de-Cannes et Ciné-Phil
ont aimé ou n'ont pas aimé.

	a aimé	n'a pas aimé
Caméra-man	___	___
___		

DVD 2 a Regarde la scène et explique la dispute entre M. Marin et Khoumba.

b Relisez le commentaire de Jeanne-de-Cannes (p. 85). Partagez-vous son avis? Discutez et justifiez votre
opinion. (▶ Méthodes, p. 125/18)

3 Choisissez une des activités suivantes (a, b ou c):

a Jouez la scène entre M. Marin et Khoumba et trouvez une autre fin. Si vous voulez lire les dialogues, vous les
trouverez sur webcode (APLUS-4-86).

b Vous voulez comprendre les raisons du comportement de M. Marin et de Khoumba. Deux élèves
prennent leur rôle et prennent place sur «la chaise
chaude» devant la classe. Les autres posent des
questions et les deux élèves imaginent les réponses
de M. Marin et de Khoumba et répondent aux
questions.

> Khoumba, pourquoi est-ce que tu n'as pas voulu lire?

> M. Marin, pourquoi est-ce que vous avez choisi Khoumba?

c Khoumba envoie un mail à une copine et lui raconte ses problèmes avec son professeur. Écris son mail.

Salut Rachel,

ça va? Moi, ça ne va pas trop. Aujourd'hui, au collège, on s'est disputés avec le prof de français, M. Marin.
Je te raconte tout: …

DVD **4** a   Regardez les deux scènes. Puis, regardez les portraits, lisez les énoncés suivants et retrouvez qui a dit quoi.

| M. Marin | Boubacar | Carl | Souleymane | Esmeralda | Khoumba | Louise |

1 Je me tire[1] d'ici.

2 Il paraît que, hier, au conseil de classe, vous m'avez cassé[2].

3 C'est pas une question de force, c'est une question de discipline.

4 Aïe!

5 Tu ne me parles pas comme ça.

6 Eh, Souleymane, arrête, arrête.

7 Ça n'a rien à voir avec de la vengeance[3].

8 Eh, Souleymane, hier, il t'a trop insulté[4]!

9 Il a dit que t'étais «limité[5]». J'ai même souligné, tellement ça m'a choquée.

10 Je suis désolé, mais rire comme ça en plein conseil de classe, c'est ce que j'appelle une attitude de pétasse[6].

11 Calme-toi, là, calme-toi.

12 Eh, Monsieur, on ne parle pas comme ça aux filles.

1 **se tirer** *fam.* abhauen
2 **casser qn** *fam. hier:* jdn fertigmachen
3 **la vengeance** die Rache
4 **insulter qn** jdn beleidigen
5 **limité/e** beschränkt
6 **la pétasse** *Schimpfwort hier:* die Tussi

b   Regarde les scènes encore une fois et résume-les au présent. Ces mots et expressions peuvent t'aider.

se calmer | *parler* des points forts et | *être* réuni(e)s[4] | les résultats du conseil
blesser qn | des difficultés | *être* scolairement limité/e[5] | de classe
tutoyer qn[1] | *rire* tout le temps | *être* humilié/e[6] | le comportement
défendre qn | *quitter* la salle[3] | *être* furieux/-euse | la discussion
apprendre qc | *revenir* dans la salle | | l'ambiance *f.*
informer qn | *prendre* la défense de qn |
choquer qn[2] | *prendre* ses affaires |
se disputer |

1 **tutoyer qn** jdn duzen   2 **choquer qn** jdn schockieren   3 **quitter la salle** den Raum verlassen
4 **être réuni(e)s** versammelt sein   5 **être scolairement limité/e** in schulischer Hinsicht an seine Grenzen stoßen
6 **être humilié/e** gedemütigt sein

5 a Qu'est-ce que tu aurais fait à leur place? Utilise le conditionnel passé. (▶ p. 88/6)

Exemple: 1. Les élèves n'ont pas fait leurs devoirs.

→ À la place des élèves, j'aurais fait mes devoirs / je n'aurais pas fait mes devoirs non plus.

1. Les élèves n'ont pas fait leurs devoirs.
2. Khoumba n'a pas lu le texte en cours.
3. M. Marin s'est énervé après la discussion avec Khoumba.
4. Esmeralda a mangé des biscuits pendant le conseil de classe.
5. Esmeralda et Louise n'ont pas pris au sérieux leur tâche de déléguées.
6. M. Marin a discuté de tout avec ses élèves.
7. Souleymane a tutoyé* son professeur.
8. M. Marin a provoqué Souleymane.
9. Souleymane est parti sans s'occuper de Khoumba.

* **tutoyer qn** jdn duzen

b À toi. Réfléchis à ton propre comportement: qu'est-ce que tu as fait / n'a pas fait ces derniers jours? Note au moins trois phrases sur une feuille. Puis échangez vos feuilles. Ton/Ta partenaire fait un commentaire et utilise le conditionnel passé. (▶ p. 88/6)

Hier, mon frère s'est moqué de moi. J'étais furieuse et je suis partie sans lui parler.

À ta place, je ____.

GH 25 6   Das *conditionnel passé*: Bildung und Gebrauch

parler				**aller**		
j' aurais	parlé	*hätte gesagt*		je serais	allé/allée	*wäre gegangen*
tu aurais	parlé			tu serais	allé/allée	
				il serait	allé	
il/elle/on aurait	parlé			elle serait	allée	
				on serait	allé(s)/allée(s)	
nous aurions	parlé			nous serions	allés/allées	
vous auriez	parlé			vous seriez	allé(s)/allée(s)	
ils/elles auraient	parlé			ils seraient	allés	
				elles seraient	allées	

À ta place, je ne **serais** pas **parti/e** mais j'**aurais parlé** à mon frère.
Au lieu de rire, vous **auriez dû** aider ce pauvre enfant.

7   Tâche

Koop

a Quel autre film du cinéclub du lycée Louis Lumière voudriez-vous regarder en classe? Trouvez et regardez sur Internet les bandes-annonces* des trois autres films proposés (▶ Texte, p. 85). Puis chaque élève note quel film il/elle voudrait regarder et pourquoi. Notez aussi des arguments contre les autres films.

b Formez des groupes avec les élèves qui sont pour le même film que vous.
Échangez vos arguments pour vous préparer à la discussion.
(▶ Méthodes, p. 125/18)

* **la bande-annonce** die Vorschau, der Trailer

c Discutez en classe et mettez-vous d'accord sur un film que vous allez regarder ensemble.

Un/e élève peut prendre le rôle de l'animateur/-trice de la discussion.

CD2
9

Regards sur l'Histoire franco-allemande

Atelier A: Introduction

Koop **1** Recopie la frise* dans ton cahier. Étudie les documents 1 à 11. À quelle date correspondent-ils?
Fais des recherches. Comparez vos résultats.

* **la frise** die Zeitleiste

1 la naissance de l'euro

7 la création d'Arte

2 Au siècle des Lumières, le roi de Prusse Frédéric II invite Voltaire chez lui au château de Sanssouci à Potsdam. Le philosophe français y habite pendant trois ans.

8 À la fin de la guerre franco-prussienne, la France perd l'Alsace et la Lorraine. Les guerres suivantes sont programmées …

3 Les petits-fils de Charlemagne signent le traité de Verdun qui partage l'Empire en trois pays: la Francie occidentale et orientale et la Lotharingie.

9 L'Édit de Nantes met fin aux guerres de religion entre les catholiques et les protestants qui ont eu lieu après la Réforme de Luther. En France, les protestants peuvent vivre en paix – jusqu'à la révocation de cet édit …

4 les accords de Schengen

10 Paris pendant la Seconde Guerre mondiale

5 De Gaulle et Adenauer signent le traité de l'Élysée.

6 La Première Guerre mondiale a lieu. En France, on l'appelle la Grande Guerre.

11 Napoléon et ses troupes envahissent une grande partie de l'Allemagne et de l'Europe.

3	9	2	11	8	6	10	5	7	4
843	1598	1805–06	1792–1815	1870–71	1914–18	1939–45	1963	1991	1995	2002

Maintenant, faites les ateliers B, C et D (p. 90–93) dans l'ordre que vous voulez. Vous pouvez travailler seul/e ou en tandem. Notez vos résultats pour l'évaluation en classe. Enfin, faites la tâche (p. 93/1).

Atelier B: Le traité de l'Élysée

Le début d'une amitié

Longtemps, l'Allemagne a été l'ennemie de la France. Ces deux pays se sont battus l'un contre l'autre pendant plusieurs guerres, comme par exemple la guerre franco-prussienne de 1870/71, et surtout les deux guerres mondiales. En effet, la
5 Première Guerre mondiale a fait plus de 3,4 millions de morts en France et en Allemagne. Après la Seconde Guerre mondiale, on comptait plus de 6 millions de morts dans les deux pays. En 1945, une réconciliation entre les deux pays semble alors impossible. Pourtant, en 1963, le président français de
10 l'époque, Charles de Gaulle, et le chancelier allemand, Konrad Adenauer, réussissent ce tour de force. Le 22 janvier 1963, les deux hommes signent le traité de l'Élysée qu'on appelle aussi «traité d'amitié franco-allemand». Dans ce traité, la France et l'Allemagne déclarent qu'elles coopèrent dans plu-
15 sieurs domaines comme la politique étrangère et la défense.

Mais son principal objectif est de rapprocher les citoyens français et allemands. Les deux gouvernements encouragent alors l'enseignement du français en Allemagne et l'enseignement de l'allemand en France. Grâce à la création de l'Office franco-allemand pour la Jeunesse en juillet 1963, les jeunes 20 Allemands partent faire des échanges en France. Et les Français, eux, partent faire la connaissance de jeunes Allemands en Allemagne. Des écoles franco-allemandes voient le jour, et les jumelages entre villes françaises et allemandes se déve- loppent. Depuis 1963, plus de 8 millions de jeunes des deux 25 côtés du Rhin ont participé à un échange.

Grâce à ces échanges, l'amitié des Allemands et des Français est devenue une réalité.

C'est qui, lui?

Nom:	Adenauer
Prénom:	Konrad
Nationalité:	allemande
Né en:	1876
Mort en:	1967

Profession: Homme politique
Carrière politique:
1917–1933: Maire de Cologne
Juillet–Novembre 1944: En prison parce qu'il lutte contre le nazisme.
1949–1963: Chancelier de la République fédérale d'Allemagne

C'est qui, lui?

Nom:	de Gaulle
Prénom:	Charles
Nationalité:	française
Né en:	1890
Mort en:	1970

Profession: Général et homme politique
Carrière politique:
18 juin 1940–1943 (à Londres): Organise la Résistance contre l'Allemagne nazie
1944–1946: Chef du gouvernement provisoire
1958–1969: Président de la République française

1 Qu'est-ce que tu apprends sur le traité de l'Élysée? Dans ta réponse, parle des aspects suivants:

la situation en 1945   la date du traité   les personnes qui agissent

le contenu et le but du traité   les conséquences du traité

2 Retrouve dans l'article des compléments* pour ces verbes. Puis trouve d'autres compléments possibles.

* **le complément** die Ergänzung

se battre   compter   sembler   réussir   signer   coopérer   faire   voir

DVD **3** a Regarde la séquence. Ta petite sœur ne comprend pas le français mais elle trouve la séquence amusante. Décris-lui en quelques phrases de quoi il s'agit.   (▶ Méthodes, p. 133/30)

b Regarde la séquence encore une fois. Puis note dans ton cahier les informations sur de Gaulle qui sont nouvelles pour toi.

Atelier C: Une lettre pour Karin

CD2
13–14

1 a Écoute l'interview une première fois et dis de quoi les personnes parlent.

b Lis les questions. Puis écoute l'interview encore une fois et note les bonnes réponses.

1. Cécile a fait son premier échange en …   a 1963.   b 1968.   c 1972.

2. Cécile est partie à …   a   b   c Frankfurt

3. Qui n'était pas content que Cécile parte?   a ses parents   b son oncle   c son prof d'allemand

4. Pendant son séjour, Cécile se sentait …   a   b   c

5. Qui est Werner?   a le copain de Karin   b le cousin de Karin   c le frère de Karin

6. Plus tard, Cécile est partie à Bonn pour …   a   b   c

7. Comment est-ce que Werner a su que Cécile était amoureuse de lui?   a   b   c

8. Peu après, …   a Cécile a épousé Werner.   b Werner a rencontré une autre femme.   c Cécile et Werner sont devenus parents.

2 Maintenant lis l'interview (▶ webcode APLUS-4-91) et surligne tous les mots et expressions pour parler d'émotions. Fais une liste avec des dessins et des traductions. Puis apprends-les.

français	dessin	allemand
avoir honte (de qc)		*sich (wegen etw.) schämen*

3 Choisis une des activités suivantes.

a Imagine et écris la lettre de Cécile à Karin dans laquelle elle parle de Werner.

b Imagine et écris une interview avec Werner sur sa rencontre avec Cécile.

CD2 15–16 Atelier D: Les huguenots

1 Pour préparer la lecture de cette lettre, relis les informations sur l'Édit de Nantes, p. 89. Consulte aussi le *Petit dictionnaire de civilisation*, p. 137. Explique l'importance de cet édit en allemand.

> À Potsdam, ce jeudi 27 avril 1686
>
> Chère Tante Anne-Joséphine,
> Depuis votre départ pour la Nouvelle-France, il y a maintenant presque 20 ans, nous ne nous sommes plus donné de nouvelles.
> 5 Aujourd'hui, je vous écris parce que je dois malheureusement vous annoncer une triste nouvelle. Ah! Chère Tante, vous ne pouvez pas vous imaginer ce qui se passe en France! Vous devez savoir que depuis votre départ de La Rochelle, la vie pour nous, les huguenots, est une épreuve quotidienne, toujours plus triste et toujours plus difficile.
> 10 Avant votre départ pour la Nouvelle-France, les catholiques et les protestants pouvaient encore pratiquer leur religion comme ils le voulaient. L'Édit de Nantes de 1598 nous avait donné cette liberté. Vous vous en souvenez encore? Mais l'année dernière, cette liberté de religion disparut tout à coup. Au mois d'octobre 1685, le roi Louis XIV révoqua l'Édit de Nantes et il interdit aux huguenots de pratiquer leur
> 15 religion. Ce fut un choc pour nous tous.
> Depuis cette révocation, les soldats du roi menacent les huguenots pour essayer de les convertir à la religion catholique. Ils battent les hommes, et même les femmes ou alors ils mettent le feu aux maisons de familles huguenotes. Il n'y a pas assez de mots pour raconter toute cette violence. Ma mère Jeanne et mes frères – que Dieu ait leur
> 20 âme! – furent victimes de ces horreurs. Ma mère voulut sauver mes deux jeunes frères dans l'incendie de notre maison. Malheureusement, elle n'y réussit pas et elle perdit la vie avec eux. Ce jour-là, mon père et moi, nous nous trouvions dans notre imprimerie. Cela nous sauva.
> Le lendemain de ce drame, mon père décida de partir en exil pour un pays réformé,
> 25 même si la révocation de l'Édit de Nantes nous l'interdisait. La nuit, nous marchions le plus vite et le plus longtemps possible. Le jour, nous nous cachions, et nous dormions juste un peu. Trop souvent, nous ne pouvions pas manger, nous avions tout le temps faim et soif. Enfin, ce fut un voyage malheureusement trop dur et pénible pour mon pauvre vieux père. Hélas, il en est mort. Qu'il repose en paix!
> 30 Moi, j'eus plus de chance: je viens d'arriver à Potsdam. On raconte que les réfugiés huguenots reçoivent ici des aides financières pour s'installer avec leur famille. C'est vraiment incroyable! Cette solidarité me touche. C'est une chance pour mon avenir. Chère tante, vous êtes la seule personne de la famille qui me reste. Je ne sais pas si vous recevrez un jour ma lettre. C'est ici, à Potsdam, que je vais commencer une
> 35 nouvelle vie. J'espère que Dieu m'aidera.
> Je vous embrasse.
> Votre neveu, Albert Courtin

2 Lis la lettre. Qu'est-ce qui s'est passé en 1685, 87 ans après l'Édit de Nantes? Réponds et justifie ton avis à l'aide du texte.

les catholiques

les protestants

pratiquer une religion

avoir le droit

se convertir

3 Qu'est-ce que tu apprends sur Albert Courtin et sa famille? Prends des notes ou fais un schéma de lecture. (▶ Méthodes, p. 128/26.1)

Albert Courtin	la tante Anne-Joséphine	la mère Jeanne	le père	les deux jeunes frères

la Nouvelle-France	La Rochelle	à l'imprimerie	pendant le voyage	Potsdam

4 Retrouve dans la lettre tous les mots et expressions pour parler de religion. Prépare un exercice de vocabulaire pour tes camarades.   (▶ Liste des mots, p. 172)

5 Retrouve les formes du passé simple dans la lettre d'Albert Courtin et note-les au passé composé et avec leur infinitif (▶ p. 93/6).
Exemple: disparut → a disparu → disparaître

> Das *passé simple* ist eine Zeit der Vergangenheit, die nur in der Schriftsprache verwendet wird. Im Mündlichen verwendet man stattdessen das *passé composé*. ✔

GH 26 **6** **Das** *passé simple*

> ❗ Die *passé simple*-Formen der Verben *avoir*, *être* und *faire* sind unregelmäßig.

sauve~~r~~	-ai -as -a -âmes -âtes -èrent	réuss~~ir~~ perd~~re~~ interd~~ire~~	-is -is -it -îmes -îtes -irent	dispara~~être~~ voul~~oir~~	-us -us -ut -ûmes -ûtes -urent

	avoir	être	faire
	j'eus	je fus	je fis
	tu eus	tu fus	tu fis
	il/elle eut	il/elle fut	il/elle fit
	nous eûmes	nous fûmes	nous fîmes
	vous eûtes	vous fûtes	vous fîtes
	ils/elles eurent	ils/elles furent	ils/elles firent

7 Fais des recherches sur les huguenots et leur vie:
1. Où est-ce que les huguenots se sont réfugiés?
2. Ils avaient des connaissances dans beaucoup de domaines. Qu'est-ce qu'ils ont emmené en exil? Donnez des exemples.
3. Est-ce qu'il y a des traces d'origine huguenote dans votre région/ville? Lesquelles? Montrez des exemples et racontez-en l'histoire.

Koop **1** Tâche

Faites un dossier sur l'Histoire franco-allemande. Chacun/e choisit une date ou une personne importante pour l'Histoire franco-allemande et la présente sur une affiche. Vous pouvez aussi créer une grande frise en classe avec vos affiches.   (▶ Texte, p. 89)

100 % pub!

CD 2
17

La publicité est partout. Tu ne veux pas qu'elle te manipule? Pour cela, il faut savoir comment elle fonctionne. Alors voici quelques tuyaux pour mieux la décoder.

1 En haut, le gros titre sert à attirer l'attention du consommateur sur la marque Volvic. Ce titre suggère que la bouteille d'eau minérale ne pollue pas l'environnement parce qu'elle est d'origine végétale. Mais quand on lit les sous-titres en bas, on apprend seulement qu'il existe une bouteille plus petite de 50 cl. Ces bouteilles sont 20 % d'origine végétale. Mais quels en sont les autres composants? La publicité ne le dit pas.

2 Ce symbole qui montre une bouteille et une feuille d'arbre ressemble à un écolabel. Mais attention! La marque Volvic se sert d'un label qui n'est ni officiel ni réel. Avec ce faux écolabel, Volvic veut convaincre le consommateur que sa bouteille d'eau minérale est un produit écologique: il faut l'acheter parce qu'il respecte la nature. On appelle cette pratique l'écoblanchiment.

3 Dans une publicité, les couleurs jouent un grand rôle. Sur cette image, ce sont le vert et le bleu qui ont une place importante. Le paysage est en vert, et les éléments de la bouteille aussi. La couleur verte évoque la nature. Le ciel bleu derrière la bouteille évoque le bien-être et l'harmonie dans une ambiance tranquille. Avec cette publicité, la marque Volvic veut associer son produit à la nature et à la protection de l'environnement.

4 Sous le faux écolabel, on retrouve les mêmes informations qu'en bas. La publicité utilise la répétition pour convaincre le consommateur. Mais encore une fois, Volvic ne donne ni détails ni informations sur les autres composants (80 %!) de la bouteille.

Volvic lance la 1ère bouteille d'origine Végétale*

BOUTEILLE VÉGÉTALE
20% D'ORIGINE VÉGÉTALE
100% RECYCLABLE

NOUVEAU
1ère bouteille
d'origine Végétale*

Volvic
1,5L

20% d'origine végétale, 100% recyclable
Existe aussi en format 50cl

Volvic a été la 1ère marque nationale à commercialiser des bouteilles 20% d'origine végétale en France avec Volvic 50cl.

5 Au premier plan, on voit une grande bouteille d'eau minérale dans un pré. À l'arrière-plan, il y a des montagnes vertes et des volcans. Ce paysage est en Auvergne, la région où se trouve la source de Volvic. De cette façon, la publicité suggère que la bouteille fait partie de la nature. Mais sur l'eau de Volvic, la publicité ne nous apprend rien.

L'écoblanchiment

L'écoblanchiment est une pratique dans la publicité qui a commencé au début des années 2000. On présente des produits avec des éléments qui suggèrent un engagement pour l'écologie et pour l'environnement. L'argument
5 écologique sert à vendre plus de produits.

Il existe plusieurs façons de lutter contre l'écoblanchiment. Les slogans ironiques comme «Manger bio, c'est pour les idiots.» ou «Tout pour nous, maintenant! Rien pour nos enfants!», ont rendu l'association «0-Vert-Dose»
10 célèbre. Il y a d'autres associations qui agissent de la même façon. Les unes veulent dénoncer la publicité, les autres veulent
15 sensibiliser le public et provoquer les entreprises qui ne font rien contre la pollution. Toutes ces associations s'engagent
20 pour l'écologie et le développement durable. Leur idéal est une société équitable qui respecte les hommes et l'environnement.

Les écolabels officiels certifient - entre autre - que tous les composants du produit sont biodégradables et qu'après un mois, il reste seulement 39% du produit dans l'eau.

---

1 Décrivez une publicité qui vous a plu à votre partenaire et dites pourquoi.

2 Regarde l'affiche (p. 94) pendant dix secondes, puis ferme ton livre. De quoi est-ce que tu te souviens? Décris l'affiche en une phrase.

3 Lis l'article (p. 94), puis nomme les éléments de la publicité qui évoquent la nature et/ou la protection de l'environnement.

4 Discutez et donnez votre avis sur les points suivants.   (▶ Méthodes, p. 125/18)
   1. Pourquoi est-il marqué «origine Végétale» avec un grand V dans la publicité? Formulez des hypothèses à l'aide du texte.
   2. D'après vous, pourquoi est-ce que la publicité donne des informations sur la bouteille mais pas sur l'eau?
   3. À votre avis, pourquoi est-ce que Volvic a créé son propre label?

5 a   Qu'est-ce qui va ensemble? Retrouve les combinaisons possibles. Parfois, il y a plusieurs possibilités. Échangez vos résultats.

donner polluer provoquer		les entreprises *f. pl.* l'environnement *m.*
sensibiliser manipuler décoder		l'attention *f.* de qn partie de qc d'un label
se servir associer convaincre		les consommateurs *m. pl.* l'écoblanchiment *m.*
attirer lutter protéger pratiquer		contre qc la publicité le produit à qc
respecter faire		la nature des détails *m. pl.* le public

b   Explique à un consommateur naïf comment fonctionne la publicité en général. Utilise des expressions de a. Tu peux t'inspirer des vignettes ci-dessous.

Exemple: La publicité veut attirer l'attention des consommateurs. Elle ____.

Extrait de: Grrreeny, *Vert un jour, vert toujours*, Midam, Mad Fabrik 2012, p. 17

6   Les consommateurs sont tous différents. Décris le comportement* de Paul.
Utilise *ne … ni … ni …* (▶ p. 97/7)

Exemple: 1. Pierre achète des produits bios et des marques écologiques.
               → Paul **n'**achète **ni** produits bios **ni** marques écologiques.

1. Pierre achète des produits bios et des marques écologiques.
    Paul ____.
2. Pierre utilise des sacs en papier et des produits recyclables.
    Paul ____.
3. Pierre s'intéresse à la nature et à la protection de l'environnement.
    Paul ____.
4. Pierre déteste la publicité et les grandes marques.
    Paul ____.
5. Pierre a créé une association et un blog.
    Paul ____.
6. Pierre trouve normal et important de s'engager.
    Paul ____.

* **le comportement** das Verhalten

GH 27 **7** Die Verneinung mit *ne … ni … ni …*

1. La marque Odela se sert d'un label qui   est   officiel et réel.
   La marque Odissi se sert d'un label qui **n'**est **ni** officiel **ni** réel.

2. La marque Odela   donne   des détails et des informations sur son produit.
   La marque Odissi **ne** donne **ni**   détails **ni**   informations sur son produit.

3. Il   a   une voiture et un vélo.
   Il **n'**a **ni**   voiture **ni**   vélo.

4. J'   aime   les gâteaux et les biscuits.
   Je **n'**aime **ni** les gâteaux **ni** les biscuits.

5. Je   vais   à la piscine et au club de sport.
   Je **ne** vais **ni** à la piscine **ni** au club de sport.

8 Lisez le texte sur l'écoblanchiment (p. 95) et inventez des slogans à la *O-Vert-Dose*.

DVD
oop **9** a Regardez et écoutez le clip du groupe Tryo. Qu'est-ce que vous comprenez? Formulez des hypothèses.

b Regardez le clip et lisez les paroles sur webcode (APLUS-4-97). Expliquez qui est «on» et résumez le message de la chanson. Puis, donnez votre avis sur le clip.

– Ce qui me frappe, c'est ____.
– Je me retrouve dans ____.
– Moi non plus, je ____.
– Moi aussi, je ____.
– Ce que j'aime, c'est ____.

– Les images montrent bien que ____.
– Ce clip est exagéré ____.
– Je trouve bizarre que ____.
– Ce n'est pas normal que + *subjonctif* ____.
– Je n'ai pas tout compris, mais ____.

10 Tâche

Analyse une publicité. Tu peux:
1. travailler sur la publicité ci-dessous (tu la trouveras en grand format sur webcode APLUS-4-97),
2. choisir une publicité qui pratique l'écoblanchiment dans les médias allemands ou français,
3. créer une publicité toi-même.
Écris des commentaires comme dans l'article *100 % pub!* (p. 94). Puis, présente ton article en classe.
Tu cherches des expressions utiles?   ▶ Méthodes (p. 125/18), ▶ exercices (p. 96/5)

CD 2
19–22

Régions à la carte ......

Le Monde des jeunes

C'est bientôt l'été, et pour toi, comme pour les trois quarts des Français, c'est la saison des grandes vacances. Mais avec tes parents, vous ne savez pas encore où aller? Les informations suivantes peuvent t'aider.

La majorité des Français passent leurs vacances en France. En général, seulement 4 % des Français passent leurs vacances dans un pays étranger.

Les Français préfèrent passer leurs vacances d'été …

au bord de la mer	36,1 %
à la campagne	30,6 %
en ville	21,7 %
à la montagne	11,6 %

Source: dgcis – Études et statistiques/chiffres clés du tourisme, 2013

Les régions de vacances d'été préférées des Français

- 10 % et plus
- de 5 à 9 %
- moins de 5 %

Nord-Pas-de-Calais
Haute-Normandie
Picardie
Basse-Normandie
Île-de-France
Lorraine
Champagne-Ardennes
Alsace
Bretagne
Pays de la Loire
Centre
Bourgogne
Franche-Comté
Poitou-Charentes
Limousin
Auvergne
Rhône-Alpes
Aquitaine
Languedoc-Roussillon
Provence-Alpes-Côte-d'Azur
Midi-Pyrénées
Corse

Source: Sud Ouest, 7 juillet 2013

HISTOIRE ET NATURE:

LA LOIRE ET SES CHÂTEAUX

Tu peux découvrir l'histoire de la Renaissance française de différentes façons. Pourquoi pas à vélo? Entre Orléans et Angers, environ 300 kilomètres de «véloroute» te permettent de découvrir de nombreux châteaux et des paysages fantastiques autour de la Loire.

Les bons plans

▶ Le château de Chambord
Il se trouve au bord de l'eau, au milieu d'un parc-forêt immense, presque aussi grand que la ville de Paris!

Il est le plus grand et le plus prestigieux des châteaux de la Renaissance française. Viens visiter les 440 pièces de ce magnifique château et ne rate surtout pas son célèbre escalier dont Léonard de Vinci a peut-être dessiné les plans.

▶ Le château de Chenonceau
C'est le château qu'on visite le plus après le château de Versailles. C'est le seul château-pont au monde!

1 a Lis les informations sur les Français et leurs vacances et dis ce que tu apprends. (▶ Méthodes, p. 126/20)

b Lis les informations sur les différentes régions touristiques. Dis quelle région t'intéresse le plus et explique pourquoi.

CD 2
23

2 a Où est-ce que les cinq jeunes passent leurs vacances? Écoute et réponds. Retrouve les endroits sur une carte de France.

b Qu'est-ce que les jeunes disent sur ces endroits? Écoute encore une fois, prends des notes et raconte.

MER ET NATURE:
LE BASSIN D'ARCACHON

Situé à 50 kilomètres de Bordeaux, le bassin d'Arcachon est un lac d'eau salée qui s'ouvre sur l'océan Atlantique. Avec ses 80 kilomètres de côte, c'est l'endroit idéal pour se baigner sans danger, faire du bateau, aller à la pêche, jouer au volley sur la plage ou tout simplement pour bronzer.

Les bons plans

▶ **La dune du Pilat**
C'est la plus haute dune de sable fin d'Europe. Elle a entre 100 et 115 mètres de hauteur

selon les années. En haut de la dune, la vue est unique. D'un côté, on voit l'océan et les plages, et de l'autre, la forêt. On te conseille la balade sur la dune au coucher du soleil. Les couleurs sont magnifiques et l'ambiance est magique!

▶ **L'Île aux oiseaux**
Cette île magnifique avec ses oiseaux et ses parcs à huîtres est une réserve naturelle. On peut y observer un tas d'oiseaux différents. Alors, n'oublie surtout pas tes jumelles!

MONTAGNE ET AVENTURE:
LES ALPES FRANÇAISES

Les Alpes françaises sont une région de montagnes qui se trouvent dans le sud-est de la France, entre la vallée du Rhône et la Méditerranée. En hiver, on peut bien sûr y faire du ski. En été, cette région propose un tas d'activités sportives.

Les bons plans

▶ **Les gorges du Verdon**
Le Verdon est une rivière qui traverse les Alpes sur environ 30 kilomètres, entre Castellane et le lac Sainte-Croix. On

appelle ce passage les Gorges du Verdon. C'est un endroit idéal pour partir à l'aventure et faire de l'escalade, du canoë-kayak ou du rafting.

▶ **Le parc national du Mercantour**
Avec ses 1700 kilomètres de sentiers, le Mercantour est le paradis du randonneur. En plus des randonnées à pied, il existe des circuits en VTT ou à cheval.

3   Tâche

Imaginez que vous allez faire un voyage de classe en France. Choisissez une région qui vous intéresse et faites des recherches. Puis présentez cette région à vos camarades. Expliquez aussi ce que vous pourriez y faire («les bons plans»). Essayez de convaincre les autres.

Tu cherches des idées?   ▶ Carte de France, à la fin du livre

Hier erhältst du Einblicke in Frankreichs multikulturelle Gesellschaft und schreibst einen Beitrag für eine französische Jugendzeitschrift.

CD2
24–25

Vive la diversité!

Le Monde des jeunes

Après avoir gagné un concours de slam contre le racisme dans son collège, Djenabou a répondu à nos questions.

Le Monde des jeunes (MDJ): Bonjour, Djenabou! Tu viens de gagner le concours de slam. Bravo! Qu'est-ce qui t'a donné l'idée de composer un slam contre le racisme?

5 Djenabou: Eh bien … En ce moment, on entend souvent des propos racistes contre les immigrés dans notre quartier. Il y a des gens qui ne sont pas tolérants. Pour mes amis et moi, rejeter les immigrés à cause de leur apparence ou de leur accent étranger,

10 c'est trop nul. Alors nous avons composé un slam contre le racisme et nous avons participé au concours. Ça a super bien marché, c'est trop cool.

MDJ: Et toi, Djenabou, tu as aussi été victime des préjugés racistes?

15 Djenabou: On me demande souvent d'où je viens. Et pourtant, je suis née en France et j'y ai grandi. C'est là que j'ai ma famille et mes amis. Je suis de nationalité française.

MDJ: Et quel est le pays d'origine de tes parents?

20 Djenabou: Mon père vient d'un petit village du Burkina Faso. Il y vivait avec ses parents et ses frères et sœurs. Mais là-bas, les conditions de vie étaient dures. À l'âge de 18 ans, il a quitté son village pour fuir la misère. Mon père est arrivé en France au

25 début des années 1980.

MDJ: Et pourquoi ton père a-t-il choisi de partir en France?

Djenabou: Pour mon père, la France représentait la liberté, la tolérance et l'espoir d'une vie meilleure.

30 Un de ses cousins avait déjà réussi à s'y installer. Alors mon père était très motivé. Après être arrivé en France, il a retrouvé des compatriotes qui l'ont aidé à s'installer. Et c'est parmi eux qu'il a rencontré ma mère.

35 MDJ: Depuis quand est-ce que ta mère vit en France?

Djenabou: Depuis l'âge de 10 ou 12 ans, je crois. Après être partis du Burkina Faso, ses parents et elle se sont installés en France. Ma mère est devenue

40 infirmière.

MDJ: Tes parents voudraient revenir un jour au Burkina Faso?

Djenabou: Je ne sais pas trop. Bien sûr, leurs familles et leur pays d'origine leur manquent beaucoup. Pour eux, parler le dioula … 45

MDJ: Le dioula? C'est la langue qu'ils parlaient au Burkina Faso?

Djenabou: Oui, c'est ça! Mes parents le parlent aussi à la maison avec mes frères et moi. Nous sommes donc tous bilingues. Pour mes parents, la 50 langue reste un lien vivant avec le Burkina Faso. Mais là-bas, la vie est dure, les gens souffrent. Chaque mois, mon père envoie de l'argent à ses parents. Ici, en France, tout est quand même plus simple. 55

MDJ: Tu es optimiste pour l'avenir?

Djenabou: Oui, j'ai confiance en l'avenir, et c'est même ce que mes copains et moi disons dans notre slam …

MDJ: Alors pour finir notre interview, tu pourrais 60 nous dire ton slam?

Djenabou: Bon, voilà …

Tu es d'ici, né ici, ou dans un autre pays,
Tu parles arabe ou baoulé, mais surtout tu parles français
Aux gens qui te demandent toujours «tu viens d'où?», 65
    j'ai envie de dire
Que la question importante, c'est pas ça, c'est de savoir
    où on va.
Elle est une belle aventure, la vie entre plusieurs cultures,
C'est pas une vie entre deux chaises, française, 70
    sénégalaise …
Tu n'as pas besoin de choisir. Ensemble, on peut réussir
À vivre tous égaux et s'aimer, vive la diversité!

CHIFFRES – Origine des personnes qui ont immigré en France

■ Espagne   ▨ Algérie
■ Italie   ▨ Afrique
▨ Portugal   subsaharienne

Source: INSEE, France, 2010

1 a Lis l'interview et dis pourquoi le journaliste interviewe Djenabou.

  b Note ce qu'on apprend sur Djenabou et sa famille.

  c Explique le message du slam de Djenabou.

2 Regardez la statistique et expliquez ce qu'on apprend sur l'immigration en France.
(▶ Méthodes, p. 126/20)

Qui?   Combien?

Quand?

CD 2
26

3 Écoute la chanson et explique son message. Tu trouveras les paroles sur webcode (APLUS-4-101).

oop

4 Reconstitue la biographie de Mariam, la mère de Djenabou et écris-la. Utilise *après avoir* / *après être* +
participe passé. Puis compare ce que tu as écrit avec les résultats de ton/ta partenaire. (▶ p. 101/5)
Exemple: 1. Après avoir quitté son village, Mariam est arrivée en France avec ses parents.
Après être arrivée en France, elle ＿＿＿.

épouser Salif   *s'installer* à Paris   *rencontrer* Salif, le père de Djenabou   *réussir* son bac

devenir infirmière   *aller* à l'école pendant sept ans   *quitter* son village   *fonder* une famille

arriver en France avec ses parents

5 Der Infinitivsatz mit *après avoir* / *après être* + Partizip Perfekt

Après avoir gagné un concours de slam, Djenabou a répondu à une interview.
Après être rentrée chez elle, elle a écouté des slams de Grand Corps Malade.

Haupt- und
Infinitivsatz müssen
das gleiche Subjekt
haben.

6 Choisissez des mots de l'interview et expliquez-les selon les règles du jeu du taboo.

7 Tâche

Le Monde des jeunes organise une campagne sur le thème: «Vive la diversité». Participez-y. Vous pouvez écrire
un slam, un rap, un poème ou une biographie ...

Hier lernst du die Welt des französischsprachigen Comics kennen und gestaltest selbst einen Comic.

Zoom sur la B.D.!

Le Monde des jeunes

CD2
27–28

TEST «Quelle pour toi?»

Les vacances arrivent enfin! Tu veux emporter des B.D., mais tu ne sais pas lesquelles? Fais donc ce test pour découvrir quel genre de B.D. te correspond le mieux.

1 Tu as encore de la place dans ta valise. Tu y mets …
★ un guide touristique.
● une lampe de poche et un GPS.
❖ un objet très spécial – on va rigoler …!
◀ les contes et légendes de la région où tu vas.

2 Sur la route des vacances, tu écoutes …
❖ les sketches d'Omar et Fred.
◀ le livre audio des «Héros de l'Olympe».
★ de la musique classique, bien sûr.
● la bande originale du film «La Guerre des étoiles».

3 Ça y est! Tu es arrivé/e! Tu …
◀ cherches un endroit tranquille pour pouvoir lire en paix.
❖ es fatigué/e, et tu vas tout de suite te coucher.
★ vas à l'office du tourisme pour chercher des informations sur la région.
● fais une balade pour découvrir les environs.

4 Pour toi, l'endroit idéal pour passer tes vacances, c'est …
◀ une maison au bord de la mer.
★ un château du 16e siècle.
● un bateau pour partir à l'autre bout du monde.
❖ un camping avec tous tes copains.

5 Sur une île déserte, …
★ tu trouverais enfin le temps de lire ta nouvelle encyclopédie.
◀ tu commencerais à écrire un roman.
❖ tu dirais: «Super, enfin seul/e!»
● tu irais chercher du bois pour construire une cabane.

6 Tu vas au ciné. C'est pour voir …
❖ une comédie.
◀ un film d'animation.
★ un documentaire.
● un film d'action ou d'aventure.

7 Tes copains seront heureux de te retrouver après les vacances parce que …
❖ tu es le roi/la reine des blagues.
★ tu sais toujours tout.
● tu n'as jamais peur de rien.
◀ tes dessins sont des œuvres d'art.

1 a Fais le test et lis tes résultats. Est-ce que tu te reconnais dans ce que le test dit sur toi? Est-ce que les bédés qu'on te propose t'intéressent? Justifie ta réponse.

Résultats

© Casterman   © Casterman

Tu as une majorité de ⭐ → Histoire

La culture et l'histoire t'intéressent. Tu pourrais lire par exemple:
«Putain de guerre!» de Jacques Tardi qui parle de la «Grande Guerre»
de 1914–1918 et qui montre que les horreurs de la guerre sont les
5   mêmes pour tous les soldats – anglais, français ou allemands … Dur,
mais passionnant!
Plus loin de nous, «Le Code noir» de Jacques Martin t'amène à l'époque
de Louis XIV. Le jeune Loïs Lorsey va être le témoin du terrible trafic
d'esclaves entre les Français et les Anglais au 17e siècle.

10   ### Tu as une majorité de ⬤ → Aventure

Tu aimerais voyager pour découvrir des endroits inconnus. Ta passion,
ce sont les histoires extraordinaires et les héros qui veulent sauver le
monde. Tu es accro de fantasy? Alors tu pourrais lire «Les Légendaires»
de Patrick Sobral. Les «Légendaires» sont cinq jeunes qui vivent dans le
15   monde d'Alysia. Ils doivent se battre contre le sorcier Darkhell qui veut
conquérir Alysia. Vont-ils réussir?
Ou tu préfèrerais partir en Afrique? Alors tu pourrais lire «Jungle urbaine»
de l'auteur congolais Thembo Kash. L'histoire se passe au Congo. Bwana,
un petit mécanicien, rencontre Lola, qui est la fille d'un riche homme d'af-
20   faires, et tombe amoureux d'elle. Mais des hommes inconnus les menacent
et vont tout faire pour empêcher cette histoire d'amour …

Tu as une majorité de ♣ → Humour

Tu adores passer du temps avec tes copains et leur raconter des histoires drôles. Alors, tu pourrais lire «Pico Bogue – La Vie et moi» de
25   Dominique Roques et Alexis Dormal. Tu vas découvrir la vie quotidienne
de Pico Bogue et de sa petite sœur Ana Ana. Dans toutes les situations,
Pico Bogue a toujours le dernier mot, ce qui est vraiment dur pour ses
parents, ses grands-parents et ses professeurs …
«Tamara – Faites comme chez vous!» de Darasse et Zidrou est aussi
30   une B. D. drôle qui pourrait te plaire. Tamara est une adolescente qui
rêve d'avoir un copain. Mais elle a des kilos en trop et ses camarades de
classe ne sont pas toujours sympa avec elle. Heureusement, sa demi-
sœur de huit ans a toujours un tas de bonnes idées et va l'aider à trouver le grand amour.

35   ### Tu as une majorité de ◀ → Roman graphique

Tu aimes la lecture et les belles choses! Pour toi, dans une B. D., les
textes sont aussi importants que les illustrations. Tu pourrais lire «La
Ballade de la mer salée» de Hugo Pratt. C'est le premier «roman» en
bande dessinée qui est devenu un classique de la «littérature dessinée».
40   Sur un bateau dans les mers du Sud, Corto Maltese, un personnage
élégant et romantique, retrouve son ami, le pirate Raspoutine. À bord,
ils ont deux prisonniers qu'ils doivent amener chez «le Moine», leur
chef mystérieux qui ne montre jamais son visage …
Tu pourrais mettre aussi dans ta valise «La Marche du crabe» d'Arthur
45   de Pins. Tu apprendras ce qui se passe quand les crabes font la révolution: un jour, les crabes en ont assez de toujours marcher sur la même
ligne et ils trouvent un moyen pour changer de direction. Mais cela ne
plaît pas à tout le monde …

b   Forme un groupe avec des camarades qui ont eu d'autres résultats que toi. Informez-vous sur les bédés que le
magazine vous conseille. Puis, chacun choisit la bédé qu'il aurait le plus envie de lire et justifie son choix.

CD2
29

Le festival d'Angoulême

Qui sont les rois de la B. D. en Europe? Les Belges? Les Français? Une chose est sûre: C'est en France, et plus exactement à
5 Angoulême, qu'a lieu le plus grand festival de la bande dessinée francophone.

Le Festival international de la bande dessinée d'Angoulême
10 qu'on appelle tout simplement

Sélection Officielle 2013

«festival d'Angoulême» existe depuis 1974. Tous les ans, les fans de B. D. du monde entier se retrouvent à la fin du mois de janvier dans cette ville française. Ils viennent bien sûr rencontrer des auteurs de B. D., discuter avec eux et leur demander des dédicaces. Mais il y a
15 un tas d'autres activités. Ces activités, que les organisateurs ont créées pour le festival, correspondent chaque année à un thème précis. «La science-fiction», «l'autobiographie» ou «les différents regards sur le monde» sont les thèmes que les organisateurs ont choisis ces dernières années.

20 Une des activités préférées des visiteurs sont les «concerts de dessins». Pendant ces concerts, des auteurs de B. D. dessinent une histoire en
25 direct et des musiciens les accompagnent sur leurs instruments.

Les visiteurs peuvent aussi aller à des expositions, lire des
30 B. D. dans des coins-lecture, assister à des ateliers de B. D. pendant lesquels ils apprennent le travail de scénariste et de dessinateur: inventer une histoire, dessiner des personnages de B. D. et écrire ce que ces personnages disent ou pensent dans des bulles.

Au programme du festival, il y a aussi des spectacles de «cosplay»
35 (jeu de costumes). Dans ces spectacles, les acteurs, des fans, sont déguisés exactement comme les personnages de B. D. célèbres et ils jouent le rôle de ces personnages sur scène. Le public adore!

Le festival dure quatre jours. Le dernier jour, le jury du festival remet les «fauves d'Angoulême», c'est-à-dire les prix d'Angoulême qui ré-
40 compensent des albums et des auteurs de B. D. Grâce à ce festival, beaucoup d'auteurs inconnus sont devenus célèbres, comme par exemple Marguerite Abouet. Le festival d'Angoulême l'a accueillie et récompensée en 2006 et aujourd'hui, elle est une star de la bande dessinée.

Production de B. D. dans le monde

D'après: Ministère de la Culture et de la Communication, 2012

Les lecteurs de B. D. en France

Le savais-tu?
Les Français lisent en moyenne trois B. D. par an.

% Ont lu au moins une bande dessinée au cours des 12 derniers mois

Sur 100 hommes ou femmes de chaque tranche d'âge
— Hommes
— Femmes

100
90
80
70
60
50
40
30
20
10
0

11–14 15–17 18–24 25–29 30–39 40–49 50–59 60 et plus   ans

Source: Ministère de la Culture et de la Communication, 2012

200 000

10 000

en 1974   en 2013

Nombre de visiteurs du festival d'Angoulême

La Dédicace

Pour aller plus loin
Vous avez envie d'en savoir plus? Alors lisez aussi «La Dédicace» de Roland Fuentès, qui raconte l'histoire d'un jeune qui va au festival d'Angoulême pour la première fois.

2 a Lis la rubrique «Info», puis résume les informations principales des trois documents.   (▶ Méthodes, p. 126/20)

 b Lis l'article et note les aspects du festival d'Angoulême que le journaliste présente.   ▶ p. 119

Koop c Qui fait quoi au festival d'Angoulême? Faites un tableau et répondez.

| le public | le jury | les organisateurs | les auteurs | les musiciens |

3 Et vous, qu'est-ce que vous voudriez faire ou voir au festival d'Angoulême? Regardez le programme et mettez-vous d'accord. (▶ Méthodes, p.125/18)

Jeudi – 10-19 h – *Vaisseau Moebius*
EXPOSITION: **Tardi et la Grande Guerre**

Jeudi – 10 h 30 (durée 2 h 00) – *Pavillon Jeunes Talents*®
ATELIER: **Créer un héros: apprentissage des bases de dessin et de scénario**

Jeudi – 14 h (durée 1 h) – *Théâtre*
SPECTACLE: **Concerts de dessins**®

Jeudi – 14 h (durée 1 h 30) – *Conservatoire – Salle Brassens*
CONFÉRENCE: **Le Moyen-Âge en bande dessinée**

Jeudi – 16 h (durée 1 h 30) – *Pavillon Jeunes Talents*®
RENCONTRE: **Dédicaces avec Patrick Sobral, auteur des Légendaires**

Jeudi – 17 h (durée 1 h 30) – *Conservatoire – Salle Brassens*
CONFÉRENCE: **Les maîtres du manga**

4 a Vergleiche in beiden Satzpaaren das **Partizip Perfekt** und die Stellung des **direkten Objekts**.
Le festival d'Angoulême a accueilli Marguerite Abouet en 2006.
C'est Marguerite Abouet. Le festival d'Angoulême l'a accueillie en 2006.

Il m'a offert des bédés géniales.
Les bédés qu'il m'a offertes sont géniales.

b Formuliere die dazugehörige Regel.
Auch im *passé composé* mit *avoir* kann das Partizip Perfekt angeglichen werden, und zwar an ? , wenn dieses ? dem Verb steht.

c Des fans de bédé attendent leur dédicace. Retrouve qui dit quoi.

1 Il m'a regardée!

2 Ah bon, nous, il nous a engagés pour le cosplay!

3 L'année dernière, il nous a dessinées avec nos costumes!

4 Son dernier album m'a vraiment impressionné!

Simon   Lou et   Paul et   Sarah
               Ida   Yann

CD 2
30

d Écoute. De quoi est-ce qu'ils parlent?

1 le texto – la lettre – les dédicaces

2 le roman – les mangas – la bande dessinée

3 les dessins – les bulles – l'atelier dessin

4 la photo – le programme – les billets

5 Allez sur le site Internet du festival d'Angoulême. Travaillez en groupe. Chacun fait une des trois recherches suivantes (a, b ou c). Puis, informez vos partenaires sur les résultats de vos recherches.

a Tu es fan de bédé et tu veux aller au festival d'Angoulême. Réponds aux questions suivantes:
   – Où se trouve la ville d'Angoulême? Comment peut-on y aller? Où peut-on dormir?
   – Quand le prochain festival d'Angoulême a-t-il lieu? Combien les billets d'entrée coûtent-ils?

b Trouve des informations sur les différents prix du festival.

c Choisis une bédé qui a déjà gagné le grand prix du festival et présente-la.

Zoom sur la B.D.!

CD 2
31

Comment fonctionne une B.D.

6 a   Lis les deux planches*, puis expose de quoi il s'agit.

> * **la planche** die Comicseite

b   Relisez la bédé, puis interrogez-vous en français. A commence.   (B ▶ p.113)

> Fordere B auf Französisch auf, dir Folgendes im Comic zu zeigen:
> 1. eine Nahansicht.
> 3. einen Bildrand, der zeigt, dass jemand wütend ist.
> 5. ein Einzelbild ohne Rand.
> 7. eine Schriftgestaltung für jemanden, der mit Akzent spricht.
> 9. eine Schriftgestaltung für jemanden, der schreit.
>
> **A**

Extrait de: Bande dessinée – Apprendre et comprendre, Lewis Trondheim / Sergio García, Éditions Delcourt 2006, p. 4–8

7   À toi! Choisis une des deux activités suivantes.

a   **Dessine:**
- un plan pour montrer un personnage qui est complètement seul.
- un bord de case pour quelqu'un qui est malade.
- un lettrage pour quelqu'un qui a peur.
- un lettrage pour quelqu'un qui est amoureux et qui demande: «On rentre ... ensemble?»

b   **Trouve dans une bédé que tu connais les éléments suivants et explique leur effet à ton/ta partenaire.**
- un bord de case original
- un lettrage original
- un plan original

CD 2
32

Les onomatopées!

8 Explique les onomatopées.

Exemple: «Snif», ça veut dire que quelqu'un pleure.

pleurer	*tomber* dans l'eau	*(se) casser*	*fermer* une porte	*s'énerver*
faire du bruit avec son moteur		*être* surpris/e	*avoir* mal	*boire* qc
pleuvoir	*râler* *rire*	*trouver* qc dégoûtant	*frapper* qn	*dormir*

P|F **9 a** Trouve les onomatopées allemandes qui correspondent et fais un dictionnaire des onomatopées.

✎ **b** Va sur le site de l'émission *Karambolage* (qui passe sur Arte) et cherche d'autres exemples d'onomatopées françaises et allemandes, puis complète ton dictionnaire de a.

PF **10** Tâche

Transforme une histoire de ton choix en bande dessinée. Tu peux choisir une scène de roman ou de film, une histoire qui t'est arrivée, une blague, une chanson etc.

Avant de commencer, réfléchis aux points suivants (▶ p. 106–107):
- Quels moments est-ce que tu veux représenter?
- Dans chaque moment, qu'est-ce que tu veux représenter par le dessin et qu'est-ce que tu veux écrire (récitatif, dialogue etc.)?

Puis, fais une esquisse et choisis à chaque fois en fonction de ce que tu veux exprimer:
- la taille de la case
- le plan
- le bord de case
- le lettrage
- les onomatopées.

Enfin, dessine ta bédé.

Tu cherches des expressions utiles?   ▶ *Texte* (p. 108), ▶ *exercices* (p. 108/9)
Tu cherches des idées? Voici une histoire sur laquelle tu peux travailler:

Un garçon drague[1] une fille dans le métro. Elle hésite mais il fait un truc qui lui plaît, alors elle lui donne son numéro puis sort du métro. Le garçon est super content. Il ne peut pas attendre et appelle la fille tout de suite, mais il entend une sonnerie sous le siège[2]. Il regarde et voit que la fille a oublié son sac …

1 **draguer qn** jdn anmachen
2 **le siège** der Sitz

Tu peux aussi faire une bédé-collage.

Unité 2

page 34

2 Lis les deux portraits, puis présente tes deux personnalités à ton/ta partenaire, en allemand. Précise en quoi ces personnes sont franco-allemandes.

Irié Révoltés, musiciens

Nous avons fondé notre groupe à Heidelberg en 2000. Maintenant, nous sommes neuf, six musiciens et trois chanteurs: les deux frères franco-allemands Mal Élevé et Carlito et le rappeur allemand Silence. Pourquoi ce nom «Irié Révoltés»? «Irié» vient du créole jamaïcain et veut dire quelque chose comme «positif», «joyeux» et «libre» et «révoltés» veut dire «qui se battent». Dans notre musique, on retrouve des styles différents: le reggae, le ska, le hip hop … Dans nos chansons, on parle de ce qu'il faut changer dans le monde. On joue souvent pendant des manifestations et des concerts de bienfaisance et on s'engage pour des projets comme «Kein Platz für Rassismus» ou «Rollis für Afrika». En ce moment, nous vivons tous en Allemagne, mais nous essayons de réfléchir aux problèmes dans toutes les régions du monde.

Daniel Cohn-Bendit, homme politique

Je suis né en 1945 en France, à Montauban. (Mes parents étaient des juifs allemands et habitaient en France depuis 1933 à cause de la politique antisémite des nazis.) À 16 ans, mon frère et moi, avons dû nous décider entre la nationalité allemande et française. Mon frère a choisi d'être Français, moi d'être Allemand. Puis, en 1958, nous sommes retournés en Allemagne. En 1965, j'ai commencé des études à Paris. Puis, pendant les grandes manifestations des étudiants en 1968, je suis devenu célèbre parce que j'aimais bien la provocation. On m'a même donné un surnom: Dany le Rouge. Je suis retourné en Allemagne pour finir mes études, mais j'ai continué à faire de la politique et en 1978, j'ai été un des premiers Verts d'Allemagne. De 1994 à 2013, j'ai été député des Verts au Parlement européen et j'ai changé de surnom. Maintenant, c'est Dany le Vert.

Unité 3

page 56

1 a Décris les deux villes à ton/ta partenaire sans les nommer. Il/Elle trouve de quelles villes tu parles. Vous pouvez vous aider de la carte à la fin du livre.

compter _____ habitants
être à _____ kilomètres de _____
se trouver en _____
      à _____
      près de _____
      au bord de _____
      entre _____ et _____
être situé dans une région de
      montagnes / de lacs / de forêts
      _____

page 70

4 Une mauvaise journée pour Akissi. Racontez-la ensemble. Utilisez le passé composé et le plus-que parfait. (▶ Repères, p. 78/1)

Exemple: 1. Quand Akissi s'est levée le matin, son frère avait déjà bu tout le café.

A: ?
B: son frère / boire tout le café

B: Akissi / arriver chez Nadia et Manou
A: ?

A: ?
B: le film / commencer

B: Akissi / vouloir acheter la robe de ses rêves
A: ?

A: ?
B: le marchand / vendre la robe à quelqu'un d'autre

B: Akissi / rentrer à la maison
A: ?

page 75

6 Lisez les devinettes. Votre partenaire trouve la réponse dans l'unité 3. A commence. B continue.

2. C'est le pays dont la capitale est Bamako.
4. C'est une série marocaine dont Fatym Layachi est la star.
6. C'est un festival international dont on parle dans le volet 2.
8. C'est un lac au Sénégal dont l'eau est rose.
10. C'est un quartier de Dakar dont Boubacar parle dans son blog.
12. C'est le sport traditionnel dont Boubacar est devenu fan.

Bilan des compétences

page 83

DELF

8 a A choisit un sujet. Il/Elle doit parler pendant deux minutes. Tu peux lui poser des questions pour l'aider.

la télévision
– *Combien de temps est-ce que tu passes devant la télé?*
– *Quand est-ce que tu regardes la télé et avec qui?*
– *Quelle émission est-ce que tu adores/détestes et pourquoi?*

le collège
– *Qu'est-ce que tu aimes dans ton école (ta classe, tes profs)? Pourquoi?*
– *Qu'est-ce que tu aimerais changer dans ton école (devoirs, emploi du temps, cantine ...)? Pourquoi?*
– *Quelles matières est-ce que tu préfères? Pourquoi?*

DELF

b Monologue suivi: Tu dois parler pendant deux minutes sur l'un de ces sujets. Tu as deux minutes pour te préparer. A t'écoute et peut te poser des questions pour t'aider.

Manger en famille

Les technologies modernes (le portable, l'ordinateur)

9

„Ich fühle mich als Beruf: Franzose in Deutschland"

Emmanuel Peterfalvi alias Alfons im Gespräch

Alfons, der unsichere Franzose mit dem Puschelmikrofon, wurde mit seiner Sendung "Puschel-TV" bekannt. Er versucht mit Straßenumfragen die Deutschen zu verstehen und beschäftigt sich dabei immer wieder mit dem Vergleich zwischen seinem
5 Geburtsland und seiner Wahlheimat Deutschland.

Marina Schweizer: Heute mein Thema: der Komiker Alfons. Hallo.
Alfons: Hallo.
Schweizer: Wären Sie lieber hauptberuflich Franzose oder
10 Komiker?
Alfons: Also eigentlich gar nicht Komiker. Ich fühle mich als Beruf: Franzose in Deutschland. Das ist schon ein Fulltime-Job, also, das reicht mir schon. [...]
Schweizer: Das Gespräch mit der Figur Alfons ist jetzt schon
15 beendet, dafür spreche ich jetzt mit dem Mann, der dahinter steht: Emmanuel Peterfalvi. Ist Alfons denn das deutsche Klischee eines Franzosen, wie es von Ihnen tatsächlich wahrgenommen wird?
Alfons: Ich werde Sie ein bisschen enttäuschen, weil jetzt
20 werden Sie wahrscheinlich keinen Unterschied merken, ob Sie mit Alfons oder Emmanuel sprechen. Non, nicht wirklich. Der Klischeefranzose, der ist sehr elegant, der spricht schnell und der ist sehr höflich etcetera. Und als Alfons bin ich so, wie ich bin. Das heißt: Nicht wirklich der Frauenheld und
25 nicht wirklich der Geschickteste, aber so bin ich im Leben, insofern muss ich da nichts ändern und das ist auch praktisch.

Nur echt mit Puschel: Alfons

Schweizer: Bei Ihnen geht es ja viel um den Vergleich Deutsche und Franzosen. Und Sie sind ja jetzt nun seit über 20 Jahren hier in Deutschland. Inwiefern verkörpern Sie denn diese deutsch-französische Freundschaft?
Alfons: Insofern, dass ich tatsächlich seit 20 Jahren in Deutschland lebe - freiwillig. Das ist schon mal eine Leistung für einen Franzosen. Und, dass ich eigentlich nichts anderes mache, als dass ich mir einfach das Leben in Deutschland von den Deutschen angucke und sehr viel Spaß daran habe, mir das anzugucken. Und dann Euch zu sagen, was ich da gesehen habe. Viel mehr mache ich nicht, aber viel mehr muss eine Freundschaft auch nicht machen.
Schweizer: Also Sie sind im Prinzip mit den Deutschen schon befreundet, Sie begegnen denen nicht mit einem sehr kritischen Blick ...

Alfons: Ich bin viel mehr als befreundet, ich bin mittlerweile eingedeutscht. Ich mache Dinge, wo meine französischen Freunde sagen: „Hey, hast du sie noch alle?"

Schweizer: Zum Beispiel?

Alfons: Zum Beispiel: Ich erscheine pünktlich. Und wenn es eine Feier gibt und der Kumpel sagt: Um 20 Uhr treffen wir uns, bin ich der einzige, der um 20 Uhr da ist. Um 20 Uhr 45 kommt der Gastgeber an und dann der Rest eine Stunde später. Und die verstehen nicht, warum. Aber das vergesse ich: Stimmt, ich bin in Frankreich. Da muss man immer zwei Stunden plus zählen.

Schweizer: In Ihrem Bühnenprogramm geht es ja auch genau um solche Beispiele, das ist ja auch ein Beispiel daraus. Es geht auch um Ihre Kindheit und um Ihre Kindheitsfreunde. Sie beschreiben, wie Sie ein Puschelmikrofon zu Weihnachten bekommen haben oder zum Geburtstag. Was war denn damals los? Wie kam diese Initialzündung?

Alfons: Die Geschichte mit dem Puschelmikrofon, die stimmt auch. Ich habe mit sechs ein Mikrofon mit einem Kassettenrekorder, es war noch kein großes Puschelmikrofon, aber ein Mikrofon, dann als Geschenk bekommen und gleich habe ich damit angefangen, Leute, Geräusche, Geschichten aufzunehmen. Da war ich schon sechs. Und dann habe ich Vorträge in der Schule und alles mit diesem Kassettenrekorder gemacht. Das war schon ein Großteil der Motivation sozusagen.

Schweizer: Sind Sie dann darüber auch tatsächlich zu dem Beruf gekommen?

Alfons: Ja, also der Beruf kam ein bisschen zufällig. Ich wollte immer im Radio arbeiten und dann im Fernsehen. Meine Mutter hat das nie gewollt, weil sie gesagt hat: Du musst erstmal studieren. Also habe ich Langweiliges studiert und auch Diplom tatsächlich gemacht. Nur, weil meine Mutter sagte: Du, also, es ist wichtig, ein Diplom zu haben, bevor du Clown wirst, so ungefähr.

Schweizer: Also: Kind, lern' erstmal was Richtiges!

Alfons: Genau. Aber dann habe ich das gemacht, aber immer parallel dazu habe ich tatsächlich mit zwei Freunden ein Piratenradio gegründet zum Beispiel oder für das ernsthafte Studium musste man oft ein Praktikum machen und das habe ich immer entweder in Radiostationen gemacht oder in Fernsehstationen. Ich bin auch nach Amerika für ein Praktikum gegangen und habe da in Amerika in einer TV-Station gearbeitet. Also, das habe ich nie losgelassen. Aber das nahm sehr viele Umwege.

Schweizer: Heißt das, Sie wollten am Anfang eher Journalist werden?

Alfons: Ich glaube, wenn Sie mich damals gefragt hätten, hätte ich gesagt: „Ja, Journalist oder Moderator." Und dann hat sich das irgendwie gewandelt. [...]

Schweizer: Verstehen Sie denn die Deutschen mittlerweile?

Alfons: Ja, einige Dinge schon. Aber zum Glück bin ich immer noch auf der Suche nach Dingen, die mich immer wieder überraschen und die mir Spaß machen. Insofern: So lange das dauert, bleibe ich.

Schweizer: Was hat Sie denn zuletzt noch am meisten an den Deutschen überrascht?

Alfons: Also eigentlich tagtäglich. Ich glaube, das, was ich jetzt gezeigt habe mit den Nacktwanderern ist schon so ein Beispiel, wo ich sagen würde: Ok, so etwas gibt es eigentlich nur in Deutschland. Vielleicht stimmt das auch nicht, aber so in der Art, wie es gemacht wird. Aber auch dieser Skandal, den ich erzählt habe über Marseille und über die Polizisten in Marseille, die alles geklaut haben und Drogen und Bargeld von den Drogendealern genommen haben und einfach die Drogen dann wieder verkauft haben. Wenn ich das den Deutschen erzähle, die glauben es mir nicht. In Frankreich weiß jeder, dass es stimmt, und ich kann es so viel erzählen, wie ich will: Der Deutsche kann das einfach nicht fassen, dass ein Polizist auch klauen kann. Aber das stimmt.

Schweizer: Sie haben vorhin schon anklingen lassen: Sie sind selber schon so eingedeutscht. Was sind die Dinge, die Ihnen begegnen, wenn Sie nach Frankreich kommen, wo Sie es an sich selbst merken?

Alfons: Also, es gibt Dinge, da schäme ich mich. Also ich habe mich erwischt: Letzte Woche war ich in Paris. Ich habe mich erwischt, eine Straße nicht zu überqueren, weil die Fußgängerampel rot war. Also, das war ein Reflex. Und alle gucken mich an, als ob ich eine Krankheit hätte und das könnte sogar ansteckend sein. Da hatte ich komplett vergessen, dass die Gefahr die Autos sind und nicht die rote Ampel. Also, so kann es einen ganz, ganz schnell überrennen.

Source: Deutschlandradio 2013

Module F

page 106

𝔅 **6** b **Relisez la bédé, puis interrogez-vous en français. A commence. B continue.**

> **Fordere A auf Französisch auf, dir Folgendes im Comic zu zeigen:**
>
> 2. eine Panorama-Ansicht.
> 4. einen klassischen Bildrand.
> 6. einen Bildrand, mit dem man zeigen kann, dass eine Figur sich an etwas erinnert.
> 8. eine Schriftgestaltung, die zeigt, welche Wörter wichtig sind.
> 10. eine Schriftgestaltung, die nicht zu der Figur passt, die spricht.

Unité 1

page 22

5 Comment ce serait sans ____? Imagine. Utilise le conditionnel présent. (▶ Repères, p. 33/2)

| les gens
on
je
la vie
____ | (ne pas) | aller
devoir
écrire
être
faire
parler
pouvoir
prendre
voyager | ____
____
____ |

sans télé   sans Internet   sans ami/e
sans casque   sans chocolat   sans vélo
sans vêtements de marque   sans livres
sans ____

Sans télé, on s'ennuierait un peu mais les gens liraient peut-être plus souvent.

page 25

4 a Qu'est-ce que tu ferais dans ces situations? Pose des questions à ton/ta partenaire et réponds à ses questions. (▶ Repères, p. 33/3)
Qu'est-ce que tu ferais …
1. … si tu pouvais partir en vacances avec tes copains – sans tes parents?
2. … si tu étais le/la principal/e de ton collège?
3. … si tu étais très riche?
4. … si tu avais 18 ans?

s'engager (pour ____)
vivre un tas d'expériences
rêver d'avoir une vie normale
aller en colonie de vacances
passer trois semaines au bord de la mer
faire des randonnées / du camping
monter ma propre entreprise
partir sur une île déserte
changer les emplois du temps
prendre des décisions importantes
proposer une cantine sympa

b Qu'est-ce que tu ferais si …? Imagine et réponds par écrit. Utilise l'imparfait et le conditionnel présent. (▶ Repères, p. 33/3)
1. *vivre* seul/e sur une île déserte
2. *parler* sept langues
3. *rencontrer* un acteur célèbre dans la rue
4. *avoir* des pouvoirs surnaturels
5. ne pas *devoir* aller à l'école
6. ____

Si je vivais seul/e sur une île déserte, je mangerais seulement du poisson, je parlerais aux animaux et je dormirais sur la plage.

1. *manger* du poisson – *parler* aux animaux – *dormir* sur la plage
2. *travailler* dans une entreprise internationale – *discuter* avec un tas de gens dans tous les pays – en *apprendre* encore deux autres
3. lui *dire* bonjour – l'*inviter* à une fête – lui *donner* mon avis sur ses films
4. *changer* le monde – *aider* les pauvres – *passer* mon temps à faire ce que je veux
5. *surfer* toute la journée sur Internet – *faire* plus de sport/musique – *apprendre* ce qui me plaît – *écrire* un livre/une bédé

//◯ **8** *Le Monde des jeunes* fait une enquête sur l'avenir
des jeunes et sur le thème:
«À 25 ans, je serais heureux/heureuse si …»
Réponds-y. Écris un petit texte.

> *À 25 ans, je serais heureuse si j'étais directrice d'un zoo. Je m'occuperais des animaux, je ____*

faire des études   *vivre* dans une grande ville / à la campagne   *avoir* des enfants
gagner beaucoup d'argent   *être* journaliste/____   *pouvoir* faire des grands voyages
avoir une voiture / une maison / ____   *parler* six langues   *être* célèbre   *travailler* comme ____ à ____

Unité 2

page 38

//◯ **1** b   À ton avis, quel est le genre du film et quelle
est l'histoire? Formule des hypothèses.

C'est une comédie
C'est une tragi-comédie   qui raconte
C'est une tragédie
C'est un documentaire

une histoire de vacances.
une histoire d'amour entre ____.
l'histoire d'une bande de copains qui ____.
une histoire qui se passe en France / en Allemagne.
une histoire franco-allemande.

On dirait que ____.
Peut-être que ____.

page 41

//O **2** a Maintenant, lis la bédé en entier. Décris la rencontre entre Mathieu et Nils. Comment se comportent-ils? Que font-ils et pourquoi? Justifie à l'aide de la bédé.

> *arriver* devant le collège allemand   *appeler* les élèves   *s'approcher*   *être* timide   *rire*
> *vouloir* se dire bonjour   ne pas *savoir* quoi faire   *vouloir* donner la main   *vouloir* faire la bise
> ne pas *faire* la même chose   *être* surpris/e   ne pas *savoir* quoi dire   *apprendre* à se connaître
> *s'amuser* ensemble

page 43

//O **3** b Choisis un mot et explique-le. Ton/Ta partenaire devine ce que c'est.

un stylo	une porte	«merci»	une glace
le foot	les vêtements	le pain	la lecture

Ça se/s'	*acheter*	avec une clé.
	manger	quand quelqu'un te donne quelque chose.
	dire	très froid.
	jouer	avec les pieds.
	ouvrir	à la boulangerie.
	mettre	dans l'armoire.
	apprendre	pour écrire.
	utiliser	à l'école.
	———	———.

page 45

//O **1** a Lis le texte, puis complète le schéma avec les informations du texte. Utilise aussi:

sa motivation   les élèves   les problèmes de langues

les parents d'Anna   la nourriture   les activités

//O c Que penses-tu de ce que Morgane dit de l'Allemagne à propos des thèmes suivants? Commente.

les repas *m. pl.*   la durée des cours   l'ambiance à l'école *f.*

Je (ne) suis (pas) d'accord avec ce que Morgane dit de ——.
Chez nous, ——.
Je (ne) trouve (pas) que ——.

page 46

6 Imaginez le corres de vos rêves et le corres de vos pires cauchemars* et décrivez-les à votre partenaire. Utilisez le subjonctif.   (▶ Repères, p. 54/1, ▶ Pense-bête, p. 232)

Ce serait cool / ___ que ___.
J'ai envie / Je voudrais que ___.
Je trouverais super/___ que ___.
Il faudrait que ___.

Ça m'énerverait que ___.
J'ai peur que ___.
Il ne faudrait pas que ___.
Je ne voudrais pas que ___.

* **les pires cauchemars** *m. pl.* die schlimmsten Albträume

(ne pas)

m'*apprendre* un tas de nouveaux mots
me *présenter* ses copains
me *montrer* la ville
être beau/belle/___
être fan de ___
s'intéresser à ___
aimer ___
faire du / de la / ___, comme moi
se moquer de mon français
comprendre bien l'allemand / l'anglais
passer tout son temps à ___
me *laisser* seul/e

8 Morgane prépare le séjour de sa corres Anna à Brest. Rends le texte plus vivant en le complète-le par les adverbes français qui conviennent. Parfois, il y a plusieurs possibilités.

1. Il faut *(unbedingt)* qu'Anna se sente chez elle quand elle viendra. Il faut que j'explique à papa et maman qu'Anna ne parle pas *(fließend)* le français et qu'il faudra parler moins vite.
2. À l'école, ça va être moins cool qu'à Rüsselsheim … En France, on apprend *(anders)* et j'ai *(wirklich)* peur que ce soit ennuyeux pour Anna. En plus, on a *(sehr viel)* de devoirs …
3. *(selbstverständlich)*, on va faire un tas d'activités. Qu'est-ce qui plairait à Anna? Ah oui! Ce serait *(total)* cool si on pouvait aller au théâtre. Et *(ausgerechnet)*, mamie m'a *(netterweise)* offert deux places pour aller voir «Le bal des voleurs» d'Anouilh, ça tombe bien!
4. Et puis, on ne peut pas faire de séjour à Brest sans voir l'océan! Alors, *(zwangsläufig)*, on fera un tour en bateau et je lui montrerai Océanopolis, elle va *(sicherlich)* trouver ça génial!
5. Je suis contente qu'elle arrive bientôt et qu'elle reste trois mois, et pas *(nur)* une semaine!

absolument
autrement
carrément
couramment
différemment
énormément
évidemment
forcément
gentiment
justement
seulement
sûrement
vraiment

page 49

1 b Vrai ou faux? Relis les anecdotes et réponds. Corrige les phrases fausses.

1. Ayoub ne mange pas beaucoup de soupe parce qu'il n'a pas faim.
2. Selma apporte un verre à Fan-de-moi, comme Fan-de-moi le voulait.
3. Matti est étonné parce que Karim ne connaît pas les «Brotdosen».
4. Nolwenn arrive en retard à son rendez-vous parce qu'elle a raté le bus.
5. Gustav a mal dormi parce qu'il n'a pas l'habitude de dormir avec un traversin.

Unité 3

page 63

//O **2**   Raconte la scène entre Adjoua, son frère et Bintou.

> *appeler* qn   *proposer* qc   *écouter*   *s'éclater*   *accepter* qc   (ne pas) *parler* librement
> (ne pas) *dire* la vérité   *sortir*   *surveiller* qn   *avoir* des doutes   *se disputer*   *dénoncer* qn

page 69

//O **1 a**   Lis les trois portraits (▶ p. 68–69). Relève tout ce que ces personnes ont en commun. Fais un tableau dans ton cahier pour structurer les informations du texte.

	Tiken Jah Fakoly	Fatym Layachi	Marguerite Abouet
métier			
projets			
pays			

page 74

//O **4**   Souadou a consulté un marabout. Le soir, elle raconte à sa sœur ce que le marabout lui a dit. Complète ce qu'elle raconte par les bonnes formes des verbes.   (▶ Repères, p. 79/2, ▶ Pense-bête, p. 232)

1 La vie n'a pas toujours été facile pour vous.

Il a dit que la vie n'avait pas toujours été facile pour moi.

2. Vous **avez eu** beaucoup de problèmes les derniers mois.

– Il a dit que j' (avais / avais eu / aurais) beaucoup de problèmes ces derniers mois.

3. Vous **êtes** malheureuse et vous **cherchez** le bonheur.

– Il a dit que je/j' (étais / avais été / serais) malheureuse et que je/j' (cherchais / avais cherché / chercherais) le bonheur.

4. Bientôt, les choses **changeront**.

– Il a dit que bientôt, les choses (changeaient / avaient changé / changeraient).

5. Vous **réussirez**.

– Il a dit que je/j' (réussissais / avais réussi / réussirais).

6. Vous **rencontrerez** un jeune homme.

– Il a dit que je/j' (rencontrais / avais rencontré / rencontrerais) un jeune homme.

7. Je le **vois**! Il **est** très beau!

– Il a dit qu'il le/l' (voyait / avait vu / verrait) et qu'il (était / avait été / serait) très beau.

8. Est-ce que vous **voulez** écouter la suite?

– Il a demandé si je/j' (voulais / avais voulu / voudrais) écouter la suite.

9. Ça **fait** encore 1000 francs CFA …!

– Il a dit que ça (faisait / avait fait / ferait) encore 1000 francs CFA!

Module A

page 86

1 a Lis la synopsis et la critique du film *Entre les murs*. Indique ce que tu apprends sur François Bégaudeau et Laurent Cantet et leur rôle dans la création du film. Fais un tableau dans ton cahier.

François Bégaudeau	*Laurent Cantet*

être le réalisateur du film   *jouer* le rôle de François Marin   *tourner* avec des visages inconnus

être un ancien professeur de français   *écrire* le scénario avec Robin Campillo

jouer son propre rôle dans le film   *rendre* l'histoire plus authentique   *être* l'auteur d'un roman

Module D

page 98

CD 2
23

2 b Qu'est-ce que les jeunes disent sur ces endroits? Écoute encore une fois, prends des notes et raconte.

Endroit?	**Région?**	**Activités?**
Saint-Malo	sur le Bassin d'Arcachon	se baigner / aller à la plage
Paris	dans les Alpes	faire des randonnées à pied / à cheval / à vélo
Gavarnie	dans les Pyrénées	faire de la voile / du camping / de l'accrobranche
Andernos	en Bretagne	faire des photos
Marseille		observer les animaux
		voir l'arrivée du Tour de France

Module F

page 104

2 b Lis l'article et retrouve les aspects du festival d'Angoulême que le journaliste présente. Il y a quatre aspects en trop.

l'importance du festival *f.*   l'histoire du festival *f.*   les «concerts de dessins» *m. pl.*   les activités *f. pl.*

les problèmes des organisateurs *m. pl.*   les ateliers *m. pl.*   l'âge du public *m.*   les prix *m. pl.*

la bédé et le cinéma   les expositions *f. pl.*   les spectacles de «cosplay» *m. pl.*   le salaire du jury

Outils pour apprendre | Lernhilfen

1 Nachschlagehilfen im Buch

Nutze die Übersichten in deinem Französischbuch, wenn du eine Aufgabe bearbeitest oder dich auf eine Klassen-arbeit vorbereitest. Im Inhaltsverzeichnis (S. 4–7) steht, was du wo findest.

2 Verbkartei

Führe deine Verbkartei weiter oder lege dir eine an: Auf der Karteikarte trägst du alle Verbformen ein, die du schon kennst. Ergänze deine Verbkarten immer dann, wenn du eine neue Zeitform (z. B. das *plus-que-parfait*) oder einen neuen Modus (z. B. das *conditionnel*) kennen lernst.

3 Lernplakate

So erstellst du ein Lernplakat für die Klasse:
1. Sammle die Lerninhalte, die du auf deinem Lernplakat darstellen willst.
2. Fertige eine Skizze des Plakats an. Du kannst Zeichen (z. B.: → oder !), Symbole (z. B. ☺ oder ⚠), Kästchen, Farben und Unterstreichungen zur Verdeutlichung verwenden.
3. Überprüfe deine Skizze auf Fehler. Außerdem kannst du sie von deinem/deiner Lehrer/in korrigieren lassen.
4. Übertrage die Skizze gut lesbar auf ein Blatt Papier, das in der Klasse als Lern- und Merkhilfe aufgehängt werden kann.

4 Dein Französisch-Ordner

In deinem Französisch-Ordner sammelst und ordnest du, was du in Französisch gelernt hast und aufbewahren willst. Lege in deinem Französisch-Ordner verschiedene Abteilungen an, z. B. Wortschatz, Informationen über Frankreich, Grammatik, Methoden, Portfolio, Tests und Klassenarbeiten. Erstelle für jede Abteilung ein Inhaltsverzeichnis und trage darin die Inhalte fortlaufend und nummeriert ein.

TIPP Auch deine Verbkartei, den *Pense-bête* (▶ p. 232) und den Fehlerfahnder (▶ p. 132/31.2) kannst du in deinem Französisch-Ordner abheften.

5 Wörter im Wörterbuch nachschlagen

Du suchst ein Wort und findest es nicht in den Wortlisten deines Französischbuches?
Schlage es in einem Wörterbuch nach.

1. Das französisch-deutsche Wörterbuch

CD 2
33

Schlage das französische Wort unter seiner Grundform nach, d. h. Verben im Infinitiv, Nomen im Singular und Adjektive in der maskulinen Singularform. Hat das Wort verschiedene Bedeutungen, musst du die passende heraussuchen. Neben der Übersetzung findest du auch Hinweise zur Aussprache des Wortes und zu seinem Gebrauch.

TIPP In Online-Wörterbüchern kannst du dir die Wörter anhören und bei der Suche anstatt des Infinitivs auch konjugierte Verbformen eingeben (z. B. *ils soigneraient*).

Übung

a Hör dir das Lied *Être écolo, c'est très rigolo* an und lies dabei den Text mit (beides findest du unter Webcode: APLUS-4-120). Markiere dabei alle dir unbekannten Wörter und schlage sie dann im Wörterbuch nach.

b Erstelle ein Vokabelnetz zum Thema *écologie* und hefte es in deinem Französisch-Ordner ab.

So ist ein Wörterbucheintrag aufgebaut:

1, 2, 3, 4, 5, 6 = verschiedene Bedeutungen des Wortes

Wortart:
n. = *nom* (Nomen)
v. = *verbe* (Verb)
adj. = *adjectif* (Adjektiv)

Genus:
f. = *féminin* (weiblich)
m. = *masculin* (männlich)

le billet [bije] *n. m.*
1 der Zettel, der Brief
2 **le ~ (de banque)** der (Geld-)Schein
3 **le ~ d'avion, le ~ de train** das Flugticket, das Zugticket
4 **le ~ aller-retour** das Hin- und Rückfahrtticket
5 **le ~ d'entrée** die Eintrittskarte
6 *fam.* **prendre un ~ de parterre,** fallen

~ = Tilde (Die Tilde ersetzt das gesuchte Wort.)

fam. = *familier* (umgangssprachlich)

zusammengesetzter Ausdruck

2. Das deutsch-französische Wörterbuch

Wenn du ein französisches Wort suchst, schlägst du das deutsche Wort im deutsch-französischen Teil des Wörterbuches nach. Lies den gesamten Eintrag und wähle diejenige französische Übersetzung aus, die zu dem Zusammenhang passt, in dem du das Wort verwenden willst.
TIPP Wenn du dir nicht sicher bist, dann schlage die angegebenen Übersetzungen im französisch-deutschen Teil des Wörterbuches nach und prüfe, ob die angegebenen Bedeutungen zu dem passen, was du ausdrücken willst.

Übung

Für ein Bewerbungsschreiben benötigst du folgende Adjektive: offen – flexibel – fleißig – schnell – geschickt – freundlich – pünktlich – zuverlässig
Schlage sie im Wörterbuch nach und finde jeweils eine französische Übersetzung, die du deiner Ansicht nach in einer Bewerbung verwenden kannst.

Aussprache in Lautschrift ▶ p. 146

Karte, die
1 *Geografie* la carte [kaʀt] *n. m.*
2 *im Restaurant* la carte [kaʀt] *n. f.*
3 **(Spiel-)~** la carte (de jeu) [kaʀt(dəʒø)] *n. f.*
4 **Fahr~** le billet [bije] *n. m.*
5 **(Eintritts-)~** le billet d'entrée [bijedãtʀe] *n. m.*, la place [plas] *n. f.*
6 **Kartei~** la fiche [fiʃ] *n. f.*
7 **Post~** la carte postale [kaʀtpɔstal] *n. f.*
8 **SIM~** la carte SIM [kaʀtəsim] *n. f.*
9 **Speicher~** la carte mémoire [kaʀtmemwaʀ] *n. f.*
10 *beim Fußball* **gelbe/rote ~** le carton jaune/rouge [kaʀtõʒon/kaʀtõʀuʒ] *n. m.*
11 **mit offenen ~n spielen** jouer cartes sur table [ʒuekaʀtsyʀtabl]
12 *umg.* **gute/schlechte ~n haben** avoir de bonnes chances / peu de chances de réussir [avwaʀdəbɔnʃãsdəʀeysiʀ / avwaʀpødəʃãsdəʀeysiʀ]

umg. = umgangssprachlich

Redewendung

TIPP Verwende zur Übersetzung von Texten keine Übersetzungsprogramme (z. B. Google Übersetzer)! Sie wählen willkürlich unter den möglichen Bedeutungen von Wörtern aus. Dadurch wird die Übersetzung fehlerhaft und oft auch völlig unverständlich.

Apprendre le vocabulaire | Wortschatz lernen – einprägen – wiederholen

6 Mit der Wortliste lernen

Unter www.cornelsen.de/webcodes APLUS-4-147 findest du zu jeder *Unité* die passende Wortliste zum Ausdrucken, Lernen und Üben.

TIPP Schreibe Wörter, die du dir schlecht merken kannst, auf Klebezettel und bringe diese gut sichtbar in deinem Zimmer an.

7 Mit digitalen Medien lernen

Vokabeln kannst du auch mit Hilfe von Vokabellernprogrammen auf deinem Computer oder deinem Handy lernen. Der Vorteil dieser Medien: Du kannst die Wörter anhören und nachsprechen.

8 Wortschatz systematisieren

Beim Vokabellernen ersparst du dir Aufwand, wenn du über gewisse Regelmäßigkeiten Bescheid weißt. Z. B. kannst du einigen Nomen an ihrer Endung ansehen, ob sie männlich oder weiblich sind. Merke dir folgende Endungen:

Typisch weibliche Endungen sind:

-tion	(la récréation)
-ine	(la cantine)
-ette	(la recette)
-ie	(la librairie)
-ure	(la voiture)
-trice	(la médiatrice)
-ade	(la balade)
-elle	(la poubelle)
-ance	(la chance)
-ité	(la vérité)

Typisch männliche Endungen sind:

-ent	(le vêtement)
-eau	(le bateau)
-teur	(le chanteur)
-age	(le village)

Übung

1 Finde weitere Nomen, die du schon kennst und die in diese Listen passen.
2 Finde auch Ausnahmen, die du kennst.

9 Wortschatz sammeln

Du kannst die Texte deines Lehrbuches als Fundgrube für den systematischen Aufbau deines Wortschatzes nutzen. Sammle Wörter und Ausdrücke aus den Lehrbuchtexten und ordne sie in Gruppen wie z. B.:
– nach Themen (mit Hilfe eines Vokabelnetzes),
– nach Situationen und Redeabsichten,
– nach Wortfamilien oder
– nach weiteren Gemeinsamkeiten.
Erweitere deine Listen nach und nach mit neuem Wortschatz und nutze sie, wenn du Texte schreibst.

TIPP Sammle die Listen in der Wortschatz-Abteilung deines Französisch-Ordners. (▶ p.120/4)

Ausdrücke mit *avoir*:	Wortfamilie:	Gefühle ausdrücken / etwas bewerten:
de la chance	le livre	être triste/content(e)/___ que ___ + *subjonctif*
faim	la lecture	avoir peur/envie que ___ + *subjonctif*
l'air + *adjectif*	le lecteur / la lectrice	c'est dommage que ___ + *subjonctif*
avoir le droit de + *infinitif*	la librairie	trouver génial/bizarre/___ que ___ + *subjonctif*
mal (à qc)	lire	
envie de + *infinitif*		
qc en tête		

Neu

10 Den Wortschatz individuell erweitern

Je weiter du im Französischlernen voranschreitest, desto selbstständiger solltest du dein Lernen gestalten. Entscheide selbst, welche Wörter und Ausdrücke für dich wichtig und nützlich sind, und nimm diesen Wortschatz in dein Vokabellernsystem auf (Lernkartei, Redemittellisten usw.).

TIPP Gehe jeden Text, den du mithilfe eines Wörterbuches geschrieben hast, nach dem Schreiben durch und notiere diejenigen Wörter und Ausdrücke, über die du in Zukunft (z.B. bei Gesprächen mit französischen Muttersprachlern oder beim Schreiben) verfügen möchtest.

Écouter et comprendre | Hörverstehen

In diesem Buch begegnen dir drei Arten von Höraufgaben: Je nach Aufgabenstellung musst du entweder grob verstehen, worum es in einem Text geht, nur ganz bestimmte Informationen heraushören oder ganz genau verstehen, was gesagt wird. Für alle Aufgabenarten gilt:

– Du musst nicht jedes Wort verstehen. Wenn dir also unbekannte Wörter begegnen, hör einfach weiter zu!
– Bevor du einen Hörtext hörst, lies die Aufgabenstellung genau: Um welche Art von Hörtext handelt es sich (Telefongespräch, Durchsage, Radiosendung, ...)? Zu welchem Thema? Welche Wörter könnten vorkommen? Stelle dich auf die dort beschriebene Situation ein.

Neu

11 Gespräche von Muttersprachlern verstehen

CD 2
34

Die französische Umgangssprache unterscheidet sich stark von der Schriftsprache. Wenn du also Gespräche zwischen Muttersprachlern hörst, stell dich auf folgende Besonderheiten ein:

In der französischen Umgangssprache:

– spricht man kein Verneinungs-*ne*:
  elle ne dort pas → **elle dort** pas
  il n'a vu personne → **il a vu** personne

– „verschluckt" man Laute:
  tu as raison → **t'as** raison
  je suis → **chuis**

– kürzt man gerne ab:
  le cinéma → le **ciné**

– verwendet man andere Wörter:
  fatigué → **crevé**

– verdreht man Silben oder Buchstaben:
  bizarre → **zarbi**
  cher → **rech**

Übung

1 Höre die Gespräche an (CD 2, Track 34). Wer spricht umgangssprachlich? In welcher Situation?
2 Welche Phänomene der Umgangssprache erkennst du wieder? Mache dir Notizen und tausche dich mit deinem Partner aus.

12 Sich Notizen machen

Mach dir beim Hören Notizen, damit du nicht vergisst, was du gehört und verstanden hast.
Halte deine Notizen so knapp wie möglich:

– Notiere nur einzelne Wörter, keine ganzen Sätze.
– Lasse Artikel und Bindewörter weg, z.B. *métro + bus* (anstatt *le métro et le bus*).
– Kürze lange Wörter ab und verwende Abkürzungen, z.B.: *km (kilomètre), ND (Notre-Dame)* usw.
– Verwende Zeichen und Symbole statt Wörter, z.B. = → ♥ ! } ♪ ☼ ♀ ♂ > ✔ ☺ ⊕

13 Verstehen, worum es geht (Globalverstehen)

Es gibt drei Grundfragen, die dir helfen, Hörtexte grob zu verstehen und zu erklären, worum es geht:
1. Qui parle? (Wer?)
2. Où sont les personnes? (Wo?)
3. De quoi est-ce que les personnes parlent? (Was/Worüber?)

TIPP Achte beim Hören auch auf Geräusche und den Tonfall der Sprecher. Sie können dir zusätzliche Informationen über Ort, Handlung und die Entwicklung der Situationen geben.

14 Einzelne Informationen heraushören (selektives Verstehen)

Wenn die Aufgabenstellung von dir verlangt, nur bestimmte Informationen zu verstehen, dann achte beim Hören nur auf die Informationen, die gefragt sind, und notiere sie. Alles andere kannst du ausblenden.

TIPP Wenn du mehrere Informationen aus einem Text heraushören sollst, lege dir vor dem Hören eine Tabelle an, in die du die gehörten Informationen eintragen kannst. Denk daran, dass die Informationen nicht zwingend in der Reihenfolge der Aufgabenstellung vorkommen.

15 Das Gehörte genau verstehen (Detailverstehen)

In einigen Situationen musst du kurze Texte oder Hinweise im Detail verstehen, um zu wissen, was genau passiert bzw. was du zu tun hast (z. B. wenn dir jemand am Telefon einen Weg beschreibt).
Wenn du beim Hören etwas nicht verstehst, lass an dieser Stelle eine Lücke. Beim nächsten Hördurchgang kannst du die Lücken in deinen Notizen schließen.

TIPP Wenn du mit jemandem in direktem Kontakt bist, ist das „Lückenschließen" einfacher: Frag deinen Gesprächspartner oder Umstehende gezielt nach dem, was du noch nicht verstanden hast.

Parler | Sprechen

16 Freies Sprechen trainieren

CD 2
35

1. Die Aussprache trainieren
Trainiere deine Aussprache, indem du Texte laut vorliest. Das kannst du zum Beispiel mit der CD im *Carnet d'activités* üben, auf der sich alle Lektionstexte deines Buches befinden. Binde die Wörter beim Nachsprechen aneinander: Sprich jeden Satz in einem Schwung, als wäre er ein einziges Wort!

TIPP Die Aussprache einzelner Wörter kannst du dir in Online-Wörterbuchern im Internet oder digitalen Vokabeltrainern anhören.

> ### Übung
>
> 1 Hör zu (CD 2, Track 35) und sprich nach dem Signal dreimal nach.
> 2 Nimm selbst einen solchen „*dialogue à imiter*" auf. Lass deine Aufnahme von deinem/deiner Lehrer/in überprüfen und übt damit in der Klasse.

2. Nützliche Sätze und Redewendungen auswendig lernen
Wenn du Redewendungen oder Sätze auswendig lernst, kannst du sie beim freien Sprechen leichter verwenden. Dadurch sprichst du flüssiger und sicherer. Lerne vor allem die Sätze aus dem Abschnitt *Qu'est-ce qu'on dit?* in den *Repères*. Im Vokabeltaschenbuch findest du auch *Les mots pour le dire*: Wortschatz, der nach Situationen geordnet ist und den du dir anhören und auswendig lernen kannst.

17 Einen Dialog oder ein Rollenspiel vorspielen

So geht ihr vor:

1. Zuerst sammelt ihr Ideen zur vorgegebenen Situation und notiert sie in Stichpunkten.
2. Dann schreibt ihr das „Drehbuch" und verteilt die Rollen.
3. Danach arbeitet jeder für sich, um sich auf seine Rolle vorzubereiten und sie einzuüben: Stimmung, Gestik, Mimik, Requisiten usw.
4. Am Ende probt ihr gemeinsam euer Rollenspiel.

TIPP Werde spontaner und freier in deiner Rolle, anstatt sie auswendig zu lernen. Dabei kann dir ein Sprechfächer helfen, auf dem du zur Gesprächssituation passende Redemittel notierst. Weißt du beim Sprechen nicht weiter, klappst du den Fächer auf. Du kannst auch auf einer der Fächerkarten Redemittel aufschreiben, die man braucht, um ein Gespräch aufrechtzuerhalten oder eine Diskussion zu führen (▶ p. 125/18).

Neu 18 Eine Diskussion führen

Zu einer guten Diskussion gehören gute Argumente und eine strukturierte Gesprächsführung. Sammle vorab Argumente für den Standpunkt, den du vertreten willst/sollst, und formuliere sie aus. In der Diskussion selbst kannst du folgende Redewendungen und Ausdrücke benutzen:

Du möchtest

– deine Meinung sagen:
Je pense / trouve / crois que ___.
Je sais / Je suis sûr/e que ___.
À mon avis, ___.
Je suis pour/contre ___.
Le vrai problème, / Le plus important, c'est ___.

– Argumente anführen:
Comme ___, ___.
___ parce que ___.
De plus, ___.
Donc, ___.
Pour finir, on peut dire que ___.

– Rückfragen stellen / das Gespräch aufrecht erhalten:
Pardon? / Qu'est-ce que tu as dit?
Je n'ai pas compris / Je ne vois pas ce que tu veux dire.
Tu peux répéter / expliquer encore une fois, s'il te plaît?
Alors, tu trouves que …? / Tu veux dire que ___?

– etwas richtigstellen:
Ce n'est pas ce que je voulais dire.
En fait, ___. / Je voulais dire que ___.

– jemanden nach seiner Meinung fragen:
Qu'est-ce que tu en penses?
Qu'est-ce que tu penses de ___?
Tu es d'accord avec ce que ___ a dit?

– deine Zustimmung ausdrücken:
Je suis d'accord avec toi/lui/___.
Tu as raison. / C'est ça.

– deine Ablehnung ausdrücken:
Je ne suis pas (du tout) d'accord (avec toi).
Ah, non. / Ce n'est pas vrai. / C'est faux.
N'importe quoi! / Tu exagères!
Si! / Si, justement!

– etwas einwenden:
Je n'en suis pas sûr/e. / Je ne sais pas.
Ça dépend (de ___).
D'un autre côté[1], ___.
Il ne faut pas oublier que ___.
Il ne suffit[2] pas de ___, il faut aussi ___.

– die Diskussion kommentieren:
Ce n'est pas une raison[3] / un argument.
On ne peut pas comparer[4] ___ et ___.
Ce n'est pas la question.

– Zeit gewinnen:
ben … / euh …
tu sais / vous savez …

– ausreden:
Je n'ai pas fini. / Attends.
Laisse-moi parler / terminer ma phrase.

1 d'un autre côté auf der anderen Seite **2** il ne suffit pas es reicht nicht **3** la raison der Grund **4** comparer qc etw. vergleichen

19 Ein Bild und seine Wirkung beschreiben

Wenn du ein Bild beschreibst (z. B. ein Foto oder ein Werbeplakat), dann beantworte dabei folgende Fragen und nutze dabei die folgenden Redemittel:

Décrire une image:

– **Was ist auf dem Bild zu sehen?**

C'est une photo / une affiche / une publicité[1] pour ____.

À gauche, / À droite, / Au centre,
Au premier plan[2], / À l'arrière-plan[3], | on voit ____.
Ici, / Là, / En haut[4], / En bas[5], | il y a ____.

Le slogan, c'est ____.

– **Wie wirkt das Bild auf mich?**

La photo / la publicité | suggère[6] que ____
| associe[7] ____ à ____.
| a quelque chose de ____.
| (me) fait penser à ____.

La couleur ____ | évoque[8] ____.
____ | est un symbole de ____.

– **Welche Botschaft vermittelt das Bild?**

Le message, c'est ____.
À mon avis, ____.
Je trouve que / pense que ____.

1 **la publicité** die Werbung
2 **au premier plan** im Vordergrund
3 **à l'arrière-plan** im Hintergrund
4 **en haut** oben
5 **en bas** unten
6 **suggérer qc** jdm etw. weismachen, so tun als ob
7 **associer qc à qc** etw. mit etw. anderem verknüpfen
8 **évoquer qc** an etw. erinnern

 ### 20 Eine Statistik oder eine Infografik vorstellen

Wenn du den Inhalt einer Statistik oder einer Infografik wiedergeben sollst, dann gehe nach diesem Muster vor:

Présenter les informations d'une statistique:

– **Thema, Zeitraum, Quelle**

Ce tableau | est une statistique de (2013) sur | (l'âge moyen dans les pays africains).
Ce diagramme | montre | (les habitudes de lecture des Français.)

– **Information**

La moitié[1] / Plus de la moitié | | trouvent / pensent / croient que ____.
La plupart[2] / La majorité[3] | des Français / ____ | possèdent[6] ____.
(Presque / Environ) un tiers[4] / deux tiers | des jeunes | préfèrent ____.
Un quart / Trois quarts | des plus de (15) ans[5] | sont pour / contre ____.
(Quarante) pour cent | | ____.
Il y a une (grande) différence entre (2009) et (2010).

– **Zusammenfassung**

En conclusion[7], on peut dire que (l'Afrique est un continent très jeune).

1 **(plus de) la moitié** (mehr als) die Hälfte   2 **la plupart** die meisten   3 **la majorité** die Mehrheit   4 **un tiers** ein Drittel
5 **les plus de 15 ans** *m. pl.* die über 15-Jährigen   6 **posséder qc** etw. besitzen   7 **en conclusion** zusammenfassend

21 Einen Vortrag vorbereiten

So gehst du vor:

1. Informationen sammeln

– Was weißt du schon über das Thema, das du vorstellen wirst? Sammle alles auf einem Blatt.
  Notiere das, was du schon auf Französisch sagen kannst, gleich auf Französisch.
– Lies die Texte (Sachtexte, Diagramme usw.), die dir für deinen Vortrag zur Verfügung stehen oder die du
  recherchiert hast, und markiere die wichtigsten Inhalte (▶ p. 130/28.1).

2. Inhalte sinnvoll gliedern

Beantworte für dich folgende Fragen und finde anhand deiner
Antworten einen roten Faden für deinen Vortrag:

– Wie viel Zeit steht mir für den Vortrag zur Verfügung?
– Worüber will/soll ich informieren? Was ist interessant?
– Welche Unterthemen spreche ich an?
– In welcher Reihenfolge spreche ich über meine verschiedenen
  Unterthemen?

Schreibe eine Gliederung auf. Gehe dann noch einmal deine Texte
durch und ordne die dort markierten Informationen in deine
Gliederung ein. Fehlen noch Informationen? Recherchiere sie gezielt.

Gliederung: **Les sports favoris des Français**

A. Le football: sport national
  1. les clubs
  2. l'équipe nationale («les Bleus»)
B. Les sports régionaux
  1. le rugby (sud-ouest)
    a. les règles du jeu
    b. les clubs
    c. l'équipe de France («le Quinze de France»)
  2. la pétanque (sud-ouest/sud-est)
  ...

3. Den Vortrag ausarbeiten und einüben

Formuliere jetzt den Text deines Vortrags:

Verwende schon beim Schreiben die strukturierenden Ausdrücke, die du auch später beim Vortragen benutzen wirst
(siehe Kasten unten).

– Arbeite mit Beispielen und Vergleichen, dann kann dein Publikum mit deinen Informationen mehr anfangen.
– Überprüfe deinen fertigen Text mithilfe des Fehlerfahnders (▶ webcode **APLUS-4-132**).
– Schreibe dir dann die wichtigsten Stichwörter aus deinem Text auf einen Stichwortzettel.

  TIPP Dazu kannst du auch den „Kniff mit dem Knick" verwenden: Du schreibst den Text, den du vortragen
  möchtest, auf ein Blatt und unterstreichst darin die wichtigsten Stichwörter. Dann überträgst du diese Stichwörter in die Randspalte und klappst den ausführlichen Text weg. Die Randspalte dient dir beim Vortragen als
  Gedächtnisstütze, im „Notfall" greifst du auf den weggeklappten Text zurück.

– Erstelle ein Plakat, Overhead-Folien oder eine digitale Präsentation, um die Inhalte deines Vortrags zu veranschau-
  lichen. Du kannst auch zum Thema passende Gegenstände mitbringen.
– Übe deinen Vortrag nur mit deinem Stichwortzettel als Gedächtnisstütze. Prüfe dabei, ob du die für deinen Vortrag
  vorgegebene Zeit einhältst.

Structurer son exposé:

commencer	Je vais / J'aimerais vous parler de / présenter mon livre préféré / ____.
	Il s'agit de ____. / Le roman / ____ s'appelle ____.
	Voilà les mots inconnus que je vais utiliser dans ma présentation.
	J'ai choisi ce roman / ____ parce que ____.
annoncer la structure de l'exposé	D'abord, / Au début de ma présentation, je vais vous parler de / dire quelques mots sur ____.
	Après, / Ensuite, ____.
	Pour finir, ____.
structurer l'exposé	Je commence par ____. / Maintenant, je passe au point suivant: ____.
	Pour finir, ____.
finir	Merci de votre attention! / Est-ce que vous avez des questions?

22 Einen Vortrag halten

Wenn du deinen Vortrag hältst, beachte die folgenden Regeln:
- Schreibe unbekannte Wörter vorher an die Tafel und erkläre sie deinen Mitschülern.
- Sprich beim Vortragen langsam, möglichst frei und schau dein Publikum an.
- Stell dich beim Vortragen so hin, dass immer alle freie Sicht auf dein Plakat, deine Folien usw. haben.

23 Eine Rückmeldung geben

Bewertet eure Vorträge und Dialoge bzw. Rollenspiele gegenseitig. Legt die Kriterien vorher mit eurem Lehrer / eurer Lehrerin fest und schreibt sie auf.
Ein Beispiel für einen Rückmeldungsbogen findet ihr unter Webcode (**APLUS-4-128**).
TIPP Fangt bei eurer Rückmeldung immer mit dem an, was gut war, und verbindet Kritik mit konkreten Verbesserungsvorschlägen.

Lire et comprendre des textes | Texte lesen und verstehen

In diesem Buch triffst du auf drei Arten von Leseaufgaben: Je nach Aufgabenstellung musst du entweder grob verstehen, worum es in einem Text geht, nur ganz bestimmte Informationen herauslesen oder ganz genau verstehen, was im Text steht.

24 Verstehen, worum es geht (Globalverstehen)

- Schau dir den Text zuerst an: Um welche Textsorte handelt es sich (Magazinartikel, Blog, …)?
- Lies den Text dann einmal ganz durch, ohne dich von unbekannten Wörtern aufhalten zu lassen.
- Beantworte die drei Grundfragen (siehe Kasten) und notiere deine Antworten als Stichwörter (▶ p. 123/12).

1. De qui / De quoi parle le texte?
2. Où est-ce que cela se passe?
3. Qu'est-ce qui se passe?

25 Einzelne Informationen herauslesen (selektives Verstehen)

Lies die Aufgabenstellung genau. Welche Informationen sollst du finden? Überfliege den Text und „scanne" ihn dabei nur nach diesen Informationen ab. Alles andere kannst du überlesen.
TIPP Notiere dir sofort, was du herausgefunden hast.

26 Einen Lesetext genau verstehen (Detailverstehen)

Du hast nach dem ersten Lesen eines Textes schon grob verstanden, worum es geht. Um den Text ganz zu „knacken", näherst du dich ihm am besten in drei Schritten.

1. Einen Text in Sinnabschnitte gliedern

Um einen Text genau zu verstehen, kannst du dir seine Gliederung bewusst machen.
- Teile den Text in Sinnabschnitte ein. Ein solcher Sinnabschnitt kann einen oder mehrere Absätze des Textes umfassen.
- Notiere zu jedem Sinnabschnitt ein oder mehrere Stichworte, die deutlich machen, worum es geht.

Neu Anstatt ein Stichwort aufzuschreiben, kannst du auch etwas zeichnen:
wichtige Gegenstände (z. B. einen Brief, der für eine Beziehung entscheidend sein wird) oder Symbole für das, worum es im Sinnabschnitt geht (z. B. eine Medaille, um zu zeigen, dass jemand auf sich stolz sein kann). Solche Zeichnungen machen dir klar, was du verstanden hast, ohne dass du es sofort sprachlich ausdrücken musst.

2. Mit „Verstehensinseln" arbeiten

– Lies jeden Abschnitt und markiere darin alles, was du verstehst. Das sind deine „Verstehensinseln".
– Schau dir diese „Verstehensinseln" genauer an. Welche Wörter und Informationen kannst du dir um sie herum erschließen? Nutze dazu auch Worterschließungstechniken (▶ p. 129/27).

3. Die „W"-Fragen beantworten (Qui? Où? Quand? Quoi? Comment? Pourquoi?)

Sammle und vervollständige deine Leseergebnisse mit Hilfe einer Tabelle.
– Trage zu jedem Sinnabschnitt die Informationen ein, die du verstanden hast.
– Wo sind noch Lücken? Lies den Text ein weiteres Mal und suche dabei gezielt nach den noch fehlenden Informationen. Notiere sie.

TIPP Gibt es noch immer Fragen, zu denen du im Text keine Antwort findest? Das ist möglich, denn nicht alle Texte liefern Antworten auf alle „W"-Fragen.

27 Unbekannte Wörter erschließen

1. Kenntnisse aus anderen Sprachen nutzen

Nutze dein Wissen aus anderen Sprachen, um französische Wörter zu erschließen.
Manchmal führen dich ähnliche Wörter allerdings auf eine falsche Fährte und legen eine ganz andere Bedeutung nahe, als das französische Wort tatsächlich hat. Z. B. bedeutet *le compas* nicht „der Kompass", wie man vermuten würde, sondern „der Zirkel". Diese Wortpaare werden *faux-amis* („falsche Freunde") genannt. Prüfe mithilfe des Kontextes (siehe Punkt 3), ob die von dir vermutete Bedeutung stimmig ist. Wenn du Zweifel hast und du annimmst, dass das Wort entscheidend für dein Textverständnis ist, schlage es im Wörterbuch nach (▶ p. 120/5).

2. Wörter über Wortfamilien erschließen

Wie im Deutschen gibt es auch im Französischen sogenannte Wortfamilien. Wörter gehören dann zu derselben Wortfamilie, wenn sie einen gemeinsamen Wortstamm haben, z. B. *chanter – le chant – le chanteur / la chanteuse*. Diese Ähnlichkeit kannst du dir zunutze machen, um unbekannte Wörter zu erschließen.

TIPP Wortendungen (Nachsilben, Verbendungen, usw.) geben Hinweise auf die Wortart eines Wortes und erleichtern das Erschließen. Manchmal sind an den Wortstamm Vorsilben oder Nachsilben angehängt, die eine bestimmte Bedeutung haben. Hier zwei Beispiele:

> **Vorsilbe *re-*** (noch einmal, wieder, zurück)
>
> *demander → redemander* = noch einmal fragen
>
> **Nachsilbe *-eur/-euse*** (jd, der eine Tätigkeit ausübt)
>
> *jouer → le joueur* = der Spieler
> *→ la joueuse* = die Spielerin

3. Wörter über den Kontext erschließen

Nutze das, was du verstehst, um unbekannte Wörter zu erschließen. So kann dir der Satz, in dem das unbekannte Wort vorkommt, Hinweise liefern, worum es sich handeln könnte. Ein Beispiel: *On a fait une balade en 4x4*. Der Satz legt nahe, dass es sich bei *le 4x4* um ein Verkehrsmittel handelt, da dem Wort die Präposition *en* vorangeht und dies auch zum Ausdruck *faire une balade* passt.

C'est à ce moment-là qu'a lieu l'accident. À cause de la pluie, la ▉▉▉ est devenue ▉▉▉ et la voiture rouge devant nous ▉▉▉ vers la droite et ▉▉▉ contre un arbre. Nous ▉▉▉ à nous arrêter cent mètres plus loin, sur la ▉▉▉ ▉▉▉, et après un ▉▉▉ de choc, nous appelons les secours, puis nous courons vers la voiture rouge dont la ▉▉▉ s'ouvre un peu.

Übung

1 a Lies den Textauszug (siehe links) ein erstes Mal. Überlies dabei die geschwärzten Stellen. Fasse zusammen, worum es in dem Auszug geht.
b Lies den Text noch einmal und versuche herauszufinden, was die geschwärzten Wörter bzw. Satzteile bedeuten.

2 Vergleicht jetzt eure Ergebnisse zu zweit und erläutert dabei, wie ihr vorgegangen seid.

28 Inhalte von Texten wiedergeben

1. Wichtige Informationen im Text markieren

Wenn du den Inhalt eines Textes zusammenfassen sollst, musst du dich dabei auf die wichtigen Informationen beschränken. Finde diese Informationen im Text und markiere sie. Um zu entscheiden, welche Informationen in einem Text wichtig, weniger wichtig oder eher unwichtig sind, musst du den Text zunächst genau lesen (▶ p.128/26). Folgende Fragen leiten dich bei der Auswahl der zu markierenden Begriffe:
— Was sind die Hauptinformationen, die für deine Aufgabe von Bedeutung sind?
  Markiere sie mit einem Textmarker.
— Welche Informationen sind wichtig, aber weniger wichtig als die Hauptinformationen?
  Unterstreiche diese Nebeninformationen.
— Was sind Details (= Nebensachen), die die Haupt- und Nebeninformationen ausschmücken oder näher erläutern?
  Lass sie unmarkiert.

2. Informationen nach Stichpunkten ordnen

Informationen zu einem Thema oder einer Person sind einfacher zu präsentieren, wenn du sie nach Stichpunkten ordnest, z. B. indem du zu einer Person einen Steckbrief erstellst.

3. Die Informationen eines Textes wiedergeben

Wenn du die Informationen eines Textes möglichst vollständig wiedergeben sollst, kannst du einen Spickzettel erstellen. Lies den Text und notiere zu jeder Information, die du dir merken willst, Stichwörter oder zeichne ein Symbol, z. B. ♥ (= Liebe), ✚ (= Krankenhaus), ♫ (= Musik) oder 👁 (= traurig). Auf der Grundlage deines Spickzettels bist du in der Lage, den Inhalt des Textes wiederzugeben.

4. Ein Lesebild zu einem Lesetext erstellen

Ein Lesebild ist ein gestaltetes Plakat, das deinen ganz persönlichen Blick auf eine Erzählung widerspiegelt – ein bisschen wie deine ganz persönliche Titelseite. Es kann folgende Dinge enthalten:
— den Titel des Textes
— eine kurze Zusammenfassung der Geschichte
— einige Abschnitte oder Schlüsselwörter des Textes
— deine Meinung zum Text
— eine Zeichnung oder Collage, die einen wichtigen Ausschnitt oder eine zentrale Botschaft des Textes veranschaulicht.
Um dein Lesebild der Klasse zu präsentieren, beschreibst du es zuerst (▶ p.126/19) und erklärst dann, warum du diese Darstellung gewählt hast.

Écrire | Schreiben

29 Vor dem Schreiben

Beim Schreiben von Texten gilt: Nicht einfach drauflosschreiben! Je besser du das Schreiben vorbereitest, desto besser werden dir deine Texte gelingen. So gehst du vor:
1. Lies die Aufgabenstellung genau und stell dir folgende Fragen:
   — Welche Art von Text wird von dir verlangt? Sollst du eine E-Mail, einen Blogeintrag oder die Fortsetzung einer Erzählung schreiben? Was ist typisch für diese Textsorte?
   — Worum soll es im Text gehen? Was gibt die Aufgabenstellung vor?
     TIPP Wenn du eine Geschichte weiterschreiben sollst, hilft dir neben der Aufgabenstellung auch der Anfang der Geschichte: Lies ihn gründlich und entwickle die Handlung weiter unter Beibehaltung des Erzählers, der Hauptfiguren und der Erzählzeit.
   — An wen richtet sich der Text? Das ist wichtig, weil du anders schreibst, je nachdem ob du dich an Gleichaltrige oder Erwachsene, Freunde oder Unbekannte wendest.

Einen Text als Modelltext nutzen

Nutze andere Texte als Modelltexte, um eigene Texte zu schreiben. Du sollst eine bestimmte Textsorte schreiben, z. B. einen Brief, eine Bewerbung oder die Analyse einer Werbung? Suche in deinem Lehrwerk nach diesen Textsorten und nutze die folgenden Fragen, um deinen Modelltext zu analysieren und deinen eigenen Text vorzubereiten:

- An wen richtet sich der Text? Welches Sprachregister (Standard-Französisch oder Umgangssprache) wird verwendet?
- Wie ist der Text aufgebaut? Was ist die Funktion der einzelnen Teile? Mach dir Notizen am Rand.
- Welche Aspekte werden darin angesprochen? Notiere sie am Rand (in einer anderen Farbe).
- Kommen im Text Wendungen vor, die du wiederverwenden kannst (Anreden, Grußformeln, Fachwörter, gute Formulierungen usw.)? Markiere sie.

2. Sammle Ideen zum Thema und zu den inhaltlichen Punkten, die die Aufgabenstellung verlangt.
   - Formuliere sie am besten gleich auf Französisch. Notiere sie in Stichpunkten.
   - Wenn du nach geeigneten Ausdrücken suchst, schau in den *Repères* in der Rubrik *Qu'est-ce qu'on dit?* und in deinem Französisch-Ordner nach.
3. Plane nun den Aufbau deines Textes: Womit fängst du an? Was kommt danach? Wie beendest du den Text? Ordne deine Stichpunkte in einer Mindmap oder einem Stichwortgeländer.

> ### Übung
>
> **1** Lies das Filmporträt von *„Entre les murs"* (▶ p. 82, ▶ webcode **APLUS-4-131**). Welche der folgenden Randnotizen passen zu welchem Abschnitt? *exemples de scènes – synopsis – avis – jeu des acteurs – résumé du film – message du film – sans commentaires – critique – thèmes du film – idée – genre de film – mise en scène – bilan – court – long*
>
> **2** Schreibe ein Filmporträt zu einem Film deiner Wahl. Nutze dabei den Text aus **1** als Modelltext.

30 Während des Schreibens

1. Eigene Texte klar gliedern

Der Leser soll den Aufbau deines Textes (▶ p. 131/29.3) gut nachvollziehen können. Das erreichst du, indem du deinen Text in Absätze einteilst und zeitliche Angaben und Konjunktionen verwendest, die den Leser durch den Text führen (▶ *Pense-bête*, p. 232).

d'abord / tout d'abord
puis / ensuite / après
c'est pourquoi / comme / parce que / si
enfin / pour finir

2. Den Ausdruck verbessern

Gestalte deinen Text so, dass er für den Leser abwechslungsreich ist.
- Verwende Adjektive: J'ai fait un stage dans une **petite** auberge de jeunesse **sympathique**.
- Verwende Adverbien: Il a cherché son porte-monnaie **calmement** et **heureusement**, il l'a retrouvé.
- Vermeide Wiederholungen:
  - Ersetze Nomen oder Namen, die sich wiederholen, durch die entsprechenden Pronomen (z. B. Objektpronomen, Relativpronomen, *y* oder *en*): Julia appelle sa corres Lucie et **lui** demande le chemin.
  - Verwende nicht immer die gleichen Wörter: Statt *dire* zu wiederholen, kannst du z. B. je nach Situation *demander, raconter, répondre* usw. verwenden.

 ### 3. Fehler vermeiden

Du weißt, welches Tempus oder welchen Modus du verwenden sollst, hast aber vergessen, wie die entsprechende Verbform gebildet wird? Verwende schon beim Schreiben den *Pense-bête* (▶ p. 232).

31 Nach dem Schreiben

Wenn du deinen Text fertig geschrieben hast, lies ihn gründlich durch und achte dabei auf folgende Punkte:

1. Der Inhalt
– Hast du dich an die Aufgabenstellung gehalten? Setze ein Häkchen hinter jede Vorgabe, die du erfüllt hast.
– Ist dein Text gut gegliedert? Hast du zeitliche Angaben und Konjunktionen verwendet?

2. Die Sprache
– Überprüfe deinen Ausdruck. Hast du das passende Register verwendet (Standard-Französisch oder Umgangssprache)? Hast du dich abwechslungsreich ausgedrückt und Wiederholungen vermieden?
– Suche und berichtige sprachliche Fehler mit dem Fehlerfahnder. Unter Webcode (APLUS-4-132) findest du den Fehlerfahnder als Arbeitsblatt zum Download.
TIPP Lege dir deinen persönlichen Fehlerfahnder mit deinen „Lieblingsfehlern" an und benutze ihn zur Überprüfung deiner Texte.

Übung
Überarbeite dein Filmporträt (siehe Übung auf S. 131/29), indem du:
– zeitliche Angaben und Konjunktionen einfügst,
– Adjektive und Adverbien verwendest,
– Wiederholungen herausnimmst,
– deine Fehler anhand des Fehlerfahnders korrigierst.

32 Ein Resümee schreiben

Das Resümee *(le résumé)* ist die französische Form der knappen Zusammenfassung, die du bereits aus dem Deutsch-Unterricht als „Inhaltsangabe" und aus dem Englisch-Unterricht als „summary" kennst. Im Resümee geht es darum, so kurz wie möglich über die zentralen Informationen eines Textes zu berichten.
Um diese Informationen im Text auszumachen, kannst du auf unterschiedliche Weise vorgehen:

A Lege die dir bereits bekannte Tabelle mit den „W"-Fragen an (▶ p. 129/26.3) und fülle sie mit den Informationen des Textes. Die ausgefüllte Tabelle ist eine gute Grundlage für dein Resümee.

B Markiere die Haupt- und Nebeninformationen im Text (▶ p. 130/28.1) und berücksichtige nur diese Informationen beim Schreiben deines Resümees.

C Nimm ein Lineal und streiche in dem Text, den du resümieren sollst, alles durch, was unwichtig ist. Das, was übrig bleibt, sind die zentralen Informationen, die du für das anschließende Resümee verwendest.

Schreibe das Resümee so knapp wie möglich.
Nutze dabei die folgende Checkliste.

– im Präsens ✔
– in der 3. Person ✔
– deutlich kürzer als der Originaltext (ca. ein Drittel) ✔
– keine wörtlichen Zitate, sondern Umschreibungen ✔
– nur Fakten, keine persönliche Meinung ✔

Übung
Lies Boubacars Reisebericht (▶ p. 72–73) und schreibe dazu ein Resümee. Lade den Text herunter (▶ webcode APLUS-4-132) und wende die Markierungs- oder die Wegstreichmethode an.

TIPP Prüfe am Schluss, ob jemand, der den Text nicht gelesen hat, alle wichtigen Fakten aus deinem Resümee erfährt.

Faire une médiation | Sprachmittlung

33 Wichtige Informationen in die andere Sprache übertragen

1. Das Wesentliche mitteilen

Die Grundregeln beim Sprachmitteln von Gesprächen oder schriftlichen Texten lauten:
— Übersetze nicht Wort für Wort oder Satz für Satz.
— Teile nur das mit, was der andere unbedingt wissen muss.
Das ist im Gespräch oft leichter, weil du das Gesprochene nicht vor Augen hast und dadurch automatisch nur die wichtigsten Informationen übermittelst.

2. Kulturelle Unterschiede beachten

Sprachmitteln heißt auch zwischen zwei Kulturen vermitteln, denn für manche Dinge in Frankreich oder Deutschland gibt es keine wörtliche Entsprechung in der jeweils anderen Sprache oder sie existieren überhaupt nicht in der anderen Kultur. Manchmal verbirgt sich auch hinter ein- und demselben Ausdruck (z. B. *petit-déjeuner* und Frühstück) etwas Unterschiedliches (siehe Tabelle). Auf diese Dinge musst du beim Sprachmitteln Rücksicht nehmen und sie erklären, wenn sie für das Verstehen des Sachverhalts wesentlich sind.

Phänomen	Gibt es das in ▬?	Gibt es das in ▮▮?	Das gibt es in ▬ und ▮▮, aber anders.		Was tun?
			in ▬	in ▮▮	
petit-déjeuner	✔	✔	auch Herzhaftes	*bol, tartines de confiture, croissants*	übersetzen + Unterschiede erklären
CPE	—	✔	—	—	erklären
Schultüte	✔	—	—	—	erklären

34 Wörter umschreiben

Wenn du vom Deutschen ins Französische sprachmitteln sollst und dir ein wichtiges Wort fehlt, dann umschreibe, was du meinst. Dazu kannst du folgende Strategien nutzen:
— **Erläutere das Wort mit Hilfe eines Relativsatzes:**
  • ein Anlegesteg → *l'endroit où on monte dans un bateau*
  • unsichtbar → *quelque chose qu'on ne peut pas voir*
  • ein Verkäufer → *une personne qui vend des choses dans un magasin*
  • ein Bogen → *l'objet avec lequel on joue du violon*
— **Beschreibe seine Verwendung (mit *pour* + Infinitiv):**
  • eine Taschenlampe → *une lampe pour faire une balade, la nuit*
— **Erkläre das Wort mit einem Wort aus der gleichen Familie:**
  • eine Beschreibung → *C'est quand on décrit quelque chose.*
— **Vergleiche es mit etwas anderem, das du ausdrücken kannst:**
  • ein Hut → *C'est un peu comme une casquette, mais c'est plus grand.*
— **Erkläre über Beispiele:**
  • Komiker → *Ce sont des gens comme Omar et Fred et Jamel Debbouze.*

Petit dictionnaire de civilisation | Kleines landeskundliches Lexikon

Personen

Marguerite Abouet [maʁgəʁitabue] (geb. 1971)
Schriftstellerin von der Elfenbeinküste. Ihre preisgekrönte Comic-Reihe *Aya de Yopougon* spielt Ende der 1970er-Jahre, erzählt Geschichten aus Abouets Jugend und vermittelt dabei mit viel Witz ein lebendiges Afrika, fern von westlichen Klischees. Heute lebt sie in Paris und hat bereits zwei weitere Comic-Reihen veröffentlicht, *Akissi* und *Bienvenue*. (→ U3/2)

Leïla Bekhti [lɛjlabɛkti] (geb. 1984)
Französische Schauspielerin. Angetrieben von ihren Freundinnen, bewirbt sie sich bei einem Casting und erhält 2005 ihre erste Rolle im Film *Sheitan* von Kim Chapiron. 2011 wird sie für ihre Rolle in *Tout ce qui brille* mit dem französischen Filmpreis César als beste Nachwuchsschauspielerin ausgezeichnet. (→ U1/1)

Laurent Cantet [lɔʁɑ̃kɑ̃tɛ] (geb. 1961)
Französischer Filmregisseur, Drehbuchautor und Kameramann. Für den Film *Ressources humaines* erhält er den César. Den größten Erfolg hat der Regisseur mit seinem Film *Entre les murs*, für den er beim Filmfestival von Cannes mit der Goldenen Palme ausgezeichnet wird. (→ Module A)

Daara J [daʁaʒi]

Senegalesische Hip-Hop-/Reggae-Gruppe. In ihren Texten fordert sie die Jugendlichen dazu auf, jeder Diskriminierung zum Trotz, die Hoffnung nicht zu verlieren. (→ U3/3)

les Éléphants de Côte d'Ivoire [lezelefɑ̃dəkotdivwaʁ]
Ivorische Fußballnationalmannschaft der Herren. 2006 qualifiziert sich die Mannschaft erstmalig für eine Weltmeisterschaft. Zudem haben die Spieler Didier Drogba und Yaya Touré mehrmals die Auszeichnung „Bester afrikanischer Spieler des Jahres" erhalten. (→ U3/3)

Fatym Layachi [fatimlajaʃi] (geb. 1983)
Marokkanische Schauspielerin. Sie wird mit nur 17 Jahren auf der Straße in Casablanca von dem Regisseur Hakim Noury entdeckt. Für ihn spielt sie ihre erste Kinorolle in *Une histoire d'amour* und schlüpft seitdem in viele Rollen marokkanischer Frauen. Sie ist Mitglied der Bewegung „Culture libre", die sich für die größtmögliche Freiheit der Kulturschaffenden einsetzt. (→ U3/2)

les Lions du Sénégal [leljɔ̃dysenegal]
Senegalesische Fußballnationalmannschaft der Herren. Bei der Weltmeisterschaft in Japan und Südkorea 2002 bezwang die senegalesische Nationalelf den Titelverteidiger und Turnierfavoriten Frankreich und sorgte damit für eine Sensation. (→ U3/3)

Léopold Sédar Senghor [leopoldsedaʁsɛŋgoʁ] (1906–2001)
Senegalesischer Dichter und Philosoph. Zählt zu den herausragendsten Persönlichkeiten Afrikas seiner Zeit. Nach der Unabhängigkeit Senegals wird er 1960 zum ersten Präsidenten des Landes gewählt. Dieses Amt erfüllt er bis 1980. Als erstes und bisher einziges schwarz-afrikanisches Mitglied wird er 1984 in die Académie Française gewählt, die höchste Auszeichnung, die es in Frankreich für einen Gelehrten gibt. (→ U3/3)

Louis XIV [lwikatɔʁz] (1638–1715) Ludwig XIV.
Von 1643 bis 1715 König von Frankreich. Der „Roi-Soleil" (Sonnenkönig) ist der Inbegriff eines absolutistischen Herrschers. Unter seiner Regentschaft wird die französische Verwaltung zentralisiert und das Territorium durch Eroberungskriege vergrößert. Er ist ein großer Förderer von Kunst und Kultur und lässt das Schloss und den Park von Versailles errichten, wo er ab 1682 mit dem Hofstaat residiert. (→ Module B)

Napoléon (Bonaparte) [napɔleɔ̃] (1769–1821)
Französischer General, Staatsmann und Kaiser. Seine militärischen Erfolge machen ihn nach der französischen Revolution von 1789 zum politischen Hoffnungsträger. 1799 übernimmt er die Macht, 1804 krönt er sich selbst zum Kaiser. Auf dem Höhepunkt seiner Macht umfasst das Kaiserreich das gesamte Gebiet zwischen Spanien und Polen. 1815 verliert er die bedeutende Schlacht von Waterloo gegen Großbritannien und Preußen. Er wird abgesetzt, aus Frankreich verbannt und stirbt im Exil. (→ Module B)

Brigitte Sauzay [bʀiʃitsozɛ] (1947–2003)
Französische Dolmetscherin. Brigitte Sauzay war für drei französische Präsidenten tätig, Georges Pompidou, Valérie Giscard d'Estaing und François Mitterand. Als Frankreichberaterin kommt sie 1998 nach Berlin ins Kanzleramt und arbeitet für Gerhard Schröder. Sie ist Mitbegründerin der Stiftung Genshagen und ruft Schüleraustauschprogramme ins Leben. (→ U2/2)

Sinsemilia [sinsemilia]
Französische Reggae-Band aus Grenoble. Mit ihren Songs vertritt die elfköpfige Gruppe offen ihre politischen Ansichten und kritisiert immer wieder die französische Regierung. (→ Module E)

Jacques Tardi [ʒaktaʀdi] (geb. 1946)
Französischer Comiczeichner und Illustrator. Zu seinen Hauptwerken zählt *C'était la guerre des tranchées*, ein Album von vielen, die er dem Thema Erster Weltkrieg widmet. Bekannt wurde er durch die Reihe *Les Aventures extraordinaires d'Adèle Blanc-Sec*. (→ Module F)

Voltaire [vɔltɛʀ] (1694–1778)
Französischer Philosoph und Schriftsteller. Wichtiger Vertreter der französischen Aufklärung, Verfasser von historischen und philosophischen Schriften, Gedichten, Dramen und Erzählungen, wie z.B. *Candide*. Aufgrund seiner scharfen Kritik an der absolutistischen Monarchie unter → *Louis XIV.* und der katholischen Kirche wird er verfolgt und zeitweise inhaftiert. Von 1750 bis 1753 lebt er am Hof Friedrichs des Großen *(Frédéric II)* in Potsdam. (→ Module B)

Geographisches

Abidjan [abidʒɑ̃]
Metropolregion, wirtschaftliches Zentrum und Regierungssitz der Elfenbeinküste mit ca. 4,3 Millionen Einwohnern. Abidjan liegt am Atlantischen Ozean und ist eine Lagunenstadt. Über den Hafen werden u.a. Kaffee, Kakao, Holz und Ananas in die ganze Welt verschifft. Die Stadt ist aufgeteilt in zehn einzelne Städte mit jeweils eigenem Bürgermeister. Die Unterschiede zwischen diesen Gemeinden sind sehr groß: Le Plateau ist die reichste und modernste Stadt, die bevölkerungsreichste und sozial schwächste Stadt ist Yopougon. (→ U3/1)

Alger [alʒe] Algier
Hauptstadt Algeriens sowie Namensgeberin des Landes. Algier ist mit ca. 2 Millionen Einwohnern sowohl die größte Stadt als auch Verwaltungszentrum des Landes. Berühmt ist Algier für seine Altstadt, die Kasbah. Sie wurde 1992 wegen der Einzigartigkeit ihrer Architektur zum UNESCO-Weltkulturerbe erklärt. (→ U3/1)

l'Atlas [latlas] *m.*
Hochgebirge, das sich über die Länder Marokko, Algerien und Tunesien erstreckt. Die Gebirgskette trennt den fruchtbaren Küstenstreifen Nordafrikas von der → Sahara. (→ U3/1)

l'Auvergne [lovɛʀɲ] *f.*

Region im Zentrum Frankreichs, bekannt für ihre Vulkanlandschaften mit vielen Seen und Wäldern. Insgesamt gibt es 80 Vulkane, die letzten sind vor ca. 8000 Jahren erloschen. Der berühmteste Vulkan ist der Puy-de-Dôme (1465 m Höhe). (→ Module C)

Bamako [bamakɔ]
Hauptstadt Malis mit ca. 2 Millionen Einwohnern. Der Fluss Niger teilt die Stadt in zwei Teile. Mit einer Wachstumsrate von 4,8% ist sie derzeit die am schnellsten wachsende Stadt in Afrika. Wegen seiner zentralen Lage in Westafrika ist Bamako ein wichtiger Verkehrsknotenpunkt. (→ U3/2)

Casablanca [kasablɑ̃ka]
Wirtschaftliches Zentrum von Marokko mit ca. 3,5 Millionen Einwohnern. Etwa 80% der marokkanischen Industrie sind hier angesiedelt und ca. 60% des Seehandels des Landes werden über den städtischen Hafen abgewickelt. (→ U3/1)

la Casamance [lakazamãs]

Der 320 km lange Fluss Casamance gibt der Region im Südwesten Senegals ihren Namen. Die Region ist die fruchtbarste des Landes, nur dort gibt es subtropische Wälder und viele Gewässer. Sie lebt von der Landwirtschaft und vom Tourismus. Durch das Staatsgebiet von Gambia ist die Casamance vom übrigen Teil des Senegals getrennt. Die dort ansässige Volksgruppe, die Diola, strebt nach Autonomie. Der sogenannte Casamance-Konflikt ist bis heute ungelöst. (→ U3/3)

Dakar [dakaʀ]

Hauptstadt des Senegal mit ca. 2,5 Millionen Einwohnern. Dakar liegt an der Atlantikküste, ist die wichtigste Hafenstadt und das Wirtschaftszentrum des Landes. Das modernste Viertel, Dakar-Plateau, liegt an der Westspitze der Stadt und ist europäisch geprägt. Hier befindet sich auch der zentrale und wichtigste Markt des Landes, der *Marché Sandaga*. (→ U3/1)

l'Île de Gorée [lildəgɔʀe] *f.*

Insel vor der senegalesischen Küste. Zu besichtigen ist dort die *Maison des esclaves*, ein ehemaliges Bürgerhaus aus dem 18. Jahrhundert. Es dient als Museum und dokumentiert die gesamte Geschichte des europäischen Sklavenhandels an der afrikanischen Küste vom 15. bis zum 19. Jahrhundert. Heute ist die Insel ein Ort der Erinnerung und wurde 1978 zum Weltkulturerbe der UNESCO ernannt. (→ U3/3)

le Lac rose [ləlakʀoz]

Senegalesischer Salzsee nordöstlich von → Dakar und Touristenmagnet. Seine weltweit einmalige Farbe, ein dunkles Pink, verdankt er den Cyanobakterien, die wegen des hohen Salzgehalts des Wassers rotes Eisenoxid ausscheiden. (→ U3/3)

le Maghreb [ləmagʀɛb]

Der Maghreb bezeichnet den westlichen Teil Nordafrikas. Die drei Staaten Algerien, Tunesien und Marokko bilden den *Petit Maghreb*. Der *Grand Maghreb* umfasst zusätzlich Libyen und Mauretanien. In den Maghreb-Staaten werden hauptsächlich Berbersprachen und Arabisch gesprochen, Französisch ist jedoch als Handels-, Bildungs- und Kultursprache von großer Bedeutung. Heute leben in der ländlichen Bevölkerung traditionelle muslimische Wertevorstellungen weiter, vor allem die gebildeten Schichten orientieren sich jedoch kulturell an Europa und Amerika und pflegen einen westlich geprägten Lebensstil. (→ U3/1)

le Mali [ləmali]

Westafrikanischer Staat mit ca. 14,5 Millionen Einwohnern. Das Land war von 1883 bis 1960 eine französische Kolonie. Die Hauptstadt ist → Bamako. Die Stadt Djenné ist bekannt für ihre Große Moschee, das berühmteste Lehmgebäude der Welt. Zwei Drittel des Landes sind Wüste. Die Amtssprache ist Französisch, die wichtigsten der insgesamt 35 Sprachen sind Bambara, Senufo, Songhai, Fulfulde, Maninka und Arabisch. Obwohl Mali über Bodenschätze wie Gold und Salz verfügt, gehört es zu den ärmsten Ländern der Welt. (→ U3/2)

Marrakech [maʀakɛʃ] Marrakesch

Provinzhauptstadt im Südwesten Marokkos mit knapp 1 Million Einwohnern. Sehenswert ist vor allem die Architektur der Stadt: Die Altstadt und die Gärten wurden 1985 zum UNESCO-Weltkulturerbe ernannt. Berühmt sind auch die *Souks*, die Geschäfts- und Handwerksviertel. (→ U3/1)

le Niokolo-Koba [lənjokolokoba]
9 130 km² großer Nationalpark im Südosten Senegals. Seit 1981 gilt er als UNESCO-Welterbe. Neben saisonal überfluteten Grassavannen und Sümpfen gibt es auch trockene Wälder. Im Park leben mehr als 80 Säugetierarten und 1500 Pflanzenarten. Für einige Tierarten, wie den senegalesi-

schen Elefanten und die Riesen-Elenantilope, bietet er die letzte, wenn auch unsichere Heimat. Wegen der herrschenden Wilderei wurde der Park 2007 in die rote Liste gefährdeten Welterbes aufgenommen. (→ U3/3)

le Rhin [ləʁɛ̃] der Rhein
1200 km langer Fluss, der eine natürliche Grenze zwischen Deutschland und Frankreich bildet. Wenn man in Frankreich von „Outre-Rhin" (Über-den-Rhein) spricht, meint man damit Deutschland. (→ U2/1)

Saly [sali]

Touristischer Badeort südlich von → Dakar, der in ganz Westafrika berühmt ist. Der Ort zeichnet sich durch ein ruhiges, klares Meer und goldgelbe Sandstrände mit Kokospalmen aus. (→ U3/3)

le Sahara [ləsaaʁa] die Sahara

Größte Trockenwüste im Norden des afrikanischen Kontinents. Sie hat eine Ausdehnung von 9 Millionen km². Diese Wüste erstreckt sich über zehn Länder: Im Norden sind es Ägypten, Marokko, Algerien, Tunesien und Libyen, im Süden Mauretanien, Mali, Niger, Tschad und der Sudan. Der Nil ist der einzige Fluss, der die Sahara durchquert. Das Klima bestimmt der Nordost-Passatwind Harmattan. (→ U3/1)

Yamoussoukro [jamusukʁɔ]
Seit 1983 Hauptstadt der Elfenbeinküste mit ca. 250 000 Einwohnern. Die Stadt liegt 240 km nördlich von → Abidjan, im Zentrum des Landes in der Nähe des Kossousees, einer der größten Stauseen der Welt. Berühmtestes Bauwerk der Stadt ist die Basilika Notre-Dame-de-la-Paix, erbaut nach dem Vorbild des Petersdoms in Rom. (→ U3/1)

Sonstiges

l'Édit de Nantes [ledidənãt] m. das Edikt von Nantes
1598 unterzeichnet von *Henri IV* (Heinrich IV.) Das Edikt gewährt den französischen Protestanten (= Hugenotten) Religionsfreiheit und beendet damit die Religionskriege. 1685 widerruft→ *Louis XIV* das Edikt. Über 200 000 Hugenotten fliehen in die Niederlande, die Schweiz und nach Deutschland. (→ Module B)

Karambolage [kaʁɑ̃bɔlaʒ]
Sendung des deutsch-französischen Fernsehsenders ARTE, die sich seit 2004 spielerisch und humorvoll den kleinen und großen Unterschieden zwischen Deutschen und Franzosen widmet. Für die Idee, Gestaltung und Realisierung dieser Sendung erhielt die französische Filmemacherin Claire Doutriaux 2006 den Adolf-Grimme-Preis, die höchste Auszeichnung für Fernsehdokumentationen in Deutschland. (→ U2/1)

Médecins du monde [medsɛ̃dymɔ̃d]
1980 von Ärzten gegründetes internationales Hilfe-Netzwerk für Menschen in Krisen- oder Kriegsgebieten. Es zählt Mitglieder in 15 Ländern, u. a. „Ärzte der Welt e. V." in Deutschland. 2013 engagierten sich über 12 000 Mitglieder in 78 Ländern. (→ U1/1)

l'OFAJ [lofaʒ] (Office franco-allemand pour la jeunesse)
Das Deutsch-Französische Jugendwerk (DFJW) hat seinen Sitz in Berlin und Paris. Es fördert mit vielfältigen kulturellen, sozialen und politischen Angeboten den Austausch zwischen deutschen und französischen Jugendlichen, so z. B. mit den Schüleraustauschprogrammen „Brigitte Sauzay" und „Voltaire". Die Organisation wurde 1963 auf die Initiative von Charles de Gaulle und Konrad Adenauer hin gegründet. (→ U2/2, Module B)

La conjugaison des verbes | Die Konjugation der Verben

Symbole und Abkürzungen

(ê) So gekennzeichnete Verben bilden das *passé composé* mit *être*. Beachte, dass das Partizip dieser Verben veränderlich ist.

! Das Ausrufezeichen macht dich auf Besonderheiten aufmerksam.

Les verbes auxiliaires *avoir* et *être* | Die Hilfsverben *avoir* und *être*

infinitif		avoir		être
présent	j'	ai	je	suis
	tu	as	tu	es
	il/elle/on	a	il/elle/on	est
	nous	avons	nous	sommes
	vous	avez	vous	êtes
	ils/elles	ont	ils/elles	sont
imparfait	j'	avais	j'	étais
futur simple	j'	aurai	je	serai
conditionnel	j'	aurais	je	serais
subjonctif	que j'	aie	que je	sois
	que tu	aies	que tu	sois
	qu'il/elle/on	ait	qu'il/elle/on	soit
	que nous	ayons	que nous	soyons
	que vous	ayez	que vous	soyez
	qu'ils/elles	aient	qu'ils/elles	soient
impératif	Aie. Ayons. Ayez.		Sois. Soyons. Soyez.	
passé composé	j'ai eu		j'ai été	

Les verbes réguliers en *-er* | Die regelmäßigen Verben auf *-er*

infinitif		regarder
présent	je	regard **e**
	tu	regard **es**
	il/elle/on	regard **e**
	nous	regard **ons**
	vous	regard **ez**
	ils/elles	regard **ent**
imparfait	je	regardais
futur simple	je	regarderai
conditionnel	je	regarderais
subjonctif	que je	regarde
impératif	Regarde. Regardons. Regardez.	
passé composé	j'ai regardé	

Die folgenden Verben auf *-er* haben eine Besonderheit in der Schreibung:

acheter: j'achète, nous achetons
ebenso: amener, harceler

appeler: j'appelle, nous appelons
ebenso: rappeler

commencer: nous commençons ~beginnen~
ebenso: dénoncer, menacer, recommencer

essayer: j'essaie, nous essayons ~versuchen/probieren~
ebenso: nettoyer, payer

jeter: je jette, nous jetons ~werfen~

manger: nous mangeons
ebenso: bouger, changer, corriger, déranger, échanger, encourager, engager, nager, ranger, télécharger, voyager

préférer: je préfère, nous préférons
ebenso: espérer, exagérer, récupérer, répéter

protéger: je protège, nous protégeons ~beschützen~

Les verbes réguliers en -re | Die regelmäßigen Verben auf -re

infinitif		attendre	
présent	j'	attend	s
	tu	attend	s
	il/elle/on	attend	
	nous	attend	ons
	vous	attend	ez
	ils/elles	attend	ent
imparfait	j'	attend**ais**	
futur simple	j'	attend**rai**	
conditionnel	j'	attend**rais**	
subjonctif	que j'	attend**e**	
impératif	Attends. Attendons. Attendez.		
passé composé	j'ai	attend**u**	

ebenso: (ê) descendre, entendre, perdre,
répondre, vendre

(handschriftlich: hören, verlieren, antworten, verkaufen)

Les verbes en -ir (sortir, réagir et offrir) | Die Verben auf -ir (Typen sortir, réagir und offrir)

infinitif		(ê) sortir *(ausgehen)*				réagir			offrir *(anbieten)*	
présent	je	sor	s	je	réagi	s	j'	offr	e	
	tu	sor	s	tu	réagi	s	tu	offr	es	
	il/elle/on	sor	t	il/elle/on	réagi	t	il/elle/on	offr	e	
	nous	sort	ons	nous	réagiss	ons	nous	offr	ons	
	vous	sort	ez	vous	réagiss	ez	vous	offr	ez	
	ils/elles	sort	ent	ils/elles	réagiss	ent	ils/elles	offr	ent	
imparfait	je	sortais		je	réagissais		j'	offrais		
futur simple	je	sortirai		je	réagirai		j'	offrirai		
conditionnel	je	sortirais		je	réagirais		j'	offrirais		
subjonctif	que je	sorte		que je	réagisse		que j'	offre		
impératif	Sors. Sortons. Sortez.			Réagis. Réagissons. Réagissez.			Offre. Offrons. Offrez.			
passé composé	je suis	sorti/e		j'ai	réagi		j'ai	offert		

ebenso: dormir, mentir, (ê) partir,
sentir, servir

ebenso: agir, applaudir, choisir, finir,
grandir, réfléchir, réussir

découvrir, ouvrir

(handschriftlich: schlafen, lügen, losfahren, fühlen, dienen; handeln, aussuchen, beenden, nachdenken, gelingen; entdecken, öffnen)

Tableau des verbes avec préposition et infinitif | Verben mit Präposition und Infinitivergänzungen

mit à

aider qn **à** faire qc

apprendre **à** faire qc

arriver **à** faire qc

demander **à** parler à qn

réussir **à** faire qc

servir **à** faire qc

mit de

arrêter **de** faire qc

décider **de** faire qc

demander (à qn) **de** faire qc

dire (à qn) **de** faire qc

empêcher qn/qc **de** faire qc

interdire (à qn) **de** faire qc

permettre (à qn) **de** faire qc

promettre (à qn) **de** faire qc

proposer (à qn) **de** faire qc

rêver **de** faire qc

Les verbes irréguliers | Die unregelmäßigen Verben

infinitif	(accueillir)	(é) aller	battre
présent	j' accueille	je vais	je bats
	tu accueilles	tu vas	tu bats
	il/elle/on accueille	il/elle/on va	il/elle/on bat
	nous accueillons	nous allons	nous battons
	vous accueillez	vous allez	vous battez
	ils/elles accueillent	ils/elles vont	ils/elles battent
imparfait	j' accueillais	j' allais	je battais
futur simple	j' accueillerai	j' irai	je battrai
conditionnel	j' accueillerais	j' irais	je battrais
subjonctif	que j' accueille	que j' aille	que je batte
		❗ que nous allions	
impératif	Accueille. Accueillons. Accueillez.	Va. Allons. Allez.	Bats. Battons. Battez.
passé composé	j'ai accueilli	je suis allé/e	j'ai battu

infinitif	boire	connaître	construire
présent	je bois	je connais	je construis
	tu bois	tu connais	tu construis
	il/elle/on boit	il/elle/on connaît	il/elle/on construit
	nous buvons	nous connaissons	nous construisons
	vous buvez	vous connaissez	vous construisez
	ils/elles boivent	ils/elles connaissent	ils/elles construisent
imparfait	je buvais	je connaissais	je construisais
futur simple	je boirai	je connaîtrai	je construirai
conditionnel	je boirais	je connaîtrais	je construirais
subjonctif	que je boive	que je connaisse	que je construise
	❗ que nous buvions		
impératif	Bois. Buvons. Buvez.	Connais. Connaissons. Connaissez.	Construis. Construisons. Construisez.
passé composé	j'ai bu	j'ai connu	j'ai construit
ebenso:		*disparaître, reconnaître*	*conduire, introduire*

infinitif	courir	(croire) glauben	(décevoir)
présent	je cours	je crois	je déçois
	tu cours	tu crois	tu déçois
	il/elle/on court	il/elle/on croit	il/elle/on déçoit
	nous courons	nous croyons	nous décevons
	vous courez	vous croyez	vous décevez
	ils/elles courent	ils/elles croient	ils/elles déçoivent
imparfait	je courais	je croyais	je décevais
futur simple	je courrai	je croirai	je décevrai
conditionnel	je courrais	je croirais	je décevrais
subjonctif	que je coure	que je croie	que je déçoive
		❗ que nous croyions	❗ que nous décevions
impératif	Cours. Courons. Courez.	Crois. Croyons. Croyez.	Déçois. Décevons. Décevez.
passé composé	j'ai couru	j'ai cru	j'ai déçu
ebenso:			*recevoir*

infinitif		devoir *müssen*			dire *sagen*			écrire *schreiben*
présent	je	dois		je	dis		j'	écris
	tu	dois		tu	dis		tu	écris
	il/elle/on	doit		il/elle/on	dit		il/elle/on	écrit
	nous	devons		nous	disons		nous	écrivons
	vous	devez		vous	dites		vous	écrivez
	ils/elles	doivent		ils/elles	disent		ils/elles	écrivent
imparfait	je	devais		je	disais		j'	écrivais
futur simple	je	devrai		je	dirai		j'	écrirai
conditionnel	je	devrais		je	dirais		j'	écrirais
subjonctif	que je	doive		que je	dise		que j'	écrive
❗	que nous	devions						
impératif				Dis. Disons. Dites.			Écris. Écrivons. Écrivez.	
passé composé	j'ai	dû		j'ai	dit		j'ai	écrit
ebenso:				*interdire* ❗ *vous interdisez*			*décrire*	

infinitif		envoyer			faire			falloir *müssen*
présent	j'	envoie		je	fais			
	tu	envoies		tu	fais			
	il/elle/on	envoie		il/elle/on	fait		il	faut
	nous	envoyons		nous	faisons			
	vous	envoyez		vous	faites			
	ils/elles	envoient		ils/elles	font			
imparfait	j'	envoyais		je	faisais		il	fallait
futur simple	j'	enverrai		je	ferai		il	faudra
conditionnel	j'	enverrais		je	ferais		il	faudrait
subjonctif	que j'	envoie		que je	fasse		qu'il	faille
❗	que nous	envoyions						
impératif	Envoie. Envoyons. Envoyez.			Fais. Faisons. Faites.				
passé composé	j'ai	envoyé		j'ai	fait		il a	fallu

infinitif		lire *lesen*			mettre *anziehen*			plaire *gefallen*
présent	je	lis		je	mets		je	plais
	tu	lis		tu	mets		tu	plais
	il/elle/on	lit		il/elle/on	met		il/elle/on	plaît
	nous	lisons		nous	mettons		nous	plaisons
	vous	lisez		vous	mettez		vous	plaisez
	ils/elles	lisent		ils/elles	mettent		ils/elles	plaisent
imparfait	je	lisais		je	mettais		je	plaisais
futur simple	je	lirai		je	mettrai		je	plairai
conditionnel	je	lirais		je	mettrais		je	plairais
subjonctif	que je	lise		que je	mette		que je	plaise
impératif	Lis. Lisons. Lisez.			Mets. Mettons. Mettez.				
passé composé	j'ai	lu		j'ai	mis		j'ai	plu
ebenso:				*promettre*				

infinitif	pleuvoir	✗ **pouvoir** _können_	✗ **prendre** _nehmen_
présent		je peux	je prends
		tu peux	tu prends
	il pleut	il/elle/on peut	il/elle/on prend
		nous pouvons	nous prenons
		vous pouvez	vous prenez
		ils/elles peuvent	ils/elles prennent
imparfait	il pleuvait	je pouvais	je prenais
futur simple	il pleuvra	je pourrai	je prendrai
conditionnel	il pleuvrait	je pourrais	je prendrais
subjonctif	qu'il pleuve	que je puisse	que je prenne
			! que nous prenions
impératif			Prends. Prenons. Prenez.
passé composé	il a plu	j'ai pu	j'ai pris
ebenso:			_apprendre, comprendre_

infinitif	(rejoindre)	rire	✗ **savoir** _müssen_
présent	je rejoins	je ris	je sais
	tu rejoins	tu ris	tu sais
	il/elle/on rejoint	il/elle/on rit	il/elle/on sait
	nous rejoignons	nous rions	nous savons
	vous rejoignez	vous riez	vous savez
	ils/elles rejoignent	ils/elles rient	ils/elles savent
imparfait	je rejoignais	je riais	je savais
futur simple	je rejoindrai	je rirai	je saurai
conditionnel	je rejoindrais	je rirais	je saurais
subjonctif	que je je rejoigne	que je rie	que je sache
impératif	Rejoigne. Rejoignons. Rejoignez.	Ris. Rions. Riez.	Sache. Sachons. Sachez.
passé composé	j'ai rejoint	j'ai ri	j'ai su
ebenso:	(ê) _se plaindre, plaindre_		

infinitif	suivre	✗ (ê) **venir** _kommen_	✗ **vivre** _leben_
présent	je suis	je viens	je vis
	tu suis	tu viens	tu vis
	il/elle/on suit	il/elle/on vient	il/elle/on vit
	nous suivons	nous venons	nous vivons
	vous suivez	vous venez	vous vivez
	ils/elles suivent	ils/elles viennent	ils/elles vivent
imparfait	je suivais	je venais	je vivais
futur simple	je suivrai	je viendrai	je vivrai
conditionnel	je suivrais	je viendrais	je vivrais
subjonctif	que je suive	que je vienne	que je vive
		! que nous venions	
impératif	Suis. Suivons. Suivez.	Viens. Venons. Venez.	Vis. Vivons. Vivez.
passé composé	j'ai suivi	je suis venu/e	j'ai vécu
ebenso:		(ê) _devenir, prévenir, tenir_	

infinitif		✗ **voir** _sehen_			✗ **vouloir** _wollen_
présent	je	vois		je	veux
	tu	vois		tu	veux
	il/elle/on	voit		il/elle/on	veut
	nous	voyons		nous	voulons
	vous	voyez		vous	voulez
	ils/elles	voient		ils/elles	veulent
imparfait	je	voyais		je	voulais
futur simple	je	verrai		je	voudrai
conditionnel	je	verrais		je	voudrais
subjonctif	que je	voie		que je	veuille
	❗ que nous	voyions		❗ que nous	voulions
impératif	Vois. Voyons. Voyez.				
passé composé	j'ai	vu		j'ai	voulu

Les verbes pronominaux | Die reflexiven Verben

infinitif		(ê) s'	**entraîner**		✗ (ê) se	**souvenir** _sich erinnern_
présent	je	m'	entraîne	je	me	souviens
	tu	t'	entraînes	tu	te	souviens
	il/elle/on	s'	entraîne	il/elle/on	se	souvient
	nous	nous	entraînons	nous	nous	souvenons
	vous	vous	entraînez	vous	vous	souvenez
	ils/elles	s'	entraînent	ils/elles	se	souviennent
imparfait	je	m'	entraînais	je	me	souvenais
futur simple	je	m'	entraînerai	je	me	souviendrai
conditionnel	je	m'	entraînerais	je	me	souviendrais
subjonctif	que je	m'	entraîne	que je	me	souvienne
impératif	Entraîne-toi. Entraînons-nous. Entraînez-vous.			Souviens-toi. Souvenons-nous. Souvenez-vous.		
passé composé	je me suis		entraîné/e	je me suis		souvenu/e

❗ Die reflexiven Verben bilden das _passé composé_ mit dem Hilfsverb _être_. Das Partizip der reflexiven Verben ist veränderlich.

Achte auf die besondere Schreibung von:
(ê) **s'appeler**: je m'appelle, nous nous appelons
(ê) **se déplacer**: je me déplace, nous nous déplaçons
(ê) **s'ennuyer**: je m'ennuie, nous nous ennuyons

(ê) **s'inquiéter**: je m'inquiète, nous nous inquiétons
(ê) **se lever**: je me lève, nous nous levons (_ebenso:_ (ê)_se promener_)

Unité 1

pages 32–33, Repères

1 a Niemand hindert dich daran, es auch so zu machen (wie er). Nichts ändert sich.
Er hindert niemanden daran, es auch so zu machen (wie er). Er ändert nichts.

Personne ne und *rien ne* sind das Subjekt des Satzes.
Ne personne und *ne rien* sind das Objekt des Satzes.

b 1. Personne ne m'a vu. 2. Personne ne vient aujourd'hui. 3. Personne ne m'aide. 4. Rien ne s'est passé.
5. Rien n'est intéressant. 6. Rien ne me plaît.

2 a 1. Je voyagerais. 2. Ce serait super. 3. Qu'est-ce que tu ferais à ma place?
4. À ta place, je deviendrais reporter. 5. Je voudrais avoir un métier intéressant.

b Wünsche, Vermutungen (Annahmen, Möglichkeiten), Ratschläge (Vorschläge), höfliche Bitten, Bedingungen

3 Wenn du ein Praktikum machen würdest, würdest du viele Sachen lernen.
Wenn wir im Urlaub wären, würden wir jeden Tag an den Strand gehen.
Im *si*-Satz verwendet man *imparfait*, im Hauptsatz *conditionnel présent*.

Unité 2

page 41, Coin lecture

4 b Sondage réalisé par Cornelsen en 2014 auprès de 75 élèves français de seconde, première et terminale à Nantes et à Saint-Malo (sondage complet ▶ webcode APLUS-4-144):

1. Qu'est-ce que tu associes à l'Allemagne?
72 % Berlin / le mur de Berlin; 69 % la bière; 35 % les saucisses / la «Currywurst»; 29 % les bretzels;
28 % le foot / l'équipe nationale; 25 % la Seconde Guerre mondiale / les nazis / Hitler; 16 % le chocolat Kinder;
16 % les bonbons Haribo; 12 % le froid; 12 % les voitures de luxe (Mercedes, BMW etc.); 9 % les châteaux;
8 % la charcuterie (au petit-déjeuner); 8 % les après-midis libres; 7 % une langue difficile (l'allemand);
7 % le drapeau allemand; 7 % la Bavière / Munich; 7 % Cologne / la cathédrale de Cologne; 5 % les marchés de Noël; 5 % les correspondants / les échanges; 5 % plus que trois repas par jour; 5 % le handball

2. Comment les Allemands sont-ils?
47 % sympa / gentils; 29 % blonds; 28 % grands; 25 % accueillants; 16 % mangent beaucoup / mangent tout le temps; 13 % ouverts; 13 % sportifs; 12 % comme nous / comme tout le monde; 11 % drôles;
8 % généreux; 8 % ont les yeux bleus; 7 % végétariens; 7 % chaleureux; 5 % ont l'air sévère; 5 % fêtards

Sondage réalisé par Cornelsen en 2014 auprès de 72 élèves allemands de 10e classe à Hanovre et Bonn (sondage complet ▶ webcode APLUS-4-144):

1. Qu'est-ce que tu associes à la France?
50 % Paris; 50 % la cuisine française; 42 % la baguette; 35 % la tour Eiffel; 35 % la mer / la plage; 28 % le soleil;
26 % les croissants; 25 % des beaux paysages; 24 % les vacances; 23 % la mode; 18 % le vin; 18 % les pâtisseries
(macarons, pains au chocolat etc.); 18 % les spécialités bizarres: les cuisses de grenouille etc.; 17 % la côte d'Azur / la Provence; 15 % une belle langue (le français); 15 % l'amour; 14 % le fromage; 14 % les crêpes;
12 % la Révolution française; 12 % la diversité des régions françaises; 11 % le savoir-vivre; 10 % la culture;
8 % l'art; 7 % Napoléon; 7 % le Louvre; 7 % le calme idyllique; 7 % les longs dîners qu'on prend tard;
6 % la musique; 6 % les monuments (châteaux, cathédrales etc.)

2. Comment les Français sont-ils?

44 % sympa / aimables; 31 % ouverts; 25 % fiers de leur pays, de leur langue et de leur culture; 23 % n'aiment pas parler d'autres langues / sont nuls en langues; 15 % paraissent arrogants; 15 % accueillants; 15 % élégants; 14 % décontractés; 14 % parlent vite et beaucoup / aiment parler; 11 % rient beaucoup / ont de l'humour; 11 % serviables; 10 % disciplinés / ambitieux; 10 % polis; 8 % bons cuisiniers; 8 % gourmands / mangent longtemps; 8 % généreux; 7 % créatifs / artistes; 7 % prétentieux; 7 % portent le béret; 7 % heureux de vivre; 7 % normaux / comme nous; 6 % petits; 6 % plus politiques que nous; 6 % plus à droite que nous; 6 % xénophobes; 6 % stressés (à Paris); 6 % on ne peut pas généraliser

pages 54–55, Repères

1 a Stamm der 3. Pers. Pl. Präsens + Endung (*-e, -es, -e, -ions, -iez, -ent*) = *subjonctif présent*

b **Beispiellösung:**

Je suis content(e) / triste / étonné(e) / fier/fière que ___ .
C'est dommage / super / bizarre / incroyable / agréable que ___ .
Je trouve passionnant / normal / intéressant / amusant / drôle que ___ .

c **Beispiellösung:**

1. C'est super qu'environ 200.000 jeunes Français et Allemands fassent un échange chaque année.
2. Je trouve drôle que les Français découpent le fromage autrement que les Allemands.
3. C'est incroyable que les élèves français aient des vacances d'été plus longues que les élèves allemands.
4. Je trouve amusant que les notes de musique s'appellent do-ré-mi-fa-sol-la-si-do en français.
5. C'est bizarre qu'en France, les enfants aillent à l'école maternelle vers 3 ans.
6. Je suis étonné/e que les radios françaises doivent passer 40 % de musique francophone.

2 → They **told** me **not to worry**.
→ I **asked** Anna **to explain** this word to me.
→ They **asked** me **to tell** you about my experience.
Die französischen Infinitiv-Wendungen *dire à qn de + inf.* und *demander à qn de + inf.* entsprechen den englischen Infinitiv-Wendungen *to tell sb. to + inf.* und *to ask sb. to + inf.*

3 a Endet ein Adjektiv auf *-ent*, endet das davon abgeleitete Adverb auf *-emment*. Endet ein Adjektiv auf *-ant*, endet das davon abgeleitete Adverb auf *-amment*.

Unité 3

pages 78–79, Repères

1 a j'avais regardé – tu avais pris – il s'était engagé – elle était sortie – on était arrivé(e)s – nous avions vu – vous aviez lu – ils étaient venus – elles s'étaient intéressées

b 1. Quand nous sommes arrivés au cinéma, le film avait déjà commencé.
2. Dimanche, Marlène était fatiguée parce qu'elle avait dansé toute la nuit.
3. Quand je suis arrivé chez mes cousins, ils étaient déjà sortis.

2 a **discours direct → discours indirect au passé:**

imparfait → imparfait; plus-que-parfait → plus-que-parfait; conditionnel présent → conditionnel présent

b 1. Yerim a dit que Boubacar s'était mal débrouillé.   4. ... qu'Élimane viendrait à Paris.
2. ... qu'à Dakar, les plages n'étaient pas super.   5. ... qu'Élimane pourrait monter sur la tour Eiffel.
3. ... que Boubacar et Élimane voulaient aller au marché.

🇬🇧 Hier findest du ein englisches Wort, das dem französischen Wort ähnlich ist.

→ Hinter diesem Pfeil findest du ein Wort, das zur gleichen Familie gehört und das du schon gelernt hast.

= Hier findest du ein Wort mit gleicher Bedeutung. ≠ Hier findest du das Gegenteil des Wortes.

▶ ◀ Zwischen diesen beiden Pfeilen findest du den Lernwortschatz aus den Hörtexten.

(ê) So gekennzeichnete Verben bilden das *passé composé* mit *être*.

adj.	*adjectif* (Adjektiv)	*inv.*	*invariable* (unveränderlich)	*qn*	*quelqu'un* (jemand)
adv.	*adverbe* (Adverb)	*m.*	*masculin* (männlich)	*etw.*	etwas
f.	*féminin* (weiblich)	*pl.*	*pluriel* (Plural)	*jdm*	jemandem
fam.	*familier* (umgangssprachlich)	*qc*	*quelque chose* (etwas)	*jdn*	jemanden

Les signes dans la phrase | Die Zeichen im Satz

L'alphabet phonétique | Die Lautschrift

Les consonnes | Die Konsonanten

[b] **b**leu, célè**b**re

[d] **d**onner, per**d**re

[f] **ph**oto, o**ff**rir

[g] **g**rave, **g**uitare

[k] **c**alme, **ch**orale, magi**qu**e

[l] **l**ire, mi**ll**e, pu**ll**

[m] **m**alade, ai**m**er, cal**m**e, ho**mm**e

[n] **n**on, so**nn**erie

[ŋ] pi**ng**-po**ng**

[ɲ] ga**gn**er, monta**gn**e

[p] **p**arfois, im**p**ortant

[ʀ] **r**égion, ouv**r**ir

[s] *scharfes „s" wie in* Ku**ss**: **ç**a, mer**c**i, **s**avoir, po**ss**ible

[z] *summendes „s" (tritt nur zwischen zwei Vokalen, als Bindungs-s bzw. -x oder in der Schreibung „z" auf) wie in* ra**s**en: mai**s**on, le**s**_enfants, si**x**_heures, **z**éro

[ʃ] *„sch" wie in* Ta**sch**e: **ch**ampion, tou**ch**er

[ʒ] *wie in* Gara**g**e: intelli**g**ent, petit-dé**j**euner

[t] **t**ourner, a**tt**irer

[v] **v**endre, pau**v**re, trou**v**er, élè**v**e

Les voyelles | Die Vokale

[a] *kurzes „a" wie in* B**a**ll: **a**lbum, f**e**mme, f**é**ria

[ɑ] *langes „a" wie in* B**ah**n: ne ... p**a**s, l**â**che

[ɛ] *offenes „e" wie in* **E**nde: vr**ai**, c**e**tte, c'**e**st, sc**è**ne

[e] *geschlossenes „e" wie in* S**ee**: **é**crire, cit**é**

[ə] *stummes „e" wie in* Kab**e**l: m**e**, s**e**, ch**e**val

[i] **i**dole, hés**i**ter, J'**y** vais!

[o] *geschlossenes „o" wie in* Fl**oh**: **eau**, **au**tre, tr**o**p

[ɔ] *offenes „o" wie in* d**o**ch: catastr**o**phe, p**o**rter

[ø] *geschlossenes „ö" wie in* b**ö**se: malh**eu**reux, li**eu**

[œ] *offenes „ö" wie in* **ö**ffnen: act**eu**r, s**œu**r

[u] *„u" wie in* M**u**t: **où**, h**u**m**ou**r, j**ou**er

[y] *„ü" wie in* m**ü**de: **u**nité, r**éu**ssir, pl**u**tôt, t**u**

Les semi-voyelles | Die Gleitlaute

[ɥ] c**ui**sine, dep**ui**s

[j] h**i**er, surve**ill**er, fam**ill**e, A**ï**e!

[w] **oi**seau, l**oi**, **ou**i

Les voyelles nasales | Die nasalierten Vokale

[ɑ̃] **en**fin, p**an**talon, l**am**pe

[ɔ̃] c**on**fier, l**on**gtemps, pantal**on**

[ɛ̃] **un**, dess**in**, m**oin**s ... que, f**aim**, tr**ain**

Unter www.cornelsen.de/webcodes
APLUS-4-147 findest du Arbeitsblätter
zum Üben der neuen Wörter.

Unité 1 | Lecture A

(ê) ne pas se poser de questions
[nəpasəpozedəkɛstjõ]
nicht groß nachdenken
Il ~[1], il prend le billet d'avion.

les petites annonces [lepətitzanõs]
f. pl.
die Kleinanzeigen
À la sortie des supermarchés, il y a souvent des ~.

en général [ãʒeneʀal]
normalerweise, im Allgemeinen
~, elle n'est pas comme ça.

d'occasion [dɔkazjõ]
gebraucht
Dans les petites annonces on trouve des vélos ~.

bon marché [bõmaʀʃe] *adj. inv.*
günstig, preiswert
Les vélos d'occasion sont souvent ~.

parfait/parfaite [paʀfɛ/paʀfɛt] *adj.*
perfekt
C'était une journée ~[2].

le coup de fil [ləkudfil] *fam.*
der Anruf
Tous les soirs, elle me passe un ~.

la tête [latɛt]
der Kopf, *hier:* das Gesicht
J'ai souvent mal à la ~.

l'intello [lɛ̃tɛlo] *m./f.*
→ intelligent
der/die Streber/in
Ils disent que je suis un ~.

(ê) sortir avec qn [sɔʀtiʀavɛk]
mit jdm zusammen sein *in einer Beziehung* ▶ Verbes, p. 138
J'aimerais bien ~ Philippe, mais il a déjà une petite amie.

faire du baby-sitting [fɛʀdybabisitiŋ]
babysitten
Depuis un an, je ~[3] chez les voisins.

tellement (de) [tɛlmã]
so (viel/e), dermaßen (viel/e)
J'ai ~ de choses à te raconter, je ne sais pas par où commencer.

servir à qc [sɛʀviʀa]
von Nutzen sein, zu etw. dienen *wird wie* sortir *konjugiert* ▶ Verbes, p. 138
Ça ~[4] quoi, ce truc?

le ciel [ləsjɛl]
der Himmel
Il pleut et le ~ est gris.

les pâtes [lepɑt] *f. pl.*
Nudeln
Les ~ à la sauce tomate, c'est très bon.

gagner de l'argent [gaɲedəlaʀʒã]
Geld verdienen
Avec un petit job, les jeunes peuvent ~.

l'impression [lɛ̃pʀesjõ] *f.*
→ impressionner
der Eindruck
J'ai l'~ qu'il ment.

le centimètre [ləsãtimɛtʀ]
der Zentimeter

1 ne se pose pas de questions   2 parfaite   3 fais du baby-sitting   4 sert à

Unité 1 | Lecture B

cartonner [kaʀtɔne] *fam.*
großen Erfolg haben
«Breaking Bad» est une série américaine qui a ~[1].

le succès [ləsyksɛ]
der Erfolg
Malheureusement, je n'ai pas eu de ~.

le tome [lətɔm]
der Band
C'est ma B. D. préférée. J'ai tous les ~[2].

la file d'attente [lafildatɑ̃t]	die Warteschlange	Devant le musée, il y avait une longue ~. *Vor dem Museum war eine lange Warteschlange.*
le chômeur / la chômeuse [ləʃomœr/laʃomøz]	der/die Arbeitslose	L'entrée est moins chère pour les ~[3]. *Der Eintritt ist weniger teuer für die Arbeitslosen.*
carrément [karemɑ̃] *fam.*	total, direkt	Je lui ai ~ dit ce que je pensais de lui.
flipper [flipe] *fam.*	Panik kriegen, ausflippen	Il a peur des chiens. S'il en voit, il ~[4].

1 cartonné 2 tomes 3 chômeurs 4 flippe

Unité 1 | Volet 1

l'avenir [lavnir] *m.*	die Zukunft	*Hast du Pläne für die Zukunft?* – Tu as des projets d'~? – Non, pas vraiment.
le métier [ləmetje]	der Beruf	*Mein Traumberuf ist Lehrer.* Mon ~ de rêve, c'est professeur.
le dessinateur / la dessinatrice [ledesinatœr/ladesinatris]	der/die Zeichner/in	~[1] est un métier créatif.
la passion [lapasjɔ̃] 🇬🇧 passion	die Leidenschaft	*Fußball ist meine Leidenschaft.* Le foot, c'est ma ~!
être doué/douée pour qc [ɛtrduepur]	begabt sein für etw.	*M. ist begabt fürs Fotografieren.* Madeleine ~[2] pour la photo. *est douée*
doué/douée [due] *adj.*	begabt	Léo est bon en tout. Il est vraiment ~[3].
le succès [ləsyksɛ] 🇬🇧 success	der Erfolg	*Der neue Roman von FV ist ein* Le nouveau roman de Fred Vargas est un grand ~. *großer Erfolg*
le conseiller d'orientation [ləkɔ̃sejedɔrjɑ̃tasjɔ̃]	der Berufsberater	Si tu ne sais pas quel métier choisir, va chez un ~.
l'article [lartikl] *m.*	der Artikel, der Zeitungsartikel	J'ai lu un ~ intéressant sur les métiers.
Leïla Bekhti [lɛjlabɛkti]	*französische Schauspielerin* ▶ Civilisation, p. 134	
impressionner qn [ɛ̃presjɔne]	jdn beeindrucken	*S. hat mich wirklich beeindruckt* Souleymane m'~[4] vraiment. Il sait tout! *impressionne*
le courage [ləkuraʒ] 🇬🇧 courage → courageux/courageuse	der Mut	*Man muss Mut haben um in* Il faut avoir du ~ pour vivre dans un autre pays. *einem anderen Land zu leben*
(ê) **partir de rien** [partirdərjɛ̃]	von nichts ausgehen	Pour ce projet, il faudra ~.
(ê) **se battre** [səbatr]	sich (durch)schlagen, kämpfen ▶ Verbes, p. 138	*Manchmal muss man kämpfen* Parfois, il faut ~ pour arriver à quelque chose. *um etwas zu erreichen*
battre qn/qc [batr]	jdn schlagen, jdn besiegen ▶ Verbes, p. 138	Max est très fort à ce jeu. Il ~ tout le monde.

✗ **malgré** [malgʀe]	trotz	~ le mauvais temps, Sophie va à la piscine.
✗ **modeste** [modɛst] *m./f. adj.*	bescheiden	Manon est très douée pour la musique, mais elle n'en parle pas. Elle est trop ~.
✗ **ressembler à qn/qc** [ʀəsɑ̃blea]	jdm/etw. ähneln	– Ton père ~⁵ à François Cluzet. – Tu trouves?!
Médecins du monde [medsɛ̃dymɔ̃d]	Ärzte der Welt *internationale Hilfs-organisation* ▶ *Civilisation, p. 134*	
le médecin [ləmedsɛ̃]	der Arzt, die Ärztin	Plus tard, je voudrais devenir ~ et aider les personnes malades.
✗ **soigner qn/qc** [swaɲe]	jdn/etw. pflegen	Ludivine aime ~ les gens.
✗ ⁽ê⁾ **s'engager** [sɑ̃gaʒe] → engager qn	sich engagieren	Laurent ~⁶ pour la solidarité à l'école.
✗ **l'exclusion** [lɛksklyzjɔ̃] *f.* 🇬🇧 exclusion	die Ausgrenzung	Il faut lutter contre ~.
quelqu'un de bien [kɛlkœ̃dəbjɛ̃]	ein guter Mensch, *wörtl.:* jemand gutes	J'ai rencontré ~.
✗ **admirer qn/qc** [admiʀe] 🇬🇧 to admire	jdn/etw. bewundern	J'~⁷ ma sœur. Elle est très intelligente.
✗ **utile** [ytil] *m./f. adj.*	nützlich	Des connaissances de langues sont très ~⁸ pour travailler à l'étranger.
✗ **empêcher qn/qc de** + *inf.* [ɑ̃pɛʃedə]	etw. verhindern, jdn an etw. hindern	Mes parents m'~⁹ de faire des études. Ils voudraient que je trouve vite un travail.
à ta place [ataplas]	an deiner Stelle	Moi, ~, je partirais faire des études aux États-Unis.
en ligne [ɑ̃liɲ]	online	Laura achète ses tickets ~.
▶ Hörtext		
✗ **Ça ne me dit rien (du tout).** [sanəmədiʀjɛ̃dytu]	Das ist (gar) nichts für mich.	L'équitation, ~.
le/la reporter [lə/laʀəpɔʀtɛʀ] *m./f.*	der/die Reporter/in	Ma mère est ~. Elle va partout dans le monde pour faire des recherches.
✗ **imaginer qc** [imaʒine] 🇬🇧 to imagine	sich etw. vorstellen	Je ne pourrais pas ~ travailler dans un bureau. Je préfère travailler chez moi.
✗ **décider de qc** [desidedə] 🇬🇧 to decide → décider qc	über etw. bestimmen	Chacun a le droit de ~ son avenir.

◀

---

1 Dessinateur 2 est douée 3 doué 4 impressionne 5 ressemble 6 s'engage 7 admire 8 utiles 9 empêchent

Unité 1 | Volet 2

la **responsabilité** [laʀɛspɔ̃sabilite]	die Verantwortung	Les parents ont la ~ de leurs enfants. *Die Eltern haben die Verantwortung für ihre Kinder*
n'en savoir rien [nɑ̃savwaʀjɛ̃] ▶ *Verbes, p. 138*	keine Ahnung haben (von etw.)	– Qu'est-ce que tu voudrais faire plus tard? – Je ~[1].
emporter qc [ɑ̃pɔʀte] → porter qc	etw. mitnehmen	Quand il part en vacances, Maxime ~[2] toujours un tas de vêtements.
la **montre** [lamɔ̃tʀ]	die Armbanduhr	Regarde, j'ai acheté une ~. Comment tu la trouves?
rater qc [ʀate] ≠ réussir qc	etw. verpassen, durchfallen	Vera a ~[3] le bus. *raté V. hat den Bus verpasst*
l'**examen** [lɛgzamɛ̃] m 🇬🇧 exam	die Prüfung, *auch:* die ärztliche Untersuchung	Demain, j'ai un ~ très important.
propre [pʀɔpʀ] m./f. adj. 🇬🇧 proper	eigen	Sarah voudrait avoir sa ~ chambre.
l'**entreprise** [lɑ̃tʀəpʀiz] f.	das Unternehmen	Mon père travaille dans une grande ~. *Mein Vater arbeitet in einem großen Unternehmen*
repasser qc [ʀəpase]	etw. wiederholen *Prüfung*	Lucie a raté l'examen d'anglais, mais elle peut le ~ dans un mois. *L. hat die Englischprüfung verpasst, aber sie kann sie in einem Monat wiederholen*
poser sa candidature [pozesakɑ̃didatyʀ]	sich bewerben	Selma ne sait pas comment ~. Alors, elle va chez le conseiller d'orientation. *S. weiß nicht wie sie sich bewerben soll Also geht sie zum Büro des Beratungsieh~*
la **candidature** [lakɑ̃didatyʀ] → le/la candidat/e	die Bewerbung	Fatih a envoyé sa ~ à plusieurs entreprises.
l'**étranger** [letʀɑ̃ʒe] m. → étranger/étrangère	das Ausland	– Tu pourrais imaginer vivre à l'~? – Non, pas vraiment.
passionnant/passionnante [pasjɔnɑ̃/pasjɔnɑ̃t] adj. → la passion ≠ ennuyeux/ennuyeuse	faszinierend, fesselnd	Reporter doit être un métier ~[4]. On voyage beaucoup et on rencontre plein de gens.
enrichissant/enrichissante [ɑ̃ʀiʃisɑ̃/ɑ̃ʀiʃisɑ̃t] adj. → riche	bereichernd	Notre voyage au Portugal a été très ~[5].
permettre à qn de + *inf.* [pɛʀmɛtʀa]	jdm erlauben, etw. zu tun *wird wie* mettre *konjugiert* ▶ *Verbes, p. 138*	*permettent* Mes parents ne me ~[6] pas de sortir tous les soirs. *Meine Eltern erlauben mir nicht jede Nacht auszugehen*
l'**horaire** [lɔʀɛʀ] m. → l'heure f.	die Arbeitszeit, *auch:* der Fahrplan	– Quels seront mes ~[7] de travail? – Tous les jours de 9h à 17h30.
flexible [flɛksibl] m./f. adj. 🇬🇧 flexible	flexibel	Parfois, il faut être ~ pour trouver du travail.
gagner de l'argent [gaɲedəlaʀʒɑ̃]	Geld verdienen	Mara voudrait un métier où on ~[8] *gagne* beaucoup d'argent. *M. möchte einen Job bei dem man viel Geld verdienen kann*

l'ordre [lɔʀdʀ] *m.*
🇬🇧 order

der Befehl, *auch:* die Ordnung

L'entraîneur donne des ~[9] aux joueurs.

wo wollen wir in den Ferien

✗ **prendre une décision** [pʀãdʀyndesizjõ]

eine Entscheidung treffen, einen Entschluss fassen

Où est-ce qu'on part en vacances, cet été? Il faut ~.

seine Ihr müsst eine Entscheidung treffen

la décision [ladesizjõ]
🇬🇧 decision
→ décider de + *inf.*

die Entscheidung, der Entschluss

Choisir un métier, c'est une ~ difficile.

le superhéros / la superhéroïne [ləsypeʀeʀo/lasypeʀeʀɔin]
🇬🇧 superhero

der/die Superheld/in

Spiderman est mon ~[10] préféré.

sauver qn/qc [sove]
🇬🇧 to save

jdn/etw. retten

Élise veut devenir médecin pour ~ les gens malades dans les pays pauvres.

la qualité [lakalite]
🇬🇧 quality

die Qualität, der Vorzug

– Quelle est ta ~ principale?
– Je suis courageuse.

s. möchte Journalistin werden

✗ **être prêt/prête (à + *inf.*)** [ɛtʀəpʀɛ/ɛtʀəpʀɛt]

bereit sein (etw. zu tun)

Samira veut devenir journaliste. Pour y arriver, elle ~[11] à faire des efforts. *est prête*

um das zu erreichen ist sie bereit

prêt/prête [pʀɛ/pʀɛt] *adj.*

bereit

À table, le déjeuner est ~[12]! *Anstrengungen zu unternehmen*

le domaine [lədomɛn]
🇬🇧 domain

das Gebiet, der Bereich

Damien veut travailler dans le ~ de la recherche.

optimiste [optimist] *m./f. adj.*

optimistisch

Tout est plus facile quand on reste ~!

le concepteur / la conceptrice de jeux vidéo [ləkõsɛptœʀ/lakõsɛptʀisdəʒøvideo]

Game Conceptioner *Entwickler für Videospiele*

~[13], c'est le métier de rêve de Siri!

le traducteur / la traductrice [lətʀadyktœʀ/latʀadyktʀis]

der/die Übersetzer/in

Un ~[14] doit être doué pour les langues.

✗ **le salaire fixe** [ləsalɛʀfiks]

das Festgehalt

Je voudrais un travail avec un ~.

ich möchte eine Arbeit mit einem festen Gehalt

le salaire [ləsalɛʀ]
🇬🇧 salary

das Gehalt

Pour moi, le ~ est moins important. Je veux surtout un travail enrichissant.

fixe [fiks] *m./f. adj.*

fest, unveränderlich

Le rendez-vous est ~, je ne peux plus le changer.

l'économie [lekɔnɔmi] *f.*
🇬🇧 economy

die Wirtschaft, die BWL (= Betriebswirtschaftslehre)

Pauline ne s'intéresse pas à l'~. Elle voudrait faire des études de géographie.

curieux/curieuse [kyʀjø/kyʀjøz] *adj.*
🇬🇧 curious

neugierig, merkwürdig

Nadine veut toujours tout savoir. Elle est très ~[15].

Meine Reise nach China war

✗ **l'expérience** [lɛkspeʀjãs] *f.*
🇬🇧 experience

die Erfahrung

Mon voyage en Chine a été une ~ formidable! *eine tolle Erfahrung*

---

1 n'en sais rien 2 emporte 3 raté 4 passionnant 5 enrichissant 6 permettent 7 horaires 8 gagne 9 ordres
10 superhéros 11 est prête 12 prêt 13 Conceptrice de jeux vidéo 14 traducteur 15 curieuse

Unité 1 | Volet 3

le stage [ləstaʒ]	das Praktikum	Maurice voudrait faire un ~ dans un grand journal.
voici [vwasi] = voilà	das ist/sind, hier ist/sind	– ~ les horaires des clubs de sport. – Merci, c'est gentil.
le tuyau / ❗ les tuyaux [lətɥijo/letɥijo]	der Tipp	Avant de poser ta candidature, demande des ~[1] à ton conseiller d'orientation.
la lettre de motivation [laletʀdəmɔtivasjɔ̃]	das Bewerbungsschreiben	*M. schreibt ein Bewerbungsschr.* Mélanie écrit une ~ pour trouver un stage. *um ein Praktikum zu find*
l'employeur / l'employeuse [lɑ̃plwajœʀ/lɑ̃plwajøz] *m./f.* 🏴 employer	der/die Arbeitgeber/in	*employeur* Heureusement, mon nouvel ~[2] est sympa. *Glücklicherweise ist mein neuer Arbeitgeber symp.*
la demande [lademɑ̃d] → demander qc (à qn)	die Anfrage, die Bitte	*V. bereitet ihre Anfrage vor für* Nora prépare sa ~ de stage pour un travail à la FNAC. *ein Praktikum um bei FNAC zu arbeiten*
être intéressé/intéressée par qn/qc [ɛtʀɛ̃teʀesepaʀ] → intéressant/e, s'intéresser	interessiert sein an jdm/etw.	*est intéressé p* Loïc ~[3] un stage dans un supermarché. *L. ist interessiert an einem Praktikum in einem Supermarkt*
de plus [dəplys] *adv.*	außerdem	Élise est douée pour les maths. ~, elle parle l'anglais et l'allemand.
décorer qc [dekɔʀe] 🏴 to decorate	etw. dekorieren, etw. (aus-) schmücken	Philippe adore ~ la maison pour Noël.
servir qn/qc [sɛʀviʀ] 🏴 to serve	jdn bedienen, etw. servieren *wird wie* sortir *konjugiert* ▶ *Verbes, p. 138*	Si tu veux travailler dans un restaurant, tu dois aimer ~ les gens.
en rajouter [ɑ̃ʀaʒute]	dick auftragen	Quand Stéphanie raconte des histoires, elle ~[4] toujours.
particulièrement [paʀtikyljɛʀmɑ̃] *adv.* = surtout, spécialement	besonders	Je m'intéresse beaucoup à la musique, ~ à la musique moderne.
le service [ləsɛʀvis] 🏴 service → servir qn/qc	der Service, die Bedienung	Ma sœur travaille dans un grand restaurant. Elle s'occupe du ~ en salle.
les connaissances [lekɔnɛsɑ̃s] *f. pl.* → connaître (qn/qc)	die Kenntnisse, das Wissen	*Haben sie Sprachkenntnisse* – Est-ce que vous avez des ~ de langues? – Oui, je parle l'anglais et l'allemand.
le serveur / la serveuse [ləsɛʀvœʀ/lasɛʀvøz] → servir qn/qc, le service	der/die Kellner/in	*Ja, ich spreche D. und F.* Germain voudrait travailler comme ~[5].
motivé/motivée [mɔtive] *adj.* 🏴 motivated	motiviert	*motivée* Sophie est vraiment ~[6] pour ce stage. *S. ist wirklich motiviert für ihr Praktikum*

Dans l'attente de votre réponse, je vous prie de recevoir, Madame, Monsieur, mes salutations respectueuses.
Mit freundlichen Grüßen
Französische Grußformel, die am Ende eines offiziellen Briefes verwendet wird.

signer qc [siɲe]
🇬🇧 to sign
etw. unterschreiben
N'oublie pas de ~ ta lettre de motivation!
Kannst du mir die Fotos im Anhang schicken.

la pièce jointe [lapjɛsʒwɛ̃t]
der Anhang
– Tu pourrais m'envoyer les photos en ~? – Oui, bien sûr. *Ja natürlich*

le CV (= curriculum vitae) [ləseve]
der Lebenslauf
Pour une candidature, il te faut un ~ et une lettre de motivation. *Für eine Bewerbung braucht man einen Lebenslauf und ein Bewerbungsschreiben*

le document [lədɔkymã]
🇬🇧 document
das Dokument, die Unterlagen
Je vais t'envoyer le ~ par mail. *Ich werde dir die Dokumente per E-mail schicken*

la photo d'identité [lafotodidãtite]
das Passfoto
Une jolie ~ est très importante pour une candidature.

sourire [suʀiʀ]
lächeln *wird wie* rire *konjugiert*
▶ *Verbes, p.138*
~[8] pour la photo, s'il vous plaît!

ça fait + adj. [safɛ]
das wirkt + *Adjektiv*
Je vais décorer la table. ~ plus joli.

la formation [lafɔʀmasjɔ̃]
die Ausbildung
Paula voudrait faire une ~ pour *Animateur* devenir animatrice dans un club de *in einem* vacances. *Ferienclub zu arbeiten*

le niveau [lənivo]
das Niveau
L. hat Englischkenntnisse auf Louise a des connaissances d'anglais ~ A2. *dem niveau A2*

l'échange [leʃɑ̃ʒ] *m.*
🇬🇧 exchange
→ échanger qc contre qc
der Austausch, der Tausch
Maman, papa, notre classe va faire un ~ avec un collège de Berlin!

quinze jours [kɛ̃zʒuʀ]
vierzehn Tage, zwei Wochen
J'ai ~ de vacances en mai.

professionnel/professionnelle [pʀɔfɛsjɔnɛl] *adj.*
🇬🇧 professional
beruflich, Berufs-
was sind deine beruflichen Vorhaben
– Quels sont tes projets ~[7]? *professionels*
– Je veux devenir médecin. *Ich möchte Arzt werden um Informatik zu studieren*

l'informatique [lɛ̃fɔʀmatik] *f.*
die Informatik
Pour faire des études d'~, tu dois t'intéresser aux maths. *musst du dich für Mathe interessieren*

la réponse [laʀepɔ̃s]
→ répondre (à qn/qc)
≠ la question
die Antwort
Ich habe keine Antwort auf meine Praktikumsanfrage bekommen
– Je n'ai toujours pas de ~ à ma demande de stage.
– Il faut rester optimiste! *bleib optimistisch*

recevoir qn/qc [ʀəsəvwaʀ]
🇬🇧 to receive
jdn empfangen, etw. erhalten
wird wie décevoir *konjugiert*
▶ *Verbes, p.138*
haben sie meine Bewerbung erhalten
– Est-ce que vous avez ~[9] ma *reçu* candidature?
– Attendez, je vais regarder.

à l'appareil [alapaʀɛj]
am Apparat
Bonjour, Monsieur, Morgane Laurier ~.

▶ Hörtext

Ne quittez pas. [nəkitepa] — Bleiben Sie dran. — Je voudrais parler à M. Lessac, s'il vous plaît. – ~.

Ich würde gern mit M.L. spreche

Je vous (le/la) passe. [ʒəvulə/lapas] — Ich stelle Sie (zu ihm/ihr) durch. — Je voudrais parler à Mme Leblanc. — Un moment, s'il vous plaît, ~[10].

Ein moment, bitte ich stelle sie durch

le patron / la patronne [ləpatʀɔ̃/lapatʀɔn] — der/die Chef/in — Je vous présente la nouvelle ~[11] de l'entreprise, Mme Jessaitou.

c'est bien ça? [sebjɛ̃sa] — nicht wahr? *Rückfrage* — – Vous travaillez depuis trois ans, ~? – Oui, c'est ça.

l'apprenti *m.* **/ l'apprentie** *f.* [lapʀɑ̃ti] *m./f.* → apprendre qc — der/die Auszubildende/r, der Lehrling — Victor est ~[12] dans une boulangerie.

V. est Auszubildende in einer Bäckerei apprenti

autonome [otonɔm] *m./f. adj.* — selbstständig — Maurice n'a pas souvent besoin d'aide. Il est assez ~.

la réception [laʀesɛpsjɔ̃] 🇬🇧 reception → recevoir qn/qc — die Rezeption, der Empfang — Perrine n'aime pas trop le service en salle. Elle préfère travailler à la ~.

discuter (de qc) [diskyte] 🇬🇧 to discuss — reden, über etw. diskutieren — Les jeunes ~[13] de leurs projets d'avenir.

demander à parler à qn [dəmɑ̃deapaʀlea] — nach jdm fragen — Quand vous passez au bureau, ~[14] au patron.

wenn sie ins Büro gehen, fragen Sie nach dem Chef. demandez à parler

1 tuyaux 2 employeur 3 est intéressé par 4 en rajoute 5 serveur 6 motivée 7 professionnels 8 Souriez 9 reçu
10 je vous la passe 11 patronne 12 apprenti 13 discutent 14 demandez à parler

Unité 2 | Lecture A

J'en ai jusque-là! [ʒɑ̃nɛʒyskəla] — Mir steht's bis hier! — Il y a tout le temps des problèmes. ~!

le vin [ləvɛ̃] 🇬🇧 wine — der Wein — La France est célèbre pour ses fromages et son ~.

n'est-ce pas [nɛspa] — nicht (wahr), oder (etwa nicht) — C'est joli, ~?

Unité 2 | Lecture B

la pomme de terre [lapɔmdətɛʀ] — die Kartoffel — Pour faire des frites, il faut des ~[1].

serrer la main à qn [seʀelamɛ̃a] — jdm die Hand geben — Il m'a dit «bonjour» et il m'a ~[2].

(ê) se faire la bise [səfɛʀlabiz] — sich mit Küsschen begrüßen/ verabschieden — À l'arrivée, tout le monde ~[3].

se faire la bise se serrer la main

la saucisse [lasosis] 🇬🇧 sausage	die Wurst	Au marché de Noël, on mange toujours une ~ avec de la moutarde.
(ê) **se marrer** [səmaʀe]	Spaß haben	J'adore mes copains. Avec eux, je ~[4] bien.

1 pommes de terre   2 serré la main   3 s'est fait la bise   4 me marre

Unité 2 | Volet 1

le côté [ləkote]	die Seite	Mon collège est de l'autre ~ de la rue. C'est tout près.
le Rhin [ləʀɛ̃]	der Rhein ▶ *Civilisation, p. 134*	Le ~ est un fleuve entre l'Allemagne et la France.
la différence [ladifeʀɑ̃s] 🇬🇧 difference	der Unterschied	Il y a une grande ~ d'âge entre mon frère et moi.
le vasistas [levazistɑs]	das (kleine) Klappfenster	
Karambolage [kaʀɑ̃bɔlaʒ]	Karambolage *Fernsehsendung des deutsch-französischen Kanals Arte* ▶ *Civilisation, p. 134*	
faire pareil (que) [feʀpaʀɛj]	etw. genauso machen (wie)	Mon frère a fait un stage au Canada. Moi, je veux ~.
l'habitude [labityd] *f.*	die Gewohnheit	Mes grand-parents ne changent plus leurs ~[1].
quotidien/quotidienne [kɔtidjɛ̃/kɔtidjɛn] *adj.*	täglich	Ma lecture ~[2], c'est le journal.
les mouillettes [lemujɛt] *f. pl.*	*Brotstreifen zum Tunken*	
l'œuf à la coque [lœfalakɔk] *m.*	das (weich) gekochte Ei	Je ne sais pas faire la cuisine. Même pas un ~.
en général [ɑ̃ʒeneʀal] 🇬🇧 generally	normalerweise, im Allgemeinen	– J'adore ce jeu! – Oui, parce qu'~ c'est toi qui gagnes.
mettre qc [mɛtʀ]	*hier*: etw. streichen ▶ *Verbes, p. 138*	Je ~[3] de la moutarde et du ketchup sur mon sandwich.
la tranche [latʀɑ̃ʃ]	die Scheibe	– Vous voulez le pain en ~[4]? – Oui, s'il vous plaît.
découper qc [dekupe]	etw. schneiden, ausschneiden	Il a ~[5] un article du journal.

en plastique [ãplastik]	aus Plastik	Il y a des bouteilles en verre et des bouteilles ~.
le morceau / ⚠ les morceaux [ləmɔʀso]	das Stück	Tu veux un ou deux ~[6] de sucre?
fin/fine [fɛ̃/fin] *adj.*	fein, dünn	Ma petite sœur a les cheveux très ~[7].
tremper [tʀãpe]	tunken	On peut ~ son croissant dans le café au lait.
drôlement [dʀolmã] *adv.*	ziemlich, ganz schön	Brrr! Ce matin, il fait ~ froid!
cuit/cuite [kɥi/kɥit] *adj.*	gekocht	Berk! Les légumes ne sont pas assez ~[8].
en mettre partout [ãmɛtʀpaʀtu]	alles voll kleckern	Fais attention avec la sauce! Tu ~[9]!
dommage [dɔmaʒ]	schade	Tu ne peux pas venir avec nous ce soir? C'est ~!
la petite cuillère [lapətitkɥijɛʀ]	der Teelöffel	Une ~ sur la table, ça promet un dessert.
le plastique [ləplastik] 🇬🇧 plastic	das Plastik, der Kunststoff	Il y a beaucoup de restes de ~ dans la mer.
le métal [ləmetal] 🇬🇧 metal → métallique	das Metall	Le fer, c'est un ~.
à la place de [alaplasdə]	anstelle von, statt	Pour faire du sport, je prends l'escalier ~ l'ascenseur.
le cornet [ləkɔʀnɛ]	die spitze Tüte, *auch:* die Eiswaffel	
le carton [ləkaʀtɔ̃]	der Karton	Regarde ma nouvelle chaise! Elle est en ~.
le papier [ləpapje] 🇬🇧 paper	das Papier, das Dokument	Prenez une feuille de ~ et écrivez votre nom.
le ruban [ləʀybã]	das Band	Autour du cadeau, il y avait un ~ rouge.
fièrement [fjɛʀmã] *adv.* → fier/fière	stolz	Il m'a dit ~ qu'il avait réussi.
faire qc soi-même [fɛʀswamɛm]	etw. selbst machen	On peut demander de l'aide ou le ~.
remplir qc [ʀãpliʀ]	etw. füllen, etw. ausfüllen *wird wie réagir konjugiert* ▶ *Verbes, p. 138*	Tous les papiers doivent être ~[10] et signés.
Chut! [ʃyt]	Pst!	~! Ne faites pas de bruit.
le contenu [ləkɔ̃tny] 🇬🇧 content	der Inhalt	La boîte n'a pas de ~.
introduire qn/qc [ɛ̃tʀodɥiʀ] 🇬🇧 introduce	jdn/etw. einführen, einleiten *wird wie construire konjugiert* ▶ *Verbes, p. 138*	Pour ouvrir la porte, il faut ~ la carte.

1 habitudes **2** quotidienne **3** mets **4** tranches **5** découpé **6** morceaux **7** fins **8** cuits **9** en mets partout **10** remplis

Unité 2 | Volet 2

le lycée [ləlise]	das Gymnasium, die gymnasiale Oberstufe	Après le ~, on peut aller à l'université.
Brigitte Sauzay [bʀiʒitsozɛ]	▶ *Civilisation, p. 134*	
^(ê) **revenir** [ʀəvniʀ]	zurückkommen	Mon fils est parti travailler au Japon. Il ~[1] en France pour Noël.
évidemment [evidamã] *adv.*	natürlich, selbstverständlich	Il s'est marié, alors ~, je suis allé au Japon moi aussi.
le site (web) [ləsit] 🇬🇧 website	die Webseite	Charlotte est photographe. Elle publie ses photos sur son ~.
l'OFAJ (Office franco-allemand pour la Jeunesse) [lɔfaʒ] *m.*	das DFJW (Deutsch-französisches Jugendwerk) ▶ *Civilisation, p. 134*	L'~ m'a aidé à trouver un stage en Allemagne.
correspondre à qn/qc [kɔʀɛspɔ̃dʀa]	etw./jdm entsprechen	Le métier d'ingénieur ~[2] à mes rêves.
la seconde [lasəgɔ̃d]	*wörtl.:* die zweite *erstes Jahr der Oberstufe*	Je m'appelle Jérôme, j'ai 15 ans et je suis en ~.
la famille d'accueil [lafamijdakœj]	die Gastfamilie	Pendant mon séjour, ma ~ s'est bien occupée de moi.
absolument [apsɔlymã] *adv.* 🇬🇧 absolutely	ganz, unbedingt	Le concert est le 13 septembre. Je veux ~ y aller!
gentiment [ʒãtimã] *adv.* → gentil	netterweise	Il lui a parlé ~, alors elle a arrêté de crier.
mot à mot [motamo]	wortwörtlich	Ne traduisez pas ~.
même si [mɛmsi]	auch wenn, selbst wenn	J'aimerais partir un an à l'étranger ~ mes parents ne sont pas d'accord.
éclater de rire [eklatedəʀiʀ]	in Lachen ausbrechen	Il m'a montré son nouveau look. J'ai ~[3].
couramment [kuʀamã] *adv.*	fließend	– Tu parles italien? – Oui un peu, mais pas ~.
énormément [enɔʀmemã] *adv.*	sehr viel, gewaltig	Un film qui cartonne, c'est un film qui a ~ de succès.
le progrès [ləpʀɔgʀɛ]	der Fortschritt	Il a fait des ~. Ses résultats sont meilleurs qu'avant.
le séjour [ləseʒuʀ]	der Aufenthalt	Pendant son ~ en France, Max a appris le français.
différemment [difeʀamã] *adv.*	anders	Moi, je ne ferais pas comme ça. Je ferais ~.
de manière ... [dəmanjɛʀ]	auf ... Art und Weise	Mon père a réagi de manière calme.
être assis/assise [ɛtʀasi/asiz]	sitzen	Tous les gens qui ~[4] se sont levés.

faire le tour (de qc) [fɛrlətur]	um etw. herumgehen	Tous les soirs, on fait une balade. Souvent, on ~5 du village.
pas grand-chose [pagrãʃoz]	nicht viel, nichts Besonderes	– Qu'est-ce que tu fais ce soir? – ~, je reste à la maison.
le carnet de correspondance [ləkarnɛdəkɔrɛspõdãs]	*Mitteilungsheft zur Kommunikation zwischen Eltern und Schulverwaltung*	
carrément [karemã] *adv. fam.*	total, direkt	– Tu as oublié son anniversaire? – Oui, ~.
(ê) **s'entendre (bien)** [sãtãdr]	sich (gut) verstehen	En général, les chats ne ~ pas ~6 avec les chiens.
pourtant [purtã]	obwohl	J'aimais bien le judo. ~, j'ai arrêté.
(ê) **passer** [pase] 🇬🇧 to pass	*hier:* vorbeigehen, vergehen *zeitlich*	Oh non, les vacances ~7 trop vite!
le mal du pays [ləmaldypei]	das Heimweh	Quand ils sont loin de chez eux, ils ont souvent le ~.
par contre [parkõtr]	jedoch, allerdings	J'adore passer du temps avec mes amis. ~, j'ai besoin d'être seul parfois.
avoir mal (à) [avwarmal]	Schmerzen haben (an/am)	J'ai trop réfléchi au problème. Maintenant, j'~8 à la tête.
le ventre [ləvãtr]	der Bauch	Hier soir, j'ai trop mangé. Après, j'ai eu mal au ~.
l'eau gazeuse [logazøz] *f.*	das Mineralwasser mit Kohlensäure	Pour une «Apfelschorle» il faut du jus de pomme et de l'~.
l'eau plate [loplat] *f.*	das stille (Mineral-)Wasser	Je n'aime pas l'eau gazeuse, je préfère l'~.
manquer [mãke]	fehlen, verpassen	Il me ~9 encore vingt euros pour m'acheter le vélo de mes rêves.
(ê) **se débrouiller** [sədebruje]	zurechtkommen	Je n'ai pas besoin d'aide. Je ~10 seule.
forcément [fɔrsemã] *adv.*	zwangsläufig	Elle a parlé trop fort. Alors ~, il a tout entendu!
indépendant/indépendante [ẽdepãdã/ẽdepãdãt] *adj.* 🇬🇧 independent	unabhängig	Il n'a besoin de personne. Il est ~11.

1 revient   2 correspond   3 éclaté de rire   4 étaient assis   5 fait le tour   6 s'entendent ... bien   7 ont passé
8 ai mal   9 manque   10 me débrouillerai   11 indépendant

Unité 2 | Volet 3

l'anecdote [lanɛkdɔt] *f.*   die Anekdote

une sorte de [ynsɔʁtdə]   eine Art (von)   La motoneige c'est ~ traîneau.
🇬🇧 some sort of

la pomme de terre [lapɔmdətɛʁ]   die Kartoffel   Les «Klöße» sont une spécialité allemande qu'on fait avec des ~[1].

la saucisse [lasosis]   die Wurst   Un «hot-dog», c'est un petit pain avec une ~ chaude.
🇬🇧 sausage

goûter qc [gute]   etw. probieren, etw. kosten   – Tu as ~[2] la sauce?
     – Oui, il manque un peu de sucre.

unique [ynik] *adj. inv.*   einzig, einzigartig   La pyramide du Louvre est ~ au monde.

le verre [ləvɛʁ]   das Glas   J'ai soif! Je voudrais un grand ~ d'eau, s'il vous plaît.

au bout de qc [obudə]   am Ende von etw.   Les toilettes se trouvent ~[3] couloir.

le malentendu [ləmalɑ̃tɑ̃dy]   das Missverständnis   On s'est disputé pour rien. C'était un ~.

les faux amis [lefozami] *m. pl.*   *wörtl.:* falsche Freunde *Wörter aus unterschiedlichen Sprachen, die sich sehr ähnlich sind, aber nicht dieselbe Bedeutung haben*   «La batterie» en francais, ce n'est pas «die Batterie» en allemand. Ce sont des ~[4].

servir à qc [sɛʁviʁa]   von Nutzen sein, zu etw. dienen *wird wie* sortir *konjugiert* ▶ *Verbes, p. 138*   C'est vieux. Ça ne ~[5] plus à grand chose.

il paraît que [ilpaʁɛkə]   angeblich   On n'a pas anglais aujourd'hui! ~ M. Williams est malade.

le kiwi [ləkiwi]   die Kiwi   Le kiwi, c'est un fruit qui a beaucoup de vitamine C.

Il fallait y penser! [ilfalɛipɑ̃se]   Darauf muss man erst mal kommen!

rejoindre qn [ʁəʒwɛ̃dʁ]   jdn treffen, jdn einholen ▶ *Verbes, p. 138*   Je ne suis pas encore prêt. Je vous ~[6] dans dix minutes.

exactement [ɛgzaktəmɑ̃] *adv.*   genau   On t'attend ~ dix minutes. Pas plus!
🇬🇧 exactly

(ê) se tromper [sətʁɔ̃pe]   sich täuschen, sich irren   Si je ne ~[7] pas, ils reviendront mardi.

avoir qc en tête [avwaʁɑ̃tɛt]   sich etw. vorstellen, an etw. denken, *wörtlich:* etw. im Kopf haben   Ce n'est pas ce que j'~[8].

la tête [latɛt]   der Kopf, *auch:* das Gesicht   Avant de me dire bonjour, elle m'a regardé de la ~ aux pieds.

(ê) **se plaindre de qc** [səplɛ̃dʀ]	sich beklagen über etw. *wird wie* rejoindre *konjugiert* ▶ *Verbes, p. 138*	Les élèves ~9 avoir trop de devoirs.
l'oreiller [lɔʀeje] *m.*	das Kopfkissen	C'est agréable de dormir avec un ~ sous la tête.
en forme de [ɑ̃fɔʀmdə]	in Form von	Pour les enfants, il existe des sacs ~10 ours.
gros/grosse [gʀo/gʀos] *adj.* ≠ fin/fine	groß, dick	Le gâteau était très bon, alors Luc en a repris un ~11 morceau.
la comparaison [lakɔ̃paʀɛzɔ̃] 🇬🇧 comparaison	der Vergleich	Mes parents font souvent la ~ entre mon frère et moi. Ça m'énerve!
amusant/amusante [amyzɑ̃/amyzɑ̃t] *adj.* 🇬🇧 amusing	lustig, unterhaltsam	Il y a plein de sites ~12 sur Internet.
le traversin [lətʀavɛʀsɛ̃]	*langes Kopfkissen in Form einer Rolle*	Tu dors avec un ~ ou avec un oreiller?

1 pommes de terre **2** goûté **3** au bout du **4** faux amis **5** sert **6** rejoins **7** me trompe **8** avais en tête **9** se plaignent d' **10** en forme d' **11** gros **12** amusants

Unité 3 | Lecture A

énorme [enɔʀm] *m./f. adj.*	riesig	Les surfers rêvent de vagues ~1.
(ê) **se bousculer** [səbuskyle]	sich drängeln	Arrêtez de vous ~, il y a de la place pour tout le monde!
assister à qc [asistea]	bei etw. dabei sein, an etw. teilnehmen	J'ai ~2 un concert de Zaz. C'était trop bien!
tirer [tiʀe]	ziehen, schießen	– Je n'arrive pas à ouvrir la porte. – ~3 plus fort!
le clin d'œil [ləklɛ̃dœj]	der Augenblick, das Zwinkern	De l'autre bout de la table, mon grand-père m'a fait un ~.
en un clin d'œil [ɑ̃nɛ̃klɛ̃dœj]	im Handumdrehen	Ça s'est passé ~!
(ê) **s'asseoir** [saswaʀ]	sich hinsetzen	J'ai trouvé encore une seule chaise vide pour m'~.

je m'assois, tu t'assois, il/elle/on s'assoit, nous nous asseyons, vous vous asseyez, ils/elles s'assoient

emmener qn/qc [ɑ̃mne]	jdn/etw. mitnehmen	Je pars en vacances et cette fois, j'~4 mon chien.
plein/pleine [plɛ̃/plɛn] *adj.*	voll	La salle est ~5. Il n'y a plus de place!
plus bas [plybɑ] *adv.*	weiter unten	– Tu as mal où? Là? – Non, un peu ~.

le fou / la folle [ləfu/lafɔl]	der/die Verrückte, der Fan	Je suis un vrai ~[6] de baskets. J'en ai toute une collection.
faire de la musculation [fɛʀdəlamyskylasjɔ̃]	Krafttraining machen	Marc et Leïla veulent devenir plus forts. Alors, ils ~[7].
le son [ləsɔ̃] 🇬🇧 sound → sonner, la sonnerie	der Ton, der Klang	Chaque instrument a son propre ~.
renverser qn/qc [ʀɑ̃vɛʀse]	kippen, jdn/etw. umstoßen	Mon frère s'est vite levé de table et il a ~[8] la bouteille.
la tête [latɛt]	der Kopf	Elle a posé sa ~ sur l'oreiller.
porter chance [pɔʀteʃɑ̃s]	Glück bringen	J'ai gagné! C'est toi qui m'as ~[9].
le combat [ləkɔ̃ba] 🇬🇧 combat	der Kampf	Dans un tournoi de boxe, il y a des pauses entre les ~[10].
le public [ləpyblik]	das Publikum	Le ~ applaudit le clown.
concentré/concentrée [kɔ̃sɑ̃tʀe] *adj.*	konzentriert	Marion pense à plusieurs choses en même temps. Elle n'est pas ~[11].
la terre [latɛʀ]	der Boden, die Erde *auch:* die Welt	Il y a des oiseaux dans le ciel et sur la ~.
l'épaule [lepol] *f.*	die Schulter	Atlas porte la terre sur ses ~[12].
populaire [popylɛʀ] *m./f. adj.* 🇬🇧 popular	beliebt, populär	Le rugby est très ~ en France.
le footing [ləfutiŋ]	das Joggen, das Laufen	J'adore le ~. Tous les dimanches, je cours six kilomètres.

1 énormes   2 assisté à   3 Tire   4 emmène   5 pleine   6 fou   7 font de la musculation   8 renversé   9 porté chance   10 combats   11 concentrée   12 épaules

Unité 3 | Lecture B

gaspiller qc [gaspije]	etw. verschwenden	Je prends une douche rapide. Je ne veux pas ~ l'eau.
grâce à [gʀɑsa]	dank	J'ai passé mon diplôme ~ mes amis, qui m'ont aidé.
De quoi je me mêle? [dəkwaʒməmɛl]	Was geht dich das an?	– Tu n'as pas le droit de faire ça! – ~!
Tais-toi! [tɛtwa]	Sei still!, Schweig!	~! Je ne veux plus t'entendre!
la bouche [labuʃ]	der Mund	Je n'entends rien. Pourtant, des mots sortent de sa ~.

Unité 3 | Volet 1

le continent [ləkɔ̃tinã]	der Kontinent	Le navigateur Christophe Colomb a découvert un nouveau ~.
africain/africaine [afʀikɛ̃/afʀikɛn] *adj.*	afrikanisch	Tiken Jah Fakoly est un chanteur ~[1].
le Sénégal [ləsenegal]	der Senegal	La capitale du ~, c'est Dakar.
national/nationale/nationaux *m. pl.* [nasjɔnal/nasjɔno] *adj.*	national, National-	En France, le 14 juillet est le jour de la fête ~[2].
le wolof [ləwɔlɔf]	Wolof *Sprache, die vor allem im Norden und Westen des Senegal gesprochen wird*	Mes parents viennent du Sénégal et ils parlent le ~.
le peul [ləpøl]	Fulfulde *westafrikanische Sprache, die auch im Senegal gesprochen wird*	Au Sénégal, le ~ et le wolof sont des langues nationales.
✗ **les ressources** [leʀəsuʀs] *f. pl.*	die Ressourcen, *hier:* Bodenschätze	*Länder verdienen Geld mit ihren* Les pays gagnent de l'argent grâce à leurs ~. *Bodenschätzen*
l'agriculture [lagʀikyltyʀ] *f.*	die Landwirtschaft	Grâce à l'~, nous avons de la nourriture.
l'arachide [laʀaʃid] *f.*	die Erdnuss	La cuisine africaine a beaucoup de recettes à la sauce aux ~[3].
le coton [ləkɔtɔ̃] 🇬🇧 cotton	die Baumwolle, die Watte	Tu ne m'as pas entendu? Tu as du ~ dans les oreilles!
la mangue [lamãg]	die Mango	La ~ est un fruit vert et rouge. Découpée, elle est jaune.
le Maroc [ləmaʀɔk]	Marokko	Le ~ était une colonie française jusqu'en 1956.
l'arabe [laʀab] *m.*	Arabisch	En Tunisie, on parle ~ et le français.
le berbère [ləbɛʀbɛʀ]	die Berbersprache, Berberisch	Il y a des gens en Tunisie qui parlent ~.
l'espagnol [lɛspaɲɔl] *m.*	Spanisch	L'arabe a apporté un grand nombre de mots à l'~.
l'olive [lɔliv] *f.*	die Olive	J'aime les ~[4] vertes, mais je préfère les noires.
l'élevage [lelvaʒ] *m.*	die Zucht, die Aufzucht	L'~ de lapins demande des connaissances spéciales.
le mouton [ləmutɔ̃]	das Schaf	Il y a toujours un chien qui garde les ~[5].
le phosphate [ləfɔsfat]	das Phosphat	
l'argent [laʀʒã] *m.*	das Silber	Dans un vrai trésor, il y a de l'or et de l'~.
la Côte d'Ivoire [lakotdivwaʀ]	die Elfenbeinküste	

le baoulé [ləbaule]	Baule *Sprache, die im Zentrum der Elfenbeinküste gesprochen wird*	– Tu parles le ~? – Non, mais je le comprends un peu.
le dioula [lədiula]	Dioula *Sprache, die im Norden der Elfenbeinküste gesprochen wird*	Dans le nord du pays, beaucoup de gens parlent le ~.
le malinké [ləmalɛ̃ke]	Malinke *westafrikanische Sprache, die auch im Nordwesten der Elfenbeinküste gesprochen wird*	Dans le nord de la Côte d'Ivoire, on parle le dioula et le ~.
le cacao [ləkakao]	der Kakao	Pour faire du chocolat il faut du ~.
le café [ləkafe]	der Kaffee	Tu préfères le ~ noir ou le ~ au lait?
le caoutchouc [ləkautʃu]	der Kautschuk	Les chaussures en ~, c'est pratique quand il pleut.
l'huile [lɥil] *f.*	das Öl	Avec des olives, on peut faire de l'~.
l'huile de palme [lɥildəpalm] *f.*	das Palmöl	L'~ est moins chère que l'huile d'olive.
le bois [ləbwa]	das Holz	Mon lit, mon armoire et ma table sont en ~.
l'Algérie [lalʒeri] *f.*	Algerien	L'~ se trouve au Maghreb.
la datte [ladat]	die Dattel	La ~ est très riche en sucres.
le gaz [ləgaz]	das Gas	
le gaz naturel [ləgaznatyrɛl]	das Erdgas	
le pétrole [ləpetrɔl]	das Erdöl	Le gaz naturel et le ~ sont des ressources souterraines.
le désert [lədezɛr]	die Wüste ▶ *Civilisation, p. 134*	Pour traverser ~ il faut avoir assez d'eau.
peuplé/peuplée [pœple] *adj.*	bevölkert	Les régions les moins ~⁶ du monde, sont les régions froides.
l'Asie [lazi] *f.*	Asien	L'~ est le continent le plus peuplé.
le milliard [ləmiljar]	die Milliarde	Mille millions sont un ~.
la majorité [lamaʒɔrite]	die Mehrheit	La ~ du Parlement européen est de cet avis.
l'enseignement [lɑ̃sɛɲmɑ̃] *m.*	der Unterricht, das Schulwesen	Les professeurs travaillent dans l'~.
la plupart (de) [laplypar]	die meisten (von)	La ~ des gens aiment les vacances.
la moitié [lamwatje]	die Hälfte	
l'immigré / l'immigrée [limigre]	der Einwanderer / die Einwanderin	Les ~⁷ commencent une nouvelle vie dans un pays inconnu.
le tiers [lətjɛr]	das Drittel	Mais arrête de parler! J'ai déjà raté un ~ du film!

la moitié – 1/2
un tiers – 1/3
deux tiers – 2/3

un quart – 1/4
trois quarts – 3/4
un cinquième – 1/5

un sixième – 1/6
un huitième – 1/8
un dixième – 1/10
▶ *Méthodes, p. 126/20*

le Maghreb [ləmagʁɛb]	der Maghreb ▶ *Civilisation, p. 134*	Le ~ se trouve en Afrique du nord.
subsaharien/subsaharienne [sybsaaʁjɛ̃/sybsaaʁjɛn]	subsaharisch, südlich der Sahara	J'ai visité le nord du continent, mais je ne connais pas l'Afrique ~[8].
l'origine [lɔʁiʒin] *f.* 🇬🇧 origin	die Herkunft, der Ursprung	Charles Darwin a fait des recherches sur l'~ des hommes.
Dakar [dakaʁ]	Dakar *Hauptstadt des Senegal* ▶ *Civilisation, p. 134*	
Abidjan [abidʒɑ̃]	Abidjan *Regierungssitz und ehemalige Hauptstadt der Elfenbeinküste* ▶ *Civilisation, p. 134*	
Alger [alʒe]	Algier *Hauptstadt Algeriens* ▶ *Civilisation, p. 134*	
Casablanca [kasablɑ̃ka]	Casablanca *größte Stadt Marokkos* ▶ *Civilisation, p. 134*	
le Mali [ləmali]	Mali *westafrikanischer Staat* ▶ *Civilisation, p. 134*	Le ~ se trouve au sud de l'Algérie.
le Burkina Faso [ləbyʁkinafaso]	Burkina Faso	Le ~ est un pays au sud du Mali.

1 africain   2 nationale   3 arachides   4 olives   5 moutons   6 peuplées   7 immigrés   8 subsaharienne

Unité 3 | Volet 2

le portrait [ləpɔʁtʁɛ]	das Porträt	J'ai photographié toute ma famille pour avoir leurs ~[1].
Odienné [odjene]	Odienné *Stadt im Nordwesten der Elfenbeinküste*	
le nom [lənɔ̃]	der Name, der Nachname	Je ne sais pas comment il s'appelle. Je ne connais pas son ~.
Bamako [bamako]	Bamako *Hauptstadt von Mali* ▶ *Civilisation, p. 134*	
(è) **s'exiler** [sɛgzile]	ins Exil gehen	Si on ne peut pas rester dans son pays, on doit ~.
✗ **critiquer** (qn/qc) [kʁitike]	(jdn/etw.) kritisieren	En classe, on peut ~ les autres, mais d'une façon sympathique. *Im Unterricht können Sie andere kritisieren, aber auf sympathische Weise*
ivoirien/ivoirienne [ivwaʁjɛ̃/ivwaʁjɛn] *adj.*	aus der Elfenbeinküste, ivorisch	Odienné est une ville ~[2].

engagé/engagée [ɑ̃gaʒe] *adj.*	engagiert	Madame Lenoir s'occupe de tout. C'est une principale très ~[3].
✕ **la corruption** [lakɔʀypsjɔ̃]	die Korruption, die Bestechung	*Die italienische Polizei kämpft gegen* La police italienne lutte contre la ~. *korruption*
toucher qn/qc [tuʃe]	*hier:* jdn/etw. (be)treffen, jdn/etw. befallen	Le mauvais temps ~[4] tout le nord du pays.
✕ **la pauvreté** [lapovʀəte] 🇬🇧 poverty → pauvre	die Armut	La famille s'est installée en France. Elle était partie à cause de la ~. *Sie war aufgrund von Armut verschwunden*
l'organisation [lɔʀganizasjɔ̃] *f.* 🇬🇧 organisation	die Organisation	«Médecins du monde» est une ~ internationale.
l'action [laksjɔ̃] *f.* 🇬🇧 action	die Aktion, die Tat	Chaque jour, une bonne ~.
✕ **la faim** [lafɛ̃]	der Hunger	– Tu veux manger quelque chose? – Oui, j'ai une petite ~. *Ich bin ein wenig hungrig*
donner une voix à qn [dɔneynvwaa]	jdm eine Stimme geben	Dans ses livres, l'auteur ~[5] aux immigrés.
✕ **créer qc** [kʀee]	etw. erschaffen *hier:* etw. gründen	*Mein Großvater gründete eine* Mon grand-père a ~[6] une entreprise *créé* dans le domaine de l'informatique. *Firma im Computerbereich*
l'image [limaʒ] *f.*	das Bild	Ma petite sœur ne sait pas encore lire, mais elle adore regarder les ~[7].
positif/positive [pozitif/pozitiv] *adj.* 🇬🇧 positiv	positiv	Je suis super contente, parce que j'ai eu une réponse ~[8]!
Fatym Layachi [fatimlajaʃi]	*marokkanische Schauspielerin* ▶ *Civilisation, p. 134*	
marocain/marocaine [maʀɔkɛ̃/maʀɔkɛn] *adj.*	marokkanisch	Au Maroc, j'ai appris des choses sur l'histoire ~[9]. *Ich werde mein Abitur mit 18 abschl.*
✕ **le bac** [ləbak] *fam* / **le baccalauréat** [ləbakalɔʀea]	das Abi, das Abitur	Je vais passer mon ~ à dix-huit ans.
le Cours Florent [ləkuʀflɔʀɑ̃]	*private Schauspielschule in Paris*	
le Marocain / la Marocaine [ləmaʀɔkɛ̃/lamaʀɔkɛn]	der Marokkaner / die Marokkanerin	Deux tiers des ~[10] habitent dans les grandes villes.
le symbole [ləsɛ̃bɔl] 🇬🇧 symbol	das Symbol, das Zeichen	Le drapeau bleu, blanc, rouge est un ~ de la France.
depuis que [dəpyikə]	seit, seitdem	~ je fais du sport, je vais mieux.
✕ **la jeunesse** [laʒœnɛs] → jeune = vieux	die Jugend	*kümmert sich um die deutsch-* L'OFAJ s'occupe de la ~ franco- *französische Jugend* allemande.
doré/dorée [dɔʀe] *adj.*	vergoldet *hier:* reich	En octobre, les arbres ont des feuilles ~[11].

selon [səlɔ̃]	nach, laut	~ mes frères et sœurs, je ferais un bon policier.
le modèle [ləmɔdɛl]	das Vorbild, das Modell	Le peintre a travaillé avec un ~.
occidental/occidentale/occidentaux *m. pl.* [ɔksidɑ̃tal/ɔksidɑ̃to] *adj.*	westlich	La majorité des pays européens sont des pays ~¹².
attaché/attachée (à qc/qn) [ataʃe]	verbunden, festgemacht (an etw.)	Devant la gare, il y a beaucoup de vélos ~¹³.
le multiculturalisme [ləmyltikyltyʀalism]	die Multikulturalität	Les gens de mon quartier viennent de différents pays. C'est sympa, mais le ~ n'est pas toujours facile.
X ⁽ᵉ⁾ **s'imposer** [sɛ̃poze]	sich behaupten	Yaya Toure a pu ~ comme l'un des meilleurs joueurs de foot du monde.
mettre en scène [mɛtʀɑ̃sɛn]	inszenieren	J'aime bien sa façon de ~ les pièces de théâtre.
X **le refus** [ləʀəfy]	die Weigerung, die Ablehnung	Mes parents ont dit non. J'étais furieux à cause de leur ~.
X ⁽ᵉ⁾ **(se) poser des questions** [pozedekɛstjɔ̃]	(sich) Fragen stellen	Vous avez le droit de ~.
la création [lakʀeasjɔ̃] → créatif	die Schöpfung, das Kreieren *auch:* das Werk	– Regarde ma ~! – Quelle bonne idée, elle est vraiment réussie.
X **la censure** [lasɑ̃syʀ]	die Zensur *nicht Schulnote*	La ~ empêche les gens de dire et d'écrire ce qu'ils pensent.
l'art [laʀ] *m.* 🇬🇧 art	die Kunst	Ma tante s'intéresse à l'~. Elle adore aller dans les musées.
X ⁽ᵉ⁾ **se développer** [sədevlɔpe] 🇬🇧 to develop	sich entwickeln	L'agriculture biologique est en train de ~.
Marguerite Abouet [maʀgəʀitabue]	*ivorische Schriftstellerin* ▶ *Civilisation, p. 134*	
Yopougon [jopugɔ̃]	*Stadtviertel in Abidjan*	
le quartier populaire [ləkaʀtjepopulɛʀ]	*einfaches, ärmeres Stadtviertel*	J'habite dans un ~, mais j'aime bien à cause du multiculturalisme.
faire du baby-sitting [fɛʀdybabisitiŋ]	babysitten	Tu as déjà ~¹⁴ pour gagner de l'argent?
l'enfance [lɑ̃fɑ̃s] *f.* → l'enfant	die Kindheit	À dix-huit ans, l'~ est finie.
le mari [ləmaʀi] → le mariage	der Ehemann, der Mann	Je vous présente mon ~, Damien.

Clément Oubrerie [klemãubʀəʀi]   *französischer Illustrator, Comic- und Trickfilmzeichner*

il fait bon vivre [ilfɛbɔ̃vivʀ]   es lebt sich gut   *Auf dem Land lebt es sich gut* — À la campagne, ~.

(ê) sortir [sɔʀtiʀ]   *hier:* anlaufen *Film* ▶ *Verbes, p. 138*   Le film n'est pas encore ~15.

la bibliothèque [labiblijɔtɛk]   die Bibliothek, die Bücherei   — Où est-ce que tu as trouvé ce livre? — À la ~.

1 portraits   **2** ivorienne   **3** engagée   **4** touche   **5** donne une voix   **6** créé   **7** images   **8** positive   **9** marocaine   **10** Marocains   **11** dorées   **12** occidentaux   **13** attachés   **14** fais du baby-sitting   **15** sorti

Unité 3 | Volet 3

le prix ❗ **les prix** [ləpʀi]   der Preis   Le bonheur n'a pas de ~.

l'impression [lɛ̃pʀesjɔ̃] *f.* → impressionner qn   der Eindruck   Il avait l'~ de vivre un rêve.

la Médina [lamedina]   die Medina *Name der Altstadt in arabischen und (nord-)afrikanischen Städten*

accueillir qn [akœjiʀ]   jdn empfangen, aufnehmen ▶ *Verbes, p. 138*   *Die Familie empfing den Korrespondenten mit offenen Armen* La famille a ~1 le correspondant les *accueilli* bras ouverts.

sénégalais/sénégalaise [senegalɛ/senegalɛz] *adj.*   senegalesisch   Dakar est une grande ville ~2.

le tiep-bou-diene [lətjɛpbudjɛn]   *traditionelles senegalesisches Gericht aus Fisch und Reis*

le poulet [ləpulɛ]   das Hähnchen   On peut manger le ~ froid ou chaud.

le poulet yassa [ləpulɛjasa]   *Hähnchen mit Zitrone nach senegalesischer Art*

le citron vert [ləsitʀɔ̃vɛʀ]   die Limone   Le ~ est un peu plus petit que le citron.

(ê) se balader [səbalade] *fam.* → la balade   spazieren gehen, herumlaufen   *Heute nachmittag habe ich Lust auf einen Spaziergang durch die Stadt* Cet après-midi, j'ai envie de me ~ en ville.

le Plateau [ləplato]   *modernes Stadtviertel im Süden von Dakar*

le marché Sandaga [ləmaʀʃesãdaga]   *großer Markt in Dakar*

l'indépendance [lɛ̃depãdãs] *f.*   die Unabhängigkeit   Quand on grandit, on gagne de l'~.

la vaisselle [lavɛsɛl]   das Geschirr   Toute la ~ est rangée dans la cuisine.

le tissu [lətisy] — der Stoff — – Le ~ de ton tee-shirt, c'est quoi?
– C'est du coton.

la viande [lavjɑ̃d] — das Fleisch — J'adore les animaux, alors je ne mange plus de ~.

le boubou [ləbubu] — der Boubou *traditionelle Männerbekleidung in West- und Nordafrika*

marchander [maʀʃɑ̃de] → le marché — handeln, verhandeln — Les choses sont moins chères quand on ose ~.

être pressé/pressée [ɛtʀpʀese] — es eilig haben — Mais dépêchez-vous, je suis vraiment ~³!

Aber beeilen Sie sich, ich hab's wirklich eilig pressé

le franc CFA [ləfʀɑ̃seɛfa] — der CFA-Franc (Franc de la Communauté Financière d'Afrique) *Währung, die hauptsächlich in frankophonen Ländern West- und Zentralafrikas genutzt wird*

(ê) passer pour qn/qc [pasepuʀ] — für jdn/etw. gehalten werden — Je n'ai rien dit pour ne pas ~ un idiot.

jeter qc [ʒəte] — etw. (weg)werfen ▶ *Verbes, p. 138* — C'était dégueulasse, j'ai tout ~⁴ à la poubelle.

Es war ekelhaft ich habes alles in den Müll geworfen

les déchets [ledeʃɛ] *m. pl.* — der Abfall — Il y a différentes poubelles pour les ~.

au lieu de [oljødə] — statt, anstelle — Il va faire froid. Prends un anorak ~⁵ un pullover.

Nehmen sie einen Anorak statt eines Pullovers

Saly [sali] — Saly *touristischer Badeort südlich von Dakar* ▶ *Civilisation, p. 134*

Léopold Sédar Senghor [leopoldsedaʀsẽgoʀ] — senegalischer Dichter und Politiker ▶ *Civilisation, p. 134*

le lion [ləljɔ̃] 🇬🇧 lion — der Löwe — Les ~⁶ n'ont pas peur parce que ce sont eux les plus forts.

les Lions du Sénégal [leljɔ̃dysenegal] — *Spitzname der senegalesischen Fußballnationalmannschaft der Herren*

l'éléphant [lelefɑ̃] *m.* 🇬🇧 elephant — der Elefant — L'~⁷ est le symbole de la Côte d'Ivoire.

les Éléphants de Côte d'Ivoire [lezelefɑ̃dəkotdivwaʀ] *m. pl.* — *Spitzname der ivorischen Fußballnationalmannschaft der Herren*

Daara J [daʀaʒi] — *senegalesische Hip-Hop-/Reggae-Gruppe* ▶ *Civilisation, p. 134*

la lutte [lalyt] → lutter — der Kampf, das Ringen — J'ai vu une ~ entre de vrais champions.

la lutte sénégalaise [lalytsenegalɛz] — *westafrikanischer Kampfsport, ähnlich dem Wrestling oder Ringkampf* — La ~ est un sport populaire dans plusieurs pays africains.

traditionnel/traditionnelle [tʀadisjɔnɛl] *adj.* → la tradition	traditionell	Le tiep-bon-diene est un plat ~[8] sénégalais.
✗ **dont** [dɔ̃]	*hier:* von dem, dessen *auch:* deren *Relativpronomen*	C'est un mot ~ je ne connais pas la traduction. *das ist ein wort, für das ich die übersetzung nicht kenne*
l'île de Gorée [lildəgɔʀe] *f.*	Gorée *Insel vor der senegalesischen Küste* ▶ *Civilisation, p. 134*	L'~ est un endroit avec une triste histoire.
la traite des Noirs [latʀɛtdenwaʀ]	der Sklavenhandel	
l'esclave [lɛsklav] *m./f.*	der Sklave / die Sklavin	Beaucoup d'~[9] sont morts pendant le voyage vers l'Amérique.
la Maison des esclaves [lamɛzɔ̃dezɛsklav]	*wörtl.:* das Sklavenhaus ▶ *Civilisation, p. 134*	Aujourd'hui, la ~ est un musée.
l'Amérique [lameʀik] *f.*	Amerika *(Kontinent)*	Je voudrais visiter trois continents: l'Afrique, l'Asie et l'~.
l'arme [laʀm] *f.*	die Waffe	Sans ~[10], pas de guerre.
✗ **plein de** [plɛ̃də] *adv.* = beaucoup de	viele *+ Nomen*	Je ne m'ennuie pas, j'ai ~ choses à faire. *ich langweile mich nicht, ich habe viel zu tun*
le Lac rose [ləlakʀoz]	*senegalesischer Salzsee* ▶ *Civilisation, p. 134*	
la Casamance [lakazamɑ̃s]	*Fluss und Region im Südwesten Senegals* ▶ *Civilisation, p. 134*	
le parc national du Niokolo Koba [ləpaʀknasjɔnaldynjokolokoba]	*Nationalpark im Südosten Senegals* ▶ *Civilisation, p. 134*	Au ~, on protège les animaux.
en détail [ɑ̃detaj] 🇬🇧 in detail	ausführlich, im Einzelnen	Explique-moi ~, s'il te plaît.
après-demain [apʀɛdəmɛ̃] *adv.*	übermorgen	Aujourd'hui, c'est dimanche. ~, c'est mardi.

---

1 accueilli **2** sénégalaise **3** pressé **4** jeté **5** au lieu d' **6** lions **7** éléphants **8** traditonnel **9** esclaves **10** armes

---

Module A

Die Module sind fakultativ und können unabhängig voneinander behandelt werden. Sie schließen an den Wortschatz von *Unité 3* an.

Laurent Cantet [lɔʀɑ̃kɑ̃tɛ]	*französischer Filmregisseur* ▶ *Civilisation, p. 134*	
la synopsis [lasinɔpsis]	die Kurzbeschreibung	Pour savoir de quoi le film parle, il faut lire la ~.
agressif/agressive [agʀesif/agʀesiv] *adj.*	aggressiv, grell	Nous avons deux chiens, qui ne sont jamais ~[1], ils sont toujours gentils.

insolent/insolente [ɛ̃sɔlɑ̃/ɛ̃sɔlɑ̃t] *adj.*	unverschämt, frech	On peut critiquer les autres sans pour cela être ~[2].
motiver qn [mɔtive]	jdn motivieren	Notre prof de sport nous ~[3] toujours, même si on n'en peut plus.
prendre des risques [pʀɑ̃dʀdeʀisk]	Risiken eingehen	J'adore aller très vite à vélo, mais je ne ~[4].
la critique [lakʀitik] → critiquer qn	die Kritik	C'est un commentaire. Ne le prends pas comme une ~.
le réalisateur / la réalisatrice [ləʀealizatœʀ/laʀealizatʀis]	der/die Regisseur/in	Luc Besson est un ~[5] français très connu.
la Palme d'or [lapalmdɔʀ]	die Goldene Palme *französischer Filmpreis, wird beim Filmfest in Cannes verliehen*	
le Festival de Cannes [ləfɛstivaldəkan]	Internationale Filmfestspiele von Cannes	
l'adaptation [ladaptasjɔ̃] *f.*	die Adaption, die Bearbeitung	J'ai vu «Les profs» au cinéma. C'est une ~ de la bédé.
François Bégaudeau [fʀɑ̃swabegodo]	*französischer Autor*	
ancien/ancienne [ɑ̃sjɛ̃/ɑ̃sjɛn] *adj.*	alt, ehemalig	Mon oncle habite dans une ~[6] usine. Il a beaucoup de place.
le scénario [ləsenaʀjo]	das Drehbuch	J'aimerais travailler dans le domaine du cinéma. Écrire des ~[7] par exemple.
Robin Campillo [ʀɔbɛ̃kɑ̃pijo]	*französischer Filmregisseur und Cutter*	
d'ailleurs [dajœʀ]	übrigens	Je n'ai pas réussi à ouvrir la boîte. Papa non plus ~.
l'amateur / l'amatrice [lamatœʀ/lamatʀis] *m./f.*	der/die Laie	Ma mère n'a jamais appris à faire du théâtre, c'est une ~[8].
rendre qc authentique [ʀɑ̃dʀotɑ̃tik]	etw. originalgetreu machen	Les vêtements et la musique de l'époque ont ~ le film ~[9].
le quotidien [ləkɔtidjɛ̃] → quotidien/ne	der Alltag	Ma famille, mes amis, l'école, les devoirs, c'est mon ~.
le goût [ləgu] → goûter qc	der Geschmack, die Vorliebe	Ma copine et moi, on aime les mêmes choses, nous avons les mêmes ~[10].
à l'intérieur [alɛ̃teʀjœʀ] ≠ à l'extérieur	innerhalb, drinnen *hier:* in den Räumen	– Où sont Véronique et Josué? – Ils sont ~, dans la cuisine, je crois.
en particulier [ɑ̃paʀtikylje] → particulièrement	insbesondere, vor allem	J'aime bien la mer, la mer Méditerranée ~.
vivant/vivante [vivɑ̃/vivɑ̃t] *adj.*	lebendig	Dans ma ville, il y a plein de choses à faire, c'est une ville ~[11].

à la fois [alafwa]	gleichzeitig	Le livre est ~ drôle et touchant.
captiver qn/qc [kaptive]	jdn fesseln	J'ai vu un film qui m'a ~[12].
le spectateur / la spectatrice [ləspɛktatœʀ/laspɛktatʀis]	der/die Zuschauer/in	Les ~[13] étaient très intéressés par la présentation.
le gros plan [ləgʀoplã]	die Nahaufnahme	Dans la plupart des scènes, on voit le visage de l'acteur principal en ~.
le premier plan [ləpʀəmjeplã]	der Vordergrund	Au ~, on voit les superhéros. On ne voit pas ce qu'il y a derrière eux.
l'arrière-plan [laʀjɛʀplã] *m.*	der Hintergrund	Au premier plan, il y a un homme en motoneige. À ~ on voit un paysage d'hiver.
le comportement [ləkɔ̃pɔʀtəmã]	das Verhalten	Mon voisin ne dit jamais bonjour. Son ~ est bizarre.
maîtriser qc [metʀize]	etw. beherrschen	Mon ami Karol vient d'arriver en France. Il ne ~[14] pas encore la langue.
la situation [lasitɥasjɔ̃]	die Situation	Hier, j'ai dû aller au tableau. C'était une ~ pénible !
le dialogue [lədialɔg]	der Dialog	Je comprends les films en anglais, mais si les ~[15] sont trop compliqués, je ne suis plus.
reprocher qc à qn [ʀəpʀɔʃe]	jdm etw. vorwerfen	Ma grand-mère m'a ~[16] de ne pas l'appeler assez souvent.
le conseil de classe [ləkɔ̃sɛjdəklas]	die Klassenkonferenz	Le ~ sert à prendre des décisions sur l'avenir des élèves.
le moment-clé [ləmɔmãkle]	der Schlüsselmoment	D'après toi, c'est quand, le ~ du film ?
dégénérer [deʒeneʀe]	ausarten, sich verschlechtern	Non, je ne veux plus de fête chez nous. À chaque fois, ça ~[17] !
le délégué de classe / la déléguée de classe [lədelegedəklas/ladelegedəklas]	der/die Schülervertreter/in	Nos ~[18] parlent pour nous avec les profs et les surveillants.
complètement [kɔ̃plɛtmã] *adv.*	ganz, vollständig	J'ai ~ oublié son anniversaire !
la comédie [lakɔmedi]	die Komödie	Si la pièce de théâtre est drôle, c'est une ~.
qui s'inspire/nt de [kisɛ̃spiʀdə]	nach der Vorlage von	Il y a beaucoup de films ~[19] une œuvre littéraire.
emmener qn/qc [ãmne]	jdn/etw. mitnehmen ▶ *Verbes, p. 138*	J'~[20] toujours mon portable.

1 agressifs 2 insolent 3 motive 4 prends pas de risques 5 réalisateur 6 ancienne 7 scénarios 8 amatrice
9 rendu, authentique 10 goûts 11 vivante 12 captivé 13 spectateurs 14 maîtrise 15 dialogues 16 reproché
17 dégénère 18 délégués de classe 19 qui s'inspirent d' 20 emmène

Module B

Die Module sind fakultativ und können unabhängig voneinander behandelt werden.
Sie schließen an den Wortschatz von *Unité 3* an.

p. 89	**le regard** [ləʀəgaʀ] → regarder	der Blick	Ma mère m'a jeté un ~ noir.
	le siècle des Lumières [ləsjɛkldelymjɛʀ] *f. pl.*	die Aufklärung *(1715–1789)*	Voltaire a vécu et a écrit pendant le ~.
	la Prusse [lapʀys]	Preußen	
	Frédéric II [fʀedeʀikdø]	Friedrich II. *König von Preußen,* *genannt Friedrich der Große (1712–1786)*	
	Voltaire [vɔltɛʀ]	*französischer Philosoph (1694–1778)* ▶ *Civilisation, p. 134*	
	le/la philosophe [lə/lafilɔzɔf] *m./f.*	der/die Philosoph/in	Les ~[1] posent beaucoup de questions, mais donnent peu de réponses.
	le petit-fils / la petite-fille [ləpətifis/lapətitfij]	der/die Enkel/in	Le fils de ma fille, c'est mon ~[2].
	Charlemagne [ʃaʀləmaɲ]	Karl der Große *König des Fränkischen* *Reichs (747–814)*	
	le traité de Verdun [lətʀetedəvɛʀdɛ̃]	der Vertrag von Verdun (843)	
	le traité [lətʀete]	der Vertrag	Ce pays refuse de signer le ~.
	partager qc [paʀtaʒe]	etw. teilen, etw. aufteilen	Je dois toujours ~ avec mon frère, ça m'énerve!
	l'Empire [lɑ̃piʀ] *m.*	das Kaiserreich	À l'époque de Charlemagne, l'Europe était un ~.
	la Francie occidentale [lafʀɑ̃siɔksidɑ̃tal]	das Westfrankenreich	
	la Francie orientale [lafʀɑ̃siɔʀjɑ̃tal]	das Ostfrankenreich	
	la Lotharingie [lalɔtaʀɛ̃ʒi]	Lotharingien	
	les accords de Schengen [lezakɔʀdəʃɛŋgɛn]	die Schengener Abkommen (1995)	
	Charles De Gaulle [ʃaʀldəgol]	*französischer Politiker und* *Staatspräsident (1890–1970)*	
	le traité de l'Élysée [lətʀetedəlelize]	der Élyséevertrag (1963)	
	la Première Guerre mondiale [lapʀəmjɛʀgɛʀmɔ̃djal]	der Erste Weltkrieg	La ~ a eu lieu de 1914 à 1918.
	la guerre franco-prussienne [lagɛʀfʀɑ̃koprysjɛn]	der französisch-preußische Krieg	

la Lorraine [lalɔʀɛn]	Lothringen *Region im Nordosten Frankreichs*	
programmé/programmée [pʀɔgʀame] *adj.*	vorprogrammiert	Avec tout ce qui s'est passé avant, la fin était ~[3].
l'Édit de Nantes [ledidənãt] *m.*	das Edikt von Nantes (1598) ▶ *Civilisation, p. 134*	
mettre fin à qc [mɛtʀfɛ̃a]	etw. beenden	Au bout de dix minutes, le prof a ~[4] la discussion.
la religion [laʀəliʒjɔ̃]	die Religion	Il s'occupe beaucoup de sa voiture. Il en fait toute une ~.
le/la catholique [lə/lakatɔlik] *m./f.*	der/die Katholik/in	Beaucoup de ~[5] vivent en Bretagne.
le protestant / la protestante [ləpʀɔtɛstã/lapʀɔtɛstãt]	der/die Protestant/in	En 1685, beaucoup de ~[6] ont quitté la France.
la Réforme [laʀefɔʀm]	die Reformation	
la paix [lapɛ] ⚥ peace	der Frieden	Les traités de ~ mettent fin à la guerre.
la révocation [laʀevɔkasjɔ̃]	der Widerruf	
la Seconde Guerre mondiale [lasəgɔ̃dgɛʀmɔ̃djal]	der Zweite Weltkrieg	La ~ était la dernière guerre entre les Allemands et les Français.
Napoléon [napɔleɔ̃]	Napoleon *französischer General und Kaiser (1769–1821)*	
la troupe [latʀup]	die Truppe	
envahir [ãvaiʀ]	einfallen in	Au 19e siècle les lapins ~[7] l'Australie.
la partie [lapaʀti]	der Teil	La première ~ de la fête était calme.
p. 90 **l'ennemi** *m.* / **l'ennemie** *f.* [lɛnmi]	der Feind / die Feindin	Pendant un match, l'équipe qui joue contre nous, c'est notre ~[8].
la réconciliation [laʀekɔ̃siljasjɔ̃]	die Versöhnung	Mon père et mon oncle ne se parlaient plus. Maintenant, il y a eu une ~.
sembler [sãble] ⚥ to seem	scheinen	Le prix me ~[9] exagéré.
impossible [ɛ̃pɔsibl] *m./f. adj.* ≠ possible	unmöglich	Je n'arrive pas à le croire. Ça me semble ~!
le président / la présidente [ləpʀezidã/lapʀezidãt]	der/die Präsident/in	John F. Kennedy était ~[10] des États-Unis.
le chancelier / la chancelière [ləʃãsəlje/laʃãsəljɛʀ] ⚥ chancellor	der/die Kanzler/in	Angela Merkel est la première ~[11] en Allemagne.

le tour de force [ləturdəfɔrs]	der Kraftakt	Mon bac était un ~, pour moi – et pour ma famille!
déclarer qc [deklare] 🇬🇧 to declare	etw. verkünden, erklären	Il lui a ~[12] son amour dans un texto.
coopérer [kɔɔpere] 🇬🇧 to cooperate	kooperieren, zusammenarbeiten	
la politique [lapɔlitik] 🇬🇧 politics	die Politik	Je m'intéresse à la ~. J'espère changer les choses.
l'objectif [lɔbʒɛktif] *m.* 🇬🇧 objective	das Ziel	Mon ~ est de faire le tour du monde en vélo.
rapprocher qn/qc [raprɔʃe]	*hier:* einander näher bringen	L'échange a ~[13] les deux écoles.
le citoyen / la citoyenne [ləsitwajɛ̃/lasitwajɛn] 🇬🇧 citizen	der/die Bürger/in	
le gouvernement [ləguvɛrnəmɑ̃]	die Regierung	Le ~ prend des décisions pour tout le pays.
grâce à [grɑsa]	dank	La Prusse s'est développée ~ aux huguenots.
faire la connaissance de qn/qc [fɛrlakɔnɛsɑ̃sdə]	jdn/etw. kennenlernen	Je n'ai jamais ~[14] mon grand-père.
le jumelage [ləʒymlaʒ]	die (Städte-)Partnerschaft	On a créé des ~[15] pour rapprocher les deux pays.
la réalité [larealite] 🇬🇧 reality	die Realität	Un rêve n'est pas la ~.
le prénom [ləprenɔ̃]	der Vorname	Tu t'appelles comment? Je n'ai pas compris ton ~.
la profession [laprɔfesjɔ̃] 🇬🇧 profession	Beruf	Je n'ai pas choisi ma ~. J'ai trouvé mon métier par hasard.
l'homme politique / la femme politique [lɔmpɔlitik/lafampɔlitik]	der/die Politiker/in	Barack Obama est un ~[16] très connu.
la carrière [lakarjɛr]	die Karriere, die Laufbahn	Dans le foot, on arrête sa ~ quand on est encore jeune.
le maire [ləmɛr] *m./f.*	der/die Bürgermeister/in	Dans une ville, le ~ doit s'occuper de tout.
le nazisme [lənazism]	der Nationalsozialismus	
la République fédérale d'Allemagne (RFA) [larepyblikfederaldalmaɲ]	Bundesrepublik Deutschland	
le général [ləʒeneral]	der General	De Gaulle était d'abord ~ et ensuite, il a fait une carrière politique.

Londres [lɔ̃dʀ]	London		
la Résistance [laʀezistãs]	die Résistance *französische Widerstandsbewegung während der deutschen Besatzung (1940–1944)*	
l'Allemagne nazie [lalmaɲnazi] *f.*	Nazideutschland	
provisoire [pʀɔvizwaʀ] *m./f. adj.*	vorläufig, provisorisch	Nous avons trouvé une solution ~.

▶ Hörtext

p. 91	**confondre qn/qc** [kɔ̃fɔ̃dʀ]	jdn/etw. verwechseln	Oh, pardon, je t'ai ~[17] avec quelqu'un d'autre!
	avoir honte (de qc) [avwaʀɔ̃t]	sich schämen (für etw.)	Je lui ai envoyé un texto qui n'était pas pour lui. J'en ~[18]!
	l'erreur [leʀœʀ] *f.* 🇬🇧 error	der Irrtum, der Fehler	C'est parfait. Il n'y a pas d'~.
p. 92	**le huguenot / la huguenote** [ləygno/laygnɔt]	der Hugenotte / die Hugenottin	Les ~[19] étaient des protestants français.
	annoncer qc [anɔ̃se] 🇬🇧 to announce	etw. ankündigen, etw. mitteilen	Je peux vous ~ des bonnes nouvelles!
	La Rochelle [laʀɔʃɛl]	*Hafenstadt im Südwesten Frankreichs*	
	l'épreuve [lepʀœv] *f.*	die Prüfung	Pendant toutes les ~[20], elle a gardé espoir.
	pratiquer qc	etw. praktizieren, ausüben	Mon grand-père a ~[21] son métier avec beaucoup de plaisir.
	révoquer qc [ʀevɔke]	etw. widerrufen	Le témoin a ~[22] tout ce qu'il avait dit.
	le choc [ləʃɔk]	der Schock	Elle était encore sous le ~ de l'accident.
	le soldat [ləsɔlda]	der Soldat	Parmi les morts de la guerre, il y avait beaucoup de jeunes ~[23].
	convertir qn à qc [kɔ̃vɛʀtiʀ] 🇬🇧 to convert	jdn zu etw. bekehren *wird wie* réagir *konjugiert* ▶ *Verbes, p. 138*	Sa femme l'a ~[24] à sa religion.
	huguenot/huguenote [ygno/ygnɔt] *adj.*	hugenottisch	Les connaissances ~[25] étaient bienvenues en Allemagne.
	Que Dieu ait leur âme! [kədjøɛlœʀɑm]	Gott sei ihrer Seele gnädig!	
	l'horreur [lɔʀœʀ] *f.*	der Schrecken, das Grauen	Au journal de 20 heures, on voit plein d'~[26].
	l'incendie [lɛ̃sãdi] *m.*	der Brand	Les Dupont ont tout perdu dans l'~ de leur maison.
	l'imprimerie [lɛ̃pʀimʀi] *f.*	die Druckerei	Pour les journaux, les ~[27] travaillent la nuit.

le drame [lədʀam]	das Drama	Nous avons raté l'avion, et alors? Pas besoin d'en faire un ~.
l'exil [lɛgzil] *m*	das Exil	Il est parti en ~ parce qu'il avait critiqué le gouvernement.
réformé/réformée [ʀefɔʀme] *adj.*	reformiert, *hier:* protestantisch	La Prusse était un pays ~[28].
hélas [elas]	leider *bedauernder Ausruf*	
(ê) **se cacher** [səkaʃe] → la cache	sich verstecken	Je vais te trouver! Même si tu te ~[29] bien!
le réfugié / la réfugiée [ləʀefyʒje/laʀefyʒje] ⬛ refugee	der Flüchtling	Souvent, les ~[30] passent par beaucoup d'épreuves.
financier/financière [finɑ̃sje/finɑ̃sjɛʀ] *adj.*	finanziell	Il lui manque de l'argent. Il a des problèmes ~[31].
la lettre [lalɛtʀ] ⬛ letter	der Brief	Aujourd'hui on écrit plutôt des mails que des ~[32].
le dieu [djø]	der Gott	Mon ~! Qu'est-ce que tu as encore fait?
le neveu / la nièce [lənəvø/lanjɛs] ⬛ nephew/niece	der Neffe, die Nichte	Mon frère a une fille. C'est ma ~[33].

1 philosophes   2 petit-fils   3 programmée   4 mis fin à   5 catholiques   6 protestants   7 envahissent   8 ennemi   9 semble
10 président   11 chancelière   12 déclaré   13 rapproché   14 fait la connaissance de   15 jumelages   16 homme politique
17 confondu   18 aïhonte   19 huguenots   20 épreuves   21 pratiqué   22 révoqué   23 soldats   24 converti   25 huguenotes
26 horreurs   27 imprimeries   28 réformé   29 caches   30 réfugiés   31 financiers   32 lettres   33 nièce

Module C

Die Module sind fakultativ und können unabhängig voneinander behandelt werden.
Sie schließen an den Wortschatz von *Unité 3* an.

la publicité [lapyblisite] / **la pub** [lapyb] *fam.* ⬛ publicity → le public	die Werbung, die Anzeige, der Werbespot	La séduction joue un rôle important dans le monde de la ~.
manipuler qc/qn [manipyle]	etw./jdn manipulieren	Le concours a été ~[1], les résultats sont faux.
fonctionner [fɔ̃ksjɔne] = marcher	funktionieren, arbeiten	C'est catastrophique! Mon portable ne ~[2] plus!
décoder qc [dekɔde]	etw. dekodieren, etw. entschlüsseln *hier:* durchschauen	Ce message reste un secret. Je n'arrive pas à le ~.
en haut [ão]	oben, nach oben	Je ne suis pas descendu, je suis resté ~.

l'attention [latãsjɔ̃] *f.*	die Aufmerksamkeit	J'ai une chose importante à vous dire, je demande votre ~, s'il vous plaît.
le consommateur / la consommatrice [ləkɔ̃sɔmatœR/lakɔ̃sɔmatRis]	der/die Verbraucher/in, der/die Konsument/in	La publicité a plein d'idées pour donner envie aux ~[3].
suggérer qc [sygʒeRe]	etw. andeuten	Les roses rouges ~[4] l'amour.
polluer [pɔlɥe]	verschmutzen	L'avion ~[5] l'air. C'est pourquoi je voyage en train.
l'environnement [lãviRɔnmã] *m.*	die Umwelt	L'~ est en danger. Nous devons faire plus d'efforts pour moins le polluer.
végétal/végétale/végétaux *m. pl.* [veʒetal/veʒeto] *adj.*	pflanzlich	L'huile d'olive est une huile ~[6].
le sous-titre [ləsutitR]	der Untertitel	Le film est en anglais, mais il y a des ~[7] allemands.
en bas [ãbɑ] ≠ en haute	unten, nach unten	– Tu viens? Je t'attends ~. – Ok, je descends tout de suite.
le composant [ləkɔ̃pozã]	der Bestandteil, die Komponente	«H» et «O» sont les deux ~[8] de l'eau.
l'élément [lelemã] *m.*	das Element	Pour une candidature il faut deux ~[9]: un CV et une lettre de motivation.
le ciel [ləsjɛl]	der Himmel	Aujourd'hui il pleut. Et le ~ est gris.
évoquer qc [evɔke]	an etw. erinnern	Ces photos ~[10] de bons souvenirs.
le bien-être [ləbjɛ̃nɛtR]	das Wohlbefinden	Dormir est important pour mon ~.
l'harmonie [laRmɔni] *f.*	die Harmonie, der Einklang	Chez nous, ce n'est pas toujours l'~! On se dispute aussi.
associer qn/qc à qc [asɔsje]	jdn/etw. mit etw. verbinden	J'~[11] les vacances d'été à la mer et la plage.
la protection [lapRɔtɛksjɔ̃]	der Schutz	Il n'y a pas de ~ contre le hasard.
l'écolabel [lekɔlabɛl] *m.*	das Ökolabel	Les ~[12] montrent quels produits polluent moins l'environnement.
se servir de qn/qc [səsɛRviRdə]	jdn/etw. benutzen *wird wie* sortir *konjugiert* ▶ *Verbes, p. 138*	Je me ~[13] d'une petite cuillère pour manger mon dessert.
le label [ləlabɛl]	das Label, die Marke	– Tu fais attention aux ~[14] quand tu achètes quelque chose? – Oui, bien sûr.
réel/réelle [Reɛl] *adj.*	echt, real	Hier, j'ai vu un film qui m'a fait peur. Heureusement que ce n'était pas ~[15].
faux/fausse [fo/fos] *adj.*	falsch	– J'ai oublié mon cahier. – Alors ça, c'est une ~[16] excuse.

convaincre qn [kɔ̃vɛ̃kʀ]	jdn überzeugen	Ce n'était pas facile de ~ mes parents. Mais à la fin, ils étaient d'accord.

je convaincs, tu convaincs, il/elle/on convainc, nous convainquons, vous convainquez, ils/elles convainquent

écologique [ekɔlɔʒik] *m./f. adj.*	umweltfreundlich, ökologisch	Le marché des produits ~[17] se développe. Les gens pensent à l'environnement.
la pratique [lapʀatik]	die Praktik, die Praxis	La manipulation est une ~ que je déteste.
l'écoblanchiment [lekɔblɑ̃ʃimɑ̃] *m.*	das Greenwashing	L'~ sert à vendre plus de produits.
la répétition [laʀepetisjɔ̃]	die Wiederholung	Encore une fois et encore une fois... toutes ces ~[18] m'ennuient.
le détail [lədetaj]	das Detail, die Einzelheit	Alors, qu'est-ce qui s'est passé? Je veux tous les ~[19]!
le premier plan [ləpʀəmjeplɑ̃]	der Vordergrund	Sur l'affiche, il y a les musiciens au ~.
le pré [ləpʀe]	das Feld	On a fait un pique-nique dans le ~.
l'arrière-plan [laʀjɛʀplɑ̃] *m.*	der Hintergrund	– C'est qui sur la photo? – C'est ma famille. À l'~ on voit notre jardin.
le volcan [ləvɔlkɑ̃]	der Vulkan	Presque tous les ~[20] européens ne sont plus actifs.
l'Auvergne [lovɛʀɲ] *f.*	die Auvergne *Region in Zentralfrankreich* ▶ *Civilisation, p. 134*	
la source [lasuʀs]	die Quelle, der Ursprung	Internet est une ~ d'informations.
faire partie de qc [fɛʀpaʀtidə]	zu etw. gehören, Teil sein von etw.	Samuel ~[21] mon équipe.
l'engagement [lɑ̃gaʒmɑ̃] *m.*	das Engagement, die Verpflichtung	Mon ~ pour ma famille fait partie de mon quotidien.
l'écologie [lekɔlɔʒi] *f.* → écologique	die Ökologie	J'aimerais faire des études d'~. L'environnement, c'est ma passion.
le slogan [ləslɔgɑ̃]	der Slogan	Un ~, c'est fait pour s'en souvenir.
ironique [iʀɔnik] *m./f. adj.*	ironisch	L'auteur a beaucoup d'humour, et son style est très ~.
l'association [lasɔsjasjɔ̃] *f.*	die Organisation, der Verein	Je m'engage dans une ~ qui aide les animaux.
dénoncer qn/qc [denɔ̃se]	jdn/etw. anprangern, jdn/etw. denunzieren	Un journal peut, par exemple, ~ les pratiques d'une entreprise.
sensibiliser qn [sɑ̃sibilize]	jdn sensiblisieren	J'ai été ~[22] aux problèmes des immigrés par ma propre histoire.
provoquer qn/qc [pʀɔvɔke]	jdn/etw. herausfordern, provozieren	L'un ~[23] et l'autre réagit.

la pollution [lapɔlysjɔ̃] → polluer	die Umweltverschmutzung	Je fais un effort contre la ~: je n'utilise plus de sacs en plastique.
le développement durable [lədevələpmɑ̃dyʀabl]	die Nachhaltigkeit	Pour protéger la nature, nous avons besoin d'un ~.
la société [lasɔsjete]	die Gesellschaft	Nous ne vivons pas seuls, nous vivons en ~.
équitable [ekitabl] *m./f. adj.*	gerecht	Mes parents ont pris une décision ~.

1 manipulé 2 fonctionne 3 consommateurs 4 suggèrent 5 pollue 6 végétale 7 sous-titres 8 composants 9 éléments
10 évoquent 11 associe 12 écolabels 13 sers de 14 labels 15 réel 16 fausse 17 écologiques 18 répétitions
19 détails 20 volcans 21 fait partie de 22 sensibilisé/e 23 provoque

Module D

Die Module sind fakultativ und können unabhängig voneinander behandelt werden.
Sie schließen an den Wortschatz von *Unité 3* an.

à la carte [alakaʀt]	nach Wunsch *wörtlich: nach der Karte*	– Est-ce que tu prends le menu? – Non, je mange ~.
suivant/suivante [sɥivɑ̃/sɥivɑ̃t] *adj.*	folgender/folgende/folgendes	J'ai passé mon bac en 2013. L'année ~[1] je suis partie aux États-Unis.
la Renaissance française [laʀənɛsɑ̃sfʀɑ̃sɛz]	die französische Renaissance *Kunst und Architektur im 15. und 16. Jahrhundert*	
Orléans [ɔʀleɑ̃]	*französische Stadt, 130 km südlich von Paris*	
Angers [ɑ̃ʒe]	*französische Stadt, 300 km südwestlich von Paris*	
le bon plan [ləbɔ̃plɑ̃]	der Geheimtipp	Je passe une semaine à Casablanca. J'ai eu des ~[2] d'un ami marocain.
prestigieux/prestigieuse [pʀɛstiʒjø/pʀɛstiʒjøz] *adj.*	glanzvoll, renommiert	La Sorbonne à Paris est une université ~[3].
le bassin d'Arcachon [ləbasɛ̃daʀkaʃɔ̃]	das Becken von Arcachon	
situé/située [sitɥe] *adj.*	gelegen	La maison n'est pas bien ~[4]. Il n'y a rien autour.
Bordeaux [bɔʀdo]	*französische Stadt*	
salé/salée [sale] *adj.*	salzig, gesalzen	La soupe n'est pas bonne, elle est trop ~[5].
l'océan Atlantique [loseɑ̃atlɑ̃tik] *m.*	der atlantische Ozean	
bronzer [bʀɔ̃ze]	bräunen	En été, je ~[6] facilement.

la dune du Pilat [ladyndypila]	*riesige Wanderdüne am Becken von Arcachon*	
la dune [ladyn]	die Düne	Le camping est tout près de la plage, derrière les ~[7].
le sable [ləsabl]	der Sand	Après une journée à la plage, on a du ~ partout.
conseiller qc à qn [kɔ̃seje]	jdm etw. raten	Tu as l'air malade. Je te ~[8] d'aller voir un médécin.
le coucher de soleil [ləkuʃedsɔlɛj]	der Sonnenuntergang	La nuit vient après le ~.
l'huître [lɥitʀ] *f.*	die Auster	Les ~[9], on les sert vivantes.
la réserve naturelle [laʀezɛʀvnatyʀɛl]	das Naturschutzgebiet	Dans une ~, on protège la nature et les animaux.
les Alpes [lezalp] *f. pl.*	die Alpen	Nous faisons du ski dans les ~.
le sud-est [ləsydɛst]	der Südosten	Munich se trouve dans le ~ de l'Allemagne.
le Rhône [ləʀon]	die Rhone	
les gorges du Verdon [legɔʀʒdyvɛʀdɔ̃] *f. pl.*	die Verdonschlucht	
le Verdon [ləvɛʀdɔ̃]	der Verdon *Fluß im Südosten Frankreichs*	
Castellane [kastɛlan]	Castellane *französische Kleinstadt*	
le lac de Sainte-Croix [ləlakdəsɛ̃tkʀwa]	*Stausee an der Verdonschlucht*	
le passage [ləpasaʒ]	die Passage, der Durchgang	Pour traverser la grande route, vous pouvez prendre le ~, ici, à droite.
le rafting [ləʀaftiŋ]	Rafting *Sportart*	J'aime l'aventure et je n'ai pas peur de l'eau. En été, je fais du ~.
le Mercantour [ləmɛʀkãtuʀ]	*Nationalpark im Südosten Frankreichs*	
le sentier [ləsãtje]	der Fußweg	Mon père connaît tous les ~[10] du coin.
le paradis [ləpaʀadi]	das Paradies	Chez ma grand-mère, il y a tout ce que j'aime. Je me sens comme au ~.
le randonneur / la randonneuse [ləʀãdɔnœʀ/laʀãdɔnøz]	der Wanderer, die Wanderin	C'est un sentier dangereux, les ~[11] doivent faire très attention.
le circuit [ləsiʀkɥi]	die Strecke, der Rundweg	Il y a différents ~[12] qui durent une heure, deux heures ou quatre heures.

1 suivante   **2** bons plans   **3** prestigieuse   **4** située   **5** salée   **6** bronze   **7** dunes   **8** conseille   **9** huîtres   **10** sentiers
11 randonneurs   **12** circuits

Module E

Die Module sind fakultativ und können unabhängig voneinander behandelt werden.
Sie schließen an den Wortschatz von *Unité 3* an.

la diversité [ladivɛʀsite]	die Vielfalt	Au marché Sandaga, il y a une grande ~ de produits.
le slam [ləslam]	der (Poetry-)Slam	Le ~, c'est mon truc, parce que j'aime bien jouer avec les mots.
le racisme [ləʀasism]	der Rassismus	Les immigrés doivent se défendre contre le ~ quotidien.
les propos [lepʀɔpo] *m. pl.*	die Äußerungen	Les ~ du président étaient trop optimistes.
raciste [ʀasist] *adj.*	rassistisch	Les propos ~[1] de notre voisin sont honteux.
tolérant/tolérante [tɔleʀɑ̃/tɔleʀɑ̃t] *adj.*	tolerant	Ma mère est ~[2], même si elle n'accepte pas n'importe quoi.
rejeter qc/qn [ʀəʒte]	jdn/etw. zurückweisen, ablehnen ▶ *Verbes, p. 138*	Le Parlement européen a ~[3] la proposition.
l'apparence [lapaʀɑ̃s] *f.*	die äußere Erscheinung, der Anschein	Nous soignons notre ~.
le préjugé [ləpʀeʒyʒe]	das Vorurteil	Tout le monde a des ~[4]. Il faut faire un effort pour les oublier.
la nationalité [lanasjɔnalite]	die Staatsangehörigkeit	J'ai la ~ de mon pays d'origine.
quitter qn/qc [kite]	jdn/etw. verlassen	C'est dur de ~ sa famille et ses amis!
fuir la misère [fɥiʀlamizɛʀ]	vor dem Elend flüchten	Beaucoup d'immigrés ont ~[5] de leur pays.

je fuis, tu fuis, il/elle/on fuit, nous fuyons, vous fuyez, ils/elles fuient

représenter qc/qn [ʀəpʀezɑ̃te]	etw./jdn darstellen, verkörpern	Mon bac, pour moi, ça ~ mon indépendance.
la tolérance [latɔleʀɑ̃s]	die Toleranz	La ~ n'est pas sa plus grande qualité.
l'espoir [lɛspwaʀ] *m.*	die Hoffnung	Je continue à y croire. Je ne perds jamais ~.
les compatriotes [lekɔ̃patʀijɔt] *m. pl.*	die Landsleute	Avec des ~, on peut parler sa langue d'origine.
parmi [paʀmi]	unter, von	~ les témoins, personne n'a rien vu.
bilingue [bilɛ̃g] *m./f. adj.*	zweisprachig	Laura parle italien et français. Elle est ~.
le lien [ləljɛ̃]	die Verbindung	Ça ne s'est pas passé par hasard. Il y a un ~ entre les deux actions.

souffrir (de qc) [sufʀiʀ]	leiden (an etw.) *wird wie* offrir *konjugiert* ▶ *Verbes, p.138*	Mon oncle ~[6]. Il a le mal du pays.
simple [sɛ̃pl] *m./f. adj.*	einfach, leicht	– Comment est-ce qu'on fait? – C'est tout ~. Je vais te montrer.
égal/égale/égaux *m. pl.* [egal/ego] *adj.*	gleich	Hommes et femmes sont différents mais ~[7].

1 racistes   **2** tolérante   **3** rejeté   **4** préjugés   **5** fui la misère   **6** souffre   **7** égaux

Module F

Die Module sind fakultativ und können unabhängig voneinander behandelt werden.
Sie schließen an den Wortschatz von *Unité 3* an.

p.102 **le zoom** [ləzum]	der Zoom	Quand on fait un ~, on voit les choses de plus près.
la valise [lavaliz]	der Koffer	J'ai encore une ~ à Berlin.
la poche [lapɔʃ]	die Tasche, das Innenfach *z. B. an Kleidung*	
le livre audio [ləlivʀodjo]	das Hörbuch	J'écoute des ~[1] pendant mes voyages ou bien le soir, pour m'endormir.
l'Olympe [lɔlɛ̃p] *m.*	der Olymp	L'~, c'est l'endroit où habitent les dieux.
le héros / l'héroïne *f.* [ləeʀo/leʀɔin] 🇬🇧 hero	der/die Held/in	Le ~[2] du film, c'est un jeune garçon sans famille.
la bande originale [labɑ̃dɔʀiʒinal]	der Soundtrack, die Filmmusik	J'ai adoré la musique du film. Je vais m'acheter la ~.
la paix [lapɛ]	der Frieden	Arrête de me poser des questions! Laisse-moi en ~.
les **environs** [lezɑ̃viʀɔ̃] *m. pl.*	die Umgebung	La prochaine boulangerie est à 12 km d'ici, il n'y a rien dans les ~.
l'encyclopédie [lɑ̃siklɔpedi] *f.*	die Enzyklopädie, das Lexikon	Une ~ explique les mots et donne des informations.
la cabane [lakaban]	die Hütte	Dans la forêt, il y avait une ~. Nous n'avons pas osé y entrer.
le film d'animation [ləfilmdanimasjɔ̃]	der Animationsfilm	Disney et Pixar créent des dessins animés et des ~[3].
le roi / la reine [ləʀwa/laʀɛn]	der/die König/in	Élisabeth II est la ~[4] des Anglais.
l'œuvre d'art [lœvʀdaʀ] *f.*	das Kunstwerk	Dans un musée, on peut admirer des ~[5].
p.103 **Jacques Tardi** [ʒaktaʀdi]	*französischer Comicautor* ▶ *Civilisation, p.134*	

la Grande Guerre [lagʀɑ̃dgɛʀ]   der Erste Weltkrieg   La ~ a eu lieu entre 1914 et 1918.

l'horreur [lɔʀœʀ] *f.*   der Schrecken, das Grauen   Notre génération n'a jamais connu les ~[6] de la guerre.

Jacques Martin [ʒakmaʀtɛ̃]   *französischer Comicautor*

Louis XIV [lwikatɔʀz]   Ludwig XIV. *(1638–1715)*
▶ *Civilisation, p. 134*

le trafic [lətʀafik]
🇬🇧 traffic   der Verkehr, *auch:* der Schmuggel   Le vendredi après-midi, le ~ est toujours une catastrophe.

extraordinaire [ɛkstʀaɔʀdinɛʀ] *m./f. adj.*
🇬🇧 extraordinary   außergewöhnlich   Tout le monde ne peut pas être ~.

Patrick Sobral [patʀiksɔbʀal]   *französischer Comicautor und Zeichner*

le sorcier / la sorcière [ləsɔʀsje/lasɔʀsjɛʀ]   der/die Hexe/r   Le pouvoir de la ~[7] était faible, parce qu'elle était blessée.

congolais/congolaise [kɔ̃gɔlɛ/kɔ̃gɔlɛz] *adj.*   kongolesisch

Tembo Kash [tɛmbokaʃ]   *kongolesischer Comicautor*

le Congo (République démocratique du Congo) [ləkɔ̃gɔ]   der Kongo (Demokratische Republik Kongo) *bis 1997 Zaïre*

le mécanicien / la mécanicienne [ləmekanisjɛ̃/lamekanisjɛn]   der/die Mechaniker/in   Ça ne marche plus. Il faut appeler un ~[8].

l'homme d'affaires [lɔmdafɛʀ] *m.*   der Geschäftsmann

(ê) tomber amoureux/-euse [tɔ̃beamuʀø/-øz]   sich verlieben   Lola et Marius sont ~[9]. Maintenant ils sortent ensemble.

Dominique Roques [dɔminikʀok]   *französische Comicautorin*

Alexis Dormal [alɛksidɔʀmal]   *französischer Comiczeichner*

Christian Darasse [kʀistjɑ̃daʀas]   *französischer Comiczeichner*

Zidrou [zidʀu]   *belgischer Comicautor*

l'adolescent / l'adolescente [ladɔlesɑ̃/ladɔlesɑ̃t]   der/die Jugendliche   En général, les ~[10] vivent chez leurs parents.

le/la camarade de classe [lə/lakamaʀadəklas] *m./f.*   der/die Mitschüler/in

l'illustration [lilystʀasjɔ̃] *f.*
🇬🇧 illustration   die Abbildung, die Illustration   L'histoire n'est pas mal, mais je n'aime pas les ~[11].

Hugo Pratt [ygopʀat]   *italienischer Comicautor und -zeichner (1927–1995)*

le classique [ləklasik]   der Klassiker   Son œuvre fait partie des ~[12] qu'on lit à l'école.

le sud [ləsyd]	der Süden	Dans le ~, il fait plus chaud que dans le nord.
élégant/élégante [elegã/elegãt] *adj.* 🇬🇧 elegant	elegant	Avec ton vieux jean et ton tee-shirt, tu n'es pas très ~[13].
romantique [ʀɔmãtik] *m./f. adj.* 🇬🇧 romantic	romantisch	Les bougies et la musique classique, je ne trouve pas ça ~.
le pirate [ləpiʀat] → pirater qc	der Pirat	Les ~[14] existent encore à notre époque.
à bord [abɔʀ] 🇬🇧 on bord	an Bord	Un ami m'a invité à venir ~ de son bateau.
le prisonnier / la prisonnière [ləpʀizɔnje/lapʀizɔnjɛʀ] → prison	der/die Gefangene	La porte était fermée à clé. J'étais ~[15]!
mystérieux/mystérieuse [misteʀjø/misteʀjøz] *adj.* 🇬🇧 mysterious	geheimnisvoll	Les histoires de Jérémie sont toujours ~[16].
Arthur de Pins [aʀtyʀdəpɛ̃]	*französischer Comicautor und -zeichner*	
le crabe [ləkʀab] 🇬🇧 crab	der Krebs	Un ~ ne peut pas marcher droit.
la révolution [laʀevɔlysjõ] 🇬🇧 revolution	die Revolution	On fait la ~ pour changer le monde.
p. 104 **le festival d'Angoulême (Festival International de la Bande Dessinée d'Angoulême)** [ləfɛstivaldãgulɛm]	Internationales Comicfestival von Angoulême	
Angoulême [ãgulɛm]	*französische Stadt*	
simplement [sɛ̃pləmã] *adv.* 🇬🇧 simply	einfach	– Comment es-tu entré? – J'ai tout ~ ouvert la porte.
entier/entière [ãtje/ãtjɛʀ] *adj.*	ganz	Il a mangé le paquet ~[17] de bonbons.
la dédicace [ladedikas]	die Widmung, die (Autoren-)Signatur	Sur la première page, il y a une ~ de l'auteur.
précis/précise [pʀesi/pʀesiz] *adj.* 🇬🇧 precise	genau, exakt	– J'arrive dans l'après-midi. – Tu peux me dire l'heure ~[18], s'il te plaît?
la science-fiction [lasjãsfiksjõ]	die Sciencefiction	«La guerre des étoiles» est un film de ~.
l'autobiographie [lotobjɔgʀafi] *f.*	die Autobiographie	
le regard [ləʀəgaʀ] → regarder	der Blick	

le visiteur / la visiteuse [ləvizitœʀ/lavizitøz] 🇬🇧 visitor	der/die Besucher/in	Tous les ans, la tour Eiffel compte plus de 6 millions de ~[19].
assister à qc [asistea]	dabei sein, an etw. teilnehmen	Pendant mon stage à la radio, j'ai ~[20] plusieurs émissions.
le/la scénariste [lə/lasenaʀist] *m./f.* → la scène	der/die (Drehbuch-)Autor/in	Le ~ est un auteur qui invente des scènes de film ou de B.D.
la bulle [labyl]	die (Sprech-)Blase	Dans une B.D., je regarde d'abord les dessins, ensuite je lis les ~[22].
le spectacle [ləspɛktakl]	die Vorstellung, die Show	Le concert de Rihanna était un vrai ~.
déguisé/déguisée [degize] *adj.*	verkleidet	Au carnaval, les gens sont ~[23].
le public [ləpyblik]	das Publikum	Le ~ était content, tout le monde a applaudi.
le jury [ləʒyʀi]	die Jury	
remettre qc [ʀəmɛtʀ]	etw. verleihen ▶ *Verbes, p.138*	À la fin du festival on ~[24] les prix.
c'est-à-dire [sɛtadiʀ]	das heißt	
récompenser qn/qc [ʀekɔ̃pɑ̃se]	jdn/etw. belohnen, auszeichnen	Mon père m'a ~[25] pour mes bonnes notes.
grâce à [gʀɑsa]	dank	J'ai rencontré ma petite amie ~[26] hasard.
le chiffre [ləʃifʀ]	die Zahl	Moi, je suis bonne en maths parce que j'aime bien les ~[27].
la production [lapʀɔdyksjɔ̃] 🇬🇧 production	die Produktion	
le lecteur / la lectrice [ləlɛktœʀ/lalɛktʀis] → lire, la lecture	der/die Leser/in	
au cours de [okuʀdə]	im Laufe von/des/der	~ des dernières années, j'ai beaucoup voyagé.
la tranche d'âge [latʀɑ̃ʃdɑʒ]	die Altersgruppe	
en moyenne [ɑ̃mwajɛn]	im Durchschnitt, durchschnittlich	Les Allemands mangent ~ 60 kilos de pommes de terre par an.
p.106 **fonctionner** [fɔ̃ksjɔne] = marcher	funktionieren, arbeiten	Mon ordinateur ne ~[28] pas comme avant. Il est très lent.
la case [lakɑz]	das Feld, *hier:* das einzelne Comicbild, das Panel	Le dessinateur peut raconter une histoire en trois ~.
le plan large [ləplɑ̃laʀʒ]	die Panoramaeinstellung	Au début du film, on voit les Alpes en ~.

représenter qn/qc [ʀəpʀezɑ̃te]
🇬🇧 to represent | jdn/etw. darstellen, zeigen | Tu as vu cette affiche? Je ne vois pas ce que ça ~.[29]

le décor [lədekɔʀ] | *hier:* die Umgebung |

le gros plan [ləɡʀoplɑ̃] | die Nahansicht | La case montre des yeux tristes en ~.

l'inverse [lɛ̃vɛʀs] *m.* | *hier:* umgekehrt | On peut aller au cinéma et ensuite manger un petit truc, ou ~.

l'effet [lefɛ] *m.* | die Wirkung, der Effekt | Une douche froide, ça fait de l'~.

selon [səlɔ̃] | *hier:* je nachdem | Il faut s'habiller ~ le temps qu'il fait.

le bord de case [ləbɔʀdəkɑz] | die Umrahmung, *hier:* die Panelrahmung |

généralement [ʒeneʀalmɑ̃] *adv.*
🇬🇧 generally
= normalement | im Allgemeinen | ~, les histoires pour les enfants se terminent bien.

le système [ləsistɛm] | das System | Si tu veux vraiment changer quelque chose, tu dois changer tout le ~.

on s'y tient [ɔ̃sitjɛ̃] | man hält sich daran | On prend une décision et ~, d'accord?

durant [dyʀɑ̃]
= pendant | während | ~ tout le voyage, il n'a pas arrêté de se plaindre.

la rupture [laʀyptyʀ] | der Bruch, *hier:* die Unterbrechung | Depuis leur ~, ils ne se voient plus.

le flash-back [ləflaʃbak] *m. inv.*
🇬🇧 flash-back | die Rückblende | L'histoire est compliquée, parce qu'elle est racontée avec plein de ~.

le malaise [ləmalɛz] | das Unwohlsein | Son ami n'est pas venu à cause d'un ~.

la richesse [laʀiʃɛs]
→ riche | der Reichtum, die Fülle | Je préfère l'amour à toutes les ~[30] du monde!

p.107 **le lettrage** [ləlɛtʀaʒ]
🇬🇧 lettering | die Schriftgestaltung, *hier:* das Lettering |

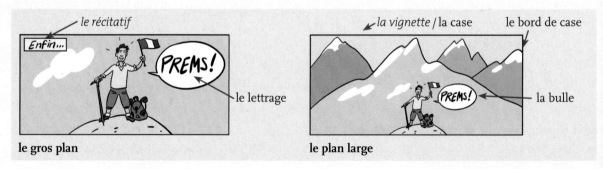

le gros plan   le plan large

fondamental/fondamentale/ fondamentaux *m. pl.* [fɔ̃damɑ̃tal/fɔ̃damɑ̃to] *adj.* | grundlegend, fundamental | D'abord, on s'occupe des choses ~[31], ensuite on verra pour les détails.

intégré/intégrée à (ou dans) qc [ɛ̃teɡʀe] *adj.* | angepasst (an etw.), integriert (in etw.) | Michel est bien ~[32]. Il a un groupe d'amis avec lequel il s'entend bien.

le graphisme [ləgʀafism]	die grafische Gestaltung	
horrible [ɔʀibl] *m./f. adj.* 🇬🇧 horrible	schrecklich	J'ai oublié tout ce que j'ai appris! C'est ~!
la lettre [lalɛtʀ] 🇬🇧 letter	der Buchstabe	La ~ «A» est la première de l'alphabet.
enregistrer qc [ãʀəʒistʀe]	etw. aufnehmen, etw. speichern	J'ai ~³³ les photos de nos vacances sur mon portable.
la fonte [lafɔ̃t]	der (Schrift-)Guss	
personnalisé/personnalisée [pɛʀsɔnalize] *adj.*	personalisiert	Ton billet de train est ~³⁴. Tu ne peux pas me le passer.
la typo(graphie) [latipɔgʀafi]	die Schriftart	Un journal utilise toujours la même ~.
faire croire que [fɛʀkʀwaʀkə]	so tun, als ob	Tu peux ~ tu as 18 ans.
chinois/chinoise [ʃinwa/ʃinwaz] *adj.*	chinesisch	Shanghai est une ville ~³⁵.
épais/épaisse [epɛ/epɛs] *adj.*	dick	Ma mère m'a coupé une tranche de pain très ~³⁶.
faire ressortir qc [fɛʀəsɔʀtiʀ]	etw. hervorheben	Durant l'entretien, tu dois ~ tes connaissances.
le gris optique du pavé de texte [ləgʀiɔptikdypavedytɛkst]	die „Bleiwüste" *große Textmenge ohne Absätze*	
doucement [dusmã] *adv.*	leise	Le chat avait peur, alors je lui ai parlé tout ~.
lisible [lizibl] *m./f. adj.* → lire	lesbar	Maman m'a laissé un mot sur la table, mais il n'est pas ~.
⁽ê⁾ s'appliquer [saplike]	sich Mühe geben	– Mathieu est bon en maths? – Il s'~³⁷.
contrairement à [kɔ̃tʀɛʀmãa] *adv.*	im Gegensatz zu	~ toi, j'ai beaucoup aimé le spectacle.
le spectateur / la spectatrice [ləspɛktatœʀ/laspɛktatʀis]	der/die Zuschauer/in	Le film était horrible. Les ~ ont quitté la salle.
la complication [lakɔ̃plikasjɔ̃] 🇬🇧 complication → compliqué/e	die Schwierigkeit	Il y a eu trop de ~³⁸ avec les voisins, alors nous avons changé d'appartement.

p.108   **l'onomatopée** [lɔnɔmatɔpe] *f.*   die Lautmalerei   Mon ~ préférée, c'est «screugneugneu».

---

1 livres audios   2 héros   3 films d'animation   4 reine   5 œuvres d'art   6 horreurs   7 sorcière   8 mécanicien
9 tombés amoureux   10 adolescents   11 illustrations   12 classiques   13 élégant/e   14 pirates   15 prisonnière
16 mystérieuses   17 entier   18 précise   19 visiteurs   20 assisté   21 dessinateur   22 bulles   23 déguisés   24 remet
25 récompensé   26 grâce au   27 chiffres   28 fonctionne   29 représente   30 richesses   31 fondamentales   32 intégré
33 enregistré   34 personnalisé   35 chinoise   36 épaisse   37 applique   38 complications

Die Angabe hinter dem Pfeil verweist dich auf die *Unité* und das *Volet* oder die *Lecture* bzw. das *Module*, in der / in dem die Vokabel neu eingeführt wird: 3/1 heißt z. B. *Unité 3, Volet 1*; 3/LA heißt z. B. *Unité 3, Lecture A*; MA steht z. B. für *Module A*. Einträge ohne eine solche Angabe gehören zum Lernwortschatz von *À plus! 1*, *À plus! 2* und *À plus! 3*. Die Konjugationen der Verben findest du ab Seite 138.

A

à [a] in

à ... euro(s) [a...øro] für... Euro

à ... heure(s) [a...œʀ] um ... Uhr

À bientôt! [abjɛ̃to] Bis bald!

à bord [abɔʀ] an Bord → MF

à cause de [akozdə] wegen

à cause de ça [akozdəsa] deswegen

à côté de qc [akotedə] neben

À demain! [adəmɛ̃] Bis morgen!

à deux contre un [adœkɔ̃tʀɛ̃] zwei gegen einen

à droite [adʀwat] rechts

à gauche [agoʃ] links

à la carte [alakaʀt] nach Wunsch → MD

à la fois [alafwa] gleichzeitig → MA

à la maison [alamɛzɔ̃] zu Hause

à la place de [alaplasdə] anstelle von, statt → 2/1

à l'appareil [alapaʀɛj] am Apparat → 1/3

à l'heure [alœʀ] pünktlich

à l'intérieur [alɛ̃teʀjœʀ] innerhalb, drinnen in den Räumen → MA

à midi [amidi] mittags, um 12 Uhr

à pied [apje] zu Fuß

À plus! [aplys] *fam.* Bis später!

à propos [apʀopo] übrigens, apropos

À quelle heure? [akɛlœʀ] Um wie viel Uhr?

à ta place [ataplas] an deiner Stelle → 1/1

À table! [atabl] Essen!, Zu Tisch!

absolument [apsolymɑ̃] *adv.* ganz, unbedingt → 2/2

l' accent [laksɑ̃] *m.* der Akzent

accepter qc [aksɛpte] (etw.) akzeptieren

l' accident [laksidɑ̃] *m.* der Unfall

accompagner qn [akɔ̃paɲe] jdn. begleiten

l' accordéon [lakɔʀdeɔ̃] *m.* das Akkordeon

l' accrobranche [lakʀobʀɑ̃ʃ] *m.* Baumklettern im Hochseilgarten

accueillir qn [akœjiʀ] jdn. empfangen, aufnehmen → 3/3

acheter qc [aʃəte] etw. kaufen

l' acteur / l'actrice [laktœʀ/laktʀis] *m./f.* der/die Schauspieler/in

l' action [laksjɔ̃] *f.* die Aktion, die Tat → 3/2

l' activité [laktivite] *f.* die Freizeitaktivität

l' adaptation [ladaptasjɔ̃] *f.* die Adaption, die Bearbeitung → MA

admirer qn/qc [admiʀe] jdn./etw. bewundern → 1/1

l' adolescent / l'adolescente [ladolesɑ̃/ladolesɑ̃t] der/die Jugendliche → MF

adorable [adoʀabl] *m./f. adj.* süß, niedlich

adorer qc/qn/+ *inf.* [adoʀe] etw./jdn. (sehr) lieben, es lieben, etw. zu tun

l' aéroport [laeʀopɔʀ] *m.* der Flughafen

les affaires [lezafɛʀ] *f. pl.* die Sachen

africain/africaine [afʀikɛ̃/afʀikɛn] *adj.* afrikanisch → 3/1; l'Africain / l'Africaine [lafʀikɛ̃/lafʀikɛn] *m./f.* der/die Afrikaner/in

l' Afrique [lafʀik] Afrika

l' âge [lɑʒ] *m.* das Alter; avoir ~ de qn [avwaʀlɑʒdə] so alt sein wie jd.; Il/ Elle a quel ~? [il/ɛlakɛlɑʒ] Wie alt ist sie?

agir [aʒiʀ] handeln

agréable [agʀeabl] *m./f. adj.* angenehm

agresser qn [agʀese] jdn. angreifen

l' agresseur [lagʀesœʀ] *m.* der Angreifer

agressif/agressive [agʀesif/agʀesiv] *adj.* aggressiv, grell → MA

l' agression [lagʀesjɔ̃] *f.* der Angriff

l' agriculture [lagʀikyltyʀ] *f.* die Landwirtschaft → 3/1

ah [a] ach, ach so

l' aide [lɛd] *f.* die Hilfe

l' aide à domicile [lɛdadomisil] *f.* der/die Pfleger/in

aider qn (à + *inf.*) [ede] jdm. helfen (etw. zu tun)

Aïe! [aj] Aua!

aimer qc/qn/+ *inf.* [eme] etw./jdn. mögen; es mögen, etw. zu tun; etw./jdn lieben

aimer bien qn/qc/+ *inf.* [emebjɛ̃] jdn./etw. gern mögen; es mögen, etw. zu tun

l' air [lɛʀ] *m.* die Luft; au grand ~ [ogʀɑ̃tɛʀ] an der frischen Luft

l' aire de repos [lɛʀdəʀəpo] *f.* der Rastplatz, die Raststätte

l' album [lalbɔm] *m.* das Album, Fotoalbum

l' Algérie [lalʒeʀi] *f.* Algerien → 3/1

l' Allemagne [lalmaɲ] *f.* Deutschland

l' allemand [lalmɑ̃] *m.* Deutsch; l'Allemand / l'Allemande [lalmɑ̃/lalmɑ̃d] *m./f.* der/die Deutsche

(ê)aller [ale] gehen; ~ mal [alemal] sich schlecht fühlen

(ê)aller chercher qn/qc [aleʃɛʀʃe] jdn./etw. abholen, holen

l' allergie [lalɛʀʒi] *f.* die Allergie

Allez! [ale] Los!

Allô! [alo] Ja, bitte?, Hallo?

alors [alɔʀ] also

les Alpes [lezalp] *f. pl.* die Alpen → MD

l' amateur / l'amatrice [lamatœʀ/lamatʀis] *m./f.* der/die Laie → MA

l' ambiance [lɑ̃bjɑ̃s] *f.* die Stimmung

amener qn/qc [aməne] jdn./etw. mitbringen *wie* acheter

l' Amérique [lameʀik] *f.* Amerika → 3/3

l' **ami** / l'**amie** [lami] *m./f.* der/die Freund/in

l' **amitié** [lamitje] *f.* die Freundschaft

l' **amour** [lamuʀ] *m.* die Liebe

amoureux/amoureuse [amuʀø/amuʀøz] *adj.* verliebt

amusant/amusante [amyzɑ̃/amyzɑ̃t] *adj.* lustig, unterhaltsam → 2/3

(ê)**s'amuser** [samyze] sich amüsieren, Spaß haben

l' **an** [ɑ̃] *m.* das Jahr

l' **ananas** [lananas] *m.* die Ananas

ancien/ancienne [ɑ̃sjɛ̃/ɑ̃sjɛn] *adj.* alt, ehemalig → MA

l'**anecdote** [lanɛkdɔt] *f.* die Anekdote → 2/3

anglais/anglaise [ɑ̃glɛ/ɑ̃glɛz] *adj.* englisch; l'**anglais** [lɑ̃glɛ] *m.* Englisch; l'**Anglais** / l'**Anglaise** [lɑ̃glɛ/lɑ̃glɛz] *m./f.* der/die Engländer/in

l' **animal** / les **animaux** [lanimal/lezanimo] *m.* das Tier

l' **animateur** / l'**animatrice** [lanimatœʀ/lanimatʀis] *m./f.* der/die Animateur/in

animé/animée [anime] *adj.* belebt

l' **année** [lane] *f.* das Jahr

l' **anniversaire** [laniveʀsɛʀ] *m.* der Geburtstag; **Joyeux ~!** [ʒwajøzaniveʀsɛʀ] Herzlichen Glückwunsch zum Geburtstag!

annoncer qc [anɔ̃se] etw. ankündigen, etw. mitteilen → MB

l' **anorak** [lanɔʀak] *m.* der Anorak

l' **apparence** [lapaʀɑ̃s] *f.* die äußere Erscheinung, der Anschein → ME

l' **appartement** [lapaʀtəmɑ̃] *m.* die Wohnung

l' **appel** [lapɛl] *m.* der Anruf

appeler qn [apəle] jdn. anrufen

(ê)**s'appeler** [saple] heißen

applaudir (qn) [aplodiʀ] applaudieren *wie* réagir

(ê)**s'appliquer** [saplike] sich Mühe geben → MF

apporter qc (à qn) [apɔʀte] (jdm.) etw. mitbringen

apprendre qc (sur) [apʀɑ̃dʀ] etw. lernen, etw. erfahren (über); ~ **à** + *inf.* [apʀɑ̃dʀa] lernen, etw. zu tun

l' **apprenti** *m.* / l'**apprentie** *f.* [lapʀɑ̃ti] *m./f.* der/die Auszubildende, der Lehrling → 1/3

après [apʀɛ] danach, nach

après-demain [apʀɛdəmɛ̃] *adv.* übermorgen → 3/3

l' **après-midi** [lapʀɛmidi] *m./f.* der Nachmittag

l' **aquarium** [lakwaʀjɔm] *m.* das Aquarium

l' **arabe** [laʀab] *m.* Arabisch → 3/1

l' **arachide** [laʀaʃid] *f.* die Erdnuss → 3/1

l' **arbitre** [laʀbitʀ] *m./f.* der/die Schiedsrichter/in

l' **arbre** [laʀbʀ] *m.* der Baum

les **arènes** [lezaʀɛn] *f. pl.* die Arena

l' **argent** [laʀʒɑ̃] *m.* das Geld, das Silber → 3/1; **gagner de l'~** [gaɲedəlaʀʒɑ̃] Geld verdienen → 1/2

l' **argument** [laʀgymɑ̃] *m.* das Argument

l' **arme** [laʀm] *f.* die Waffe → 3/3

l' **armoire** [laʀmwaʀ] *f.* der Schrank

arrêter [aʀɛte] aufhören; (ê)**s'~** [saʀɛte] anhalten, aufhören; ~ **de** + *inf.* [aʀɛtedə] aufhören, etw. zu tun

l' **arrière-grand-mère** [laʀjɛʀgʀɑ̃mɛʀ] *f.* die Urgroßmutter

l' **arrière-plan** [laʀjɛʀplɑ̃] *m.* der Hintergrund → MA, → MC

l' **arrivée** [laʀive] *f.* die Ankunft (ê)**arriver** [aʀive] ankommen; (ê)~ **à** **qc**/+ *inf.* [aʀivea] etw. erreichen

l' **arrondissement** [laʀɔ̃dismɑ̃] *m.* das Arrondissement

l' **art** [laʀ] *m.* die Kunst → 3/2

l' **article** [laʀtikl] *m.* der Artikel, der Zeitungsartikel → 1/1

l' **artiste** [laʀtist] *m./f.* der/die Künstler/in

l' **ascenseur** [lasɑ̃sœʀ] *m.* der Aufzug

l' **Asie** [lazi] *f.* Asien → 3/1

l' **aspirateur** [laspiʀatœʀ] *m.* der Staubsauger; **passer l'~** [paselaspiʀatœʀ] staubsaugen

(ê)**s'asseoir** [saswaʀ] sich hinsetzen → 3/LA

assez [ase] ziemlich

assez de [asedə] genug

l' **assiette** [lasjɛt] *f.* der Teller

assister à qc [asistea] dabei sein, an etw. teilnehmen → 3/LA, → MF

l' **association** [lasɔsjasjɔ̃] *f.* die Organisation, der Verein → MC

associer qn/qc à qc [asɔsje] jdn./ etw. mit etw. verbinden → MC

l' **atelier** [latəlje] *m.* der Workshop

l' **athlétisme** [latletism] *m.* die Leichtathletik

attaché/attachée (à qc/qn) [ataʃe] verbunden, festgemacht (an etw.) → 3/2

l' **attaque** [latak] *f.* der Angriff, die Angriffspieler

attendre qn/qc [atɑ̃dʀ] auf jdn./ etw. warten

l' **attention** [latɑ̃sjɔ̃] *f.* die Aufmerksamkeit → MC

attirer qn [atiʀe] jdn anziehen, anlocken

l' **attraction** [latʀaksjɔ̃] *f.* die Attraktion

au grand air [ogʀɑ̃tɛʀ] an der frischen Luft

au bord de [obɔʀdə] am Ufer von

au bout de qc [obudə] am Ende von etw. → 2/3

au chômage [oʃomaʒ] arbeitslos

au cours de [okuʀdə] im Laufe von/ des/der → MF

au début (de qc) [odeby] *adv.* am Anfang (von etw.), zuerst

au lieu de [oljødə] statt, anstelle → 3/3

Au revoir! [oʀəvwaʀ] Auf Wiedersehen!

Au secours! [osəkuʀ] Zu Hilfe!

l' **auberge de jeunesse** [lobɛʀʒdə ʒœnɛs] *f.* die Jugendherberge

aujourd'hui [oʒuʀdɥi] heute

aussi [osi] auch; ~ **... que** [osi...kə] so ... wie

autant de [otɑ̃də] *adv.* so viel

l' **auteur** / l'**auteure** [lotœʀ] der/die Autor/in

l' **autobiographie** [lotobjɔgʀafi] *f.* die Autobiographie → MF

autonome [otonɔm] *m./f. adj.* selbstständig → 1/3

autour de [otuʀdə] um ... herum

autre [otʀ] *m./f. adj.* anderer/ andere/anderes

autrefois [otʀəfwa] früher

autrement [otʀəmɑ̃] *adv.* anders

avant [avɑ̃] früher, vor *zeitlich*; ~ **de** + *inf.* [avɑ̃də] bevor avec [avɛk] mit

l' **avenir** [lavniʀ] *m.* die Zukunft → 1/1

l' **aventure** [lavãtyʀ] *f.* das Abenteuer

l' **avenue** [lavəny] *f.* die Allee

l' **avion** [lavjõ] *m.* das Flugzeug

l' **aviron** [laviʀõ] *m.* das Rudern

l' **avis** [lavi] *m.* die Meinung; **à mon ~** [amõnavi] meiner Meinung nach; **donner son ~ (sur qc)** [dɔnesɔnavi] seine Meinung (zu etw.) äußern

avoir (qc) [avwaʀ] haben; ~ **besoin de qn/qc/+ inf.** [avwaʀbəzwɛ̃də] jdn./etw. brauchen, brauchen + *Inf.*; ~ **de la chance** [avwaʀdəlaʃãs] Glück haben; ~ **envie de + inf.** [avwaʀãvidə] Lust haben, etw. zu tun; ~ **envie de qc** [avwaʀãvidə] Lust auf etw. haben; ~ **faim** [avwaʀfɛ̃] Hunger haben; ~ **honte (de qc)** [avwaʀõt] sich schämen (für etw.) → MB; ~ **l'air** [avwaʀlɛʀ] aussehen; ~ **la patate** [avwaʀlapatat] *fam.* gut drauf sein; ~ **le droit de + inf.** [avwaʀlədʀwadə] dürfen, das Recht haben, etw. zu tun; ~ **lieu** [avwaʀljø] stattfinden; ~ **mal (à)** [avwaʀmal] Schmerzen haben (an/am) → 2/2; ~ **peur** [avwaʀpœʀ] Angst haben, Angst bekommen; ~ **pitié de qn** [avwaʀpitjedə] mit jdm. Mitleid haben; ~ **qc en tête** [avwaʀãtɛt] sich etw. vorstellen, an etw. denken, *wörtlich:* etw. im Kopf haben → 2/3; ~ **raison** [avwaʀɛzõ] recht haben; ~ **soif** [avwaʀswaf] Durst haben

avril [avʀil] April

B

faire du baby-sitting [fɛʀdybabisitiŋ] babysitten → 3/2

le **bac** [ləbak] *fam.* / le **baccalauréat** [ləbakalɔʀea] das Abi / das Abitur → 3/2

la **bagarre** [labagaʀ] die Prügelei

(ê)**se baigner** [səbeɲe] baden

baisser les bras [beselebʀa] aufgeben *wörtlich:* die Arme senken

la **balade** [labalad] der Ausflug; la ~ **en bateau** [labaladãbato] die Bootsfahrt

(ê)**se balader** [səbalade] *fam.* spazieren gehen, herumlaufen → 3/3

la **baleine** [labalɛn] der Wal

le **ballon** [ləbalõ] der Ball

la **banane** [labanan] die Banane

la **bande originale** [labãdɔʀiʒinal] der Soundtrack, die Filmmusik → MF

la **banlieue** [labãljø] der Vorort, der Stadtrand

le **baoulé** [ləbaule] Baule → 3/1

le **bar** [ləbaʀ] die Bar; le ~ **à jus de fruits** [ləbaʀaʒydəfʀɥi] die Saftbar

bas [bɑ] *adv.* unten → 3/LA

les **baskets** [lebaskɛt] *f. pl.* die Turnschuhe

le **bateau** / les **bateaux** [ləbato/lebato] das Schiff, das Boot

la **batterie** [labatʀi] das Schlagzeug

battre qn/qc [batʀ] jdn. schlagen, jdn. besiegen → 1/1

(ê)**se battre** [səbatʀ] sich (durch) schlagen, kämpfen → 1/1

bavard/bavarde [bavaʀ/bavaʀd] *adj.* geschwätzig

le **beach-volley** [ləbitʃvɔlɛ] Beach-Volleyball

beau / bel *m.* / **belle** *f.* **beaux** *m. pl.* / **belles** *f. pl.* [bo/bɛl/bɛl/bo/bɛl] *adj.* schön

beaucoup [boku] viel

beaucoup de [bokudə] viele; ~ **monde** [bokudəmõd] viele Leute

le **beau-père** [ləbopɛʀ] der Stiefvater

la **bédé/B.D.** / les **B.D.** [labede/lebede] der Comic

belge [bɛlʒ] *m./f. adj.* belgisch; le **Belge** / la **Belge** [ləbɛlʒ/labɛlʒ] der Belgier, die Belgierin

la **belle-mère** [labɛlmɛʀ] die Stiefmutter

ben [bɛ̃] *fam.* naja, äh

le **berbère** [ləbɛʀbɛʀ] die Berbersprache, Berberisch → 3/1

bête [bɛt] *m./f. adj.* dumm, blöd

le **beurre** [ləbœʀ] die Butter

la **bibliothèque** [labiblijɔtɛk] die Bibliothek, die Bücherei → 3/2

bien [bjɛ̃] gut

bien d'autres choses [bjɛ̃dotʀʃoz] noch viel mehr

bien sûr [bjɛ̃syʀ] aber sicher; ~ **que oui/non!** [bjɛ̃syʀkəwi/nõ] Natürlich (nicht)!

le **bien-être** [ləbjɛ̃nɛtʀ] das Wohlbefinden → MC

bientôt [bjɛ̃to] bald

Bienvenue! [bjɛ̃vəny] *f.* Willkommen!

bilingue [bilɛ̃g] *m./f. adj.* zweisprachig → ME

le **billet** [ləbije] das Ticket, die Eintrittskarte

bio *fam.* / **biologique** [bjɔ/bjɔlɔʒik] *m./f. adj.* Bio-, biologisch

le **biscuit** [ləbiskɥi] der Keks

la **bise** [labiz] der Kuss

bizarre [bizaʀ] *m./f. adj.* merkwürdig

la **blague** [lablag] der Scherz

blanc/blanche [blã/blãʃ] *adj.* weiß

blessé/blessée [blese] *adj.* verletzt

bleu/bleue [blø] *adj.* blau

le **blog** [ləblɔg] der Blog

bof [bɔf] *fam.* Na ja. / Es geht so.

boire qc [bwaʀ] etw. trinken

le **bois** [ləbwa] das Holz → 3/1

la **boisson** [labwasõ] das Getränk

la **boîte** [labwat] die Dose, die Schachtel

bon/bonne [bõ/bɔn] *adj.* gut; **Bon appétit!** [bõnapeti] Guten Appetit!; **Bonne chance!** [bɔnʃãs] Viel Glück!; **Bonne idée!** [bɔnide] Gute Idee!; **C'est bon.** [sɛbõ] Das schmeckt gut.; **être bon / bonne en** [ɛtʀbõ/bɔnã] in etw. gut sein

bon marché [bõmaʀʃe] *adj. inv.* günstig, preiswert → 1/LA

le **bon plan** [ləbõplã] der Geheimtipp → MD

le **bonbon** [ləbõbõ] das Bonbon, die Praline

Bonjour! [bõʒuʀ] Guten Tag!, Guten Morgen!

Bonsoir! [bõswaʀ] Guten Abend!

le **bord de case** [ləbɔʀdəkaz] die Umrahmung, die Panelrahmung → MF

le **boubou** [ləbubu] der Boubou → 3/3

la **bouche** [labuʃ] der Mund → 3/LB

le **bouchon** [ləbuʃõ] der Stau *auch:* der Flaschenverschluss

bouger [buʒe] sich bewegen

la **bougie** [labuʒi] die Kerze

la **boulangerie** [labulãʒʀi] die Bäckerei

les **boulettes (à la liégeoise)** [lebulɛtalaljeʒwaz] *f. pl.* die Hackbällchen (nach Lütticher Art)

le **boulevard** [ləbulvaʀ] der Boulevard

(ê)**se bousculer** [səbuskyle] sich drängeln → 3/LA

la **bouteille** [labutɛj] die Flasche

la **boutique** [labutik] der Laden

la **boxe** [labɔks] das Boxen

branché/branchée [bʁɑ̃ʃe] *adj. fam.* angesagt

le **bras** [ləbʁa] der Arm; **baisser les ~** [beselebʁa] aufgeben *wörtlich:* die Arme senken

breton/bretonne [bʁətɔ̃/bʁətɔn] *adj.* bretonisch

le **bretzel** [ləbʁɛtzəl] die Brezel

bronzé/bronzée [bʁɔ̃ze] *adj.* sonnengebräunt

bronzer [bʁɔ̃ze] bräunen → MD

le **bruit** [ləbʁɥi] der Lärm, das Geräusch

la **brute** [labʁyt] der Grobian

le **buffet** [ləbyfɛ] das Buffet

la **bulle** [labyl] die (Sprech-)Blase → MF

le **bureau** / les **bureaux** [ləbyʁo/lebyʁo] der Schreibtisch, das Büro

le **bus** [ləbys] der Bus

le **but** [ləbyt] das Tor, das Ziel; le **gardien de ~** / la **gardienne de ~** [ləgaʁdjɛ̃dəbyt/lagaʁdjɛndəbyt] der/die Torwart/in; **marquer un ~** [maʁkeɛ̃byt] ein Tor schießen

---

C

Ça dépend. [sadepɑ̃] Es kommt darauf an.

ça fait + *adj.* [safɛ] das wirkt → 1/3

Ça marche. [samaʁʃ] *fam.* Geht klar.

Ça me plaît. [saməplɛ] Das gefällt mir.

Ça ne me dit rien (du tout). [sanəmədiʁjɛ̃dytu] Das ist (gar) nichts für mich. → 1/1

Ça vaʔ [sava] Wie geht's? / Geht's dir gut?, In Ordnung?

Ça va. [sava] Es geht (mir) gut.

Ça veut dire … [savødiʁ] Das bedeutet …

Ça y est! [sajɛ] *fam.* Geschafft!, Na endlich!

la **cabane** [lakaban] die Hütte → MF

le **cabaret** [ləkabaʁɛ] die Show

le **cacao** [ləkakao] der Kakao → 3/1

la **cache** [lakaʃ] das Versteck, der Cache

(ê)**se cacher** [səkaʃe] sich verstecken → MB

le **cadeau** / les **cadeaux** [ləkado/lekado] das Geschenk

le **café** [ləkafe] das Café, der Kaffee → 3/1

la **cage** [lakaʒ] der Käfig

le **cahier** [ləkaje] das Heft; le ~ **de vacances** [ləkajedəvakɑ̃s] das Ferienheft

la **calanque** [lakalɑ̃k] die Felsbucht

calculer qc [kalkyle] etw. berechnen

calme [kalm] *m./f. adj.* ruhig

le/la **camarade de classe** [lə/lakamaʁadəklas] *m./f.* der/die Mitschüler/in → MF

la **campagne** [lakɑ̃paɲ] das Land

le **camping** [ləkɑ̃piŋ] der Campingplatz, das Zelten

le **Canada** [ləkanada] Kanada

le **candidat** / la **candidate** [ləkɑ̃dida/lakɑ̃didat] der/die Kandidat/in

la **candidature** [lakɑ̃didatyʁ] die Bewerbung → 1/2

la **cantine** [lakɑ̃tin] die Kantine, der Speisesaal

le **caoutchouc** [ləkautʃu] der Kautschuk → 3/1

la **capitale** [lakapital] die Hauptstadt

captiver qn/qc [kaptive] jdn. fesseln → MA

le **car** [ləkaʁ] der Reisebus; **en ~** [ɑ̃kaʁ] mit dem Reisebus

le **caractère** [ləkaʁaktɛʁ] der Charakter, die Figur

le **caribou** [ləkaʁibu] das Karibu

le **carnaval** [ləkaʁnaval] der Karneval, der Fasching

le **carnet de correspondance** [ləkaʁnedəkɔʁɛspɔ̃dɑ̃s] *Mitteilungsheft* → 2/2

le **carrefour** [ləkaʁfuʁ] die Kreuzung

carrément [kaʁemɑ̃] *fam.* total, direkt → 1/LB, → 2/2

la **carrière** [lakaʁjɛʁ] die Karriere, die Laufbahn → MB

la **carte** [lakaʁt] die (Spiel-) Karte, die Postkarte

le **carton** [ləkaʁtɔ̃] der Karton → 2/1; le ~ **jaune** [ləkaʁtɔ̃ʒon] die gelbe Karte

cartonner [kaʁtɔne] *fam.* großen Erfolg haben → 1/LB

la **case** [lakɑz] das einzelne Comicbild, das Feld, das Panel → MF

le **casque** [ləkask] der Kopfhörer, der Helm

casser la figure à qn [kaselafigyʁa] *fam.* jdn verhauen

la **catastrophe** [lakatastʁɔf] die Katastrophe

catastrophique [katastʁɔfik] *m./f. adj.* katastrophal

la **cathédrale** [lakatedʁal] der Dom, die Kathedrale

le/la **catholique** [lə/lakatɔlik] *m./f.* der/die Katholik/in → MB

le **CD** / les **CD** [ləsede/lesede] die CD

le **CDI** [ləsedei] die Schulbibliothek

ce/cet/cette/ces [sə/sɛt/sɛt/se] dieser/diese/dieses

Ce n'est pas mon truc. [sənepamɔ̃tʁyk] *fam.* Das ist nicht mein Ding.

Ce serait sympa. [səsəʁesɛ̃pa] Das wäre nett.

cela [səla] das

célèbre [selɛbʁ] *m./f. adj.* berühmt

la **censure** [lasɑ̃syʁ] die Zensur → 3/2

cent [sɑ̃] hundert

le **centimètre** [ləsɑ̃timɛtʁ] der Zentimeter → 1/LA

le **centre** [ləsɑ̃tʁ] das Zentrum; le ~ **commercial** [ləsɑ̃tʁkɔmɛʁsjal] das Einkaufszentrum

le **centre-ville** [ləsɑ̃tʁvil] das Stadtzentrum

c'est [sɛ] das ist; **C'est à la page 25.** [sɛtalapaʒvɛ̃tsɛ̃k] Das ist/steht auf Seite 25.; **C'est à quelle page?** [sɛtakɛlpaʒ] Auf welcher Seite ist/steht das?; **C'est à qui?** [sɛtaki] Wer ist dran?; **c'est bien ça?** [sebjɛ̃sa] nicht wahr? → 1/3; **C'est honteux!** [seɔ̃tø] Das ist eine Schande!; **C'est l'horreur!** [sɛlɔʁœʁ] Das ist der Horror!; **C'est moi.** [sɛmwa] Ich bin's. / Das bin ich.; **C'est qui?** [sɛki] Wer ist das?; **C'est tout.** [setu] Das ist alles.; **C'est trop cool!** [setʁokul] *fam.* Das ist total cool!

C'est à … [sɛta] … ist dran.; **C'est à moi.** [sɛtamwa] Ich bin dran.

c'est pourquoi [sɛpuʁkwa] *conj.* deshalb, deswegen

c'est-à-dire [sɛtadiʁ] das heißt → MF

cet après-midi [sɛtapʀɛmidi] heute Nachmittag

c'était trop tard [setɛtʀotaʀ] es war zu spät

C'était l'horreur! [setelɔʀœʀ] Das war der Horror!

chacun/chacune [ʃakẽ/ʃakyn] jeder/jede

la **chaîne** [laʃɛn] der Fernsehsender, der Kanal

la **chaise** [laʃɛz] der Stuhl

la **chambre** [laʃɑ̃bʀ] das Schlafzimmer

le **champ** [ləʃɑ̃] das Feld

le **champion** / la **championne** [ləʃɑ̃pjɔ̃/laʃɑ̃pjɔn] der Champion

la **chance** [laʃɑ̃s] das Glück, die Chance; **avoir de la ~** [avwaʀdəlaʃɑ̃s] Glück haben; **Bonne ~!** [bɔnʃɑ̃s] Viel Glück!; **porter ~** [pɔʀteʃɑ̃s] Glück bringen → 3/LA

le **chancelier**/la **chancelière** [ləʃɑ̃səlje/laʃɑ̃səljɛʀ] der/die Kanzler/in → MB

changer [ʃɑ̃ʒe] sich ändern, umsteigen *wie* manger

la **chanson** [laʃɑ̃sɔ̃] das Lied

chanter (qc) [ʃɑ̃te] (etw.) singen

le **chanteur** / la **chanteuse** [ləʃɑ̃tœʀ/laʃɑ̃tøz] der/die Sänger/in

chaque [ʃak] *m./f. adj.* jeder, jede, jedes

la **charcuterie** [laʃaʀkytʀi] Wurstwaren, die Metzgerei

chargé/chargée [ʃaʀʒe] *adj.* überladen

la **charte** [laʃaʀt] die Charta

la **chasse au trésor** [laʃasotʀezɔʀ] die Schatzsuche

le **chat** [ləʃa] die Katze

le **château** / les **châteaux** [ləʃato/leʃato] das Schloss

chatter (avec qn) [tʃate] (mit jdm.) chatten

chaud/chaude [ʃo/ʃod] *adj.* warm, heiß

la **chaussure** [laʃosyʀ] der Schuh

le/la **chef** [lə/laʃɛf] der/die Chef/in

le **chemin** [ləʃəmẽ] der Weg; **demander son ~ (à qn)** [dəmɑ̃desɔ̃ʃəmẽ] (jdn.) nach dem Weg fragen

la **chemise** [laʃəmiz] das Hemd

cher/chère [ʃɛʀ] *adj.* liebe/r, teuer

chercher qn/qc [ʃɛʀʃe] jdn./etw. suchen

le **cheval** / les **chevaux** [ləʃəval/leʃəvo] das Pferd

les **cheveux** [leʃvø] *m. pl.* die Haare

chez [ʃe] bei; **~ moi** [ʃemwa] bei mir (zu Hause)

le **chien** [ləʃjẽ] der Hund; **avoir un caractère de ~** [avwaʀẽkaʀaktɛʀdəʃjẽ] *fam.* einen fiesen Charakter haben

le **chiffre** [ləʃifʀ] die Zahl → MF

la **Chine** [laʃin] China

chinois/chinoise [ʃinwa/ʃinwaz] *adj.* chinesisch → MF

les **chips** [leʃips] *f. pl.* die Kartoffelchips

le **choc** [ləʃɔk] der Schock → MB

le **chocolat** [ləʃɔkɔla] die Schokolade

choisir qn/qc [ʃwaziʀ] jdn./etw. aussuchen, auswählen

le **chômeur** / la **chômeuse** [ləʃomœʀ/laʃomøz] der/die Arbeitslose → 1/LB

la **chorale** [lakɔʀal] der Chor

la **chose** [laʃoz] die Sache, das Ding

le **ciel** [ləsjɛl] der Himmel → 1/LA, → MC

le **cinéma** [ləsinema] /le **ciné** [ləsine] *fam* das Kino

la **cinquième** [lasẽkjɛm] die siebte Klasse; **en ~** [ɑ̃sẽkjɛm] in der siebten Klasse

le **circuit** [ləsiʀkɥi] die Strecke, der Rundweg → MD

le **cirque** [ləsiʀk] der Zirkus

la **cité** [lasite] die Stadt

le **citoyen** / la **citoyenne** [ləsitwajẽ/lasitwajɛn] der/die Bürger/in → MB

le **citron** [ləsitʀɔ̃] die Zitrone

le **citron vert** [ləsitʀɔ̃vɛʀ] die Limone → 3/3

la **classe** [laklas] die Klasse

le **classeur** [ləklasœʀ] der Ordner

classique [klasik] *m./f. adj.* klassisch; le **~** [ləklasik] der Klassiker → MF

la **clé** [lakle] der Schlüssel

le **cliché** [ləkliʃe] das Klischee

le **climat** [ləklima] das Klima

le **clin d'œil** [ləklẽdœj] der Augenblick, das Zwinkern → 3/LA; **en un ~** [ɑ̃nẽklẽdœj] im Handumdrehen → 3/LA

le **clown** [ləklun] der/die Clown/in

le **club** [ləklœb] der Verein; le **~ de natation** [ləklœbdənatasjɔ̃] der Schwimmverein

le **coca(-cola)** [ləkɔka] die Cola

le **cochon d'Inde** [ləkɔʃɔ̃dẽd] das Meerschweinchen

le **cocktail** [ləkɔktɛl] der Cocktail

le **coin** [ləkwẽ] die Ecke; le **~ musique** [ləkwẽmyzik] die Musikecke

la **collection** [lakɔlɛksjɔ̃] die Sammlung

collectionner qc [kɔlɛksjɔne] etw. sammeln

le **collège** [lakɔlɛʒ] die Sekundarstufe 1

la **colo** *fam.* / la **colonie (de vacances)** [lakɔlo/lakɔlonidəvakɑ̃s] das Feriencamp, die Themenfreizeit

coloniser qn/qc [kɔlɔnize] jdn./etw. kolonisieren

le **combat** [ləkɔ̃ba] der Kampf → 3/LA

combien [kɔ̃bjẽ] wie viel, **~ de ...?** [kɔ̃bjẽdə] Wie viel(e) ...?

la **comédie** [lakɔmedi] die Komödie → MA

comme [kɔm] als, da, wie

comme ça [kɔmsa] so

commencer [kɔmɑ̃se] beginnen; **Qui commence?** [kikɔmɑ̃s] Wer fängt an?, Wer beginnt?

comment [kɔmɑ̃] wie; **~ ça va?** [kɔmɑ̃sava] Wie geht's?, Wie läuft es?; **~ est-ce qu'on dit ...?** [kɔmɑ̃ɛskɔ̃di] Wie sagt man ...?; **~ est-ce qu'on écrit ...?** [kɔmɑ̃ɛskɔ̃nekʀi] Wie schreibt man ...?

le **commentaire** [ləkɔmɑ̃tɛʀ] der Kommentar

la **comparaison** [lakɔ̃paʀɛzɔ̃] der Vergleich → 2/3

les **compatriotes** [lekɔ̃patʀijɔt] *m. pl.* die Landsleute → ME

complètement [kɔ̃plɛtmɑ̃] *adv.* ganz, vollständig → MA

la **complication** [lakɔ̃plikasjɔ̃] die Schwierigkeit → MF

compliqué/compliquée [kɔ̃plike] *adj.* kompliziert

le **comportement** [ləkɔ̃pɔʀtəmɑ̃] das Verhalten → MA

le **composant** [ləkɔ̃pozɑ̃] der Bestand-teil, die Komponente → MC

composer qc [kɔ̃poze] etw. kompo-nieren

comprendre qn/qc [kɔ̃pʀɑ̃dʀ] jdn./etw. verstehen *wie* prendre

compter (sur qn) [kɔ̃te] (auf jdn.) zählen; **Je compte sur toi.** [ʒəkɔ̃tsyʀtwa] Ich zähle auf dich.

concentré/concentrée [kɔ̃sɑ̃tʀe] *adj.* konzentriert → 3/LA

le **concepteur** / la **conceptrice de jeux vidéo** [ləkɔ̃sɛptœʀ/lakɔ̃sɛptʀisdə-ʒøvideo] Game Conceptioner → 1/2

le **concert** [ləkɔ̃sɛʀ] das Konzert

le **concours** [ləkɔ̃kuʀ] der Wett-bewerb

conduire qc [kɔ̃dɥiʀ] etw. fahren, lenken

la **confiance** [lakɔ̃fjɑ̃s] das Vertrauen; **faire ~ à qn** [fɛʀkɔ̃fjɑ̃sa] jdm. ver-trauen

confier qc à qn [kɔ̃fje] jdm. etw. anvertrauen

confisquer qc à qn [kɔ̃fiske] jdm. etw. wegnehmen

la **confiture** [lakɔ̃fityʀ] die Marme-lade, die Konfitüre

le **conflit** [ləkɔ̃fli] der Konflikt

confondre qn/qc [kɔ̃fɔ̃dʀ] jdn./etw. verwechseln → MB

le **Congo** [ləkɔ̃go] der Kongo → MF

congolais/congolaise [kɔ̃gɔlɛ/kɔ̃gɔlɛz] *adj.* kongolesisch → MF

les **connaissances** [lekɔnɛsɑ̃s] *f. pl.* die Kenntnisse, das Wissen → 1/3

connaître (qn/qc) [kɔnɛtʀ] jdn./etw. kennen; (ê)**se ~** [səkɔnɛtʀ] sich kennen(lernen), einander kennen(lernen)

le **conseil** [ləkɔ̃sɛj] der Rat; le **~ de classe** [ləkɔ̃sɛjdəklas] die Klassen-konferenz → MA

le **conseiller d'orientation** [ləkɔ̃sɛje-dɔʀjɑ̃tasjɔ̃] der Berufsberater → 1/1

conseiller qc à qn [kɔ̃seje] jdm. etw. raten → MD

consoler qn [kɔ̃sole] jdn. trösten

le **consommateur** / la **consommatrice** [ləkɔ̃sɔmatœʀ/lakɔ̃sɔmatʀis] der/die Verbraucher/in, der/die Konsu-ment/in → MC

la **construction** [lakɔ̃stʀyksjɔ̃] der Bau, die Bauarbeiten

construire qc [kɔ̃stʀɥiʀ] etw. bau-en, konstruieren

construit/construite [kɔ̃stʀɥi/kɔ̃stʀɥit] *adj.* erbaut

content/contente [kɔ̃tɑ̃/kɔ̃tɑ̃t] *adj.* zufrieden, glücklich

le **contenu** [ləkɔ̃tny] der Inhalt → 2/1

le **continent** [ləkɔ̃tinɑ̃] der Kontinent → 3/1

continuer [kɔ̃tinye] weitergehen, anhalten; **~ (qc)** (etw.) weiter ma-chen

contrairement à [kɔ̃tʀɛʀmɑ̃a] *adv.* im Gegensatz zu → MF

contre [kɔ̃tʀ] gegen, dagegen

convaincre qn [kɔ̃vɛ̃kʀ] jdn. über-zeugen → MC

convertir qn à qc [kɔ̃vɛʀtiʀ] jdn. zu etw. bekehren → MB

cool [kul] *adj. fam.* cool

coopérer [koopeʀe] kooperieren, zusammenarbeiten → MB

les **coordonnées** [lekɔɔʀdɔne] *f. pl.* die Koordinaten

le **copain** / la **copine** [ləkɔpɛ̃/lakɔpin] der/die Freund/in

le **cornet** [ləkɔʀnɛ] die spitze Tüte, die Eiswaffel → 2/1

le/la **corres** *fam.* / le **correspondant** / la **correspondante** [lə/lakɔʀɛs/ləkɔʀɛs-pɔ̃dɑ̃/lakɔʀɛspɔ̃dɑ̃t] der/die Aus-tauschpartner/in

correspondre à qn/qc [kɔʀɛspɔ̃dʀa] jdm./etw. entsprechen → 2/2

la **corrida** [lakɔʀida] der Stierkampf

corriger qc [kɔʀiʒe] etw. korrigie-ren, berichtigen

la **corruption** [lakɔʀypsjɔ̃] die Korrup-tion, die Bestechung → 3/2

la **côte** [lakot] die Küste

le **côté** [ləkote] die Seite → 2/1

la **Côte d'Ivoire** [lakotdivwaʀ] die Elfenbeinküste → 3/1

le **coton** [ləkɔtɔ̃] die Baumwolle, die Watte → 3/1

le **cou** [ləku] der Hals

le **coucher de soleil** [ləkuʃedsɔlɛj] der Sonnenuntergang → MD

(ê)**se coucher** [səkuʃe] sich hinle-gen, schlafen gehen

la **couleur** [lakulœʀ] die Farbe

le **couloir** [ləkulwaʀ] der Flur

le **coup de fil** [ləkudfil] *fam.* der Anruf → 1/LA

la **cour** [lakuʀ] der Schulhof

le **courage** [ləkuʀaʒ] der Mut → 1/1

courageux/courageuse [kuʀaʒø/kuʀaʒøz] *adj.* mutig

couramment [kuʀamɑ̃] *adv.* fließend → 2/2

courir [kuʀiʀ] rennen

le **cours** [ləkuʀ] der Unterricht; **Je n'ai pas ~.** [ʒənɛpakuʀ] Ich habe keinen Unterricht.

les **courses** [lekuʀs] *f. pl.* die Einkäufe

le **cousin** / la **cousine** [ləkuzɛ̃/lakuzin] der/die Cousin/e

coûter [kute] kosten

le **couvert** [ləkuvɛʀ] das Gedeck

le/la **CPE** [lə/lasepeø] der/die Schul-betreuer/in

le **crabe** [ləkʀab] der Krebs → MF

le **crayon** [ləkʀɛjɔ̃] der Bleistift; le **~ de couleur** [ləkʀɛjɔ̃dəkulœʀ] der Buntstift

créatif/créative [kʀeatif/kʀeativ] *adj.* kreativ

la **création** [lakʀeasjɔ̃] die Schöpfung, das Kreieren, das Werk → 3/2

créer qc [kʀee] etw. erschaffen, etw. gründen → 3/2

la **crêpe** [lakʀɛp] die Crêpe

la **crêperie** [lakʀɛpʀi] die Crêperie

crier [kʀije] schreien

la **critique** [lakʀitik] die Kritik → MA

critiquer (qn/qc) [kʀitike] (jdn./etw.) kritisieren → 3/2

croire qn/qc [kʀwaʀ] jdm./etw. glauben

la **cuisine** [lakɥizin] die Küche

cuit/cuite [kɥi/kɥit] *adj.* gekocht → 2/1

la **culture** [lakyltyʀ] die Kultur, die Bildung

curieux/curieuse [kyʀjø/kyʀjøz] *adj.* neugierig, merkwürdig → 1/2

le **CV (= curriculum vitae)** [ləseve] der Lebenslauf → 1/3

D

d'abord [dabɔʀ] zuerst

d'accord [dakɔʀ] einverstanden; être ~ sur qc [ɛtʀdakɔʀsyʀ] sich über etw. einig sein

d'ailleurs [dajœʀ] übrigens → MA

la dame [ladam] die Frau

dangereux/dangereuse [dɑ̃ʒʀø/dɑ̃ʒʀøz] adj. gefährlich

dans [dɑ̃] in; ~ l'attente de votre réponse, je vous prie de recevoir, Madame, Monsieur, mes salutations respectueuses. Mit freundlichen Grüßen. → 1/3; ~ le nord [dɑ̃lənɔʀ] im Norden

la danse [ladɑ̃s] der Tanz, das Tanzen

danser [dɑ̃se] tanzen

la datte [ladat] die Dattel → 3/1

de [də] aus, von; ~ ... à ... [də...a] von ... bis ...; ~ plus [dəplys] adv. außerdem → 1/3; ~ manière ... [dəmanjɛʀ] auf... Art und Weise → 2/2

De quoi je me mêle? [dəkwaʒməmɛl] Was geht dich das an? → 3/LB

(ê)se débrouiller [sədebʀuje] zurechtkommen → 2/2

le début [ladeby] der Anfang

décevoir qn [desvwaʀ] jdn. enttäuschen

les déchets [ledeʃɛ] m. pl. der Abfall → 3/3

décider de + inf. [desidedə] sich entschließen, entscheiden etw. zu tun; décider de qc [desidedə] über etw. bestimmen → 1/1

la décision [ladesizjɔ̃] die Entscheidung, der Entschluss → 1/2; prendre une ~ [pʀɑ̃dʀyndesizjɔ̃] eine Entscheidung treffen, einen Entschluss fassen → 1/2

déclarer qc [deklaʀe] etw. verkünden, erklären → MB

décoder qc [dekɔde] etw. dekodieren, etw. entschlüsseln, durchschauen → MC

le décor [ladekɔʀ] die Umgebung → MF

décorer qc [dekɔʀe] etw. dekorieren, etw. (aus-) schmücken → 1/3

découper qc [dekupe] etw. schneiden, ausschneiden → 2/1

la découverte [ladekuvɛʀt] die Entdeckung

le découvreur / la découvreuse [lədekuvʀœʀ/ladekuvʀøz] der/die Entdecker/in

découvrir qn/qc [dekuvʀiʀ] jdn/etw. entdecken

décrire qn/qc [dekʀiʀ] jdn./etw. beschreiben

la dédicace [ladedikas] die Widmung, die (Autoren-) Signatur → MF

la défense [ladefɑ̃s] die Abwehr(spieler), die Verteidigung

dégénérer [deʒeneʀe] ausarten, sich verschlechtern → MA

dégoûtant/dégoûtante [degutɑ̃/degutɑ̃t] adj. widerlich, ekelhaft

le degré [lədəgʀe] der/das Grad

dégueulasse [degœlas] m./f. adj. fam. widerlich, ekelhaft

déguisé/déguisée [degize] adj. verkleidet → MF

dehors [dəɔʀ] draußen

déjà [deʒa] schon, bereits

le déjeuner [lədeʒœne] das Mittagessen

le délégué de classe / la déléguée de classe [lədelegedəklas/ladelegedəklas] der/die Schülervertreter/in → MA

demain [dəmɛ̃] morgen

la demande [ladəmɑ̃d] die Anfrage, die Bitte, der Wunsch → 1/3

demander (qc) à qn [dəmɑ̃dea] jdn. (nach etw.) fragen; ~ à parler à qn [dəmɑ̃deapaʀlea] nach jdm. fragen → 1/3; ~ à qn si [dəmɑ̃desi] jdn. fragen, ob; ~ son chemin (à qn) [dəmɑ̃desɔ̃ʃəmɛ̃] (jdn.) nach dem Weg fragen; ~ un effort [dəmɑ̃deɛ̃nefɔʀ] eine Anstrengung verlangen

demi/demie [dəmi] adj. halb

la demi-finale [ladəmifinal] das Halbfinale

dénoncer qn/qc [denɔ̃se] jdn./etw. anprangern, anzeigen, jdn./etw. denunzieren, verraten → MC

le départ [lədepaʀ] die Abfahrt

(ê)se dépêcher [sədepeʃe] sich beeilen

dépenser qc [depɑ̃se] etw. ausgeben

(ê)se déplacer [sədeplase] sich fortbewegen

depuis [dəpɥi] seit, seitdem; ~ des mois [dəpɥidemwa] seit Monaten; ~ que [dəpɥikə] seit, seitdem → 3/2

déranger qn [deʀɑ̃ʒe] jdn. stören

dernier/dernière [dɛʀnje/dɛʀnjɛʀ] adj. letzter/letzte/letztes

derrière [dɛʀjɛʀ] hinter

(ê)descendre [desɑ̃dʀ] hinuntergehen; (ê)~ (à + station) [desɑ̃dʀa] aussteigen (+ Station); ~ les poubelles [desɑ̃dʀlepubɛl] den Müll rausbringen

le désert [lədezɛʀ] die Wüste → 3/1

désert/déserte [dezɛʀ/dezɛʀt] adj. verlassen, einsam

le dessert [lədesɛʀ] die Nachspeise

le dessin [lədesɛ̃] die Zeichnung, das Zeichnen

le dessinateur / la dessinatrice [lədesinatœʀ/ladesinatʀis] der/die Zeichner/in → 1/1

dessiner qc [desine] etw. zeichnen

le détail [lədetaj] das Detail, die Einzelheit → MC

détester qc/qn/+ inf. [deteste] etw./jdn. hassen, hassen etw. zu tun

deuxième [døzjɛm] m./f. adj. zweiter/zweite/zweites

devant [dəvɑ̃] vor

le développement durable [lədevelɔpmɑ̃dyʀabl] die Nachhaltigkeit → MC

(ê)se développer [sədevlɔpe] sich entwickeln → 3/2

(ê)devenir [dəvəniʀ] werden

devoir [dəvwaʀ] müssen

les devoirs [ledəvwaʀ] m. pl. die Hausaufgaben

d'habitude [dabityd] normalerweise

le dialogue [lədialɔg] der Dialog → MA

le dieu [djø] der Gott → MB

différemment [difeʀamɑ̃] adv. anders → 2/2

la différence [ladifeʀɑ̃s] der Unterschied → 2/1

différent/différente [difeʀɑ̃/difeʀɑ̃t] adj. anderer/andere/anderes, anders

difficile [difisil] *m./f. adj.* schwer, schwierig

la **difficulté** [ladifikylte] die Schwierigkeit

le **dioula** [lədiula] Dioula → 3/1

dire qc (à qn) [diʀ] (jdm.) etw. sagen; ~ **ses quatre vérités à qn** [diʀsekatʀveʀitea] jdm. die Meinung sagen

la **discussion** [ladiskysjɔ̃] die Diskussion

discuter (de qc) [diskyte] reden, über etw. diskutieren → 1/3

disparaître [dispaʀɛtʀ] verschwinden

(ᵉ)**se disputer** [sədispyte] sich streiten

la **distance** [ladistɑ̃s] die Entfernung, die Distanz

la **diversité** [ladivɛʀsite] die Vielfalt → ME

le **divertissement** [lədivɛʀtismɑ̃] die Unterhaltung(ssendung)

d'occasion [dɔkazjɔ̃] gebraucht → 1/LA

le **document** [lədɔkymɑ̃] das Dokument, die Unterlagen → 1/3

le **documentaire** [lədɔkymɑ̃tɛʀ] der Dokumentarfilm, die Dokumentation

le/la **documentaliste** [lə/ladɔkymɑ̃talist] der/die Dokumentalist/in

le **domaine** [lədɔmɛn] das Gebiet, der Bereich → 1/2

dommage [dɔmaʒ] schade → 2/1

donc [dɔ̃k] also, folglich

donner qc à qn [dɔnea] jdm. etw. geben; ~ **son avis (sur qc)** [dɔnesɔnavi] seine Meinung (zu etw.) äußern; ~ **envie de** + *inf.* [dɔneɑ̃vidə] Lust machen, etw. zu tun; ~ **une voix à qn** [dɔneynvwaa] jdm. eine Stimme geben → 3/2

dont [dɔ̃] von dem, dessen, deren → 3/3

doré/dorée [dɔʀe] *adj.* vergoldet → 3/2

dormir [dɔʀmiʀ] schlafen

doucement [dusmɑ̃] *adv.* leise → MF

la **douche** [laduʃ] die Dusche; **prendre une/sa** ~ [pʀɑ̃dʀyn/saduʃ] duschen

doué/douée [due] *adj.* begabt → 1/1;

être ~ **pour qc** [ɛtʀduepuʀ] begabt sein für etw. → 1/1

le **doute** [lədut] der Zweifel

douze ans et demi [duzɑ̃edəmi] zwölfeinhalb (Jahre)

le **drame** [lədʀam] das Drama → MB

le **drapeau** [lədʀapo] die Fahne, die Flagge

drôle [dʀol] *m./f. adj.* lustig, spaßig

drôlement [dʀolmɑ̃] *adv.* ziemlich, ganz schön → 2/1

la **dune** [ladyn] die Düne → MD

dur/dure [dyʀ] *adj.* hart

durant [dyʀɑ̃] während → MF

durer [dyʀe] dauern

le **DVD** / les **DVD** [lədevede/ledevede] die DVD

E

l' **eau** [lo] *f.* das Wasser; l'~ **minérale** [lomineʀal] *f.* das Mineralwasser; l'~ **gazeuse** [logazøz] *f.* das Mineralwasser mit Kohlensäure → 2/2; l'~ **plate** [loplat] *f.* das stille (Mineral-) Wasser → 2/2

l' **échange** [leʃɑ̃ʒ] *m.* der Austausch, der Tausch → 1/3

échanger qc contre qc [eʃɑ̃ʒekɔ̃tʀ] etw. gegen etw. tauschen

éclater de rire [eklatedəʀiʀ] in Lachen ausbrechen → 2/2

(ᵉ)**s'éclater** [seklate] *fam.* viel Spaß haben

l' **écoblanchiment** [lekɔblɑ̃ʃimɑ̃] *m.* das Greenwashing → MC

l' **écolabel** [lekɔlabɛl] *m.* das Ökolabel → MC

l' **école** [lekɔl] *f.* die Schule

l' **écologie** [lekɔlɔʒi] *f.* die Ökologie → MC

écologique [ekɔlɔʒik] *m./f. adj.* umweltfreundlich, ökologisch → MC

l' **économie** [lekɔnɔmi] *f.* die Wirtschaft, die BWL (= Betriebswirtschaftslehre) → 1/2

écouter qn/qc [ekute] jdm. zuhören, auf jdn. hören, etw. anhören

écrire (qc à qn) [ekʀiʀ] (jdm. etw.) schreiben

l' **effaceur** [lefasœʀ] *m.* der Tintenkiller

l' **effet** [lefɛ] *m.* die Wirkung, der Effekt → MF

l' **effort** [lefɔʀ] *m.* die Anstrengung

égal/égale/égaux *m. pl.* [egal/ego] *adj.* gleich → ME

l' **électro** [lelɛktʀɔ] *f.* die Elektromusik

élégant/élégante [elegɑ̃/elegɑ̃t] *adj.* elegant → MF

l' **élément** [lelemɑ̃] *m.* das Element → MC

l' **éléphant** [lelefɑ̃] *m.* der Elefant → 3/3

l' **élevage** [lelvaʒ] *m.* die Zucht, die Aufzucht → 3/1

l' **élève** [lelɛv] *m./f.* der/die Schüler/in

Je t'embrasse. [ʒətɑ̃bʀas] Liebe Grüße

l' **émission** [lemisjɔ̃] *f.* die (Fernseh-) Sendung; l'~ **de téléréalité** [lemisjɔ̃dəteleʀealite] *f.* die Reality-TV-Show

emmener qn/qc [ɑ̃mne] jdn./etw. mitnehmen → 3/LA, → MA

empêcher qn/qc de + *inf.* [ɑ̃peʃedə] etw. verhindern, jdn. an etw. hindern → 1/1

l' **Empire** [lɑ̃piʀ] *m.* das Kaiserreich → MB

l' **emploi du temps** [lɑ̃plwadytɑ̃] *m.* der Stundenplan

l' **employeur** / l' **employeuse** [lɑ̃plwajœʀ/lɑ̃plwajøz] *m./f.* der/die Arbeitgeber/in → 1/3

emporter qc [ɑ̃pɔʀte] etw. mitnehmen → 1/2

emprunter qc [ɑ̃pʀɛ̃te] etw. ausleihen

en [ɑ̃] in; davon; ~ **bas** [ɑ̃ba] unten, nach unten → MC; ~ **car** [ɑ̃kaʀ] mit dem Reisebus; ~ **ce moment** [ɑ̃səmɔmɑ̃] zurzeit, im Moment; **en cinquième** [ɑ̃sɛ̃kjɛm] in der siebten Klasse; ~ **détail** [ɑ̃detaj] ausführlich, im Einzelnen → 3/3; ~ **direct** [ɑ̃diʀɛkt] live; ~ **direction de** + **lieu** [ɑ̃diʀɛksjɔ̃də] in Richtung + Ort; ~ **face de** [ɑ̃fasdə] gegenüber; ~ **forme de** [ɑ̃fɔʀmdə] in Form von → 2/3; ~ **français** / ~ **allemand** [ɑ̃fʀɑ̃sɛ/ɑ̃nalmɑ̃] auf Französisch / auf Deutsch; ~ **général** [ɑ̃ʒeneʀal] normalerweise, im Allgemeinen → 1/LA, → 2/1; ~ **haut** [ɑ̃o] oben, nach oben → MC; ~ **liberté** [ɑ̃libɛʀte] in Freiheit; ~ **ligne** [ɑ̃liɲ] online;

~ **montagne** [ãmõtaɲ] in den Bergen; ~ **moyenne** [ãmwajɛn] im Durchschnitt, durchschnittlich → MF; ~ **particulier** [ãpaʀtikylje] insbesondere, vor allem → MA; ~ **permanence** [ãpɛʀmanãs] im Aufenthaltsraum; ~ **en plastique** [ãplastik] aus Plastik → 2/1; ~ **plus** [ãplys] außerdem; ~ **rajouter** [ãʀaʒute] dick auftragen → 1/3; ~ **retard** [ãʀətaʀ] zu spät, mit Verspätung; ~ **silence** [ãsilãs] still; ~ **une fois** [ãynfwa] auf ein Mal, in einem Zug

encore [ãkɔʀ] noch; ~ **une fois** [ãkɔʀynfwa] noch einmal

encourager qn [ãkuʀaʒe] jdn. ermutigen

l' **encyclopédie** [ãsiklɔpedi] f. die Enzyklopädie, das Lexikon → MF

l' **endroit** [lãdʀwa] m. der Ort

énerver qn [enɛʀve] jdn. ärgern; (ê)**s'~** [senɛʀve] sich aufregen

l' **enfance** [lãfãs] f. die Kindheit → 3/2

l' **enfant** [lãfã] m./f. das Kind

enfin [ãfɛ̃] endlich, schließlich; Na ja, …

engagé/engagée [ãgaʒe] adj. engagiert → 3/2

l' **engagement** [lãgaʒmã] m. das Engagement, die Verpflichtung → MC

engager qn [ãgaʒe] jdn einstellen (ê)**s'engager** [sãgaʒe] sich engagieren → 1/1

l' **énigme** [lenigm] f. das Rätsel, das Geheimnis

l' **ennemi** m./ l' **ennemie** f. [lenmi] der/die Feind/in → MB

(ê)**s'ennuyer** [sãnɥije] sich langweilen

ennuyeux/ennuyeuse [ãnɥijø/ãnɥijøz] adj. langweilig

énorme [enɔʀm] m./f. adj. riesig → 3/LA

énormément [enɔʀmemã] adv. sehr viel, gewaltig → 2/2

l' **enquête** [lãkɛt] f. die Umfrage, die Untersuchung

enregistrer qc [ãʀəʒistʀe] etw. aufnehmen, etw. speichern → MF

enrichissant/enrichissante [ãʀiʃisã/ãʀiʃisãt] adj. bereichernd → 1/2

l' **enseignement** [lãsɛɲmã] m. der Unterricht, das Schulwesen → 3/1

ensemble [ãsãbl] zusammen

ensuite [ãsɥit] dann

entendre qn/qc [ãtãdʀ] jdn./etw. hören wie attendre; (ê)**s'~ (bien)** [sãtãdʀ] sich (gut) verstehen → 2/2

entier/entière [ãtje/ãtjɛʀ] adj. ganz → MF

(ê)**s'entraîner** [sãtʀene] trainieren

l' **entraîneur** / l' **entraîneuse** [lãtʀenœʀ/lãtʀenøz] m./f. der/die Trainer/in

entre [ãtʀ] unter, zwischen

l' **entrée** [lãtʀe] f. die Vorspeise

l' **entreprise** [lãtʀəpʀiz] f. das Unternehmen → 1/2

(ê)**entrer** [ãtʀe] hineingehen, etw. betreten; (ê)**~ en guerre (avec qn)** [ãtʀeãgɛʀ] gegen jdn. in den Krieg ziehen

envahir [ãvaiʀ] einfallen in → MB

environ [ãviʀõ] ungefähr, in etwa

l' **environnement** [lãviʀɔnmã] m. die Umwelt → MC

les **environs** [lezãviʀõ] m. pl. die Umgebung → MF

s'envoler [sãvɔle] davonfliegen

envoyer qc (à qn) [ãvwaje] (jdm) etw. schicken

épais/épaisse [epɛ/epɛs] adj. dick → MF

l' **épaule** [lepol] f. die Schulter → 3/LA

l' **époque** [lepɔk] f. die Zeit, die Epoche

épouser qn [epuze] jdn. heiraten

l' **épreuve** [lepʀœv] f. die Prüfung → MB

l' **EPS** [løpeɛs] der Sportunterricht

l' **équilibre** [lekilibʀ] m. das Gleichgewicht

l' **équipe** [lekip] f. die Mannschaft

équitable [ekitabl] m./f. adj. gerecht → MC

l' **équitation** [lekitasjõ] f. Reiten

l' **erreur** [leʀœʀ] f. der Irrtum, der Fehler → MB

l' **escalade** [lɛskalad] f. Klettern

l' **escalier** [lɛskalje] m. die Treppe

l' **esclave** [lɛsklav] m./f. der Sklave/ die Sklavin → 3/3

l' **espagnol** [lɛspaɲɔl] m. Spanisch → 3/1

espérer [ɛspeʀe] hoffen

espionner qn/qc [ɛspjɔne] jdn./etw. ausspionieren

l' **espoir** [lɛspwaʀ] m. die Hoffnung → ME

essayer qc [eseje] etw. versuchen, etw. (an)probieren

est-ce que [ɛskə] Fragepartikel; ~ **je peux + inf.** [ɛskəʒəpø] Darf ich … ?

et [e] und; ~ **puis** [epɥi] außerdem

l' **étage** [letaʒ] m. das Stockwerk, die Etage

l' **étagère** [letaʒɛʀ] f. das Regal

les **États-Unis (d'Amérique)** [lezetazyni] m. pl. die Vereinigten Staaten (von Amerika)

l' **été** [lete] m. der Sommer

l' **étoile** [letwal] f. der Stern

étonné/étonnée [etone] adj. erstaunt

l' **étranger** [letʀãʒe] m. das Ausland → 1/2; **étranger/étrangère** [etʀãʒe/etʀãʒɛʀ] adj. ausländisch

être [ɛtʀ] sein; ~ **accro à qc** [ɛtʀakʀoa] nach etw. süchtig sein; ~ **assis/assise** [ɛtʀasi/asiz] sitzen → 2/2; ~ **capable de + inf.** [ɛtʀkapabldə] fähig sein, etw. zu tun; ~ **contre qn/qc** [ɛtʀkõtʀ] gegen jdn./ etw. sein, dagegen sein; ~ **doué/ douée pour qc** [ɛtʀduepuʀ] begabt sein für etw. → 1/1; ~ **égal à qn** [ɛtʀegala] jdm. egal sein; ~ **en train de + inf.** [ɛtʀãtʀɛ̃də] dabei sein, etw. zu tun; ~ **fan de qn/qc** [ɛtʀəfandə] ein Fan von jdm./etw. sein; ~ **intéressé/intéressée par qn/qc** [ɛtʀɛ̃teʀesepaʀ] interessiert sein an jdm./etw. → 1/3; ~ **né/née (à/le)** [ɛtʀne] geboren sein (in/am); ~ **nul/nulle en** [ɛtʀnylã] in etw. schlecht sein, eine Niete sein; ~ **pour qn/qc** [ɛtʀpuʀ] für jdn./etw. sein, dafür sein; ~ **pressé/pressée** [ɛtʀpʀese] es eilig haben → 3/3; ~ **prêt/prête (à + inf.)** [ɛtʀəpʀe/ɛtʀəpʀet] bereit sein (etw. zu tun) → 1/2; ~ **privé/privée de qc** [ɛtʀəpʀivedə] -verbot haben; ~ **séparé** [ɛtʀsepaʀe] getrennt sein les **études** [lezetyd] *f. pl.* das Studium; **faire des ~** [fɛʀdezetyd] studieren

l' **étudiant / l'étudiante** [letydjɑ̃/letydjɑ̃t] *m./f.* der/die Student/in

euh [ø] äh

l' **euro** [løʀo] *m.* der Euro

l' **Européen / l'Européenne** [løʀopeɛ̃/løʀopeɛn] *m./f.* der/die Europäer/in

évidemment [evidamɑ̃] *adv.* natürlich, selbstverständlich → 2/2

évoquer qc [evɔke] an etw. erinnern → MC

exactement [ɛgzaktəmɑ̃] *adv.* genau → 2/3

exagéré/exagérée [ɛgzaʒeʀe] *adj.* übertrieben

exagérer [ɛgzaʒeʀe] übertreiben

l' **examen** [lɛgzamɛ̃] *m.* die Prüfung, die ärztliche Untersuchung → 1/2

l' **exclusion** [lɛksklyzjɔ̃] *f.* die Ausgrenzung → 1/1

Excuse-moi. [ɛkskyzmwa] Es tut mir leid., Entschuldige bitte.

l' **exemple** [lɛgzɑ̃pl] *m.* das Beispiel; **par ~ / p.ex.** [paʀɛgzɑ̃pl] zum Beispiel, z.B.

l' **exercice** [lɛgzɛʀsis] *m.* die Übung

l' **exil** [lɛgzil] *m.* das Exil → MB
(ê)s'exiler [sɛgzile] ins Exil gehen → 3/2

exister [ɛgziste] existieren

l' **expérience** [lɛkspeʀjɑ̃s] *f.* die Erfahrung → 1/2

expliquer qc [ɛksplike] etw. erklären

l' **exposition** [lɛkspozisjɔ̃] *f.* die Ausstellung

extraordinaire [ɛkstʀaɔʀdinɛʀ] *m./f. adj.* außergewöhnlich → MF

F

facile [fasil] *m./f. adj.* leicht

la **façon** [lafasɔ̃] die Art, die Weise

faible [fɛbl] *m./f. adj.* schwach

la **faim** [lafɛ̃] der Hunger → 3/2

faire qc [fɛʀ] etw. machen, tun;
~ attention [fɛʀatɑ̃sjɔ̃] aufpassen;
~ confiance à qn [fɛʀkɔ̃fjɑ̃sa] jdm. vertrauen;
~ croire que [fɛʀkʀwaʀkə] so tun, als ob → MF; **~ de l'aviron** [fɛʀdəlaviʀɔ̃] rudern; **~ la cuisine** [fɛʀlakɥizin] (etw.) kochen; **~ de la guitare** [fɛʀdəlagitaʀ] Gitarre spielen; **~ de la musculation** [fɛʀdəlamyskylasjɔ̃] Krafttraining machen → 3/LA; **~ de la musique** [fɛʀdəlamyzik] musizieren; **~ des études** [fɛʀdezetyd] studieren; **~ des percussions** [fɛʀdepɛʀkysjɔ̃] trommeln, Schlagzeug spielen; **~ du baby-sitting** [fɛʀdybabisitiŋ] babysitten → 1/LA, → 3/2; **~ du camping** [fɛʀdykɑ̃piŋ] zelten; **~ du foot** [fɛʀdyfut] Fußball spielen; **(ê)se ~ la bise** [səfɛʀlabiz] sich mit Küsschen begrüßen/verabschieden → 2/LB; **~ la connaissance de qn/qc** [fɛʀlakɔnɛsɑ̃sdə] jdn./etw. kennenlernen → MB; **~ le tour (de qc)** [fɛʀlətuʀ] um etw. herumgehen → 2/2; **~ les courses** [fɛʀlekuʀs] einkaufen; **~ mal à qn** [fɛʀmala] jdm. wehtun; **~ pareil (que)** [fɛʀpaʀɛj] etw. genauso machen (wie) → 2/1; **~ partie de qc** [fɛʀpaʀtidə] zu etw. gehören, Teil sein von etw. → MC; **~ qc soi-même** [fɛʀswamɛm] etw. selbst machen → 2/1; **~ ressortir qc** [fɛʀəsɔʀtiʀ] etw. hervorheben → MF; **~ une surprise à qn** [fɛʀynsyʀpʀiza] jdn. überraschen

la **famille** [lafamij] die Familie; la **~ d'accueil** [lafamijdakœj] die Gastfamilie → 2/2

le/la **fan** [lə/lafan] der Fan

fantastique [fɑ̃tastik] *m./f. adj.* fantastisch, großartig

la **fantasy** [lafɑ̃tezi] Fantasy

la **farine** [lafaʀin] das Mehl

fatigué/fatiguée [fatige] *adj.* müde

la **faute** [lafot] der Fehler, das Foul

faux/fausse [fo/fos] *adj.* falsch → MC

les **faux amis** [lefozami] *m. pl. wörtlich:* falsche Freunde → 2/3

la **fée** [lafe] die Fee

la **femme** [lafam] die Frau, die Ehefrau; la **~ de ménage** [lafamdəmenaʒ] die Putzfrau

la **fenêtre** [lafənɛtʀ] das Fenster

le **fer** [ləfɛʀ] das Eisen

la **féria** [laferja] *Straßenfest in Südfrankreich*

fermé/fermée [fɛʀme] *adj.* geschlossen

fermer (qc) [fɛʀme] (etw.) schließen, zumachen

le **festival** [ləfɛstival] das Festival

la **fête** [lafɛt] die Feier

fêter qc [fete] etw. feiern

le **feu** [ləfø] das Feuer; le **~ rouge** [ləføʀuʒ] die Ampel; le **~ d'artifice** [ləfødaʀtifis] das Feuerwerk

la **feuille** [lafœj] das Blatt

fier/fière (de qn/qc) [fjɛʀ] *adj.* stolz (auf jdn./etw.)

fièrement [fjɛʀmɑ̃] *adv.* stolz → 2/1

la **figurine** [lafigyʀin] die Figur

la **file d'attente** [lafildatɑ̃t] die Warteschlange → 1/LB

la **fille** [lafij] das Mädchen, die Tochter

le **film** [ləfilm] der Film; le **~ d'animation** [ləfilmdanimasjɔ̃] der Animationsfilm → MF

le **fils** [ləfis] der Sohn

la **fin** [lafɛ̃] das Ende

fin/fine [fɛ̃/fin] *adj.* fein, dünn → 2/1

la **finale** [lafinal] das Finale

financier/financière [finɑ̃sje/finɑ̃sjɛʀ] *adj.* finanziell → MB

finir (qc) [finiʀ] (etw.) beenden, enden *wie* réagir

fixe [fiks] *m./f. adj.* fest, unveränderlich → 1/2

le **flash-back** [ləflaʃbak] *m. inv.* die Rückblende → MF

le **fleuve** [ləflœv] der Fluss, der Strom

flexible [flɛksibl] *m./f. adj.* flexibel → 1/2

flipper [flipe] *fam.* Panik kriegen, ausflippen → 1/LB

la **flûte** [laflyt] die Flöte

la **fois / les fois** [lafwa/lefwa] das Mal; **en une ~** [ɑ̃ynfwa] auf ein Mal, in einem Zug

fonctionner [fɔ̃ksjɔne] funktionieren, arbeiten → MC, → MF

fondamental/fondamentale/fondamentaux *m. pl.* [fɔ̃damɑ̃tal/fɔ̃damɑ̃to] *adj.* grundlegend, fundamental → MF

fonder qc [fɔ̃de] etw. gründen

la **fonte** [lafɔ̃t] der (Schrift-) Guss → MF

le **foot(ball)** [ləfutbol] der Fußball, das Fußballspielen

le **footing** [ləfutiŋ] das Joggen, das Laufen → 3/LA

forcément [fɔʀsemã] adv. zwangsläufig → 2/2

la **forêt** [lafɔʀɛ] der Wald

la **formation** [lafɔʀmasjɔ̃] die Ausbildung → 1/3

formidable [fɔʀmidabl] m./f. adj. toll

fort/forte [fɔʀ/fɔʀt] adj. stark

la **forteresse** [lafɔʀtəʀɛs] die Festung

le **fossile** [ləfosil] das Fossil

le **fou** / la **folle** [ləfu/lafɔl] der/die Verrückte, der Fan → 3/LA

la **fraise** [lafʀɛz] die Erdbeere

le **franc CFA** [ləfʀɑ̃seefa] der CFA-Franc → 3/3

le **français** [ləfʀɑ̃sɛ] Französisch; le **Français** / la **Française** [ləfʀɑ̃sɛ/lafʀɑ̃sɛz] der Franzose, die Französin

francophone [fʀɑ̃kofɔn] m./f. adj. französischsprachig

frapper qn [fʀape] jdn. schlagen; ~ **à la porte** [fʀapealapɔʀt] an die Tür klopfen

le **frère** [ləfʀɛʀ] der Bruder

les **frères et sœurs** [lefʀɛʀesœʀ] m. pl. die Geschwister

les **frites** [lefʀit] f. pl. Pommes frites

le **froid** [ləfʀwa] die Kälte

le **fromage** [ləfʀɔmaʒ] der Käse

le **fruit** [ləfʀɥi] die Frucht

fuir la misère [fɥiʀlamizɛʀ] vor dem Elend flüchten → ME

furieux/furieuse [fyʀjø/fyʀjøz] adj. wütend

le **futur** [ləfytyʀ] die Zukunft

G

gagner (qc) [gaɲe] (etw.) gewinnen; ~ **de l'argent** [gaɲedəlaʀʒã] Geld verdienen → 1/2

le **garçon** [ləgaʀsɔ̃] der Junge

garder qc [gaʀde] etw. behalten; ~ **qn** auf jdn. aufpassen

le **gardien** / la **gardienne** [ləgaʀdjɛ̃/lagaʀdjɛn] der Wachmann, die Wachfrau; le **gardien de but** / la **gardienne de but**

[ləgaʀdjɛ̃dəbyt/lagaʀdjɛndəbyt] der/die Torwart/in

la **gare** [lagaʀ] der Bahnhof

gaspiller qc [gaspije] etw. verschwenden → 3/LB

le **gâteau** / les **gâteaux** [ləgato/legato] der Kuchen; le ~ **au chocolat** [ləgatooʃokɔla] der Schokoladenkuchen

le **gaz** [ləgaz] das Gas → 3/1; le ~ **naturel** [ləgaznatyʀɛl] das Erdgas → 3/1

geler [ʒəle] frieren

le **général** [ləʒeneʀal] der General → MB

généralement [ʒeneʀalmã] adv. im Allgemeinen → MF

génial/géniale/géniaux m. pl. [ʒenjal/ʒenjo] adj. fam toll, genial, super

le **genou** / les **genoux** [ləʒənu/leʒənu] das Knie

les **gens** [leʒã] m. pl. die Leute

gentil/gentille [ʒãti/ʒãtij] adj. nett, freundlich

gentiment [ʒãtimã] adv. netterweise → 2/2

la **géo** fam. [laʒeo] die Geographie

le **géocaching** [ləʒeokaʃiŋ] das Geocaching

le **gîte** [ləʒit] die Unterkunft, das Gästehaus

la **glace** [laglas] das Eis

le **gladiateur** [ləgladjatœʀ] der Gladiator

le **globe** [ləglɔb] der Globus

le **goût** [ləgu] der Geschmack, die Vorliebe → MA

goûter qc [gute] etw. probieren, etw. kosten → 2/3

le **gouvernement** [ləguvɛʀnəmã] die Regierung → MB

le **GPS** [ləʒepeɛs] das GPS

grâce à [gʀasa] dank → 3/LB, → MB, → MF

grand/grande [gʀã/gʀãd] adj. groß

la **Grande Guerre** [lagʀãdgɛʀ] der Erste Weltkrieg → MF

grandir [gʀãdiʀ] wachsen

la **grand-mère** [lagʀãmɛʀ] die Großmutter

le **grand-père** [ləgʀãpɛʀ] der Großvater

les **grands-parents** [legʀãpaʀã] m. pl. die Großeltern

le **graphisme** [ləgʀafism] die grafische Gestaltung → MF

grave [gʀav] m./f. adj. ernst, schlimm

gros/grosse [gʀo/gʀos] adj. groß, dick → 2/3;

le **gros plan** [ləgʀoplã] die Nahansicht → MF, die Nahaufnahme → MA

grosses bises [gʀosbiz] f. pl. liebe Grüße

le **groupe** [ləgʀup] die Band, die Gruppe

la **guerre** [lagɛʀ] der Krieg; la ~ **franco-prussienne** [lagɛʀfʀãkopʀysjɛn] der französisch-preußische Krieg → MB

le **guide** [lə/lagid] m. der/die (Reise-) Führer/in

la **guitare** [lagitaʀ] die Gitarre

le **gymnase** [ləʒimnaz] die Turnhalle

H

habillé/habillée [abije] adj. angezogen

(ê)**s'habiller** [sabije] sich anziehen

l' **habitant** / l'**habitante** [labitã/labitãt] m./f. der/die Einwohner/in

habiter [abite] wohnen

l' **habitude** [labityd] f. die Gewohnheit → 2/1

le **hamac** [ləamak] die Hängematte

le **hamster** [ləamstɛʀ] der Hamster

le **handball** [ləãdbal] Handball

handicapé/handicapée [ãdikape] adj. behindert; le **handicapé** / la **handicapée** [ləãdikape/laãdikape] der/die Behinderte

harceler qn [aʀsəle] jdn. belästigen

l' **harmonie** [laʀmɔni] f. die Harmonie, der Einklang → MC

le **hasard** [ləazaʀ] der Zufall

haut/haute [o/ot] adj. hoch

la **hauteur** [laotœʀ] die Höhe

hélas [elas] leider → MB

le **héros** / l'**héroïne** f. [ləeʀo/leʀoin] der/die Held/in → MF

hésiter [ezite] zögern

l' **heure** [lœʀ] f. die Stunde, Uhr; **à l'~** [alœʀ] pünktlich; **À quelle ~?** [akɛlœʀ] Um wie viel Uhr?

heureusement [ørøzmã] *adv.* glücklicherweise

heureux/heureuse [ørø/ørøz] *adj.* glücklich

hier [jɛʀ] gestern

hip-hop [ləipɔp] der Hip-Hop

l' **histoire** [listwaʀ] *f.* die Geschichte

l' **hiver** [livɛʀ] *m.* der Winter

le **hobby** [lɔɔbi] das Hobby

le **hockey** [lɔɔkɛ] Hockey; le ~ **sur glace** [lɔɔkɛsyʀglas] Eishockey

l' **homme** / les **hommes** [lɔm/lezɔm] *m.* der Mann, der Mensch; l'~ **d'affaires** [lɔmdafɛʀ] *m.* der Geschäftsmann → MF; l'~ **politique** / la **femme politique** [lɔmpɔlitik/ lafampɔlitik] der/die Politiker/in → MB

honteux/honteuse [ɔ̃tø/ɔ̃tøz] *adj.* beschämend, empörend; **C'est ~!** [sɛtɔ̃tø] Das ist eine Schande!

l' **hôpital** / les **hôpitaux** [lɔpital/ lezɔpito] *m.* das Krankenhaus

l' **horaire** [lɔʀɛʀ] *m.* die Arbeitszeit, der Fahrplan → 1/2

l' **horreur** [lɔʀœʀ] *f.* der Schrecken, das Grauen → MB, → MF

horrible [ɔʀibl] *m./f. adj.* schrecklich → MF

l' **hôtel** [lotɛl] *m.* das Hotel

huguenot/huguenote [ygno/ygnɔt] *adj.* hugenottisch → MB; le **huguenot** / la **huguenote** [ləygno/ laygnɔt] der Hugenotte / die Hugenottin → MB

l' **huile** [lɥil] *f.* das Öl → 3/1; l'~ **de palme** [lɥildəpalm] *f.* das Palmöl → 3/1

l' **huître** [lɥitʀ] *f.* die Auster → MD

l' **humour** [lymuʀ] *m.* der Humor

I

ici [isi] hier

idéal/idéale [ideal] *adj.* ideal

l' **idée** [lide] *f.* die Idee

(ê)**s'identifier à qn/qc** [sidãtifjea] sich identifizieren mit jdm./etw.

idiot/idiote [idjo/idjɔt] *adj. fam.* blöd; l'**idiot** / l'**idiote** [lidjo/lidjɔt] *m./f.* der/die Idiot/in

l' **idole** [lidɔl] *f.* das Idol

l' **igloo** [iglu] *m.* das Iglu

Il fait beau. [ilfɛbo] Es ist schönes Wetter.; **Il fait chaud.** [ilfɛʃo] Es ist warm/heiß.; **Il fait froid.** [ilfɛfʀwa] Es ist kalt.

il fait bon vivre [ilfɛbɔ̃vivʀ] es lebt sich gut → 3/2

Il fallait y penser! [ilfalɛipãse] (von *falloir*) Darauf muss man erst mal kommen! → 2/3

il faudrait + *inf.* [ilfodʀɛ] (von *falloir*) wir müssten/sollten, man müsste/sollte

il faut + *inf.* [ilfo] (von *falloir*) wir müssen, man muss; **il faut qc** [ilfo] man braucht / wir brauchen etw.; **il faut que** + *subj.* [ilfokə] es ist nötig, etw. zu tun; **Il faut que j'y aille.** / **Il faut qu'on y aille!** [ilfokəʒiaj/ ilfokɔ̃niaj] Ich muss los. / Wir müssen los!

Il faut que je te dise un truc! [ilfokəʒətədizɛ̃tʀyk] Ich muss dir was sagen!, Ich muss dir was erzählen!

Il gèle. [ilʒɛl] Es friert.

il ne faut pas + *inf.* [ilnəfopa] (von *falloir*) wir dürfen/sollten nicht, man darf/sollte nicht; **il ne faut pas que** + *subj.* [ilnəfopakə] man darf nicht, es darf nicht

il paraît que [ilpaʀɛkə] angeblich → 2/3

Il pleut. [ilplø] (von *pleuvoir*) Es regnet.

il s'agit de [ilsaʒidə] es handelt sich um

il y a [ilja] es gibt; vor *zeitlich*

il/elle veut savoir si [il/ɛlvøsavwaʀsi] er/sie will wissen, ob

l' **île** [lil] die Insel

l' **illustration** [lilystʀasjɔ̃] *f.* die Abbildung, die Illustration → MF

l' **image** [limaʒ] *f.* das Bild → 3/2

imaginer qc [imaʒine] sich etw. vorstellen → 1/1

immense [imãs] *m./f. adj.* riesig

l' **immigré** / l'**immigrée** [limigʀe] der Einwanderer / die Einwanderin → 3/1

important/importante [ɛ̃pɔʀtã/ɛ̃pɔʀtãt] *adj.* wichtig

(ê)**s'imposer** [sɛ̃poze] sich behaupten → 3/2

impossible [ɛ̃pɔsibl] *m./f. adj.* unmöglich → MB

l' **impression** [ɛ̃pʀesjɔ̃] *f.* der Eindruck → 1/LA, → 3/3

impressionner qn [ɛ̃pʀesjɔne] jdn. beeindrucken → 1/1

l' **imprimerie** [ɛ̃pʀimʀi] *f.* die Druckerei → MB

l' **incendie** [ɛ̃sãdi] *m.* der Brand → MB

inconnu/inconnue [ɛ̃kɔny] *adj.* unbekannt

incroyable [ɛ̃kʀwajabl] *m./f. adj.* unglaublich

l' **Inde** [lɛ̃d] *f.* Indien

l' **indépendance** [lɛ̃depãdãs] *f.* die Unabhängigkeit → 3/3

indépendant/indépendante [ɛ̃depãdã/ɛ̃depãdãt] *adj.* unabhängig → 2/2

indien/indienne [ɛ̃djɛ̃/ɛ̃djɛn] *adj.* indianisch, indisch; l'**Indien** / l'**Indienne** [lɛ̃djɛ̃/lɛ̃djɛn] *m./f.* der/ die Indianer/in, der/die Inder/in

indiquer qc [ɛ̃dike] etw. angeben

l' **infirmerie** [lɛ̃fiʀmʀi] *f.* die Krankenstation

l' **infirmier** / l'**infirmière** [lɛ̃fiʀmje/lɛ̃fiʀmjɛʀ] *m./f.* der/die Krankenpfleger/in

l' **information** [lɛ̃fɔʀmasjɔ̃] *f.* die Information

l' **informatique** [lɛ̃fɔʀmatik] *f.* die Informatik → 1/3

l' **ingénieur** [lɛ̃ʒenjœʀ] *m./f.* der/die Ingenieur/in

(ê)**s'inquiéter** [sɛ̃kjete] sich Sorgen machen

insister [ɛ̃siste] auf etw. bestehen, nachhaken

insolent/insolente [ɛ̃sɔlã/ɛ̃sɔlãt] *adj.* unverschämt, frech → MA

installer qc [ɛ̃stale] etw. aufbauen; (ê)**s'~** [sɛ̃stale] sich niederlassen

l' **instrument** [lɛ̃stʀymã] *m.* das Instrument

intégré/intégrée (à/dans) qc [ɛ̃tegʀe] *adj.* angepasst (an etw.), integriert (in etw.) → MF

intelligent/intelligente [ɛ̃teliʒã/ɛ̃teliʒãt] *adj.* intelligent l' **intello** [lɛ̃tɛlo] *m./f.* der/die Streber/in → 1/LA

interdire (à qn) de + *inf.* [ɛ̃tɛʀdiʀdə] (jdm.) verbieten, etw. zu tun

intéressant/intéressante [ɛ̃teʀɛsɑ̃/ɛ̃teʀɛsɑ̃t] *adj.* interessant

être intéressé/intéressée par qn/qc [ɛtʀɛ̃teʀɛsepaʀ] interessiert sein an jdm./etw. → 1/3

intéresser qn [ɛ̃teʀese] jdn. interessieren; (ê)**s'** ~ **à qn/qc** [sɛ̃teʀesea] sich für jdn./etw. interessieren

international/internationale/ internationaux *m. pl.* [ɛ̃tɛʀnasjɔnal/ ɛ̃tɛʀnasjɔno] *adj.* international

l' **interne** [lɛ̃tɛʀn] *m./f.* der/die Internatsschüler/in

Internet [ɛ̃tɛʀnɛt] *m.* das Internet; **surfer sur** ~ [sœʀfesyʀɛ̃tɛʀnɛt] im Internet surfen

l' **interro** *fam.* / l'**interrogation** [lɛ̃teʀo/lɛ̃teʀogasjɔ̃] *f.* der Test

l' **interview** [lɛ̃tɛʀvju] *f.* das Interview

introduire qn/qc [ɛ̃tʀɔdɥiʀ] jdn./ etw. einführen, einleiten → 2/1

inventer qc [ɛ̃vɑ̃te] etw. erfinden

l' **inverse** [lɛ̃vɛʀs] *m.* umgekehrt → MF

l' **invitation** [lɛ̃vitasjɔ̃] *f.* die Einladung

l' **invité** / l'**invitée** [lɛ̃vite] *m./f.* der Gast

inviter qn (à qc) [ɛ̃vite] jdn. (zu etw.) einladen

ironique [iʀɔnik] *m./f. adj.* ironisch → MC

italien/italienne [italjɛ̃/italjɛn] *adj.* italienisch

ivoirien/ivoirienne [ivwaʀjɛ̃/ivwaʀjɛn] *adj.* aus der Elfenbeinküste, ivorisch → 3/2

J

J'ai écrit autre chose. [ʒeekʀiotʀ-ʃoz] Ich habe etwas anderes geschrieben.

J'ai fait un autre exercice. [ʒɛfɛɛ̃notʀegzɛʀsis] Ich habe eine andere Übung gemacht.

J'ai oublié quelque chose. [ʒeublijekɛlkəʃoz] Ich habe etwas vergessen.

j'aimerais + *inf.* [ʒɛməʀɛ] ich würde gerne + *Inf.*

la **jambe** [laʒɑ̃b] das Bein; **prendre ses jambes à son cou** [pʀɑ̃dʀseʒɑ̃basɔ̃-ku] die Beine in die Hand nehmen

janvier [ʒɑ̃vje] Januar

le **jardin** [laʒaʀdɛ̃] der Garten

jaune [ʒon] *m./f. adj.* gelb; **le carton** ~ [ləkaʀtɔ̃ʒon] die gelbe Karte

je crois que [ʒəkʀwakə] ich glaube, dass

Je n'ai pas compris. [ʒənepakɔ̃pʀi] Ich habe (es) nicht verstanden.

Je n'ai pas fini! [ʒənepafini] Ich bin noch nicht fertig!

Je ne sais pas. [ʒənəsepa] Ich weiß es nicht.

je ne voudrais pas que + *subj.* [ʒənəvudʀepakə] ich möchte nicht, dass

je voudrais [ʒəvudʀe] ich möchte gern, ich hätte gern

Je vous (le/la) passe. [ʒəvulə/lapas] Ich stelle Sie (zu ihm/ihr) durch. → 1/3

le **jean** [ləʤin] die Jeans

J'en ai jusque-là! [ʒɑ̃neʒyskəla] Mir steht's bis hier! → 2/LA

J'en ai marre! [ʒɑ̃nemaʀ] Mir reicht's!

jeter qc [ʒəte] etw. (weg)werfen → 3/3

le **jeu** / **les jeux** [ləʒø/leʒø] das Spiel; **le** ~ **vidéo** [ləʒøvideo] das Videospiel

le/la **jeune** [lə/laʒœn] der/die Jugendliche

jeune [ʒœn] *m./f. adj.* jung

la **jeunesse** [laʒœnɛs] die Jugend → 3/2

joli/jolie [ʒɔli] *adj.* hübsch

jouer (avec qn) [ʒwe] (mit jdm.) spielen; ~ **à qc** [ʒwea] etw. spielen; ~ **de qc** [ʒwedə] spielen (Instrument)

le **joueur** / la **joueuse** [ləʒwœʀ/laʒwøz] der/die Spieler/in

le **jour** [ləʒuʀ] der Tag

le **journal** [ləʒuʀnal] die Nachrichten(sendung), die Zeitung, das Tagebuch

le/la **journaliste** [lə/laʒuʀnalist] *m./f.* der/die Journalist/in

la **journée** [laʒuʀne] der Tag; la ~ **portes ouvertes** [laʒuʀnepɔʀtz-uvɛʀt] der Tag der offenen Tür

le **jumelage** [ləʒymlaʒ] die (Städte-) Partnerschaft → MB

les **jumelles** [leʒymɛl] *f. pl.* das Fernglas

le **jury** [ləʒyʀi] die Jury → MF

le **jus de fruits** [ləʒydəfʀɥi] der Fruchtsaft

jusqu'à [ʒyska] bis

jusqu'au bout [ʒyskobu] bis zum Ende

juste [ʒyst] gerade noch; **C'est** ~? [sɛʒyst] Ist das richtig?, Stimmt das?

justement [ʒystəmɑ̃] eben, genau

J'y vais! [ʒive] Ich gehe hin!

K

le **kayak** [ləkajak] das Kajak, das Kajakfahren

le **kilo** [ləkilo] das Kilo

le **kilomètre** [ləkilomɛtʀ] der Kilometer

le **kiwi** [ləkiwi] die Kiwi → 2/3

le **km²** (**le kilomètre carré**) [ləkilo-mɛtʀkaʀe] der Quadratkilometer

L

là [la] da, hier

là-bas [laba] dort

le **label** [ləlabɛl] das Label, die Marke → MC

le **lac** [ləlak] der See

lâche [laʃ] *m./f. adj.* feige

lâcher qn/qc [laʃe] jdn./etw. loslassen

laisser qc [lese] etw. liegen lassen; ~ **qn tranquille** [lesetʀɑ̃kil] jdn. in Ruhe lassen

le **lait** [ləlɛ] die Milch

la **lampe** [lalɑ̃p] die Lampe

la **langue** [lalɑ̃g] die Sprache, die Zunge

le **lapin** [ləlapɛ̃] das Kaninchen

le **lave-vaisselle** [ləlavvɛsɛl] die Spülmaschine

le **lecteur** / la **lectrice** [ləlɛktœʀ/lalɛktʀis] der/die Leser/in → MF

la **lecture** [lalɛktyʀ] die Lektüre, das Lesen

la **légende** [laleʒɑ̃d] die Legende

les **légumes** [lelegym] *m. pl.* das Gemüse

le **lendemain** [ləlɑ̃dəmɛ̃] *adv.* am nächsten Tag

lequel/laquelle/lesquels/lesquelles [ləkɛl/lakɛl/lekɛl/lekɛl] welcher/welche/welches

le **lettrage** [ləlɛtʀaʒ] die Schriftgestaltung, das Lettering → MF

la **lettre** [lalɛtʀ] der Brief → MB, der Buchstabe → MF; la ~ **de motivation** [lalɛtʀdəmɔtivasjɔ̃] das Bewerbungsschreiben → 1/3

⁽ᵉ⁾**se lever** [sələve] aufstehen

la **liberté** [lalibɛʀte] die Freiheit; **en** ~ [ɑ̃libɛʀte] in Freiheit

la **librairie** [lalibʀɛʀi] die Buchhandlung

libre [libʀ] *m./f. adj.* frei

le **lien** [ləljɛ̃] die Verbindung → ME

la **ligne** [laliɲ] die Linie

limiter qc [limite] etw. beschränken, begrenzen

le **lion** [ləljɔ̃] der Löwe → 3/3

lire [liʀ] lesen

lisible [lizibl] *m./f. adj.* lesbar → MF

la **liste** [lalist] die Liste

le **lit** [ləli] das Bett

le **livre** [ləlivʀ] das Buch; le ~ **audio** [ləlivʀodjo] das Hörbuch → MF

la **loi** [lalwa] das Gesetz

loin [lwɛ̃] weit (weg); ~ **de** [lwɛ̃də] weit entfernt von

long/longue [lɔ̃/lɔ̃g] *adj.* lang

longtemps [lɔ̃tɑ̃] lange

le **look** [ləluk] der Look, das Outfit

le **loyer** [ləlwaje] die Miete

le **siècle des Lumières** [ləsjɛkldelymjɛʀ] *f. pl.* die Aufklärung → MB

lundi [lɛ̃di] *m.* Montag

la **lutte** [lalyt] der Kampf, das Ringen → 3/3

lutter [lyte] kämpfen

le **lycée** [ləlise] das Gymnasium, die gymnasiale Oberstufe → 2/2

M

Madame/Mme [madam] Frau (Anrede)

Mademoiselle/Mlle [madmwazɛl] Fräulein (Anrede)

le **magasin** [ləmagazɛ̃] das Geschäft

le **magazine** [ləmagazin] die Infosendung, das Magazin, die Zeitschrift

le **Maghreb** [ləmagʀɛb] der Maghreb → 3/1

la **magie** [lamaʒi] die Zauberei, die Magie

magique [maʒik] *m./f. adj.* magisch

magnifique [maɲifik] *m./f. adj.* wunderschön

le **mail** [ləmɛl] die Mail

la **main** [lamɛ̃] die Hand; les **mains vides** [lemɛ̃vid] mit leeren Händen

maintenant [mɛ̃tənɑ̃] jetzt

le **maire** [ləmɛʀ] *m./f.* der/die Bürgermeister/in → MB

mais [mɛ] aber

la **maison** [lamɛzɔ̃] das Haus

maîtriser qc [metʀize] etw. beherrschen → MA

la **majorité** [lamaʒɔʀite] die Mehrheit → 3/1

mal [mal] *adv.* schlecht; **aller** ~ [alemal] sich schlecht fühlen; **faire** ~ **à qn** [fɛʀmala] jdm. wehtun; ~ **finir** [malfiniʀ] schlecht ausgehen

le **mal du pays** [ləmaldypei] das Heimweh → 2/2

malade [malad] *m./f. adj.* krank

le **malaise** [ləmalɛz] das Unwohlsein → MF

le **malentendu** [ləmalɑ̃tɑ̃dy] das Missverständnis → 2/3

malgré [malgʀe] trotz → 1/1

malheureusement [malœʀøzmɑ̃] *adv.* leider, unglücklicherweise

malheureux/malheureuse [malœʀø/malœʀøz] *adj.* unglücklich

le **Mali** [ləmali] Mali → 3/1

le **malinké** [ləmalɛ̃ke] Malinke → 3/1

maman [mamɑ̃] *f.* Mama

mamie [mami] *f.* Oma

le **manga** [mɑ̃ga] das Manga

manger [mɑ̃ʒe] essen

la **mangue** [lamɑ̃g] die Mango → 3/1

manipuler qc/qn [manipyle] etw./jdn. manipulieren → MC

manquer [mɑ̃ke] fehlen, verpassen → 2/2

le **marchand** / la **marchande** [ləmaʀʃɑ̃/lamaʀʃɑ̃d] der/die Händler/in

marchander [maʀʃɑ̃de] handeln, verhandeln → 3/3

le **marché** [ləmaʀʃe] der Markt

le **mari** [ləmaʀi] der Ehemann, der Mann → 3/2

le **mariage** [ləmaʀjaʒ] die Hochzeit

le **marié** / la **mariée** [ləmaʀje/lamaʀje] der Bräutigam, die Braut

le **Maroc** [ləmaʀɔk] Marokko → 3/1

marocain/marocaine [maʀɔkɛ̃/maʀɔkɛn] *adj.* marokkanisch → 3/2; le **Marocain** / la **Marocaine** [ləmaʀɔkɛ̃/lamaʀɔkɛn] der/die Marokkaner/in → 3/2

la **marque** [lamaʀk] die Marke

⁽ᵉ⁾**se marrer** [səmaʀe] Spaß haben → 2/LB

le **match** [ləmatʃ] das Spiel

les **maths** *fam.* / les **mathématiques** [lemat/lematematik] *f. pl.* Mathe

la **matière** [lamatjɛʀ] das Schulfach

le **matin** [ləmatɛ̃] der Morgen, morgens

mauvais/mauvaise [movɛ/movɛz] *adj.* schlecht, falsch

le **mécanicien** / la **mécanicienne** [ləmekanisjɛ̃/lamekanisjɛn] der/die Mechaniker/in → MF

le **médecin** [ləmedsɛ̃] der Arzt, die Ärztin → 1/1

le **médiateur** / la **médiatrice** [ləmedjatœʀ/lamedjatʀis] der/die Mediator/in

meilleur/meilleure [mɛjœʀ] *adj.* besserer/bessere/besseres; le **meilleur** / la **meilleure** [ləmɛjœʀ/lamɛjœʀ] *adj.* der/die/das beste;

la **mélodie** [lamelɔdi] die Melodie

le/la **même** [lə/lamɛm] *m./f. adj.* der-/die-/dasselbe, der/die/das gleiche, sogar

même si [mɛmsi] auch wenn, selbst wenn → 2/2

menacer qn [mənase] jdm drohen, jdn. bedrohen

le **ménage** [ləmenaʒ] der Haushalt

le **menhir** [ləmeniʀ] der Menhir, der Hinkelstein

mentir [mɑ̃tiʀ] lügen

le **menu** [ləməny] das Menü, die Speisekarte

la **mer** [lamɛʀ] das Meer, die See; la ~ **Méditerranée** [lamɛʀmediteʀane] das Mittelmeer

merci [mɛʀsi] danke; ~ **de votre attention.** [mɛʀsidəvɔtʀatɑ̃sjɔ̃] Vielen Dank für eure Aufmerksamkeit.

la **mère** [lamɛʀ] die Mutter

le **message** [ləmesaʒ] die Botschaft, die Aussage

le **métal** [ləmetal] das Metall → 2/1

métallique [metalik] *m./f. adj.* metallen, aus Metall

le **métier** [ləmetje] der Beruf → 1/1

le **mètre** [ləmɛtʀ] der Meter

le **métro** [ləmetʀo] die U-Bahn

mettre [mɛtʀ] etw. setzen, stellen, legen; etw. tragen, anziehen; ~ **en scène** [mɛtʀɑ̃sɛn] inszenieren → 3/2; ~ **fin à qc** [mɛtʀfea] etw. beenden → MB; **en ~ partout** [ɑ̃mɛtʀpaʀtu] alles voll kleckern → 2/1; ~ **le couvert** [mɛtʀləkuvɛʀ] den Tisch decken; ~ **le son plus fort** [mɛtʀləsɔ̃plyfɔʀ] den Ton lauter stellen; ~ **qc** [mɛtʀ] etw. streichen → 2/1

midi [midi] zwölf Uhr mittags

mieux que [mjøkə] *adv.* besser als

mille [mil] *adj.* tausend

le **milliard** [ləmiljaʀ] die Milliarde → 3/1

le **million** [ləmiljɔ̃] die Million

la **minichaîne** [laminiʃɛn] die Mini-Stereoanlage

la **minute** [laminyt] die Minute

moche [mɔʃ] *m./f. adj.* hässlich

la **mode** [lamɔd] die Mode

le **modèle** [ləmɔdɛl] das Vorbild, das Modell → 3/2

moderne [mɔdɛʀn] *m./f. adj.* modern

modeste [mɔdɛst] *m./f. adj.* bescheiden → 1/1

moi [mwa] ich; ~ **non plus.** [mwanɔ̃ply] Ich auch nicht.; ~ **si.** [mwasi] Doch, ich schon.

moins [mwɛ̃] weniger, minus; ~ ... **que** [mwɛ̃...kə] weniger ... als; ~ **le quart** [mwɛ̃l[ə]kaʀ] Viertel vor

le **mois** [ləmwa] der Monat

la **moitié** [lamwatje] die Hälfte → 3/1

le **moment** [ləmɔmɑ̃] der Moment, der Augenblick; **en ce ~** [ɑ̃səmɔmɑ̃] zurzeit, im Moment; **le ~ clé** [ləmɔmɑ̃kle] der Schlüsselmoment → MA

le **monde** [ləmɔ̃d] die Menschenmenge, die Welt

Monsieur/M. [məsjø] Herr (Anrede)

le **montage** [ləmɔ̃taʒ] die Montage

la **montagne** [lamɔ̃taɲ] der Berg; **en ~** [ɑ̃mɔ̃taɲ] in den Bergen

monter qc [mɔ̃te] etw. aufbauen, errichten

(ê)**monter dans qc** [mɔ̃tedɑ̃] in etw. einsteigen

la **montre** [lamɔ̃tʀ] die Armbanduhr → 1/2

montrer qc à qn [mɔ̃tʀea] jdm. etw. zeigen

le **monument** [ləmɔnymɑ̃] das Bauwerk

(ê)**se moquer de qn/qc** [səmɔkedə] sich über jdn./etw. lustig machen

le **morceau** / les **morceaux** [ləmɔʀso] das Stück → 2/1

la **mort** [lamɔʀ] der Tod

le **mot** [ləmo] das Wort; ~ **à ~** [mota-mo] wortwörtlich → 2/2; le ~ **de passe** [ləmodəpas] das Passwort

motivé/motivée [mɔtive] *adj.* motiviert → 1/3

motiver qn [mɔtive] jdn. motivieren → MA

la **motoneige** [lamɔtonɛʒ] der Motorschlitten, das Schneemobil

la **mousse** [lamus] der Schaum, die Mousse

la **moutarde** [lamutaʀd] der Senf

le **mouton** [ləmutɔ̃] das Schaf → 3/1

le **Moyen-Âge** [ləmwajɛnɑʒ] das Mittelalter

le **multiculturalisme** [ləmyltikyltyʀalism] die Multikulturalität → 3/2

le **mur** [ləmyʀ] die Mauer, die Wand

le **musée** [ləmyze] das Museum

le **musicien** / la **musicienne** [ləmyzisjɛ̃/lamyzisjɛn] der/die Musiker/in

la **musique** [lamyzik] die Musik; la ~ **classique** [lamyziklasik] klassische Musik

mystérieux/mystérieuse [misteʀjø/misteʀjøz] *adj.* geheimnisvoll → MF

N

nager [naʒe] schwimmen *wie* manger

le **narrateur** / la **narratrice** [lənaʀatœʀ/lanaʀatʀis] der/die Erzähler/in

la **natation** [lanatasjɔ̃] Schwimmen

national/nationale/nationaux *m. pl.* [nasjɔnal/nasjɔno] *adj.* national, National- → 3/1

la **nationalité** [lanasjɔnalite] die Staatsangehörigkeit → ME

la **nature** [lanatyʀ] die Natur

naturel/naturelle [natyʀɛl] *adj.* natürlich

le **navigateur** / la **navigatrice** [lənavigatœʀ/lanavigatʀis] der/die Seefahrer/in

le **nazisme** [lənazism] der Nationalsozialismus → MB

ne ... plus [nə...ply] nicht mehr

ne ... jamais [nə...ʒamɛ] nie

ne ... pas [nə...pa] nicht

ne ... pas de [nə...padə] kein

ne ... pas trop [nə...patʀo] nicht so (sehr, gern)

ne ... personne [nə...pɛʀsɔn] niemand

ne ... plus de [nə...plydə] kein ... mehr

ne ... rien [nə...ʀjɛ̃] nichts

Ne quittez pas. [nəkitepa] Bleiben Sie dran. → 1/3

la **neige** [lanɛʒ] der Schnee

neiger [neʒe] schneien

n'est-ce pas [nɛspa] nicht (wahr), oder (etwa nicht) → 2/LA

le **net** [lənet] das Internet

nettoyer qc [netwaje] etw. reinigen, sauber machen

le **neveu** / la **nièce** [lənəvø/lanjɛs] der Neffe, die Nichte → MB

N'importe quoi! [nɛ̃pɔʀtkwa] Was für ein Quatsch!

le **niveau** [lənivo] das Niveau → 1/3

noir/noire [nwaʀ] *adj.* schwarz

le **nom** [lənɔ̃] der Name, der Nachname → 3/2

le **nombre** [lənɔ̃bʀ] die Anzahl, die Zahl

non [nɔ̃] nein; ~ **plus** [nɔ̃ply] *adv.* auch nicht; **Non?** [nɔ̃] *fam.* Nicht wahr?

le **nord** [lənɔʀ] der Norden; **dans le ~** [dãlənɔʀ] im Norden

normal/normale/normaux *m. pl.* [nɔʀmal/nɔʀmo] *adj.* normal

normalement [nɔʀmalmã] *adv.* normalerweise

la **note** [lanɔt] die Note

noter (qc) [nɔte] (etw.) aufschreiben, notieren; **Qui note?** [kinɔt] Wer schreibt (das auf)?

la **nourriture** [lanuʀityʀ] die Nahrung

nouveau / nouvel *m.* / **nouvelle** *f.* **nouveaux** *m. pl.* / **nouvelles** *f. pl.* [nuvo/nuvɛl/nuvɛl/nuvo/nuvɛl] *adj.* neu

la **nouvelle** [lanuvɛl] die Nachricht, die Neuigkeit

la **nuit** [lanɥi] die Nacht, nachts

nul/nulle [nyl] *adj.* (sehr) schlecht, mies; **être nul/nulle en** [ɛtʀnylã] in etw. schlecht sein, eine Niete sein

le **numéro** [lənymeʀo] die Nummer

O

l' **objectif** [lɔbʒɛktif] *m.* das Ziel → MB

l' **objet** [lɔbʒɛ] *m.* das Objekt, der Gegenstand

observer qn/qc [ɔpsɛʀve] jdn./etw. beobachten

occidental/occidentale/occidentaux *m. pl.* [ɔksidãtal/ɔksidãto] *adj.* westlich → 3/2

(ê)**s'occuper de** [sɔkypedə] sich um etw./jdn. kümmern

l' **océan** [lɔseã] *m.* der Ozean

l' **océan Atlantique** [lɔseãatlãtik] *m.* der atlantische Ozean → MD

l' **œil** / les **yeux** [lœj/lezjø] *m.* das Auge

l' **œuf** / les **œufs** [lœf/lezø] *m.* das Ei; l'**~ à la coque** [lœfalakɔk] *m.* das (weich) gekochte Ei → 2/1

l' **œuvre d'art** [lœvʀdaʀ] *f.* das Kunstwerk → MF

officiel/officielle [ɔfisjɛl] *adj.* offiziell

offrir qc à qn [ɔfʀiʀa] jdm etw. schenken, anbieten

Oh si! [osi] Ach doch!

l' **oiseau** / les **oiseaux** [lwazo/lezwazo] *m.* der Vogel

l' **olive** [lɔliv] *f.* die Olive → 3/1

---

l' **Olympe** [lɔlɛ̃p] *m.* der Olymp → MF

On peut toujours espérer! [ɔ̃pøtuʒuʀɛspeʀe] Die Hoffnung stirbt zuletzt!

on s'y tient [ɔ̃sitjɛ̃] man hält sich daran → MF

On y va! [ɔ̃niva] Los geht's!

l' **oncle** [lɔ̃kl] *m.* der Onkel

l' **onomatopée** [lɔnɔmatɔpe] *f.* die Lautmalerei → MF

l' **opéra** [lopeʀa] *m.* die Oper

optimiste [optimist] *m./f. adj.* optimistisch → 1/2

l' **or** [lɔʀ] *m.* das Gold

l' **orange** [lɔʀãʒ] *f.* die Orange

orange [ɔʀãʒ] *m./f. adj.* orange

l' **ordinateur** [lɔʀdinatœʀ] *m.* der Computer

l' **ordre** [lɔʀdʀ] *m.* der Befehl, die Ordnung → 1/2

l' **oreiller** [lɔʀeje] *m.* das Kopfkissen → 2/3

l' **organisateur** / l'**organisatrice** [lɔʀganizatœʀ/lɔʀganizatris] *m./f.* der/die Organisator/in

l' **organisation** [lɔʀganizasjɔ̃] *f.* die Organisation → 3/2

organiser qc [ɔʀganize] etw. strukturieren, etw. organisieren; (ê)**s'~** [sɔʀganize] sich organisieren

original/originale/originaux *m. pl.* [ɔʀiʒinal/ɔʀiʒino] *adj.* originell

l' **origine** [lɔʀiʒin] *f.* die Herkunft, der Ursprung → 3/1

oser + inf. [oze] sich trauen, etw. zu tun

ou [u] oder

où [u] wo, **~ est-ce que ...?** [uɛskə] Wo? Wohin ...?

oublier qc [ublije] etw. vergessen

oui [wi] ja

l' **ours** / les **ours** [luʀs/lezuʀs] *m.* der Bär

ouvert/ouverte [uvɛʀ/uvɛʀt] *adj.* offen

l' **ouvrier** / l'**ouvrière** [luvʀije/luvʀijeʀ] *m./f.* der/die Arbeiter/in

ouvrir qc [uvʀiʀ] etw. öffnen *wie* offrir

P

le **pain** [ləpɛ̃] das Brot

la **paix** [lapɛ] der Frieden → MB, → MF

le **palais** [ləpalɛ] der Palast

le **pantalon** [ləpãtalɔ̃] die Hose

papa [papa] *m.* Papa

papi [papi] *m.* Opa

le **papier** [ləpapje] das Papier, das Dokument → 2/1

le **paquet** [ləpakɛ] die Packung

par jour [paʀʒuʀ] pro Tag

par contre [paʀkɔ̃tʀ] jedoch, allerdings → 2/2

par exemple / p. ex. [paʀɛgzãpl] zum Beispiel, z.B.

le **paradis** [ləpaʀadi] das Paradies → MD

le **parapente** [ləpaʀapãt] Paragliding

le **parc** [ləpaʀk] der Park

parce que [paʀsəkə] weil

le **parcours** [ləpaʀkuʀ] der Parcours

pardon [paʀdɔ̃] Verzeihung

faire pareil (que) [fɛʀpaʀɛj] etw. genauso machen (wie) → 2/1

les **parents** [lepaʀã] *m. pl.* die Eltern

parfait/parfaite [paʀfɛ/paʀfɛt] *adj.* perfekt → 1/LA

parfois [paʀfwa] manchmal

le **Parisien** / la **Parisienne** [ləpaʀizjɛ̃/lapaʀizjɛn] der/die Pariser/in

le **parkour** [ləpaʀkuʀ] Parkour

parler (à qn) [paʀle] (mit jdm.) sprechen; **~ de qc** [paʀledə] über etw. sprechen

parmi [paʀmi] unter, von → ME

les **paroles** [lepaʀɔl] *f. pl.* der Liedtext

partager qc [paʀtaʒe] etw. teilen, etw. aufteilen → MB

participer à qc [paʀtisipea] an etw. teilnehmen

particulièrement [paʀtikyljɛʀmã] *adv.* besonders → 1/3

la **partie** [lapaʀti] die Runde, der Teil → MB; la **~ de cartes** [lapaʀtidəkaʀt] eine Runde Karten

(ê)**partir** [paʀtiʀ] wegfahren, losgehen; (ê)**~ de rien** [paʀtiʀdəʀjɛ̃] von nichts ausgehen → 1/1; (ê)**~ en randonnée** [paʀtiʀãʀãdɔne] wandern gehen; (ê)**~ en week-end** [paʀtiʀãwikɛnd] ins Wochenende fahren

partout [paʀtu] überall

pas du tout [padytu] gar nicht

pas grand-chose [pɑgʀɑʃoz] nicht viel, nichts Besonderes → 2/2

Pas maintenant. [pamɛ̃tənɑ̃] Nicht jetzt.

pas mal [pamal] nicht schlecht

le **passage** [ləpasaʒ] die Passage, der Durchgang → MD

(ê)**passer** [pase] laufen, kommen *Film;* vorbeigehen, vergehen → 2/2; ~ verbringen, (ê)**se ~** [səpase] geschehen, spielen; (ê)**se ~ bien/mal** [səpasebjɛ̃/mal] gut/schlecht laufen; (ê)~ **chercher qn/qc** [paseʃɛʀʃe] jdn./etw. abholen; (ê)~ **(chez qn)** (bei jdm.) vorbeikommen; ~ **l'aspirateur** [paselaspiʀatœʀ] staubsaugen; (ê)~ **par qc** [pasepaʀ] durch etw. fahren; (ê)~ **pour qn/qc** [pasepuʀ] für jdn./etw. gehalten werden → 3/3; ~ **qc** etw. vorspielen; ~ **qc à qn** [pasea] jdm. etw. reichen; ~ **son temps à** + *inf.* [pasesɔ̃tɑ̃a] die ganze Zeit etw. tun *wörtlich:* seine Zeit damit verbringen, etw. zu tun

la **passion** [lapasjɔ̃] die Leidenschaft → 1/1

passionnant/passionnante [pasjɔnɑ̃/pasjɔnɑ̃t] *adj.* faszinierend, fesselnd → 1/2

le **pâté** [ləpate] die Leberpastete

les **pâtes** [lepat] *f. pl.* Nudeln → 1/LA

le **patron** / la **patronne** [ləpatʀɔ̃/lapatʀɔn] der/die Chef/in → 1/3

la **pause** [lapoz] die Pause

pauvre [povʀ] *m./f. adj.* arm

la **pauvreté** [lapovʀəte] die Armut → 3/2

payer qc [pɛje] etw. bezahlen

le **pays** [ləpei] das Land

le **paysage** [ləpeizaʒ] die Landschaft

la **pêche** [lapɛʃ] Angeln; la ~ **sur glace** [lapɛʃsyʀglas] Eisfischen

pendant [pɑ̃dɑ̃] während

pénible [penibl] *m./f. adj.* lästig

penser à qn/qc [pɑ̃sea] an jdn./etw. denken; **penser que** [pɑ̃sekə] denken, dass

les **percussions** [lepɛʀkysjɔ̃] *f. pl.* das Schlagzeug, das Trommeln

perdre qc [pɛʀdʀ] etw. verlieren

le **père** [ləpɛʀ] der Vater

permettre à qn de + *inf.* [pɛʀmɛtʀa] jdm. erlauben, etw. zu tun → 1/2

la **perruche** [lapeʀyʃ] der Wellensittich

le **personnage** [ləpɛʀsɔnaʒ] die Figur

personnalisé/personnalisée [pɛʀsɔnalize] *adj.* personalisiert → MF

la **personnalité** [lapɛʀsɔnalite] die Persönlichkeit

la **personne** [lapɛʀsɔn] die Person

personnel/personnelle [pɛʀsɔnɛl] *adj.* persönlich

petit/petite [pəti/pətit] *adj.* klein

le **petit-déjeuner** [ləptideʒœne] das Frühstück

la **petite cuillère** [lapətitkɥijɛʀ] der Teelöffel → 2/1

les **petites annonces** [leptitzanɔ̃s] *f. pl.* die Kleinanzeigen → 1/LA

le **petit-fils** / la **petite-fille** [ləpətifis/lapətitfij] der/die Enkel/in → MB

le **pétrole** [ləpetʀɔl] das Erdöl → 3/1

peu (de) [pø] *adv.* wenig, wenige (von etw.)

le **peul** [ləpøl] Fulfulde → 3/1

peuplé/peuplée [pœple] *adj.* bevölkert → 3/1

la **peur** [lapœʀ] die Angst; **avoir ~** [avwaʀpœʀ] Angst haben, Angst bekommen; **faire ~ à qn** [fɛʀpœʀa] jdm Angst machen

peut-être [pøtɛtʀ] vielleicht

le **phare** [ləfaʀ] der Leuchtturm

le/la **philosophe** [lə/lafilɔzɔf] *m./f.* der/die Philosoph/in → MB

le **phosphate** [ləfɔsfat] das Phosphat → 3/1

la **photo** [lafoto] das Foto, das Bild; la ~ **d'identité** [lafotodidɑ̃tite] das Passfoto → 1/3

photographier qn/qc [fɔtɔgʀafje] jdn./etw. fotografieren

la **phrase** [lafʀaz] der Satz

la **physique** [lafizik] die Physik

le **piano** [ləpjano] das Klavier

la **pièce** [lapjɛs] das Stück, das Teil; la ~ **jointe** [lapjɛsʒwɛ̃t] der Anhang → 1/3

le **pied** [ləpje] der Fuß

la **pierre** [lapjɛʀ] der Stein

le **ping-pong** [ləpiŋpɔ̃g] Tischtennis

le **pique-nique** [ləpiknik] das Picknick

le **pirate** [ləpiʀat] der Pirat → MF

pirater qc [piʀate] etw. hacken

la **piscine** [lapisin] das Schwimmbad

le **placard** [ləplakaʀ] der Wandschrank

la **place** [laplas] der Platz

la **plage** [laplaʒ] der Strand

(ê)**se plaindre de qc** [səplɛ̃dʀdə] sich beklagen über etw. → 2/3

plaire à qn [plɛʀa] jdm. gefallen

le **plan** [ləplɑ̃] der Stadtplan, die Karte; le ~ **large** [ləplɑ̃laʀʒ] die Panoramaeinstellung → MF

le **planétarium** [ləplanetaʀjɔm] das Planetarium

le **plastique** [ləplastik] das Plastik, der Kunststoff → 2/1

le **plat** [ləpla] das (Haupt-) Gericht, die Platte

la **plate-forme** [laplatfɔʀm] die Plattform

plein/pleine [plɛ̃/plɛn] *adj.* voll → 3/LA

plein de [plɛ̃də] *adv.* viele → 3/3

pleurer [plœʀe] weinen

pleuvoir [pløvwaʀ] regnen

la **plupart (de)** [laplypaʀ] die meisten (von) → 3/1

plus [plys] mehr; ~ **... que** [ply...kə] mehr ... als; ~ **de** [plysdə] *adv.* mehr

plusieurs [plyzjœʀ] *adj. pl.* mehrere

plutôt [plyto] eher, lieber

la **poche** [lapɔʃ] die Tasche, das Innenfach → MF

le **point fort** [ləpwɛ̃fɔʀ] die Stärke

la **poire** [lapwaʀ] die Birne

le **pois** / les **pois** [ləpwa/lepwa] die Erbse

le **poisson** [ləpwasɔ̃] der Fisch

la **police** [lapɔlis] die Polizei

la **politique** [lapɔlitik] die Politik → MB

polluer [pɔlɥe] verschmutzen → MC

la **pollution** [lapɔlysjɔ̃] die Umweltverschmutzung → MC

la **pomme** [lapɔm] der Apfel

la **pomme de terre** [lapɔmdətɛʀ] die Kartoffel → 2/3

le **pont** [ləpɔ̃] die Brücke

populaire [pɔpylɛʀ] *m./f. adj.* beliebt, populär → 3/LA

le **portable** [ləpɔʀtabl] das Handy

la **porte** [lapɔʀt] die Tür

le **porte-bonheur** [ləpɔʀtbɔnœʀ] der Glücksbringer

porter qc [pɔʀte] etw. tragen; ~ **chance** [pɔʀteʃɑs] Glück bringen → 3/LA

le **portrait** [ləpɔʀtʀɛ] das Porträt → 3/2

le **Portugal** [ləpɔʀtygal] Portugal

poser qc [poze] etw. (hin)stellen, (hin)legen; (ê)**(se) ~ des questions** [pozedəkɛstjɔ] (sich) Fragen stellen → 3/2; (ê)**ne pas se ~ de questions** [nəpasəpozedəkɛstjɔ] nicht groß nachdenken → 1/LA; ~ **sa candidature** [pozesakɑdidatyʀ] sich bewerben → 1/2; (ê)**se ~ (sur)** [səpoze] sich niederlassen (auf)

positif/positive [pozitif/pozitiv] adj. positiv → 3/2

possible [pɔsibl] m./f. adj. möglich

le **poster** [ləpɔstɛʀ] das Poster

la **poubelle** [lapubɛl] der Mülleimer; **descendre les poubelles** [desɑdʀlepubɛl] den Müll rausbringen

le **poulet** [ləpulɛ] das Hähnchen → 3/3

pour [puʀ] für; ~ + inf. [puʀ] um ... zu + Inf.

pour cent [puʀsɑ] das Prozent

pour finir [puʀfiniʀ] zum Schluss

Pourquoi? [puʀkwa] Warum?

pourtant [puʀtɑ] obwohl → 2/2

pouvoir + inf. [puvwaʀ] etw. tun können/dürfen

le **pouvoir** [puvwaʀ] die Macht, die Fähigkeit

pratique [pʀatik] m./f. adj. praktisch; la **pratique** [lapʀatik] die Praktik, die Praxis → MC

pratiquer qc etw. praktizieren, ausüben → MB

le **pré** [ləpʀe] das Feld → MC

précis/précise [pʀesi/pʀesiz] adj. genau, exakt → MF

préféré/préférée [pʀefeʀe] adj. Lieblings-

préférer qn/qc /+ inf. [pʀefeʀe] jdn/etw. bevorzugen, etw. lieber mögen

le **préjugé** [ləpʀeʒyʒe] das Vorurteil → ME

premier/première [pʀəmje/pʀəmjɛʀ] adj. erster/erste/erstes

le **premier plan** [ləpʀəmjeplɑ] der Vordergrund → MA, → MC

la **Première Guerre mondiale** [lapʀəmjɛʀgɛʀmɔdjal] der Erste Weltkrieg → MB

prendre qc [pʀɑdʀ] etw. zu sich nehmen; ~ **des risques** [pʀɑdʀdeʀisk] Risiken eingehen → MA; ~ **en photo qn/qc** [pʀɑdʀɑfoto] jdn./etw. fotografieren; ~ **la défense de qn** [pʀɑdʀladefɑsdə] jdn. verteidigen; ~ **le soleil** [pʀɑdʀləsɔlɛj] sich sonnen; ~ **ses distances** [pʀɑdʀsedistɑs] Abstand nehmen; ~ **ses jambes à son cou** [pʀɑdʀseʒɑbasɔku] die Beine in die Hand nehmen; ~ **une décision** [pʀɑdʀyndesizjɔ] eine Entscheidung treffen, einen Entschluss fassen → 1/2; ~ **une/sa douche** [pʀɑdʀyn/saduʃ] duschen

le **prénom** [ləpʀenɔ] der Vorname → MB

préparer qc [pʀepaʀe] etw. vorbereiten; (ê)**se ~** [səpʀepaʀe] sich fertig machen

près de [pʀedə] bei, in der Nähe (von)

la **présentation** [lapʀezɑtasjɔ] die Präsentation

présenté/e par [pʀezɑtepaʀ] präsentiert von

présenter qn/qc (à qn) [pʀezɑte] (jdm.) jdn./etw. vorstellen; (ê)**se ~ (à qn)** [səpʀezɑte] sich (jdm.) vorstellen

le **président** / la **présidente** [ləpʀezidɑ/lapʀezidɑt] der/die Präsident/in → MB

presque [pʀɛsk] adv. fast

prestigieux/prestigieuse [pʀɛstiʒjø/pʀɛstiʒjøz] adj. glanzvoll, renommiert → MD

prêt/prête [pʀɛ/pʀɛt] adj. fertig, bereit → 1/2; **être prêt/prête (à + inf.)** [ɛtʀəpʀɛ/ɛtʀpʀɛt] bereit sein (etw. zu tun) → 1/2

la **preuve** [lapʀœv] der Beweis

prévenir qn [pʀevniʀ] jdn verständigen

la **princesse d'un jour** [lapʀɛsesdɛʒuʀ] Prinzessin für einen Tag

principal/principale/ principaux m. pl. [pʀɛsipal/pʀɛsipo] adj. Haupt-;

le **principal** / la **principale** [ləpʀɛsipal/lapʀɛsipal] der/die Schulleiter/in

le **printemps** [ləpʀɛtɑ] der Frühling

la **prison** [lapʀizɔ] das Gefängnis

le **prisonnier** / la **prisonnière** [ləpʀizɔnje/lapʀizɔnjɛʀ] der/die Gefangene → MF

privé/privée [pʀive] adj. privat

le **prix** / les **prix** [ləpʀi] der Preis → 3/3

le **problème** [ləpʀɔblɛm] das Problem

prochain/prochaine [pʀɔʃɛ/pʀɔʃɛn] adj. nächster/nächste/nächstes

la **production** [lapʀɔdyksjɔ] die Produktion → MF

le **produit** [ləpʀɔdɥi] das Produkt

le/la **prof** [lə/lapʀɔf] fam. / le/la **professeur** [ləpʀɔfɛsœʀ/lapʀɔfɛsœʀ] der/die Lehrer/in; le/la **professeur de français** [lə/lapʀɔfɛsœʀdəfʀɑse] der/die Französischlehrer/in

la **profession** [lapʀɔfesjɔ] Beruf → MB

professionnel/professionnelle [pʀɔfesjɔnɛl] adj. beruflich, Berufs- → 1/3

le **profil** [ləpʀɔfil] das Profil

le **programme** [ləpʀɔgʀam] das Programm

programmé/programmée [pʀɔgʀame] adj. vorprogrammiert → MB

le **progrès** [ləpʀɔgʀɛ] der Fortschritt → 2/2

le **projet** [ləpʀɔʒɛ] das Projekt, das Vorhaben

(ê)**se promener** [səpʀɔmne] spazieren gehen

promettre (à qn) de + inf. [pʀɔmɛtʀdə] jdm. etw. versprechen

les **propos** [lepʀɔpo] m. pl. die Äußerungen → ME

proposer (à qn) de + inf. [pʀɔpozedə] jdm. vorschlagen, etw. zu tun; ~ **qc (à qn)** (jdm.) etw. vorschlagen, anbieten

la **proposition** [lapʀɔpozisjɔ] der Vorschlag

propre [pʀɔpʀ] m./f. adj. eigen → 1/2

la **protection** [lapʀɔtɛksjɔ] der Schutz → MC

protéger qn/qc [pʀɔteʒe] jdn./etw. bewahren, schützen

le protestant / la protestante [ləpʀɔtestɑ̃/lapʀɔtestɑ̃t] der/die Protestant/in → MB

la province [lapʀɔvɛ̃s] die Provinz

provisoire [pʀɔvizwaʀ] *m./f. adj.* vorläufig, provisorisch → MB

provoquer qn/qc [pʀɔvɔke] jdn./ etw. herausfordern, provozieren → MC

la Prusse [lapʀys] Preußen → MB

le public [ləpyblik] das Publikum → 3/LA, → MF

la pub *fam.* / **la publicité** [lapyb/lapyblisite], die Werbung, die Anzeige, der Werbespot → MC

puis [pɥi] dann

le pull *fam.* / **le pull-over** [ləpyl/ləpylɔvɛʀ] der Pulli, der Pull-over

Q

le quai [ləke] der Kai

la qualité [lakalite] die Qualität, der Vorzug → 1/2

quand [kɑ̃] wenn, immer wenn; ~ **est-ce que ...?** [kɑ̃tɛskə] Wann ...?

quand même [kɑ̃mɛm] trotzdem, dennoch

le quart [ləkaʀ] die Viertelstunde; **et quart** [ekaʀ] Viertel nach ...

le quartier [ləkaʀtje] das Viertel

que [kə] den, die, das *Relativpronomen*

le Québec [ləkebɛk] Quebec

québécois/québécoise [kebɛkwa/ kebɛkwaz] *adj.* aus Quebec; le **Québécois / la Québécoise** [ləkebekwa/lakebekwaz] der/die Einwohner/in von Quebec

quel/quelle [kɛl] welcher/welche/welches

Quelle chance! [kɛlʃɑ̃s] Was für ein Glück!

quelque chose [kɛlkəʃoz] etwas; ~ **se trouve** [kɛlkəʃozsətʀuv] etwas befindet sich/liegt

quelque chose de + *adj.* [kɛlkəʃozdə] etwas + *Adj.*

quelques [kɛlkə] *adj. pl.* einige, ein paar

quelqu'un [kɛlkɛ̃] jemand; ~ **d'autre** [kɛlkɛ̃dotʀ] jemand anders; ~ **de bien** [kɛlkɛ̃dəbjɛ̃] ein guter Mensch → 1/1

Qu'est-ce que ça veut dire? [kɛskəsavødiʀ] Was bedeutet das?

Qu'est-ce qui ...? [kɛski] Was ...?; **Qu'est-ce qu'il y a?** [kɛskilja] Was gibt es? **Qu'est-ce que ...?** [kɛskə] Was ...?; ~ **tu as écrit?** [kɛskətyaekʀi] Was hast du geschrieben?; ~ **tu fais?** [kɛskətyfɛ] Was machst du?; **Qu'est-ce qu'il faut faire?** [kɛskilfofeʀ] Was sollen wir machen?; **Qu'est-ce qu'il y a?** [kɛskilja] Was ist los?

la question [lakɛstjɔ̃] die Frage; **(se) poser des questions** [pozedekɛstjɔ̃] (sich) Fragen stellen → 3/2; **(é)ne pas se poser de questions** [nəpasəpozedəkɛstjɔ̃] nicht groß nachdenken → 1/LA

qui [ki] der, die, das *Relativpronomen*

Qui est-ce que ...? [kiɛskə] Wen ...?

Qui est-ce qui ...? [kiɛski] Wer ...?

qui s'inspire/nt de [kisɛ̃spiʀdə] nach der Vorlage von → MA

Qui? [ki] Wer?; ~ **fait quoi?** [kifɛkwa] Wer macht was?

quinze jours [kɛ̃zʒuʀ] vierzehn Tage, zwei Wochen → 1/3

quitter qn/qc [kite] jdn./etw. verlassen → ME

quoi [kwa] was

quotidien/quotidienne [kɔtidjɛ̃/kɔtidjɛn] *adj.* täglich → 2/1; le **quotidien** [ləkɔtidjɛ̃] der Alltag → MA

R

le R&B [ləaʀɛnbi] der R&B

le racisme [ləʀasism] der Rassismus → ME

raciste [ʀasist] *adj.* rassistisch → ME

raconter qc (à qn) [ʀakɔ̃te] (jdm.) etw. erzählen

la radio [laʀadjo] das Radio

le rafting [ləʀaftiŋ] Rafting → MD

râler [ʀɑle] meckern, motzen

le rallye [ləʀali] die Rallye

la randonnée [laʀɑ̃dɔne] die Wanderung

le randonneur / la randonneuse [ləʀɑ̃dɔnœʀ/laʀɑ̃dɔnøz] der Wanderer / die Wanderin → MD

ranger qc [ʀɑ̃ʒe] etw. aufräumen; ~ **le lave-vaisselle** [ʀɑ̃ʒeləlavvɛsɛl] die Spülmaschine ein-/ausräumen

le rap [ləʀap] der Rap

rapide [ʀapid] *m./f. adj.* schnell

rapidement [ʀapidmɑ̃] *adv.*

rappeler qn [ʀapəle] jdn zurückrufen

rapprocher qn/qc [ʀapʀɔʃe] einander näher bringen → MB

rassuré/rassurée [ʀasyʀe] *adj.* beruhigt

rater qn/qc [ʀate] jdn/etw. verpassen, durchfallen → 1/2

réagir [ʀeaʒiʀ] reagieren

le réalisateur / la réalisatrice [ləʀealizatœʀ/laʀealizatʀis] der/die Regisseur/in → MA

réaliste [ʀealist] *m./f. adj.* realistisch

la réalité [laʀealite] die Realität → MB

la réception [laʀesɛpsjɔ̃] die Rezeption, der Empfang → 1/3

la recette [laʀəsɛt] das (Koch-) Rezept

recevoir qn/qc [ʀəsəvwaʀ] jdn empfangen, etw. erhalten

la recherche [laʀəʃɛʀʃ] die Forschung, die Suche

recommencer [ʀəkɔmɑ̃se] wieder anfangen, etw. noch einmal tun

récompenser qn/qc [ʀekɔ̃pɑ̃se] jdn./etw. belohnen, auszeichnen → MF

la réconciliation [laʀekɔ̃siljasjɔ̃] die Versöhnung → MB

reconnaître qn/qc [ʀəkɔnɛtʀ] jdn./etw. wiedererkennen, etw. zugeben

la récréation [laʀekʀeasjɔ̃] die Pause

récupérer qc [ʀekypeʀe] etw. zurückbekommen

redemander [ʀədəmɑ̃de] noch einmal fragen

réécouter qc [ʀeekute] etw. noch einmal anhören

réel/réelle [ʀeɛl] *adj.* echt, real → MC

réfléchir (à/sur qn/qc) [ʀefleʃiʀ] nachdenken (über jdn./etw.)

la Réforme [laʀefɔʀm] die Reformation → MB

réformé/réformée [ʀefɔʀme] *adj.* reformiert, protestantisch → MB le **refrain** [ləʀəfʀɛ̃] der Refrain

le **réfugié** / la **réfugiée** [ləʀefyʒje/laʀefyʒje] der Flüchtling → MB

le **refus** [ləʀəfy] die Weigerung, die Ablehnung → 3/2

le **regard** [ləʀəgaʀ] der Blick → MB, → MF

regarder qn/qc [ʀəgaʀde] jdn./etw. ansehen

le **reggae** [ləʀege] der Reggae

la **région** [laʀeʒjɔ̃] die Gegend

la **règle** [laʀɛgl] das Lineal

rejeter qc/qn [ʀəʒte] jdn./etw. zurückweisen, ablehnen → ME

rejoindre qn [ʀəʒwɛ̃dʀ] jdn. treffen, jdn. einholen → 2/3

la **relation** [laʀəlasjɔ̃] die Beziehung

la **religion** [laʀəliʒjɔ̃] die Religion → MB

remarquer qn/qc/que [ʀəmaʀke] jdn./etw. bemerken, bemerken (dass)

remettre qc [ʀəmɛtʀ] etw. verleihen → MF

la **remise des médailles** [laʀəmizdemedaj] die Siegerehrung

le **rempart** [ləʀɑ̃paʀ] die Stadtmauer

remplir qc [ʀɑ̃pliʀ] etw. füllen, etw. ausfüllen → 2/1

la **Renaissance française** [laʀənɛsɑ̃sfʀɑ̃sɛz] die französische Renaissance → MD

la **rencontre** [laʀɑ̃kɔ̃tʀ] das Treffen

rencontrer qn [ʀɑ̃kɔ̃tre] jdm. begegnen, jdn. treffen, sich mit jdm. treffen

le **rendez-vous** [ləʀɑ̃devu] die Verabredung, der Termin; **rendez-vous** + *Zeit/Ort* [ʀɑ̃devu] wir treffen uns in/im/am …

rendre qc **authentique** [ʀɑ̃dʀotɑ̃tik] etw. originalgetreu machen → MA

la **rentrée** [laʀɑ̃tre] der Schuljahresbeginn

rentrer (**à la maison**) [ʀɑ̃tʀe] nach Hause gehen

renverser qn/qc [ʀɑ̃vɛʀse] etw. kippen, jdn./etw. umstoßen → 3/LA

reparler de qc **à** qn [ʀəpaʀledə] noch einmal mit jdm. über etw. sprechen

le **repas** [ləʀəpa] das Essen, die Mahlzeit

repasser qc [ʀəpase] etw. wiederholen → 1/2

répéter (qc) [ʀepete] (etw.) wiederholen, nachsprechen

la **répétition** [laʀepetisjɔ̃] die Wiederholung → MC

répondre (**à** qn/qc) [ʀepɔ̃dʀ] jdm. antworten, etw. beantworten

la **réponse** [laʀepɔ̃s] die Antwort → 1/3

le/la **reporter** [lə/laʀəpɔʀtɛʀ] *m./f.* der/die Reporter/in → 1/1

(ê)**se reposer** [səʀepoze] sich ausruhen

représenter qc/qn [ʀəpʀezɑ̃te] etw./jdn. darstellen, verkörpern → ME; etw./jdn. zeigen → MF

reprocher qc **à** qn [ʀəpʀɔʃe] jdm. etw. vorwerfen → MA

le **RER** [ləʀɛʀ]

le **réseau** [ləʀezo] das Netz

la **réserve naturelle** [laʀezɛʀvnatyʀɛl] das Naturschutzgebiet → MD

respecter qn/qc [ʀɛspɛkte] jdn./etw. respektieren

la **responsabilité** [laʀɛspɔ̃sabilite] die Verantwortung → 1/2

ressembler à qn/qc [ʀəsɑ̃blea] jdm./etw. ähneln → 1/1

les **ressources** [leʀəsuʀs] *f. pl.* die Ressourcen, Bodenschätze → 3/1

le **resto** *fam.* / le **restaurant** [ləʀəsto/ləʀəstoʀɑ̃] das Restaurant, das Lokal

le **reste** [ləʀɛst] der Rest

(ê)**rester** [ʀɛste] bleiben

le **résultat** [ləʀezylta] das Ergebnis

le **résumé** [ləʀezyme] die Zusammenfassung, die Inhaltsangabe

le **retour** [ləʀətuʀ] die Rückkehr

(ê)**retourner à** [ʀətuʀnea] zurückkehren zu/nach

retrouver qn [ʀətʀuve] jdn treffen; (ê)**se ~** [səʀətʀuve] sich (wieder) treffen

réussir (qc) [ʀeysiʀ] (es/etw.) schaffen, gelingen

le **rêve** [ləʀɛv] der Traum

(ê)**revenir** [ʀəvniʀ] zurückkommen → 2/2

rêver (**de** qn/qc) [ʀɛve] (von jdm./etw.) träumen; **~ de** + *inf.* [ʀɛvedə] träumen, etw. zu tun

la **révocation** [laʀevokasjɔ̃] der Widerruf → MB

la **révolution** [laʀevɔlysjɔ̃] die Revolution → MF

révoquer qc [ʀevoke] etw. widerrufen → MB

riche [ʀiʃ] *m./f. adj.* reich

la **richesse** [laʀiʃɛs] der Reichtum, die Fülle → MF

rien de spécial [ʀjɛ̃dəspesjal] nichts Besonderes

rigoler [ʀigɔle] lachen, Spaß haben/machen

rire [ʀiʀ] lachen

la **rivière** [laʀivjɛʀ] der Fluss

le **riz** [ləʀi] der Reis

la **robe** [laʀɔb] das Kleid

le **rocher** [ləʀɔʃe] der Felsen

le **rock** [ləʀɔk] die Rockmusik

le **roi** / la **reine** [ləʀwa/laʀɛn] der/die König/in → MF

le **rôle** [ləʀol] die Rolle

les **rollers** [leʀɔlœʀ] *m. pl.* die Inliner

romain/romaine [ʀɔmɛ̃/ʀɔmɛn] *adj.* römisch

le **roman** [ləʀɔmɑ̃] der Roman; le ~ **de fantasy** [ləʀɔmɑ̃dəfɑ̃tɛzi] der Fantasyroman; le ~ **policier** [ləʀɔmɑ̃pɔlisje] der Kriminalroman

romantique [ʀɔmɑ̃tik] *m./f. adj.* romantisch → MF

rose [ʀoz] *m./f. adj.* rosa

rouge [ʀuʒ] *m./f. adj.* rot

la **route** [laʀut] die Landstraße, die Fernverkehrsstraße

royal/royale/royaux *m. pl.* [ʀwajal/ʀwajo] *adj.* königlich, Königs-

le **ruban** [ləʀybɑ̃] das Band → 2/1

la **rue** [laʀy] die Straße; la ~ **piétonne** [laʀypjetɔn] die Fußgängerzone

le **rugby** [ləʀygbi] das Rugby

la **rupture** [laʀyptyʀ] der Bruch, die Unterbrechung → MF

le **rythme** [ləʀitm] der Rhythmus

S

le **sable** [ləsabl] der Sand → MD

le **sac** [ləsak] die Tasche; **faire son ~** [fɛʀsɔ̃sak] seine Tasche packen/vorbereiten

la **salade** [lasalad] der Salat; la ~ **de fruits** [lasaladəfʀɥi] der Obstsalat

la **salaire** [ləsalɛʁ] das Gehalt → 1/2;
le ~ **fixe** [ləsalɛʁfiks] das Festgehalt
→ 1/2
salé/salée [sale] *adj.* salzig, gesalzen → MD

la **salle de bains** [lasaldəbɛ̃] das Badezimmer

la **salle de classe** [lasaldəklas] der
Klassenraum

la **(salle de) permanence** [lasaldə-
pɛʁmanɑ̃s] der Aufenthaltsraum

la **salle de séjour** [lasaldəseʒuʁ] das
Wohnzimmer

la **salle des profs** [lasaldeprɔf] das
Lehrerzimmer
Salut! [saly] *fam.* Hallo! Tschüss!

le **sandwich** [ləsãdwitʃ] das Sandwich
sans [sã] ohne; ~ **blague!** [sãblag]
Kein Scherz?

le **sans-papiers** [ləsãpapjə] der illega-
le Einwanderer

la **sardine** [lasaʁdin] die Sardine, der
(Zelt-)Hering

la **sauce** [lasos] die Soße; la ~ **tomate**
[lasostɔmat] die Tomatensoße

la **saucisse** [lasosis] die Wurst → 2/3
sauver qn/qc [sove] jdn./etw. retten → 1/2
savoir qc [savwaʁ] etw. wissen;
n'en ~ rien [nãsavwaʁjɛ̃] keine
Ahnung haben (von etw.) → 1/2

le **scénario** [ləsenaʁjo] das Drehbuch
→ MA

le/la **scénariste** [lə/lasenaʁist] *m./f.* der/
die (Drehbuch-)Autor/in → MF

la **scène** [lasɛn] die Szene

la **science-fiction** [lasjãsfiksjɔ̃] die
Sciencefiction → MF

le **score** [ləskɔʁ] der Spielstand

la **seconde** [lasəgɔ̃d] *wörtlich:* die
zweite → 2/2

la **Seconde Guerre mondiale** [la-
səgɔ̃dgɛʁmɔ̃djal] der Zweite Weltkrieg → MB

le **secret** [ləsəkʁɛ] das Geheimnis

le **secrétariat** [ləsəkʁetaʁja] das Sekretariat

la **séduction** [lasedyksjɔ̃] die Verführung

le **séjour** [ləseʒuʁ] der Aufenthalt
→ 2/2
selon [səlɔ̃] je nachdem → MF,
nach, laut → 3/2

la **semaine** [lasəmɛn] die Woche
sembler [sãble] scheinen → MB

le **Sénégal** [ləsenegal] der Senegal
→ 3/1
sénégalais/sénégalaise
[senegalɛ/senegalɛz] *adj.* senegalesisch → 3/3
sensibiliser qn [sãsibilize] jdn.
sensiblisieren → MC

le **sentier** [ləsãtje] der Fußweg → MD
sentir qc [sãtiʁ] etw. fühlen; **(e)se ~**
[səsãtiʁ] sich fühlen

la **série** [laseʁi] die Serie; la ~ **policière**
[laseʁipolisjɛʁ] Krimiserie
sérieusement [seʁjøzmã] *adv.*
ernsthaft
sérieux/sérieuse [seʁjø/seʁjøz] *adj.*
ernst, ernsthaft
serrer la main à qn [seʁelamɛ̃a]
jdm. die Hand geben → 2/LB

le **serveur / la serveuse**
[ləsɛʁvœʁ/lasɛʁvøz] der/die
Kellner/in → 1/3

le **service** [ləsɛʁvis] der Service, die
Bedienung → 1/3
servir à qc [sɛʁviʁa] von Nutzen
sein, zu etw. dienen → 2/3; ~ **qn/qc**
[sɛʁviʁ] jdn. bedienen, etw. servieren → 1/3; **se ~ de qn/qc** [səsɛʁviʁdə]
jdn./etw. benutzen → MC
seul/seule [sœl] *adj.* allein, einzig
seulement [sœlmã] *adv.* nur

le **shampoing** [ləʃãpwɛ̃] das Shampoo

le **shopping** [ləʃɔpiŋ] der Einkaufsbummel
si [si] wenn; ~ **ça te dit** [sisatədi]
wenn du Lust hast

le **siècle** [ləsjɛkl] das Jahrhundert
signaler qc à qn [siɲalea] jdm. etw.
melden
signer qc [siɲe] etw. unterschreiben → 1/3
s'il te plaît [siltəplɛ] / **s'il vous plaît**
[silvuplɛ] bitte
simple [sɛ̃pl] *m./f. adj.* einfach,
leicht → ME
simplement [sɛ̃pləmã] *adv.* einfach
→ MF

le **singe** [ləsɛ̃ʒ] der Affe
sinon [sinɔ̃] sonst

le **sirop d'érable** [ləsiʁodeʁabl] der
Ahornsirup

le **site (web)** [ləsit] die Webseite → 2/2

la **situation** [lasituasjɔ̃] die Situation
→ MA
situé/située [sitɥe] *adj.* gelegen
→ MD
six jours sur sept [sizuʁsyʁsɛt]
sechs Tage die Woche

la **sixième** [lasizjɛm] Die erste Jahr-
gangsstufe nach Beendigung der
fünfjährigen Grundschule.

le **skate-board** [ləskɛtbɔʁd] das Skate-
board

le **sketch / les sketches**
[ləskɛtʃ/leskɛtʃ] der Sketch

le **ski** [ləski] der Ski, das Skifahren;
le ~ **de fond** [ləskidəfɔ̃] Skilanglauf

le **slam** [ləslam] der (Poetry-) Slam
→ ME

le **slogan** [ləslogã] der Slogan → MC

la **société** [lasɔsjete] die Gesellschaft
→ MC

la **sœur** [lasœʁ] die Schwester
soigner qn/qc [swaɲe] jdn./etw.
pflegen → 1/1

le **soir** [ləswaʁ] Abend, abends

la **soirée** [laswaʁe] der Abend

le **soldat** [ləsɔlda] der Soldat → MB

le **soleil** [ləsɔlɛj] die Sonne

la **solidarité** [lasɔlidaʁite] die Solidarität

la **solution** [lasɔlysjɔ̃] die Lösung

le **son** [ləsɔ̃] der Ton, der Klang → 3/LA
sonner [sɔne] klingeln

la **sonnerie** [lasɔnʁi] die Klingel, der
Klingelton

le **sorcier / la sorcière**
[ləsɔʁsje/lasɔʁsjɛʁ] der/die Hexe/r
→ MF

la **sortie** [lasɔʁti] der Ausgang, Ausgehen
(e)sortir [sɔʁtiʁ] ausgehen, hinausgehen; **(e)~** anlaufen *Film* → 3/2;
(e)~ avec qn [sɔʁtiʁavɛk] mit jdm.
zusammen sein → 1/LA; **(e)~ de**
[sɔʁtiʁdə] entlassen werden (aus);
~ **le chien** [sɔʁtiʁləʃjɛ̃] den Hund
ausführen
souffler qc [sufle] etw. ausblasen
souffrir (de qc) [sufʁiʁ] leiden (an
etw.) → ME

la **soupe** [lasup] die Suppe;la ~ **aux**
pois [lasupopwa] die Erbsensuppe

la **source** [lasuʀs] die Quelle, der Ursprung → MC

sourire [suʀiʀ] lächeln → 1/3

sous [su] unter

le **sous-titre** [ləsutitʀ] der Untertitel → MC

souterrain/souterraine [suteʀɛ̃/suteʀɛn] *adj.* unterirdisch

le **souvenir** [ləsuvəniʀ] die Erinnerung

(ê)**se souvenir de qn/qc** [səsuvniʀdə] sich an jdn./etw. erinnern

souvent [suvã] oft; **le plus ~** [ləplysuvã] *adv.* meistens

les **spaghettis** [lespageti] *m. pl.* die Spaghetti

spécial/spéciale/spéciaux *m. pl.* [spesjal/spesjo] *adj.* besonders, speziell

la **spécialité** [laspesjalite] die Spezialität

le **spectacle** [ləspɛktakl] die Vorstellung, die Show → MF

le **spectateur / la spectatrice** [ləspɛktatœʀ/laspɛktatʀis] der/die Zuschauer/in → MA, → MF

le **sport** [ləspɔʀ] der Sport

sportif/sportive [spɔʀtif/spɔʀtiv] *adj.* sportlich; **le sportif / la sportive** [ləspɔʀtif/laspɔʀtiv] der/die Sportler/in

le **stade** [ləstad] das Stadion

le **stage** [ləstaʒ] der Ferienkurs, das Praktikum → 1/3

la **star** [lastaʀ] der Star

la **station** [lastasjɔ̃] die Station; **la ~ balnéaire** [lastasjɔ̃balneɛʀ] der Badeort

le **stress** [ləstʀɛs] der Stress

(ê)**se stresser** [səstʀese] sich stressen

le **style** [ləstil] der Stil

le **stylo** [ləstilo] der Kugelschreiber

subsaharien/subsaharienne [sybsaaʀjɛ̃/sybsaaʀjɛn] subsaharisch, südlich der Sahara → 3/1

le **succès** [ləsyksɛ] der Erfolg → 1/1

le **sucre** [ləsykʀ] der Zucker

le **sud** [ləsyd] der Süden → MF; **le sud-est** [ləsydɛst] der Südosten → MD

suggérer qc [sygʒeʀe] etw. andeuten → MC

suivant/suivante [sɥivã/sɥivãt] *adj.* folgender/folgende/folgendes → MD

suivre qn [sɥivʀ] jdm. folgen, jdn. verfolgen

super [sypɛʀ] *adj. fam.* super, toll

le **superhéros / la superhéroïne** [ləsypeʀeʀo/lasypeʀeʀɔin] der/die Superheld/in → 1/2

le **supermarché** [ləsypɛʀmaʀʃe] der Supermarkt

sur [syʀ] auf; **~ moi** [syʀmwa] bei mir, dabei

sûr/sûre [syʀ] *adj.* sicher

sûrement [syʀmã] *adv.* sicherlich

le **surf** [ləsœʀf] Surfen

surfer sur Internet [sœʀfesyʀɛ̃tɛʀnɛt] im Internet surfen

surnaturel/surnaturelle [syʀnatyʀɛl] *adj.* übernatürlich

la **surprise** [lasyʀpʀiz] die Überraschung; **faire une ~ à qn** [fɛʀynsyʀpʀiza] jdn. überraschen

surtout [syʀtu] *adv.* vor allem

le **surveillant / la surveillante** [ləsyʀvejã/lasyʀvejãt] die Aufsichtsperson

surveiller qn [syʀveje] jdn. beaufsichtigen

le **suspense** [ləsyspɛns] die Spannung

les **SVT** [leɛsvete] *f. pl.* Biologie

le **symbole** [ləsɛ̃bɔl] das Symbol, das Zeichen → 3/2

sympa [sɛ̃pa] *adj. fam.* nett, sympathisch; **Ce serait ~.** [səsəʀɛsɛ̃pa] Das wäre nett.

la **synopsis** [lasinɔpsis] die Kurzbeschreibung → MA

le **système** [ləsistɛm] das System → MF

T

Ta présentation m'a plu. [tapʀezãtasjɔ̃maply] Deine Präsentation hat mir gefallen.

la **table** [latabl] der Tisch

le **tableau / les tableaux** [lətablo/letablo] die (Schul-)Tafel; das Gemälde

la **tablette de chocolat** [latablɛtdəʃɔkɔla] die Tafel Schokolade

le **taboulé** [lətabule] das Taboulé

la **tâche** [lataʃ] die Aufgabe, die Arbeit; **les tâches ménagères** [letaʃmenaʒɛʀ] *f. pl.* die Tätigkeiten im Haushalt

Tais-toi! [tɛtwa] Sei still!, Schweig! → 3/LB

Tant mieux! [tãmjø] Umso besser!

la **tante** [latãt] die Tante

tard [taʀ] spät; **c'était trop ~** [setɛtʀotaʀ] es war zu spät

la **tarte** [lataʀt] der Kuchen; **la ~ au riz** [lataʀtoʀi] der Milchreiskuchen

la **tartine** [lataʀtin] das Butterbrot, das belegte Brot

le **taureau / les taureaux** [lətoʀo/letoʀo] der Stier

le **tee-shirt** [lətiʃœʀt] das T-Shirt

la **télé / la télévision** [latele/latelevizjɔ̃] der Fernseher

télécharger qc [teleʃaʀʒe] etw. herunterladen

la **télécommande** [latelekɔmãd] die Fernbedienung

le **téléphone** [lətelefɔn] das Telefon

téléphoner [telefɔne] telefonieren, jdn. anrufen

la **télévision franco-allemande** [latelevizjɔ̃fʀãkoalmãd] der deutschfranzösische Fernsehsender

tellement (de) [tɛlmã] so (viel/e), dermaßen (viel/e) → 1/LA

le **témoin** [lətemwɛ̃] der Zeuge, die Zeugin

le **temps** [lətã] das Wetter, die Zeit; **de ~ en ~** [dətãzãtã] ab und zu, von Zeit zu Zeit; **Tu as le ~ aujourd'hui?** [tyalətãoʒuʀdɥi] Hast du heute Zeit?; **le ~ libre** [lətãlibʀ] die Freizeit

tenir qn/qc [təniʀ] jdn festhalten, etw. halten; **~ qn par le bras** [təniʀpaʀləbʀa] jdn. am Arm festhalten

le **tennis** [lətenis] das Tennis, das Tennisspielen

la **tente** [latãt] das Zelt

terminer qc [tɛʀmine] etw. beenden

la **terrasse** [lateʀas] die Terrasse

la **terre** [latɛʀ] der Boden, die Erde, die Welt → 3/LA

terrible [tɛʀibl] *m./f. adj.* furchtbar

terriblement [tɛʀiblmã] *adv.* furchtbar, schrecklich

le **test** [lətɛst] der Test

la **tête** [latɛt] der Kopf, das Gesicht → 1/LA, → 2/3, → 3/LA

le **texte** [lətɛkst] der Text

le **texto** [lətɛksto] die SMS

le **théâtre** [ləteatʀ] das Theater

le **thème** [lətɛm] das Thema

le **ticket** [lətike] das Ticket, die Fahrkarte

le **tiers** [lətjɛʀ] das Drittel → 3/1

timide [timid] m./f. adj. schüchtern

tirer [tiʀe] ziehen, schießen → 3/LA

le **tissu** [lətisy] der Stoff → 3/3

le **titre** [lətitʀ] der Titel, der Musiktitel

les **toilettes** [letwalɛt] f. pl. die Toilette

la **tolérance** [latɔleʀãs] die Toleranz → ME

tolérant/tolérante [tɔleʀã/tɔleʀãt] adj. tolerant → ME

la **tomate** [latɔmat] die Tomate

(ê)**tomber** [tɔ̃be] fallen, hinfallen; (ê)~ **amoureux/-euse** [tɔ̃beamuʀø/-øz] sich verlieben → MF

le **tome** [lətɔm] der Band → 1/LB

le **toréro** [lətɔʀeʀo] der Torero

la **tortue** [latɔʀty] die Schildkröte

tôt [to] früh

touchant/touchante [tuʃã/tuʃãt] adj. rührend, ergreifend

toucher qn/qc [tuʃe] jdn./etw. anfassen, jdn./etw. (be)treffen, jdn./etw. befallen → 3/2

toujours [tuʒuʀ] immer

la **tour** [latuʀ] der Turm

le **tour de force** [lətuʀdəfɔʀs] der Kraftakt → MB

le **tourisme** [lətuʀizm] der Tourismus

le/la **touriste** [lə/latuʀist] der Tourist / die Touristin

touristique [tuʀistik] m./f. adj. touristisch

tourner [tuʀne] drehen; ~ **à droite / à gauche** nach rechts/links abbiegen

le **tournoi** [lətuʀnwa] das Turnier

tous les deux m. pl. / **toutes les deux** f. pl. [tuledø/tutledø] alle beide; **tous/toutes** [tus/tut] adj. pl. alle, jeder/jede/jedes

tous les samedis [tulesamdi] jeden Samstag

tout [tu] alles; ~ **le temps** [tulətã] die ganze Zeit, ständig

tout/toute [tu/tut] adj. ganzer/ganze/ganzes

tout à coup [tutaku] plötzlich

tout à l'heure [tutalœʀ] gleich, in Kürze, vorhin

tout de suite [tutsɥit] adv. sofort

tout droit [tudʀwa] geradeaus

tout le monde [tulmɔ̃d] alle

tout près [tupʀɛ] ganz nah, ganz in der Nähe

la **tradition** [latʀadisjɔ̃] die Tradition

traditionnel/traditionnelle [tʀadisjɔnɛl] adj. traditionell → 3/3

le **traducteur** / la **traductrice** [lətʀadyktœʀ/latʀadyktʀis] der/die Übersetzer/in → 1/2

le **trafic** [lətʀafik] der Verkehr, der Schmuggel → MF

le **train** [lətʀɛ̃] der Zug

le **traîneau** [lətʀɛno] der Schlitten

le **traité** [lətʀete] der Vertrag → MB

la **traite des Noirs** [latʀɛtdenwaʀ] der Sklavenhandel → 3/3

le **tram** [lətʀam] die Straßenbahn

la **tranche** [latʀãʃ] die Scheibe → 2/1

la **tranche d'âge** [latʀãʃdaʒ] die Altersgruppe → MF

tranquille [tʀãkil] m./f. adj. ruhig

le **travail** [lətʀavaj] die Arbeit

travailler [tʀavaje] arbeiten, lernen; **On travaille ensemble?** [ɔ̃tʀavaj-ãsãbl] Wollen wir zusammen arbeiten?

traverser (qc) [tʀavɛʀse] (etw.) überqueren, durchqueren

le **traversin** [lətʀavɛʀsɛ̃] → 2/3

tremper [tʀãpe] tunken → 2/1

très [tʀɛ] sehr

le **trésor** [lətʀezɔʀ] der Schatz

triste [tʀist] m./f. adj. traurig

troisième [tʀwazjɛm] m./f. adj. dritter/dritte/drittes

(ê)**se tromper** [sətʀɔ̃pe] sich täuschen, sich irren → 2/3

trop [tʀo] zu, zu sehr, zu viel; ~ **bon** [tʀobɔ̃] fam. voll lecker; ~ **de** [tʀodə] zu viel

le **trou** [lətʀu] das Loch

la **troupe** [latʀup] die Truppe → MB

trouver qc [tʀuve] etw. finden; ~ **que** [tʀuvekə] finden, dass; **se** ~ [sətʀuve] sich befinden

le **truc** [lətʀyk] das Ding

tu devrais [tydəvʀɛ] du solltest

Tu m'énerves. [tymenɛʀv] Du nervst (mich).

Tu voudrais ...? [tyvudʀɛ] Würdest du gern ...?, Hättest du gern ...?

le **tuyau** / les **tuyaux** [lətɥijo/letɥijo] der Tipp → 1/3

la **typo(graphie)** [latipɔgʀafi] die Schriftart → MF

U

ultra [yltʀa] fam. ultra, extrem

un peu [ɛ̃pø] ein bisschen

un tas de [ɛ̃tadə] eine Menge, ein Haufen

une sorte de [ynsɔʀtdə] eine Art (von) → 2/3

unique [ynik] m./f. adj. inv. einzig, einzigartig → 2/3

l' **unité** [lynite] f. die Lektion

l' **université** [lynivɛʀsite] f. die Universität

l' **usine** [lyzin] f. die Fabrik

utile [ytil] m./f. adj. nützlich → 1/1

utiliser qc [ytilize] etw. benutzen

V

les **vacances** [levakãs] f. pl. die Ferien

la **vague** [lavag] die Welle

la **vaisselle** [lavɛsɛl] das Geschirr → 3/3

la **valise** [lavaliz] der Koffer → MF

la **vallée** [lavale] das Tal

le **vasistas** [ləvazistas] das (kleine) Klappfenster → 2/1

végétal/végétale/végétaux m. pl. [veʒetal/veʒeto] adj. pflanzlich → MC

le **vélo** [ləvelo] das Fahrrad

vendre qc (à qn) [vãdʀ] (jdm) etw. verkaufen

(ê)**venir** [vəniʀ] kommen; ~ **de** + inf. [vəniʀdə] gerade etw. getan haben; (ê)~ **de** + pays [vəniʀdə] kommen aus + Land; ~ **droit sur qn** [vəniʀdʀwasyʀ] direkt auf jdn. zukommen

le **vent** [ləvã] der Wind

le **ventre** [ləvãtʀ] der Bauch → 2/2

la **vérité** [laveʀite] die Wahrheit

le **verre** [ləvɛʀ] das Glas → 2/3

vers [vɛʀ] gegen zeitlich

vert/verte [vɛʀ/vɛʀt] adj. grün

le **vestiaire** [ləvɛstjɛʀ] der Umkleideraum

les **vêtements** [levɛtmã] *m. pl.* die Kleider

la **viande** [lavjãd] das Fleisch → 3/3

la **victime** [laviktim] das Opfer

vide [vid] *m./f. adj.* leer

la **vie** [lavi] das Leben

la **vieille ville** [lavjɛjvil] die Altstadt

vieux / vieil *m. /* **vieille** *f.* [vjø/vjɛj/vjɛj] *adj.* alt

le **village** [ləvilaʒ] das Dorf

la **ville** [lavil] die Stadt

le **vin** [ləvɛ̃] der Wein → 2/LA

la **violence** [lavjɔlãs] die Gewalt

violent/violente [vjɔlã/vjɔlãt] *adj.* gewalttätig

le **visage** [ləvizaʒ] das Gesicht

la **visite** [lavizit] die Besichtigung

visiter qc [vizite] etw. besichtigen

le **visiteur / la visiteuse** [ləvizitœr/lavizitøz] der/die Besucher/in → MF

la **vitamine** [lavitamin] das Vitamin

vite [vit] schnell

vivant/vivante [vivã/vivãt] *adj.* lebendig → MA

Vive la vie! [vivlavi] Es lebe das Leben!; **Vive...** [viv] Es lebe ... / Es leben ...

vivre [vivr] leben, etw. erleben

le **vocabulaire** [ləvɔkabylɛr] das Vokabular, der Wortschatz

voici [vwasi] das ist/sind, hier ist/sind → 1/3

voilà [vwala] das ist; **La ~.** [lavwala] Da ist sie.

la **voile** [lavwal] Segeln

voir [vwar] sehen

le **voisin / la voisine** [ləvwazɛ̃/lavwazin] der/die Nachbar/in

la **voiture** [lavwatyr] der Wagen, das Auto

la **voix / les voix** [lavwa/levwa] die Stimme

le **volcan** [ləvɔlkã] der Vulkan → MC

voler qc à qn [vɔlea] jdm. etw. stehlen

vouloir qc/ + *inf.* [vulwar] etw. wollen, etw. tun wollen; **~ que +** *subj.* [vulwarkə] wollen, dass

Vous avez fini? [vuzavefini] Seid ihr fertig?

vous y êtes [vuziɛt] ihr seid da

le **voyage** [ləvwajaʒ] die Reise

voyager [vwajaʒe] reisen *wie* manger

vrai/vraie [vrɛ] *adj.* richtig, wahr

vraiment [vrɛmã] *adv.* wirklich

le **VTT** [ləvetete] das Mountainbike

la **vue** [lavy] die Aussicht

W

le **week-end** [ləwikɛnd] das Wochenende, am Wochenende

le **wolof** [ləwɔlɔf] Wolof → 3/1

Y

y [i] dort, dorthin

Z

le **zoom** [ləzum] der Zoom → MF

Zut! [zyt] *fam.* Mist!

Die Angabe hinter dem Pfeil verweist dich auf die *Unité* und das *Volet* oder die *Lecture* bzw. das *Module*, in der / in dem die Vokabel neu eingeführt wird: 3/1 heißt z. B. *Unité 3, Volet 1*; 3/LA heißt z. B. *Unité 3, Lecture A*; MA steht z. B. für *Module A*. Einträge ohne eine solche Angabe gehören zum Lernwortschatz von *À plus! 1*, *À plus! 2* und *À plus! 3*.

A

ab und zu de temps en temps

abbiegen (nach rechts/nach links) tourner (à droite / à gauche)

Abbildung l'illustration *f.* → MF

Abend la soirée; **Abend, abends** le soir; **Guten Abend!** Bonsoir!

Abenteuer l'aventure *f.*

aber mais; ~ **sicher** bien sûr

Abfahrt le départ

Abfall les déchets *m. pl.* → 3/3

abholen (jdn./etw.) aller chercher qn/qc, passer chercher qn/qc

Abi, Abitur le bac *fam*, le baccalauréat. → 3/2

ablehnen (jdn./etw.) rejeter qc/qn → ME

Ablehnung le refus → 3/2

Abwehr(spieler) la défense

ach ah

Ach doch! Oh si!

Adaption l'adaptation *f.* → MA

Affe le singe

Afrika l'Afrique

Afrikaner/in l'Africain / l'Africaine *m./f.*

afrikanisch africain/africaine *adj.* → 3/1

agressiv agressif/agressive *adj.* → MA

äh euh, ben *fam.*

ähneln (jdm./etw.) ressembler à qn/qc → 1/1

(sich) ändern changer

Ahornsirup le sirop d'érable

Akkordeon l'accordéon *m.*

Aktion l'action *f.* → 3/2

Akzent l'accent *m.*

akzeptieren (etw.) accepter qc

Album l'album *m.*

Algerien l'Algérie *f.* → 3/1

alle tous/toutes *adj. pl.*, tout le monde; ~ **beide** tous les deux *m. pl.* / toutes les deux *f. pl.*

Allee l'avenue *f.*

allein seul/seule *adj.*

allerdings par contre → 2/2

Allergie l'allergie *f.*

alles tout; **Das ist ~.** C'est tout.

Alltag le quotidien → MA

Alpen les Alpes *f. pl.* → MD

als comme

also alors, donc

alt ancien/ancienne *adj.* → MA, vieux / vieil *m.* / vieille *f. adj.*; **so ~ sein wie jd** avoir l'âge de qn

Alter l'âge *m.*

Altersgruppe la tranche d'âge → MF

Altstadt la vieille ville

am Anfang (von etw.) au début (de qc) *adv.*

am Apparat à l'appareil → 1/3

am Ende von etwas au bout de qc → 2/3

am Ufer von au bord de

Amerika l'Amérique *f.* → 3/3

Ampel le feu rouge

an Bord à bord → MF

an deiner Stelle à ta place → 1/1

an der frischen Luft au grand air

an diesem Wochenende ce week-end

an etw. denken avoir qc en tête → 2/3

Ananas l'ananas *m.*

anbieten (jdm. etw.) offrir qc à qn, proposer qc (à qn)

anderer/andere/anderes autre *m./f. adj.*; différent/différente *adj.*

anders autrement *adv.*, différemment *adv.* → 2/2

andeuten (etw.) suggérer qc à qn → MC

Anekdote l'anecdote *f.* → 2/3

Anfang le début

anfassen (jdn./etw.) toucher qn/qc

Anfrage la demande → 1/3

angeben (etw.) indiquer qc

angeblich il paraît que → 2/3

Angeln la pêche

angenehm agréable *m./f. adj.*

angepasst (an etw.) intégré/intégrée à (ou dans) qc *adj.* → MF

angesagt branché/branchée *adj. fam.*

angezogen habillé/habillée *adj.*

angreifen (jdn.) agresser qn

Angreifer l'agresseur *m.*

Angriff l'agression *f.*, l'attaque *f.*

Angriffspieler l'attaque *f.*

Angst la peur; ~ **haben, ~ bekommen** avoir peur; **jdm. ~ machen** faire peur à qn

anhalten s'arrêter, continuer

Anhang la pièce jointe → 1/3

anhören (jdn./etw.) écouter qn/qc

Animateur/in l'animateur / l'animatrice *m./f.*

Animationsfilm le film d'animation → MF

ankommen arriver

ankündigen annoncer qc → MB

Ankunft l'arrivée *f.*

anlaufen sortir → 3/2

anlocken (jdn.) attirer qn

Anorak l'anorak *m.*

anprangern (jdn./etw.) dénoncer qn/qc → MC

(an)probieren (etw.) essayer qc

Anruf l'appel *m.*, le coup de fil *fam.* → 1/LA

anrufen (jdn.) appeler qn, téléphoner

Anschein l'apparence *f.* → ME

ansehen (jdn./etw.) regarder qn/qc

anstelle au lieu de → 3/3

anstelle von à la place de → 2/1

Anstrengung l'effort *m.*; **eine ~ verlangen** demander un effort

Antwort la réponse → 1/3

antworten (jdm.) répondre (à qn/qc)

anvertrauen (jdm. etw.) confier qc à qn

Anzahl le nombre

Anzeige la publicité, la pub *fam.* → MC

anzeigen (jdn.) dénoncer qn

anziehen (jdn.) attirer qn; ~ **(etw.)** mettre; **sich ~** s'habiller

Apfel la pomme

applaudieren (jdm.) applaudir (qn)

April avril

apropos à propos

Aquarium l'aquarium *m.*

Arabisch l'arabe *m.* → 3/1

Arbeit le travail, la tâche

arbeiten travailler, fonctionner → MC, → MF

Arbeiter/in l'ouvrier / l'ouvrière *m./f.*

Arbeitgeber/in l'employeur / l'employeuse *m./f.* → 1/3

arbeitslos au chômage

Arbeitsloser/Arbeitslose le chômeur / la chômeuse → 1/LB

Arbeitszeit l'horaire *m.* → 1/2

Arena les arènes *f. pl.*

ärgern (jdn.) énerver qn

Argument l'argument *m.*

Arm le bras

arm pauvre *m./f. adj.*

Armbanduhr la montre → 1/2

Armut la pauvreté → 3/2

Arrondissement l'arrondissement *m.*

Art la façon; **eine ~ von** une sorte de → 2/3; **auf … ~ und Weise** de manière … → 2/2

Artikel l'article *m.* → 1/1

Arzt/Ärztin le médecin → 1/1

Asien l'Asie *f.* → 3/1

Attraktion l'attraction *f.*

Aua! Aïe!

auch aussi; **~ nicht** non plus *adv.*; **~ wenn** même si → 2/2

auf sur; **~ Französich / ~ Deutsch** en français / en allemand

auf ein Mal, in einem Zug en une fois

Auf welcher Seite ist/steht das? C'est à quelle page?

Auf Wiedersehen! Au revoir!

aufbauen (etw.) installer qc, monter qc

Aufenthalt le séjour → 2/2

Aufenthaltsraum la (salle de) permanence

Aufgabe la tâche

aufgeben baisser les bras

aufhören s'arrêter, arrêter; **~ (etw. zu tun)** arrêter de + *inf.*

Aufklärung le siècle des Lumières *f. pl.* → MB

Aufmerksamkeit l'attention *f.* → MC

aufnehmen (etw.) enregistrer qc → MF; **~ (jdn.)** accueillir qn → 3/3

aufpassen faire attention; **~ (auf jdn.)** garder qn

aufräumen (etw.) ranger qc

sich aufregen s'énerver

aufschreiben (etw.) noter (qc); **Wer schreibt (das auf)?** Qui note?

Aufsichtsperson le surveillant / la surveillante

aufstehen se lever

aufteilen (etw.) partager qc → MB

Aufzucht l'élevage *m.* → 3/1

Aufzug l'ascenseur *m.*

Auge l'œil / les yeux *m.*

Augenblick le clin d'œil → 3/LA, le moment

aus de

aus Quebec québécois/québécoise *adj.*

ausarten dégénérer → MA

Ausbildung la formation → 1/3

ausblasen (etw.) souffler qc

ausflippen flipper *fam.* → 1/LB

Ausflug la balade

ausführlich en détail → 3/3

ausfüllen remplir qc → 2/1

Ausgang la sortie

ausgeben (etw.) dépenser qc

ausgehen sortir; **von nichts ~** partir de rien → 1/1

Ausgrenzung l'exclusion *f.* → 1/1

Ausland l'étranger *m.* → 1/2

ausländisch étranger/étrangère *adj.*

ausleihen (etw.) emprunter qc

Aussage le message

(aus-)schmücken (etw.) décorer qc → 1/3

ausschneiden découper qc → 2/1

aussehen avoir l'air

außerdem de plus *adv.* → 1/3, en plus, et puis

äußere Erscheinung l'apparence *f.* → ME

außergewöhnlich extraordinaire *m./f. adj.* → MF

Äußerungen les propos *m. pl.* → ME

sich ausruhen se reposer

Aussicht la vue

ausspionieren (jdn./etw.) espionner qn/qc

aussteigen descendre (à + station)

Ausstellung l'exposition *f.*

aussuchen (jdn./etw.) choisir qn/qc

Austausch l'échange *m.* → 1/3

Austauschpartner/in le/la corres *fam.* / le correspondant / la correspondante

Auster l'huître *f.* → MD

ausüben (etw.) pratiquer qc → MB

auswählen (jdn./etw.) choisir qn/qc

auszeichnen récompenser qn/qc → MF

Auszubildender/Auszubildende l'apprenti / l'apprentie → 1/3

Auto la voiture

Autobiographie l'autobiographie *f.* → MF

Autor/in l'auteur / l'auteure

(Autoren-)Signatur la dédicace → MF

B

babysitten faire du baby-sitting → 1/LA, → 3/2

Bäckerei la boulangerie

baden se baigner

Badeort la station balnéaire

Badezimmer la salle de bains

Bahnhof la gare

bald bientôt

Ball le ballon

Banane la banane

Band le groupe, le ruban → 2/1, le tome → 1/LB

Bar le bar

Bär l'ours / les ours *m.*

Bau(arbeiten) la construction

Bauch le ventre → 2/2

bauen (etw.) construire qc

Baule le baoulé → 3/1

Baum l'arbre *m.*

Baumklettern im Hochseilgarten l'accrobranche *m.*

Baumwolle le coton → 3/1

Bauwerk le monument

Beach-Volleyball le beach-volley

beantworten (etw.) répondre (à qn/qc)

Bearbeitung l'adaptation *f.* → MA

beaufsichtigen (jdn.) surveiller qn

bedienen (jdn.) servir qn/qc → 1/3

Bedienung le service → 1/3

bedrohen (jdn.) menacer qn

sich beeilen se dépêcher

beeindrucken (jdn.) impressionner qn → 1/1

beenden mettre fin à qc → MB; **~ (etw.)** finir (qc), terminer qc

Befehl l'ordre *m.* → 1/2

sich befinden se trouver; **etwas befindet sich/liegt** quelque chose se trouve

begabt doué/douée *adj.* → 1/1; **~ sein für etw.** être doué/douée pour qc → 1/1

begegnen (jdm.) rencontrer qn

beginnen commencer

begleiten (jdn.) accompagner qn

begrenzen (etw.) limiter qc

behalten (etw.) garder qc

behaupten s'imposer → 3/2

beherrschen (etw.) maîtriser qc → MA

behindert handicapé/handicapée *adj.*

Behinderter/Behinderte le handicapé / la handicapée

bei chez, près de; ~ **mir** sur moi; ~ **mir (zu Hause)** chez moi

Bein la jambe; **die Beine in die Hand nehmen** prendre ses jambes à son cou

Beispiel l'exemple *m.*; **zum ~, z. B.** par exemple / p. ex.

bekehren (jdn. zu etw.) convertir qn à qc → MB

sich beklagen se plaindre de qc → 2/3

belästigen (jdn.) harceler qn

belebt animé/animée *adj.*

Belgier/in le Belge / la Belge

belgisch belge *m./f. adj.*

beliebt populaire *m./f. adj.* → 3/LA

belohnen (jdn./etw.) récompenser qn/qc → MF

bemerken (jdn./etw./dass) remarquer qn/qc/que

benachrichtigen (jdn.) prévenir qn

benutzen (etw.) utiliser qc; ~ **(jdn./etw.)** se servir de qn/qc → MC

beobachten (jdn./etw.) observer qn/qc

Berberisch le berbère → 3/1

berechnen (etw.) calculer qc

Bereich le domaine → 1/2

bereichernd enrichissant/enrichissante *adj.* → 1/2

bereit prêt/prête *adj.* → 1/2; ~ **(etw. zu tun)** être prêt/prête (à + *inf.*) → 1/2

bereits déjà

Berg la montagne; **in den Bergen** en montagne

berichtigen (etw.) corriger qc

Beruf le métier → 1/1, la profession → MB

beruflich, Berufs- professionnel/professionnelle *adj.* → 1/3

Berufsberater le conseiller d'orientation → 1/1

beruhigt rassuré/rassurée *adj.*

berühmt célèbre *m./f. adj.*

beschämend honteux/honteuse *adj.*

bescheiden modeste *m./f. adj.* → 1/1

Beschluss la décision → 1/2; **einen ~ fassen** prendre une décision → 1/2

beschränken (etw.) limiter qc

beschreiben (jdn./etw.) décrire qn/qc

besichtigen (etw.) visiter qc

Besichtigung la visite

besiegen (jdn.) battre qn → 1/1

besonders spécial/spéciale/spéciaux *m. pl. adj.*, particulièrement *adv.* → 1/3

besserer/bessere/besseres meilleur/meilleure *adj.*; **der/die/das beste** le meilleur / la meilleure *adj.*

besser als mieux que *adv.*

Bestandteil le composant → MC

Bestechung la corruption → 3/2

bestehen (auf etw.) insister

bestimmen (über etw.) décider de qc → 1/1

Besucher/in le visiteur / la visiteuse → MF

betreffen (jdn./etw.) toucher qn/qc → 3/2

betreten (etw.) entrer

Bett le lit

bevölkert peuplé/peuplée *adj.* → 3/1

bevor avant de + *inf.*

bevorzugen (jdn./etw. / + Inf.) préférer qn/qc / + *inf.*

bewahren (jdn./etw.) protéger qn/qc

sich bewegen bouger

Beweis la preuve

sich bewerben poser sa candidature → 1/2

Bewerbung la candidature → 1/2

Bewerbungsschreiben la lettre de motivation → 1/3

bewundern (jdn./etw.) admirer qn/qc → 1/1

bezahlen (etw.) payer qc

Beziehung la relation

Bibliothek la bibliothèque → 3/2

Bild l'image *f.* → 3/2, la photo

Bildung la culture

Bio-, biologisch bio *fam.* / biologique *m./f. adj.*

Biologie les SVT *f. pl.*

Birne la poire

bis jusqu'à; ~ **bald!** À bientôt!; ~ **morgen!** À demain!; ~ **später!** À plus! *fam.*; ~ **zum Ende** jusqu'au bout

ein bisschen un peu

Bitte la demande → 1/3

bitte s'il te plaît, s'il vous plaît

Blatt la feuille

blau bleu/bleue *adj.*

bleiben rester

Bleiben Sie dran. Ne quittez pas. → 1/3

Bleistift le crayon

Blick le regard → MB, → MF

blöd idiot/idiote *adj. fam.*, bête *m./f. adj.*

Blog le blog

Boden la terre → 3/LA

Bodenschätze les ressources *f. pl.* → 3/1

Bonbon le bonbon

Boot le bateau / les bateaux; **Bootsfahrt** la balade en bateau

Botschaft le message

Boubou le boubou → 3/3

Boulevard le boulevard

Boxen la boxe

Brand l'incendie *m.* → MB

brauchen (jdn./etw.) / ~ + Inf. avoir besoin de qn/qc / + *inf.*

bräunen bronzer → MD

Bräutigam, Braut le marié / la mariée

bretonisch breton/bretonne *adj.*

Brezel le bretzel

Brief la lettre → MB

Brot le pain; **Butterbrot, belegtes Brot** la tartine

Bruch la rupture → MF

Brücke le pont

Bruder le frère

Buch le livre

Bücherei la bibliothèque → 3/2

Buchhandlung la librairie

Buchstabe la lettre → MF

Buffet le buffet

Buntstift le crayon de couleur

Bürger le citoyen / la citoyenne → MB

Bürgermeister/in le maire *m./f.* → MB

Büro le bureau / les bureaux

Bus le bus

Butter le beurre

BWL l'économie *f.* → 1/2

C

Cache la cache

Café le café

Campingplatz le camping

CD le CD / les CD

CFA Franc le franc CFA → 3/3

Champion le champion / la championne

Chance la chance

Charakter le caractère; **einen fiesen ~ haben** avoir un caractère de chien *fam.*

Charta la charte

chatten (mit jdm.) chatter (avec qn)

Chef/in le/la chef, le patron / la patronne → 1/3

China la Chine

chinesisch chinois/chinoise *adj.* → MF

Chor la chorale

Clown/in le clown
Cocktail le cocktail
Cola le coca(-cola)
Comic la bédé / B. D. / les B. D.
Comicbild la case → MF
Computer l'ordinateur *m.*
cool cool *adj. fam.*
Cousin/e le cousin / la cousine
Crêpe la crêpe
Crêperie la crêperie

D

da là; ~ *kausal* comme; ~ **ist sie.** La voilà.; **ihr seid** ~ vous y êtes
dabei sur moi; ~ **sein** assister à qc → 3/LA, → MF
dafür sein être pour qn/qc
dagegen contre; ~ **sein** être contre qn/qc
danach après
dank grâce à → 3/LB, → MB, → MF
danke merci
dann ensuite, puis
Darauf muss man erst mal kommen! Il fallait y penser! → 2/3
darstellen (etw./jdn.) représenter qc/qn → ME, → MF
das cela; ~ **ist eine Schande!** C'est honteux!
Das bedeutet ... Ça veut dire ...
Das bin ich. C'est moi.
das heißt c'est-à-dire → MF
das ist c'est; voilà; **Das ist der Horror!** C'est l'horreur!
Das ist (gar) nichts für mich. Ça ne me dit rien (du tout). → 1/1
Das ist klasse! C'est trop cool! *fam.*
Das ist nicht mein Ding. Ce n'est pas mon truc. *fam.*
das ist/sind voici → 1/3
Das ist/steht auf Seite 25. C'est à la page 25.
Das war der Horror! C'était l'horreur!
Das wäre nett. Ce serait sympa.
das wirkt + *Adjektiv* ça fait + *adj.* → 1/3
Dattel la datte → 3/1
dauern durer
davon en
davonfliegen s'envoler
Deine Präsentation hat mir gefallen. Ta présentation m'a plu.
dekodieren (etw.) décoder qc → MC
dekorieren (etw.) décorer qc → 1/3
den, die, das *Relativpronomen* que

denken (an jdn./etw.) penser à qn/qc; ~, **dass** penser que
dennoch quand même
denunzieren (jdn./etw.) dénoncer qn/qc → MC
der, die, das *Relativpronomen* qui
der-/die-/dasselbe le/la même *m./f. adj.*
deren dont → 3/3
dermaßen (viel/e) tellement (de) → 1/LA
deshalb c'est pourquoi *conj.*
dessen dont → 3/3
deswegen c'est pourquoi *conj.*, à cause de ça
Detail le détail → MC
Deutsch l'allemand *m.*
Deutscher/Deutsche l'Allemand / l'Allemande *m./f.*
Deutschland l'Allemagne *f.*
Dialog le dialogue → MA
dick épais/épaisse *adj.* → MF, gros/grosse *adj.* → 2/3
dick auftragen en rajouter → 1/3
Die Hoffnung stirbt zuletzt! On peut toujours espérer!
dienen (zu etw.) servir à qc → 2/3
dieser/diese/dieses ce/cet/cette/ces
Ding le truc, la chose
Dioula le dioula → 3/1
direkt carrément *adv. fam.* → 1/LB, → 2/2; ~ **zukommen (auf jdn.)** venir droit sur qn
Diskussion la discussion
diskutieren (über etw.) discuter (de qc) → 1/3
Distanz la distance
Dokument le document → 1/3, le papier → 2/1
Dokumentalist/in le/la documentaliste
Dokumentarfilm le documentaire
Dokumentation le documentaire
Dom la cathédrale
Dorf le village
dort là-bas; ~, **dorthin** y
Dose la boîte
Drama le drame → MB
drängeln (sich) se bousculer → 3/LA
draußen dehors
Drehbuch le scénario → MA
(Drehbuch-)Autor le/la scénariste *m./f.* → MF
drehen tourner
drinnen à l'intérieur → MA
Drittel le tiers → 3/1
dritter/dritte/drittes troisième *m./f. adj.*

drohen (jdm.) menacer qn
Druckerei l'imprimerie *f.* → MB
Du nervst. Tu m'énerves.
du solltest tu devrais
dumm bête *m./f. adj.*
Düne la dune → MD
dünn fin/fine *adj.* → 2/1
durchfallen rater qc → 1/2
Durchgang le passage → MD
durchqueren (etw.) traverser qc
sich durchschlagen se battre → 1/1
durchschnittlich en moyenne → MF
dürfen avoir le droit de + *inf.*; **Darf ich ...?** Est-ce que je peux + *inf.*; **etw. tun** ~ pouvoir + *inf.*
Durst haben avoir soif
Dusche la douche
duschen prendre une/sa douche
DVD le DVD / les DVD

E

eben justement
echt réel/réelle *adj.* → MC
Ecke le coin
Effekt l'effet *m.* → MF
ehemalig ancien/ancienne *adj.* → MA, vieux / vieil *m.* / vieille *f. adj.*
Ehemann le mari → 3/2
eher plutôt
Ei l'œuf / les œufs *m.*; **(weich) gekochtes** ~ l'œuf à la coque *m.* → 2/1
eigen propre *m./f. adj.* → 1/2
einander näher bringen rapprocher qn/qc → MB
Eindruck l'impression *f.* → 1/LA, → 3/3
einfach simple *m./f. adj.* → ME, simplement *adv.* → MF
einfallen in envahir → MB
einführen (jdn./etw.) introduire qn/qc → 2/1
einholen (jdn.) rejoindre qn → 2/3
einige quelques *adj. pl.*
Einkäufe les courses *f. pl.*
einkaufen faire les courses
Einkaufsbummel le shopping
Einkaufszentrum le centre commercial
Einklang l'harmonie *f.* → MC
einladen (jdn. zu etw.) inviter qn (à qc)
Einladung l'invitation *f.*
einleiten introduire qn/qc → 2/1
einsam désert/déserte *adj.*
einsteigen (in etw.) monter dans qc
einstellen (jdn.) engager qn

Eintrittskarte le billet

einverstanden d'accord; **sich über etw. einig sein** être d'accord sur qc

Einwanderer/Einwanderin l'immigré / l'immigrée → 3/1

Einwohner/in l'habitant / l'habitante

Einwohner/in von Quebec le Québécois / la Québécoise

Einzelheit le détail → MC

einzig seul/seule *adj.*, unique *adj. inv.* → 2/3

einzigartig unique *adj. inv.* → 2/3

Eis la glace

Eisen le fer

Eisfischen la pêche sur glace

Eishockey le hockey sur glace

Eiswaffel le cornet → 2/1

ekelhaft dégoûtant/dégoûtante *adj.*, dégueulasse *adj. fam.*

Elephant l'éléphant *m.* → 3/3

elegant élégant/élégante *adj.* → MF

Elektromusik l'électro *f.*

Element l'élément *m.* → MC

Elfenbeinküste la Côte d'Ivoire → 3/1; **aus/von der ~** ivoirien/ivoirienne *adj.* → 3/2

Eltern les parents *m. pl.*

Empfang la réception → 1/3

empfangen (jdn.) accueillir qn → 3/3, recevoir qn/qc → 1/3

empörend honteux/honteuse *adj.*

Ende la fin

enden finir (qc)

endlich enfin

Engagement l'engagement *m.* → MC

sich engagieren s'engager → 1/1

engagiert engagé/engagée *adj.* → 3/2

Engländer/in l'Anglais / l'Anglaise *m./f.*

Englisch l'anglais *m.*

englisch anglais/anglaise *adj.*

Enkel le petit-fils / la petite-fille → MB

entdecken (jdn./etw.) découvrir qn/qc

Entdecker/in le découvreur / la découvreuse

Entdeckung la découverte

Entfernung la distance

entlassen werden (aus) sortir de

entscheiden (etw. zu tun) décider de + *inf.*

Entscheidung la décision → 1/2; **eine ~ treffen** prendre une décision → 1/2

sich entschließen etw. zu tun décider de + *inf.*

entziffern (etw.) décoder qc → MC

Entschuldige bitte. Excuse-moi.

entsprechen correspondre à qn/qc → 2/2

enttäuschen (jdn.) décevoir qn

sich entwickeln se développer → 3/2

Enzyklopedie l'encyclopédie *f.* → MF

Epoche l'époque *f.*

er/sie will wissen, ob il/elle veut savoir si

erbaut construit/construite *adj.*

Erbse le pois / les pois

Erbsensuppe la soupe aux pois

Erdbeere la fraise

Erde la terre → 3/LA

Erdgas le gaz naturel → 3/1

Erdnuss l'arachide *f.* → 3/1

Erdöl le pétrole → 3/1

erfahren (etw. über etw.) apprendre qc (sur)

Erfahrung l'expérience *f.* → 1/2

erfinden (etw.) inventer qc

Erfolg le succès → 1/1; **großen Erfolg haben** cartonner *fam.* → 1/LB

Ergebnis le résultat

ergreifend touchant/touchante *adj.*

erhalten (etw.) recevoir qn/qc → 1/3

erinnern (an etw.) évoquer qc → MC; **sich an jdn./etw. ~** se souvenir de qn/qc

Erinnerung le souvenir

erklären (etw.) expliquer qc, déclarer qc → MB

erlauben (jdm.) etw. zu tun permettre à qn de + *inf.* → 1/2

erleben (etw.) vivre

ermutigen (jdn.) encourager qn

ernst grave *m./f. adj.*, sérieux/sérieuse *adj.*

ernsthaft sérieux/sérieuse *adj.*, sérieusement *adv.*

erreichen (etw.) arriver à qc / + *inf.*

errichten (etw.) monter qc

erschaffen (etw.) créer qc → 3/2

erstaunt étonné/étonnée *adj.*

Erster Weltkrieg la Grande Guerre → MF, la Première Guerre mondiale → MB

erster/erste/erstes premier/première

erzählen (jdm. etw.) raconter qc (à qn)

Erzähler/in le narrateur / la narratrice

Es friert. Il gèle.

es ist nötig, etw. zu tun il faut que + *subj.*

es war zu spät c'était trop tard

es eilig haben être pressé/pressée → 3/3

es gibt il y a

es handelt sich um il s'agit de

Es ist kalt. Il fait froid.

Es ist warm/heiß. Il fait chaud.

Es kommt darauf an. Ça dépend.

Es lebe ... Vive ...; **~ das Leben!** Vive la vie!

es lebt sich gut il fait bon vivre → 3/2

Es regnet. Il pleut.

Es tut mir leid. Excuse-moi.

essen manger

Essen le repas

Essen!, Zu Tisch! À table!

Etage l'étage *m.*

etwas quelque chose; **~ + Adj.** quelque chose de + *adj.*; **~ befindet sich/liegt** quelque chose se trouve

Euro l'euro *m.*

Europäer/in l'Européen / l'Européenne *m./f.*

exakt précis/précise *adj.* → MF

Exil l'exil *m.* → MB; **ins Exil gehen** s'exiler → 3/2

existieren exister

extrem ultra *fam.*

F

Fabrik l'usine *f.*

Fach la case → MF

fähig sein (etw. zu tun) être capable de + *inf.*

Fähigkeit le pouvoir

Fahne le drapeau

fahren (etw.) conduire qc; **ins Wochenende ~** partir en week-end; **~ (durch etw.)** passer par qc

Fahrkarte le ticket

Fahrplan l'horaire *m.* → 1/2

Fahrrad le vélo

fallen tomber

falsch faux/fausse *adj.* → MC, mauvais/mauvaise *adj.*; **falsche Freunde** les faux amis *m. pl.* → 2/3

Familie la famille

Fan le/la fan, le fou / la folle → 3/LA; **ein ~ von jdm./etw. sein** être fan de qn/qc

fantastisch fantastique *m./f. adj.*

Fantasy la fantasy

Fantasyroman le roman de fantasy

Farbe la couleur

Fasching le carnaval

fast presque *adv.*

faszinierend passionnant/passionnante *adj.* → 1/2

Fee la fée

fehlen manquer → 2/2

Fehler la faute, l'erreur *f.* → MB

Feier la fête

feiern (etw.) fêter qc

feige lâche m./f. adj.

fein fin/fine adj. → 2/1

Feind l'ennemi m. / l'ennemie f. → MB

Feld la case → MF, le champ, le pré → MC

Felsbucht la calanque

Felsen le rocher

Fenster la fenêtre

Ferien les vacances f. pl.

Feriencamp la colo fam. / la colonie (de vacances)

Ferienheft le cahier de vacances

Ferienkurs le stage

Fernbedienung la télécommande

Fernglas les jumelles f. pl.

Fernseher la télé / la télévision

Fernsehsender la chaîne; **der deutsch-französische ~** la télévision franco-allemande

(Fernseh-)Sendung l'émission f.

Fernverkehrsstraße la route

fertig prêt/prête adj.; **sich ~ machen** se préparer

fesseln (jdn./etw.) captiver qn/qc → MA

fesselnd passionnant/passionnante adj. → 1/2

fest fixe m./f. adj. → 1/2

Festgehalt le salaire fixe → 1/2

festgemacht attaché/attachée (à qc/qn) → 3/2

festhalten (jdn.) tenir qn/qc; **jdn. am Arm ~** tenir qn par le bras

Festival le festival

Festung la forteresse

Feuer le feu

Feuerwerk le feu d'artifice

Figur le caractère, la figurine, le personnage

Film le film

Filmusik la bande originale → MF

Finale la finale

finanziell financier/financière adj. → MB

finden (etw.) trouver qc; **~, dass** trouver que

Fisch le poisson

Flagge le drapeau

Flasche la bouteille

Fleisch la viande → 3/3

flexibel flexible m./f. adj. → 1/2

fließend couramment adv. → 2/2

Flöte la flûte; **~ spielen** faire de la flûte

Flüchtling le réfugié / la réfugiée → MB

Flughafen l'aéroport m.

Flugzeug l'avion m.

Flur le couloir

Fluss le fleuve, la rivière

folgen (jdm.) suivre qn

folgende/r, folgendes suivant/suivante adj. → MD

folglich donc

Forschung la recherche

sich fortbewegen se déplacer

Fortschritt le progrès → 2/2

Fossil le fossile

Foto la photo

Fotoalbum l'album m.

fotografieren (jdn./etw.) photographier qn/qc, prendre en photo qn/qc

Foul la faute

Frage la question

fragen (jdn. nach etw.) demander (qc) à qn; **jdn. ~, ob** demander à qn si **nach jdm. ~** demander à parler à qn → 1/3

Fragen stellen (sich) (se) poser des questions → 3/2

Franzose/Französin le Français / la Française

Französisch le français

französische Renaissance la Renaissance française → MD

Französischlehrer/in le/la professeur de français

französischsprachig francophone m./f. adj.

Frau la dame, la femme, Madame/Mme

Fräulein Mademoiselle/Mlle

frech insolent/insolente adj. → MA

frei libre m./f. adj.

Freiheit la liberté; **in ~** en liberté

Freizeit le temps libre

Freizeitaktivität l'activité f.

Freund/in l'ami / l'amie m./f., le copain / la copine

freundlich gentil/gentille adj.

Freundschaft l'amitié f.

Frieden la paix → MB, → MF

frieren geler

Frucht le fruit

Fruchtsaft le jus de fruits

früh tôt

früher autrefois, avant

Frühling le printemps

Frühstück le petit-déjeuner

fühlen (etw.) sentir qc; **sich ~** se sentir; **sich schlecht ~** aller mal

Fulfulde le peul → 3/1

Fülle la richesse → MF

füllen remplir qc → 2/1

fundamental fondamental/fondamentale/fondamentaux m. pl. adj. → MF

funktionieren fonctionner → MC, → MF

für pour; **~ jdn./etw. sein** être pour qn/qc; **~ ... Euro** à ... euro(s); **~ jdn./etw. gehalten werden** passer pour qn/qc → 3/3

furchtbar terrible m./f. adj., terriblement adv.

Fuß le pied

Fußball le foot(ball); **~ spielen** faire du foot

Fußgängerzone la rue piétonne

Fußweg le sentier → MD

G

Game Conceptioner le concepteur / la conceptrice de jeux vidéo → 1/2

ganz absolument adv. → 2/2, complètement adv. → MA, entier/entière adj. → MF; **ganzer/ganze/ganzes** tout/toute adj.

ganz schön drôlement adv. → 2/1

gar cuit/cuite adj. → 2/1

gar nicht pas du tout

Garten le jardin

Gas le gaz → 3/1

Gast l'invité / l'invitée m./f.

Gästehaus le gîte

Gastfamilie la famille d'accueil → 2/2

geben (jdm. etw.) donner qc à qn

Gebiet le domaine → 1/2

geboren sein (in/am) être né/née (à/le)

gebraucht d'occasion → 1/LA

Geburtstag l'anniversaire m.; **Herzlichen Glückwunsch zum ~!** Joyeux anniversaire!

Gedeck le couvert

gefährlich dangereux/dangereuse adj.

gefallen (jdm.) plaire à qn

Gefangener/Gefangene le prisonnier / la prisonnière → MF

Gefängnis la prison

gegen contre; **~ zeitlich** vers; **~ jdn./etw. sein** être contre qn/qc

Gegend la région

Gegenstand l'objet m.

gegenüber en face de

Gehalt le salaire → 1/2

Geheimnis le secret, l'énigme f.

geheimnisvoll mystérieux/mystérieuse *adj.* → MF

Geheimtipp le bon plan → MD

gehen aller; **Es geht (mir) gut.** Ça va.; **Geht klar.** Ça marche. *fam.*; **Geht's dir gut?** Ça va?

gekocht cuit/cuite *adj.* → 2/1

gelb jaune *m./f. adj.*; **gelbe Karte** le carton jaune

Geld l'argent *m.*; ~ **verdienen** gagner de l'argent → 1/2

gelegen situé/située *adj.* → MD

gelingen réussir (qc)

Gemälde le tableau / les tableaux

Gemüse les légumes *m. pl.*

genau justement, exactement *adv.* → 2/3, précis/précise *adj.* → MF

etw. genauso machen (wie) faire pareil (que) → 2/1

General le général → MB

genial génial/géniale/géniaux *m. pl. adj. fam.*

genug assez de

Geocaching le géocaching

Geographie la géo *fam.*

gerade etwas tun être en train de + *inf.*; **gerade etw. getan haben** venir de + *inf.*

gerade noch juste

geradeaus tout droit

Geräusch le bruit

gerecht équitable *m./f. adj.* → MC

Gericht le plat

gesalzen salé/salée *adj.* → MD

Geschafft! Ça y est! *fam.*

Geschäft le magasin

Geschäftsmann l'homme d'affaires *m.* → MF

geschehen se passer

Geschenk le cadeau / les cadeaux

Geschichte l'histoire *f.*

Geschirr la vaisselle → 3/3

geschlossen fermé/fermée *adj.*

Geschmack le goût → MA

geschwätzig bavard/bavarde *adj.*

Geschwister les frères et sœurs *m. pl.*; **Ich habe keine ~.** Je n'ai pas de frères et sœurs.

Gesellschaft la société → MC

Gesetz la loi

Gesicht le visage

gestern hier

Getränk la boisson

Gewalt la violence

gewaltig énormément *adv.* → 2/2

gewalttätig violent/violente *adj.*

gewinnen (etw.) gagner (qc)

Gewohnheit l'habitude *f.* → 2/1

Gitarre la guitare; ~ **spielen** faire de la guitare

Gladiator le gladiateur

glanzvoll prestigieux/prestigieuse *adj.* → MD

Glas le verre → 2/3

glauben (jdm./etw.) croire qn/qc

gleich égal/égale/égaux *m. pl. adj.* → ME, tout à l'heure

gleiche (der/die/das) le/la même *m./f. adj.*

Gleichgewicht l'équilibre *m.*

gleichzeitig à la fois → MA

Globus le globe

Glück la chance; ~ **haben** avoir de la chance; ~ **bringen** porter chance → 3/LA

glücklich heureux / heureuse *adj.*, content/contente *adj.*

glücklicherweise heureusement *adv.*

Glücksbringer le porte-bonheur

Gold l'or *m.*

golden doré/dorée *adj.* → 3/2

Gott le dieu → MB

GPS le GPS

Grad le degré

grafische Gestaltung le graphisme → MF

Grauen l'horreur *f.* → MB, → MF

Greenwashing l'écoblanchiment *m.* → MC

grell agressif/agressive *adj.* → MA

Grobian la brute

groß grand/grande *adj.*, gros/grosse *adj.* → 2/3

großartig fantastique *m./f. adj.*

Großeltern les grands-parents *m. pl.*

Großmutter la grand-mère

Großvater le grand-père

grün vert/verte *adj.*

etw. gründen fonder qc; créer qc → 3/2

grundlegend fondamental/fondamentale/fondamentaux *m. pl. adj.* → MF

Gruppe le groupe

günstig bon marché *adj. inv.* → 1/LA

gut bien *adv.*, bon/bonne *adj.*; ~ **in etw. sein** être bon / bonne en; ~/**schlecht laufen** se passer bien/mal; **Gute Idee!** Bonne idée!; ~ **drauf sein** avoir la patate *fam.*; **jdm. ~ tun** faire du bien (à qn)

Guten Abend! Bonsoir!

Guten Appetit! Bon appétit!

Guten Morgen! Bonjour!

Guten Tag! Bonjour!

guter Mensch quelqu'un de bien → 1/1

gymnasiale Oberstufe le lycée → 2/2

Gymnasium le lycée → 2/2

H

Haare les cheveux *m. pl.*

haben (etw.) avoir (qc); **das Recht ~, etw. zu tun** avoir le droit de + *inf.*

Hackbällchen (nach Lütticher Art) les boulettes (à la liégeoise) *f. pl.*

hacken (etw.) pirater qc

Hähnchen le poulet → 3/3

halb demi/demie *adj.*

Halbfinale la demi-finale

Hälfte la moitié → 3/1

Hallo? Allô!

Hallo! Salut! *fam.*

Hals le cou

halten (etw.) tenir qn/qc

Hamster le hamster

Hand la main; **jdm. die ~ geben** serrer la main à qn → 2/LB; **mit leeren Händen** les mains vides

Handball le handball

handeln agir, marchander → 3/3

Händler/in le marchand / la marchande

Handy le portable

Hängematte le hamac

Harmonie l'harmonie *f.* → MC

hart dur/dure *adj.*

hassen (etw./jdn.), es ~, etw. zu tun détester qc/qn / + *inf.*

hässlich moche *m./f. adj.*

Hättest du gern ...? Tu voudrais ...?

Haufen un tas de

Haupt- principal/principale/principaux *m. pl. adj.*

Hauptgericht le plat

Hauptstadt la capitale

Haus la maison

Hausaufgaben les devoirs *m. pl.*; **Ich habe meine ~ nicht.** Je n'ai pas mes devoirs.

Haushalt le ménage

Heft le cahier

Heimweh le mal du pays → 2/2

heiraten (jdn.) épouser qn

heiß chaud/chaude *adj.*

heißen s'appeler

Held le héros / l'héroïne *f.* → MF

helfen (jdm.) aider qn; jdm. ~ etw. zu tun aider qn (à + *inf.*)

Hemd la chemise

herausfordern (jdn./etw.) provoquer qn/qc → MC

Herkunft l'origine *f.* → 3/1

Herr Monsieur/M.

herumgehen faire le tour (de qc) → 2/2

herumlaufen se balader *fam.* → 3/3

herunterladen (etw.) télécharger qc

hervorheben faire ressortir qc → MF

heute aujourd'hui; ~ Nachmittag cet après-midi

Hexe le sorcier / la sorcière → MF

hier là, ici

hier ist/sind voici → 1/3

Hilfe l'aide *f.*

Himmel le ciel → 1/LA, → MC

hinausgehen sortir

jdn. an etw. hindern empêcher qn/qc de + *inf.* → 1/1

hineingehen entrer

hinfallen tomber

Hinkelstein le menhir

sich hinlegen se coucher

sich hinsetzen s'asseoir → 3/LA

hinter derrière

Hintergrund l'arrière-plan *m.* → MA, → MC

hinuntergehen descendre

Hip-Hop le hip-hop

Hobby le hobby

hoch haut/haute *adj.*

Hochzeit le mariage

Hockey le hockey

hoffen espérer

Hoffnung l'espoir *m.* → ME

Höhe la hauteur

holen (jdn./etw.) aller chercher qn/qc

Holz le bois → 3/1

Hörbuch le livre audio → MF

hören (jdn./etw.) entendre qn/qc

Hose le pantalon

Hotel l'hôtel *m.*

hübsch joli/jolie *adj.*

Hugenotte le huguenot / la huguenote → MB

hugenottisch huguenot/huguenote *adj.* → MB

Humor l'humour *m.*

Hund le chien; den ~ ausführen sortir le chien

hundert cent

Hunger la faim → 3/2; ~ haben avoir faim

Hütte la cabane → MF

I

ich moi; Doch, ~ schon. Moi si.; ~ auch nicht. Moi non plus.; ~ bin's. C'est moi.

Ich habe etwas anderes geschrieben. J'ai écrit autre chose.; ich möchte nicht, dass je ne voudrais pas que + *subj.*; Ich muss los. Il faut que j'y aille.

Ich bin dran. C'est à moi.

Ich bin noch nicht fertig! Je n'ai pas fini!

Ich gehe hin! J'y vais!

Ich glaube, dass je crois que

Ich habe eine andere Übung gemacht. J'ai fait un autre exercice.

Ich habe (es) nicht verstanden. Je n'ai pas compris.

Ich habe etwas vergessen. J'ai oublié quelque chose.

Ich muss dir was sagen!, Ich muss dir was erzählen! Il faut que je te dise un truc!

Ich stelle Sie (zu ihm/ihr) durch. Je vous (le/la) passe. → 1/3

Ich verstehe (es) nicht. Je ne comprends pas.

Ich weiß es nicht. Je ne sais pas.

ich würde gerne + *Inf.* j'aimerais + *inf.*

Ich zähle auf dich. Je compte sur toi.

ideal idéal/idéale *adj.*

Idee l'idée *f.*

sich identifizieren (mit jdm./etw.) s'identifier à qn/qc

Idiot/in l'idiot / l'idiote *m./f.*

Idol l'idole *f.*

Iglu l'igloo *m.*

ihr seid da vous y êtes

illegaler Einwanderer le sans-papiers

Illustration l'illustration *f.* → MF

im Allgemeinen généralement *adv.* → MF, en général → 1/LA, → 2/1

im Durchschnitt en moyenne → MF

im Einzelnen en détail → 3/3

im Gegensatz zu contrairement à *adv.* → MF

im Handumdrehen en un clin d'œil → 3/LA

im Laufe von au cours de → MF

im Norden dans le nord

im Winter en hiver

immer toujours

in à, dans, en; in Richtung + *Ort* en direction de + *lieu*

in der Nähe (von) tout près (de)

in etwa environ

in Form von en forme de → 2/3

in Kürze tout à l'heure

in Lachen ausbrechen éclater de rire → 2/2

In Ordnung? Ça va?

Indianer/in l'Indien / l'Indienne

indianisch indien/indienne *adj.*

Indien l'Inde *f.*

indisch indien/indienne *adj.*

Informatik l'informatique *f.* → 1/3

Information l'information *f.*

Infosendung le magazine

Ingenieur/in l'ingénieur *m./f.*

Inhalt le contenu → 2/1

Inhaltsangabe le résumé

Inliner les rollers *m. pl.*

Innenfach la poche → MF

innerhalb à l'intérieur → MA

insbesondere en particulier → MA

Insel l'île *f.*

Instrument l'instrument *m.* → MF

inszenieren mettre en scène → 3/2

integriert (in etw.) intégré/intégrée à (ou dans) qc *adj.* → MF

intelligent intelligent/intelligente *adj.*

interessant intéressant/intéressante *adj.*

interessieren (jdn.) intéresser qn; sich für jdn./etw. ~ s'intéresser à qn/qc

interessiert sein an jdm./etw. être intéressé/intéressée par qn/qc → 1/3

international international/internationale/internationaux *m. pl. adj.*

Internatsschüler/in l'interne *m./f.*

Internet Internet *m.*, le net; surfen surfer sur Internet

Interview l'interview *f.*

ironisch ironique *m./f. adj.* → MC

sich irren se tromper → 2/3

Irrtum l'erreur *f.* → MB

... ist dran. C'est à ...

italienisch italien/italienne *adj.*

ivorisch ivoirien/ivoirienne *adj.* → 3/2

J

ja oui; ~, bitte? Allô!

Jahr l'an *m.*, l'année *f.*

Jahrhundert le siècle

Januar janvier

je nachdem selon → MF

Jeans le jean
jeden Samstag tous les samedis
jeder/jede/jedes tous/toutes *adj. pl.*; chaque *m./f. adj.*; **jeder/jede** chacun/chacune
jedoch par contre → 2/2
jemand quelqu'un; ~ **anders** quelqu'un d'autre
jetzt maintenant
Joggen le footing → 3/LA
Journalist/in le/la journaliste *m./f.*
Jugend la jeunesse → 3/2
Jugendherberge l'auberge de jeunesse *f.*
Jugendlicher/Jugendliche le/la jeune; l'adolescent / l'adolescente → MF
jung jeune *m./f. adj.*
Junge le garçon
Jury le jury → MF

K

Kaffee le café → 3/1
Käfig la cage
Kai le quai
Kaiserreich l'Empire *m.* → MB
Kajak(fahren) le kayak
Kakao le cacao → 3/1
Kälte le froid
Kampf le combat → 3/LA, la lutte → 3/3
kämpfen lutter, se battre → 1/1
Kanada le Canada
Kanal la chaîne
Kandidat/in le candidat / la candidate
Kaninchen le lapin
Kantine la cantine
Kanzler/in le chancelier/la chancelière → MB
Karibu le caribou
Karneval le carnaval
Karriere la carrière → MB
Karte le plan; **(Spiel-)** ~ la carte; **gelbe** ~ le carton jaune
Kartoffel la pomme de terre → 2/3
Kartoffelchips les chips *f. pl.*
Karton le carton → 2/1
Käse le fromage
katastrophal catastrophique *m./f. adj.*
Katastrophe la catastrophe
Kathedrale la cathédrale
Katholik/in le/la catholique → MB
Katze le chat
kaufen (etw.) acheter qc
Kautschuk le caoutchouc → 3/1

kein ne ... pas de; ~ **... mehr** ne ... plus de; ~ **Scherz?** Sans blague!
keine Ahnung haben (von etw.) n'en savoir rien → 1/2
Keks le biscuit
Kellner/in le serveur / la serveuse → 1/3
kennen (jdn./etw.) connaître (qn/qc); **jdn./etw.** ~ **lernen** faire la connaissance de qn/qc → MB; **sich/einander** ~ **(-lernen)** se connaître
Kenntnisse les connaissances *f. pl.* → 1/3
Kerze la bougie
Kilo le kilo
Kilometer le kilomètre
Kind l'enfant *m./f.*
Kindheit l'enfance *f.* → 3/2
Kino le ciné *fam.*, le cinéma
kippen (etw.) renverser qc → 3/LA
Kiwi le kiwi → 2/3
Klang le son → 3/LA
(kleines) Klappfenster le vasistas → 2/1
Klasse la classe; **in der siebten** ~ en cinquième; **siebte** ~ la cinquième
Klassenkonferenz le conseil de classe → MA
Klassenraum la salle de classe
Klassiker le classique → MF
klassisch classique *m./f. adj.*; **klassische Musik** la musique classique
Klavier le piano
kleckern en mettre partout → 2/1
Kleid la robe
Kleider les vêtements *m. pl.*
klein petit/petite *adj.*
Kleinanzeigen les petites annonces *f. pl.* → 1/LA
Klettern l'escalade *f.*
Klima le climat
Klingel la sonnerie
klingeln sonner
Klischee le cliché
klopfen: an die Tür ~ frapper à la porte
Knie le genou / les genoux
kochen (etw.) faire la cuisine
(Koch-)Rezept la recette
Koffer la valise → MF
kolonisieren (jdn./etw.) coloniser qn/qc
kommen venir; ~ **(aus)** venir de + pays; ~ *Film, Lied* passer
Kommentar le commentaire
Komödie la comédie → MA
kompliziert compliqué/compliquée *adj.*
Komponente le composant → MC

komponieren (etw.) composer qc
Konfitüre la confiture
Konflikt le conflit
Kongo le Congo → MF
kongolesisch congolais/congolaise *adj.* → MF
König le roi / la reine → MF
königlich/Königs- royal/royale/royaux *m. pl. adj.*
können (etw. tun ~) pouvoir + *inf.*
Können Sie / Könnt ihr das wiederholen Vous pouvez répéter?
konstruieren (etw.) construire qc
Konsument/in le consommateur / la consommatrice → MC
Kontinent le continent → 3/1
konzentriert concentré/concentrée *adj.* → 3/LA
Konzert le concert
kooperieren coopérer → MB
Koordinaten les coordonnées *f. pl.*
Kopf la tête → 1/LA, → 2/3, → 3/LA
Kopfhörer le casque
Kopfkissen l'oreiller *m.* → 2/3
korrigieren (etw.) corriger qc
Korruption la corruption → 3/2
kosten coûter, goûter qc → 2/3
Kraftakt le tour de force → MB
Krafttraining machen faire de la musculation → 3/LA
krank malade *m./f. adj.*
Krankenhaus l'hôpital / les hôpitaux *m.*
Krankenpfleger/in l'infirmier / l'infirmière *m./f.*
Krankenstation l'infirmerie *f.*
kreativ créatif/créative *adj.*
Krebs le crabe → MF
Kreieren la création → 3/2
Kreuzung le carrefour
Krieg la guerre; **gegen jdn. in den** ~ **ziehen** entrer en guerre (avec qn)
Kriminalroman le roman policier
Krimiserie la série policière
Kritik la critique → MA
kritisieren (jdn./etw.) critiquer (qn/qc) → 3/2
Küche la cuisine
Kuchen le gâteau / les gâteaux, la tarte
Kugelschreiber le stylo
Kultur la culture
kümmern: sich um etw./jdn. ~ s'occuper de qc/qn
Kunst l'art *m.* → 3/2

Künstler/in l'artiste *m./f.*
Kunststoff le plastique → 2/1
Kunstwerk l'œuvre d'art *f.* → MF
Kurzbeschreibung la synopsis → MA
Kuss, Küsschen la bise; **sich mit Küsschen begrüßen/verabschieden** se faire la bise → 2/LB
Küste la côte

L

Label le label → MC
lächeln sourire → 1/3
lachen rigoler, rire
Laden la boutique
Laie l'amateur / l'amatrice → MA
Lampe la lampe
Land la campagne, le pays
Landschaft le paysage
Landsleute les compatriotes *m. pl.* → ME
Landstraße la route
Landwirtschaft l'agriculture *f.* → 3/1
lang long/longue *adj.*
lange longtemps
sich langweilen s'ennuyer
langweilig ennuyeux/ennuyeuse *adj.*
Lärm le bruit
lassen: jdn. in Ruhe ~ laisser qn tranquille
lästig pénible *m./f. adj.*
Laufbahn la carrière → MB
Laufen le footing → 3/LA
laufen *Film, Lied* passer
laut selon → 3/2
Lautmalerei l'onomatopée *f.* → MF
Leben la vie
leben vivre
lebendig vivant/vivante *adj.* → MA
Lebenslauf le CV (= curriculum vitae) → 1/3
Leberpastete le pâté
leer vide *m./f. adj.*
legen (etw. hin-) poser qc; mettre qc
Legende la légende
Lehrer/in le/la prof *fam.*, le/la professeur
Lehrerzimmer la salle des profs
Lehrling l'apprenti / l'apprentie → 1/3
leicht simple *m./f. adj.* → ME, facile *m./f. adj.*
Leichtathletik l'athlétisme *m.*; **~ treiben** faire de l'athlétisme
leiden souffrir (de qc) → ME
Leidenschaft la passion → 1/1
leider malheureusement *adv.*; hélas → MB

leise doucement *adv.* → MF
Lektion l'unité *f.*
Lektüre la lecture
lenken (etw.) conduire qc
lernen travailler; **etw. ~** apprendre qc; **~ zu (+** *Inf.***)** apprendre à + *inf.*
lesbar lisible *m./f. adj.* → MF
lesen lire
Leser/in le lecteur / la lectrice → MF
Lettering le lettrage → MF
letzter/letzte/letztes dernier/dernière *adj.*
Leuchtturm le phare
Leute les gens *m. pl.*; **junge ~** la jeunesse → 3/2
Lexikon l'encyclopédie *f.* → MF
lieb cher/chère *adj.*
Liebe l'amour *m.*
liebe Grüße grosses bises *f. pl.*, Je t'embrasse.
lieben (sehr) / es ~, etw. zu tun adorer qc/qn / + *inf.*
lieber plutôt; **~ mögen (jdn./etw. / +** *Inf.***)** préférer qn/qc / + *inf.*
Lieblings- préféré/préférée *adj.*
Lied la chanson
Liedtext les paroles *f. pl.*
liegen lassen (etw.) laisser qc
Limone le citron vert → 3/3
Lineal la règle
Linie la ligne
links à gauche
Liste la liste
live en direct
Loch le trou
Lokal le resto *fam.* / le restaurant
Look le look
Los! Allez!
Los geht's! On y va!
losgehen partir
loslassen (jdn./etw.) lâcher qn/qc
Lösung la solution
Lothringen la Lorraine → MB
Löwe le lion → 3/3
Luft l'air *m.*; **an der frischen ~** au grand air
lügen mentir
Lust auf etw. haben avoir envie de qc; **~ haben, etw. zu tun** avoir envie de + *inf.*; **~ machen, etw. zu tun** donner envie de + *inf.*
lustig amusant/amusante *adj.* → 2/3, drôle *m./f. adj.*; **sich ~ machen über jdn./etw.** se moquer de qn/qc

M

machen (etw. weiter ~) continuer (qc); **etw. ~** faire qc; **etw. selbst ~** faire qc soi-même → 2/1; **Was sollen wir ~?** Qu'est-ce qu'il faut faire?
Macht le pouvoir
Mädchen la fille
Magazin le magazine
Maghreb le Maghreb → 3/1
Magie la magie
magisch magique *m./f. adj.*
Mahlzeit le repas
Mail le mail
Mal la fois / les fois
Mali le Mali → 3/1
Malinke le malinké → 3/1
Mama maman *f.*
man muss / wir müssen il faut + *inf.*
man braucht / wir brauchen (etw.) il faut qc
man darf nicht, es darf nicht il ne faut pas que + *subj.*
man darf/sollte nicht il ne faut pas + *inf.*
man hält sich daran on s'y tient → MF
man könnte, wir könnten on pourrait
man müsste/sollte il faudrait + *inf.*
Man sagt ... On dit ...
Man schreibt ... On écrit ...
manchmal parfois
Manga le manga
Mango la mangue → 3/1
manipulieren (etw./jdn.) manipuler qc/qn → MC
Mann le mari → 3/2, l'homme / les hommes *m.*
Mannschaft l'équipe *f.*
Marke le label → MC, la marque
Markt le marché
Marmelade la confiture
Marokkaner le Marocain / la Marocaine → 3/2
marokkanisch marocain/marocaine *adj.* → 3/2
Marokko le Maroc → 3/1
Mathe les maths *fam.* / les mathématiques *f. pl.*
Mauer le mur
Mechaniker le mécanicien / la mécanicienne → MF
meckern râler
Mediator/in le médiateur / la médiatrice

Medina la Médina → 3/3

Meer la mer

Meerschweinchen le cochon d'Inde

Mehl la farine

mehr plus, plus de *adv.*; ~ ... **als** plus ... que

mehrere plusieurs *adj. pl.*

Mehrheit la majorité → 3/1

Meinung l'avis *m.*; **meiner** ~ **nach** à mon avis; **seine** ~ **(zu etw.) äußern** donner son avis (sur qc)

die meisten la plupart (de) → 3/1

meistens le plus souvent *adv.*

melden (jdm. etw.) signaler qc à qn

Melodie la mélodie

Menge un tas de

Menhir le menhir

Mensch l'homme / les hommes *m.*

Menschenmenge le monde

Menü le menu

merkwürdig bizarre *m./f. adj.*, curieux/ curieuse *adj.* → 1/2

Metall le métal → 2/1

metallen, aus Metall métallique *m./f. adj.*

Meter le mètre

mies nul/nulle *adj.*

Miete le loyer

Milch le lait

Milchreiskuchen la tarte au riz

Milliarde le milliard → 3/1

Million le million

Mineralwasser l'eau minérale *f.*; ~ **mit Kohlensäure** l'eau gazeuse *f.* → 2/2

Mini-Stereoanlage la minichaîne

minus moins

Minute la minute

Mir reicht's! J'en ai marre!; **Mir steht's bis hier!** J'en ai jusque-là! → 2/LA

Missverständnis le malentendu → 2/3

Mist! Zut! *fam.*

mit avec; ~ **dem Reisebus** en car

Mit freundlichen Grüßen. Dans l'attente de votre réponse, je vous prie de recevoir, Madame, Monsieur, mes salutations respectueuses. → 1/3

mit leeren Händen les mains vides

mitbringen (jdm. etw.) apporter qc (à qn); **jdn./etw.** ~ amener qn/qc

Mitleid haben (mit jdm.) avoir pitié de qn

mitnehmen (jdn.) emporter qc → 1/2; **jdn./etw.** ~ emmener qn/qc → 3/LA, → MA

Mitschüler le/la camarade de classe → MF

Mittagessen le déjeuner

mittags à midi; **zwölf Uhr** ~ midi

mitteilen annoncer qc → MB

Mittelalter le Moyen-Âge

Mittelmeer la mer Méditerranée

Mode la mode

Modell le modèle → 3/2

modern moderne *m./f. adj.*

ich möchte gern je voudrais; **mögen (jdn./etw.)** aimer bien qn/qc / + *inf.*

möglich possible *m./f. adj.*

Moment le moment; **im** ~ en ce moment

Monat le mois

Montag lundi *m.*

Montage le montage

morgen demain

Morgen, morgens le matin

motivieren (jdn.) motiver qn → MA

motiviert motivé/motivée *adj.* → 1/3

Motorschlitten la motoneige

motzen râler

Mountainbike le VTT

Mousse la mousse

müde fatigué/fatiguée *adj.*

sich Mühe geben s'appliquer → MF

den Müll rausbringen descendre les poubelles; **Mülleimer** la poubelle

Multikulturalität le multiculturalisme → 3/2

Mund la bouche → 3/LB

Museum le musée

Musik la musique

Musikecke le coin musique

Musiker/in le musicien / la musicienne

musizieren faire de la musique

müssen devoir, il faut que + *subj.* (von *falloir*)

Mut le courage → 1/1

mutig courageux/courageuse *adj.*

Mutter la mère

N

Na endlich! Ça y est! *fam.*

nach après, selon → 3/2; ~ **der Vorlage von** qui s'inspire/nt de → MA; ~ **Hause gehen** rentrer (à la maison); ~ **oben** en haut → MC; ~ **unten** en bas → MC; ~ **Wunsch** à la carte → MD

Nachbar/in le voisin / la voisine

nachdenken (über jdn./etw.) réfléchir (à/sur qn/qc); **über etwas nicht** ~ ne pas se poser de questions → 1/LA

nachhaken insister

Nachhaltigkeit le développement durable → MC

Nachmittag, am ~ l'après-midi *m./f.*

Nachname le nom → 3/2

Nachricht la nouvelle

Nachrichten(sendung) le journal

Nachspeise le dessert

nachsprechen (etw.) répéter (qc)

nächster/nächste/nächstes prochain/ prochaine *adj.*

Nacht, nachts la nuit

Nahansicht, Nahaufnahme le gros plan → MF, MA

Nahrung la nourriture

naja ben *fam.*; Enfin, ...

Name le nom → 3/2

national, National- national/nationale/ nationaux *m. pl. adj.* → 3/1

Nationalsozialismus le nazisme → MB

Natur la nature

natürlich évidemment *adv.*, naturel/ naturelle *adj.*; ~ **(nicht)!** Bien sûr que oui/non!

Naturschutzgebiet la réserve naturelle → MD

neben à côté de qc

Neffe le neveu → MB

nehmen prendre; **Abstand** ~ prendre ses distances; **die Beine in die Hand** ~ prendre ses jambes à son cou; **etw. zu sich** ~ prendre qc

nein non

nerven: er/sie nervt il/elle m'énerve; **sie nerven** ils/elles m'énervent

nett gentil/gentille *adj.*, sympa *adj. fam.*; **Das wäre ~.** Ce serait sympa.

netterweise gentiment *adj.* → 2/2

Netz le réseau

neu nouveau / nouvel *m.* / nouvelle *f.* nouveaux *m. pl.* / nouvelles *f. pl. adj.*

neugierig curieux/curieuse *adj.* → 1/2

Neuigkeit la nouvelle

nicht ne ... pas; **auch** ~ non plus *adv.*; ~ **(wahr)** n'est-ce pas → 2/LA; ~ **jetzt.** Pas maintenant.; ~ **schlecht** pas mal; ~ **so (sehr/gern)** ne ... pas trop; ~ **wahr?** Non? *fam.*, c'est bien ça? → 1/3; ~ **mehr** ne ... plus; ~ **viel** pas grand-chose → 2/2

Nichte la nièce → MB

nichts ne ... rien; ~ **Besonderes** pas grand-chose → 2/2, rien de spécial

nie ne ... jamais

sich niederlassen s'installer; **sich ~ (auf)** se poser (sur)

niedlich adorable *m./f. adj.*

niemand ne … personne

Niete: eine ~ sein in être nul/nulle en

Niveau le niveau → 1/3

noch encore

noch einmal encore une fois; **etw. ~ anhören** réécouter qc; **mit jdm. ~ über etw. sprechen** reparler de qc à qn; **~ etw. tun** recommencer; **~ fragen** redemander

noch viel mehr bien d'autres choses

Norden le nord; **im ~** dans le nord

normal normal/normale/normaux *m. pl. adj.*

normalerweise d'habitude, en général → 1/LA, → 2/1, normalement *adv.*

Note la note

notieren (etw.) noter (qc)

Nudeln les pâtes *f. pl.* → 1/LA

Nummer le numéro

nur seulement *adv.*

nützlich utile *m./f. adj.* → 2/1

O

oben en haut → MC

Objekt l'objet *m.*

Obstsalat la salade de fruits

obwohl pourtant → 2/2

oder ou; **~ (etwa nicht)** n'est-ce pas? → 2/LA

offen ouvert/ouverte *adj.*

offiziell officiel/officielle *adj.*

öffnen (etw.) ouvrir qc

oft souvent

ohne sans

Ökolabel l'écolabel *m.* → MC

Ökologie l'écologie *f.* → MC

ökologisch écologique *m./f. adj.* → MC

Öl l'huile *f.* → 3/1

Olive l'olive *f.* → 3/1

Olymp l'Olympe *m.* → MF

Oma mamie *f.*

Onkel l'oncle *m.*

online en ligne → 1/1

Opa papi *m.*

Oper l'opéra *m.*

Opfer la victime

optimistisch optimiste *m./f. adj.* → 1/2

Orange l'orange *f.*

orange orange *m./f. adj.*

Ordner le classeur

Ordnung l'ordre *m.* → 1/2

Organisation l'association *f.* → MC, l'organisation *f.* → 3/2

Organisator/in l'organisateur / l'organisatrice *m./f.*

organisieren (etw.) organiser qc; **sich ~** s'organiser

originalgetreu machen (etw.) rendre qc authentique → MA

originell original/originale/originaux *m. pl. adj.*

Ort l'endroit *m.*

Outfit le look

Ozean l'océan *m.*; **atlantischer ~** l'océan Atlantique *m.* → MD

P

ein paar quelques *adj. pl.*

Packung le paquet

Palast le palais

Palmöl l'huile de palme *f.* → 3/1

Panelrahmung le bord de case → MF

Panik kriegen flipper *fam.* → 1/LB

Panoramaeinstellung le plan large → MF

Papa papa *m.*

Papier le papier → 2/1

Paradies le paradis → MD

Paragliding le parapente

Parcours le parcours

Pariser/in le Parisien / la Parisienne

Park le parc

parkour le parkour

Passage le passage → MD

Passfoto la photo d'identité → 1/3

Passwort le mot de passe

Pause la pause, la récréation

perfekt parfait/parfaite *adj.* → 1/LA

Person la personne

personalisiert personnalisé/personnalisée *adj.* → MF

persönlich personnel/personnelle *adj.*

Persönlichkeit la personnalité

Pferd le cheval / les chevaux

pflanzlich végétal/végétale/végétaux *m. pl. adj.* → MC

pflegen (jdn./etw.) soigner qn/qc → 1/1

Pfleger/in l'aide à domicile *f.*

Philosoph/in le/la philosophe → MB

Phosphat le phosphate → 3/1

Physik la physique

Picknick le pique-nique

Pirat le pirate → MF

Planetarium le planétarium

Plastik le plastique → 2/1; **aus Plastik** en plastique → 2/1

Platte le plat

Plattform la plate-forme

Platz la place

plötzlich tout à coup

(Poetry-)Slam le slam → ME

Politik la politique → MB

Polizei la police

Politiker/in l'homme politique / la femme politique → MB

Pommes frites les frites *f. pl.*

populär populaire *m./f. adj.* → 3/LA

Porträt le portrait → 3/2

Portugal le Portugal

positiv positif/positive *adj.* → 3/2

Poster le poster

Postkarte la carte

Praktik la pratique → MC

Praktikum le stage → 1/3

praktisch pratique *m./f. adj.*

praktizieren (etw.) pratiquer qc → MB

Präsentation la présentation

präsentiert von présenté/e par

Präsident le président / la présidente → MB

Praxis la pratique → MC

Preis le prix / les prix → 3/3

preiswert bon marché *adj. inv.* → 1/LA

Preußen la Prusse → MB

Prinzessin für einen Tag la princesse d'un jour

privat privé/privée *adj.*

pro Tag par jour

probieren goûter qc → 2/3

Problem le problème

Produkt le produit

Produktion la production → MF

Profil le profil

Programm le programme

Projekt le projet

Protestant le protestant/la protestante → MB

Provinz la province

provisorisch provisoire *m./f. adj.* → MB

provozieren (jdn./etw.) provoquer qn/qc → MC

Prozent pour cent

Prüfung l'épreuve *f.* → MB, l'examen → 1/2

Prügelei la bagarre

Publikum le public → 3/LA, → MF

Pullover le pull *fam.* / le pull-over

pünktlich à l'heure

Putzfrau la femme de ménage

Q

Quadratkilometer le km² (le kilomètre carré)

Qualität la qualité → 1/2

Quebec le Québec

Quelle la source → MC

R

R&B le R&B

Rad fahren faire du vélo

Radio la radio

Rafting le rafting → MD

Rallye le rallye

Rap le rap

Rassismus le racisme → ME

rassistisch raciste *m./f. adj.* → ME

Rastplatz, Raststätte l'aire de repos *f.*

Rat le conseil

raten (jdm. etw.) conseiller qc à qn → MD

Rätsel l'énigme *f.*

reagieren réagir

reel réel/réelle *adj.* → MC

realistisch réaliste *m./f. adj.*

Realität la réalité → MB

Soap(opera) l'émission de téléréalité *f.*

recht haben avoir raison

rechts à droite

reden discuter (de qc) → 1/3

Reformation la Réforme → MB

reformiert réformé/réformée *adj.* → MB

Refrain le refrain

Regal l'étagère *f.*

Reggae le reggae

Regierung le gouvernement → MB

Regisseur le réalisateur / la réalisatrice → MA

regnen pleuvoir

reich riche *m./f. adj.*

reichen (jdm. etw.) passer qc à qn

Reichst du mir ...? Tu me passes ...?

Reichtum la richesse → MF

reinigen (etw.) nettoyer qc

Reis le riz

Reise le voyage

Reisebus le car

(Reise-)Führer/in le guide *m.*

reisen voyager

Reiten l'équitation *f.*

Religion la religion → MB

rennen courir

renommiert prestigieux/prestigieuse *adj.* → MD

Reporter/in le/la reporter *m./f.* → 1/1

RER le RER

respektieren (jdn./etw.) respecter qn/qc

Ressourcen les ressources *f. pl.* → 3/1

Rest le reste

Restaurant le resto *fam.* / le restaurant

retten (jdn./etw.) sauver qn/qc → 1/2

Revolution la révolution → MF

Rezeption la réception → 1/3

Rhythmus le rythme

richtig vrai/vraie *adj.*; **Ist das ~?** C'est juste?

riesig énorme *m./f. adj.* → 3/LA, immense *m./f. adj.*

Ringen la lutte → 3/3

Risiken eingehen prendre des risques → MA

Rockmusik le rock

Rolle le rôle

Roman le roman

romantisch romantique *m./f. adj.* → MF

römisch romain/romaine *adj.*

rosa rose *m./f. adj.*

rot rouge *m./f. adj.*

Rückblende le flash-back *m. inv.* → MF

Rückkehr le retour

Rudern l'aviron *m.*; **rudern** faire de l'aviron

Rugby le rugby

ruhig calme *m./f. adj.*, tranquille *m./f. adj.*

rührend touchant/touchante *adj.*

Runde la partie; **~ Karten** la partie de cartes

Rundweg le circuit → MD

S

Sache la chose

Sachen les affaires *f. pl.*

Saftbar le bar à jus de fruits

sagen (jdm. etw.) dire qc (à qn); **jdm. die Meinung ~** dire ses quatre vérités à qn

Salat la salade

salzig salé/salée *adj.* → MD

sammeln (etw.) collectionner qc

Sammlung la collection

Sand le sable → MD

Sandwich le sandwich

Sänger/in le chanteur / la chanteuse

Sardine la sardine

Satz la phrase

sauber machen (etw.) nettoyer qc

Schachtel la boîte

schade dommage → 2/1

Schaf le mouton → 3/1

schaffen (es /etw.) réussir (qc)

sich schämen (für etw.) avoir honte (de qc) → MB

Schatz le trésor

Schatzsuche la chasse au trésor

Schaum la mousse

Schauspieler/in l'acteur / l'actrice

Scheibe la tranche → 2/1

scheinen sembler → MB

schenken (jdm. etw.) offrir qc à qn

Scherz la blague

schicken (jdm. etw.) envoyer qc (à qn)

Schiedsrichter/in l'arbitre *m./f.*

schießen tirer → 3/LA

Schiff le bateau / les bateaux

Schildkröte la tortue

schlafen dormir; **~ gehen** se coucher

Schlafzimmer la chambre

schlagen (jdn.) frapper qn, battre qn/qc → 1/1

Schlagzeug la batterie, les percussions *f. pl.*; **~ spielen** faire des percussions

schlecht mal *adv.*, mauvais/mauvaise *adj.*, nul/nulle *adj.*; **gut/~ laufen** se passer bien/mal; **~ (in etw.) sein** être nul/nulle en; **~ ausgehen** mal finir; **sich ~ fühlen** aller mal

schließen (etw.) fermer (qc)

schließlich enfin

schlimm grave *m./f. adj.*

Schlitten le traîneau

Schloss le château / les châteaux

Schlüssel la clé

Schlüsselmoment le moment-clé → MA

schmecken: Das schmeckt gut. C'est bon.

Schmerzen haben (an/am) avoir mal (à) → 2/2

Schmuggel le trafic → MF

Schnee la neige

Schneemobil la motoneige

schneiden découper qc → 2/1

schneien neiger

schnell rapide *m./f. adj.*, rapidement *adv.*, vite

Schock le choc → MB

Schokolade le chocolat

Schokoladenkuchen le gâteau au chocolat

schon déjà

schön beau / bel *m.* / belle *f.* beaux *m. pl.* / belles *f. pl. adj.*

Schöpfung la création → 3/2

Schrank l'armoire f.

Schrecken l'horreur f. → MF

schrecklich terriblement adv., horrible m./f. adj. → MF

schreiben (jdm. etw.) écrire (qc à qn)

Schreibtisch le bureau / les bureaux

schreien crier

Schriftart la typo(graphie) → MF

Schriftgestaltung le lettrage → MF

Schriftguss la fonte → MF

schüchtern timide m./f. adj.

Schuh la chaussure

Schulbetreuer/in le/la CPE

Schulbibliothek le CDI

Schule l'école f.

Schüler/in l'élève m./f.

Schülervertreter/in le délégué de classe / la déléguée de classe → MA

Schulfach la matière

Schulhof la cour

Schulleiter/in le principal / la principale

Schulter l'épaule f. → 3/LA

Schulwesen l'enseignement m. → 3/1

Schutz la protection → MC

schützen (jdn./etw.) protéger qn/qc

schwach faible m./f. adj.

schwarz noir/noire adj.

Schweig! Tais-toi! → 3/LB

schwer difficile m./f. adj.

Schwester la sœur

schwierig difficile m./f. adj.

Schwierigkeit la difficulté, la complication → MF

Schwimmbad la piscine

Schwimmen la natation; schwimmen nager

Schwimmverein le club de natation

Sciencefiction la science-fiction → MF

sechs Tage die Woche six jours sur sept

Sechste (Klasse) la sixième

See le lac, la mer

Seefahrer/in le navigateur / la navigatrice

Segeln la voile

sehen voir

sehr très; ~ viel énormément adv. → 2/2

Sei still! Tais-toi! → 3/LB

Seid ihr fertig? Vous avez fini?

sein être; begabt ~ für etw. être doué/ douée pour qc → 1/1; dabei ~, etw. zu tun être en train de + inf.; egal ~ (jdm.) être égal à qn; getrennt ~ être séparé; süchtig ~ (nach etw.) être accro à qc

seit, seitdem depuis (que) → 3/2

seit Monaten depuis des mois

Seite le côté → 2/1

Sekretariat le secrétariat

Sekundarstufe 1 le collège

selbst machen (etw.) faire qc soi-même → 2/1

selbst wenn même si → 2/2

selbstständig autonome m./f. adj. → 1/3

selbstverständlich évidemment adv. → 2/2

Senegal le Sénégal → 3/1

senegalesisch sénégalais/sénégalaise adj. → 3/3

Senf la moutarde

sensibilisieren (jdn.) sensibiliser qn → MC

Serie la série

Service le service → 1/3

servieren (etw.) servir qc → 1/3

Shampoo le shampoing

Show le cabaret, le spectacle → MF

sicher sûr/sûre adj.

sicherlich sûrement adv.

Siegerehrung la remise des médailles

Silber l'argent m. → 3/1

singen (etw.) chanter (qc)

Situation la situation → MA

sitzen être assis/assise → 2/2

Skateboard le skate-board

Sketch le sketch / les sketches

Ski le ski; ~ fahren faire du ski

Skilanglauf le ski de fond

Sklave l'esclave m./f. → 3/3

Sklavenhandel la traite des Noirs → 3/3

Slogan le slogan → MC

SMS le texto

so comme ça

so (viel/e) tellement (de) → 1/LA

so ... wie aussi ... que

so tun, als ob faire croire que → MF

so viel autant de adv.

sofort tout de suite adv.

sogar même adv.

Sohn le fils

Soldat le soldat → MB

Solidarität la solidarité

Sommer l'été m.

Sonne le soleil

sich sonnen prendre le soleil

sonnengebräunt bronzé/bronzée adj.

Sonnenuntergang le coucher de soleil → MD

sonst sinon

sich Sorgen machen s'inquiéter

Soße la sauce

Soundtrack la bande originale → MF

Spaghetti les spaghettis m. pl.

Spanisch l'espagnol m. → 3/1

Spannung le suspense

Spaß haben rigoler, s'amuser, se marrer → 2/LB; viel ~ s'éclater fam.

spaßig drôle m./f. adj.

spät tard; es war zu ~ c'était trop tard; zu ~ en retard

spazieren gehen se promener, se balader fam. → 3/3

Spaziergang la balade

speichern (etw.) enregistrer qc → MF

Speisekarte le menu

Speisesaal la cantine

Spezialität la spécialité

speziell spécial/spéciale/spéciaux m. pl. adj.

Spiel le jeu / les jeux, le match

spielen se passer; ~ (mit jdm.) jouer (avec qn); ~ (etw.) jouer à qc; ~ (Instrument) jouer de qc

Spieler/in le joueur / la joueuse

Spielstand le score

Sport le sport; ~ treiben faire du sport

Sportler/in le sportif / la sportive

sportlich sportif/sportive adj.

Sportunterricht l'EPS

Sprache la langue

Sprechblase la bulle → MF

sprechen (mit jdm.) parler (à qn); über etw. ~ parler de qc; Sprich lauter! Parle plus fort!

Spülmaschine le lave-vaisselle; die ~ ein-/ ausräumen ranger le lave-vaisselle

Staatsangehörigkeit la nationalité → ME

Stadion le stade

Stadt la cité, la ville

Städtepartnerschaft le jumelage → MB

Stadtmauer le rempart

Stadtplan le plan

Stadtrand la banlieue

Stadtzentrum le centre-ville

ständig tout le temps

Star la star

stark fort/forte adj.

Stärke le point fort

Station la station

statt à la place de → 2/1, au lieu de → 3/3

stattfinden avoir lieu

Stau le bouchon

staubsaugen passer l'aspirateur

Staubsauger l'aspirateur *m.*

stehlen (jdm. etw.) voler qc à qn

Stein la pierre

stellen (etw. hin-) poser qc; mettre qc; **den Ton lauter ~** mettre le son plus fort

Stern l'étoile *f.*

Stiefmutter la belle-mère

Stiefvater le beau-père

Stier le taureau / les taureaux

Stierkampf la corrida

Stil le style

still en silence

stilles Mineralwasser l'eau plate *f.* → 2/2

Stimme la voix / les voix; **jdm. eine ~ geben** donner une voix à qn → 3/2

Stimmt das? C'est juste?

Stimmung l'ambiance *f.*

Stockwerk l'étage *m.*

Stoff le tissu → 3/3

stolz fièrement *adv.* → 2/1; **~ (auf jdn./ etw.)** fier/fière (de qn/qc) *adj.*

stören (jdn.) déranger qn

Strand la plage

Straße la rue

Straßenbahn le tram

Streber l'intello *m./f.* → 1/LA

Strecke le circuit → MD

streichen (etw.) mettre qc → 2/1

sich streiten se disputer

Stress le stress

sich stressen se stresser

Strom le fleuve

strukturieren (etw.) organiser qc

Stück le morceau / les morceaux → 2/1, la pièce

Student/in l'étudiant / l'étudiante

studieren faire des études

Studium les études *f. pl.*

Stuhl la chaise

Stunde l'heure *f.*

Stundenplan l'emploi du temps *m.*

subsaharisch subsaharien/subsahari-enne → 3/1

Suche la recherche

suchen (jdn./etw.) chercher qn/qc

süchtig sein (nach etw.) être accro à qc

Süden le sud → MF

Südwesten le sud-est → MD

super super *adj. fam.*

Superheld/in le superhéros / la super-héroïne → 1/2

Supermarkt le supermarché

Suppe la soupe

surfen surfer sur Internet

Surfen le surf

süß adorable *m./f. adj.*

Symbol le symbole → 3/2

sympathisch sympa *adj. fam.*

System le système → MF

Szene la scène

T

Taboulé le taboulé

Tafel le tableau / les tableaux; **~ Schoko-lade** la tablette de chocolat

Tag le jour, **(in seinem Ablauf)** la journée; **am nächsten ~** le lendemain *adv.*; **~ der offenen Tür** la journée portes ouvertes; **vierzehn Tage** quinze jours → 1/3

Tagebuch le journal

täglich quotidien/quotidienne *adj.* → 2/1

Tal la vallée

Tante la tante

Tanz la danse

tanzen danser, faire de la danse

Tasche la poche → MF, le sac; **seine ~ packen/vorbereiten** faire son sac

Tat l'action *f.* → 3/2

Tätigkeiten im Haushalt les tâches mé-nagères *f. pl.*

Tausch l'échange *m.* → 1/3

tauschen (etw. gegen etw.) échanger qc contre qc

sich täuschen se tromper → 2/3

tausend mille *adj.*

Teelöffel la petite cuillère → 2/1

Teil la pièce, la partie → MB; **~ sein von etw.** faire partie de qc → MC

teilen (etw.) partager qc → MB

teilnehmen (an etw.) assister à qc → 3/LA, → MF, participer à qc

Telefon le téléphone

telefonieren téléphoner

Teller l'assiette *f.*

Tennis le tennis; **~ spielen** faire du tennis

Termin le rendez-vous

Terrasse la terrasse

Test l'interro *fam.* / l'interrogation *f.*, le test

teuer cher/chère *adj.*

Text le texte

Theater le théâtre; **~ spielen** faire du théâtre

Thema le thème

Themenfreizeit la colo *fam.* / la colonie (de vacances)

Ticket le billet, le ticket

Tier l'animal / les animaux *m.*

Tintenkiller l'effaceur *m.*

Tipp le tuyau / les tuyaux → 1/3

Tisch la table; **den ~ decken** mettre le couvert

Tischtennis le ping-pong

Titel le titre

Tochter la fille

Tod la mort

Toilette les toilettes *f. pl.*

tolerant tolérant/tolérante *adj.* → ME

Toleranz la tolérance → ME

toll super *adj. fam.*, formidable *m./f. adj.*, génial/géniale/géniaux *m. pl. adj. fam*

Tomate la tomate

Tomatensoße la sauce tomate

Ton le son → 3/LA

Tor le but; **ein ~ schießen** marquer un but

Torero le toréro

Torwart/in le gardien de but / la gar-dienne de but

total carrément *adv. fam.* → 1/LB, → 2/2

Tourismus le tourisme

Tourist/in le/la touriste

touristisch touristique *m./f. adj.*

Tradition la tradition

traditionell traditionnel/traditionnelle *adj.* → 3/3

tragen (etw.) mettre, porter qc

Trainer/in l'entraîneur / l'entraîneuse

trainieren s'entraîner

sich trauen (etw. zu tun) oser + *inf.*

Traum le rêve

träumen (etw. zu tun) rêver de + *inf.*; **von jdm./etw. ~** rêver de qn/qc

traurig triste *m./f. adj.*

Treffen la rencontre

treffen (jdn.) retrouver qn; rejoindre qn → 2/3; **sich ~** se retrouver; **sich mit jdm. ~** rencontrer qn; **wir ~ uns in/im/am …** rendez-vous + *Zeit/Ort*

Treppe l'escalier *m.*

trinken (etw.) boire qc

trommeln faire des percussions

trösten consoler qn

trotz malgré → 1/1

trotzdem quand même

Truppe la troupe → MB

Tschüss! Salut! *fam.*

T-Shirt le tee-shirt

tun (etw.) faire qc

tunken tremper → 2/1

Tür la porte

Turnhalle le gymnase

Turm la tour

Turnier le tournoi

Turnschuhe les baskets *f. pl.*

Tüte le cornet → 2/1

U

U-Bahn le métro

überall partout

überladen chargé/chargée *adj.*

übermorgen après-demain *adv.* → 3/3

übernatürlich surnaturel/surnaturelle *adj.*

überqueren (etw.) traverser (qc)

überraschen (jdn.) faire une surprise à qn

Überraschung la surprise

Übersetzer/in le traducteur / la traductrice → 1/2

übertreiben exagérer

übertrieben exagéré/exagérée *adj.*

überzeugen (jdn.) convaincre qn → MC

übrigens à propos, d'ailleurs → MA

Übung l'exercice *m.*

Um wie viel Uhr? À quelle heure?; **um … Uhr** à … heure(s)

ultra ultra *fam.*

um … herum autour de

um … zu pour + *inf.*

Umfrage l'enquête *f.*

Umgebung le décor, les environs *m. pl.* → MF

umgekehrt l'inverse *m.* → MF

Umkleideraum le vestiaire

Umrahmung le bord de case → MF

Umso besser! Tant mieux!

umsteigen changer

umstoßen (jdn./etw.) renverser qn/qc → 3/LA

Umwelt l'environnement *m.* → MC

umweltfreundlich écologique *m./f. adj.* → MC

Umweltverschmutzung la pollution → MC

unabhängig indépendant/indépendante *adj.* → 2/2

Unabhängigkeit l'indépendance *f.* → 3/3

unbedingt absolument *adv.* → 2/2

unbekannt inconnu/inconnue *adj.*

und et

Unfall l'accident *m.*

ungefähr environ

unglaublich incroyable *m./f. adj.*

unglücklich malheureux/malheureuse *adj.*

unglücklicherweise malheureusement *adv.*

Universität l'université *f.*

unmöglich impossible *m./f. adj.* → MB

unten bas *adv.* → 3/LA, en bas → MC

unter entre, parmi → ME, sous

Unterbrechung la rupture → MF

sich unterhalten s'amuser

unterhaltsam amusant/amusante *adj.* → 2/3

Unterhaltung(ssendung) le divertissement

unterirdisch souterrain/souterraine *adj.*

Unterkunft le gîte

Unterlagen le document → 1/3

Unternehmen l'entreprise *f.* → 1/2

Unterricht le cours, l'enseignement *m.* → 3/1; **Ich habe keinen ~.** Je n'ai pas cours.

Unterschied la différence → 2/1

unterschreiben signer qc → 1/3

Untersuchung l'enquête *f.*; **ärztliche ~** l'examen → 1/2

Untertitel le sous-titre → MC

unveränderlich fixe *m./f. adj.* → 1/2

unverschämt insolent/insolente *adj.* → MA

Unwohlsein le malaise → MF

Urgroßmutter l'arrière-grand-mère *f.*

Ursprung l'origine *f.* → 3/1, la source → MC

V

Vater le père

Verabredung le rendez-vous

Verantwortung la responsabilité → 1/2

verbieten, etw. zu tun (jdn.) interdire (à qn) de + *inf.*

verbinden (etw. mit jdm./etw.) associer qn/qc à qc → MC

Verbindung le lien → ME

-verbot haben être privé/privée de qc

Verbraucher/in le consommateur / la consommatrice → MC

verbringen passer

verbunden attaché/attachée (à qc/qn) → 3/2

verdienen (Geld) gagner de l'argent → 1/2

Verein l'association *f.* → MC, le club

Vereinigte Staaten (von Amerika) les États-Unis (d'Amérique) *m. pl.*

verfeindet ennemi/ennemie *adj.* → MB

verfolgen (jdn.) suivre qn

Verführung la séduction

vergehen passer → 2/2

vergessen (etw.) oublier qc

Vergleich la comparaison → 2/3

vergoldet doré/dorée *adj.* → 3/2

Verhalten le comportement → MA

verhandeln marchander → 3/3

verhauen (jdn.) casser la figure à qn *fam.*

verhindern (etw.) empêcher qn/qc de + *inf.* → 1/1

verkaufen (jdm. etw.) vendre qc (à qn)

Verkehr le trafic → MF

verkleidet déguisé/déguisée *adj.* → MF

verkörpern (etw./jdn.) représenter qc/qn → ME

verkünden (etw.) déclarer qc → MB

verlassen désert/déserte *adj.*; **jdn./etw. ~** quitter qn/qc → ME

verleihen (etw.) remettre qc → MF

verletzt blessé/blessée *adj.*

sich verlieben tomber amoureux/-euse → MF

verliebt amoureux/amoureuse *adj.*

verlieren (etw.) perdre qc

verpassen manquer → 2/2; **jdn./etw. ~** rater qn/qc

Verpflichtung l'engagement *m.* → MC

verraten (jdn.) dénoncer qn

Verrückte le fou / la folle → 3/LA

sich verschlechtern dégénérer → MA

verschmutzen polluer → MC

verschwenden gaspiller qc → 3/LB

verschwinden disparaître

Versöhnung la réconciliation → MB

mit Verspätung en retard

versprechen (jdm. etw.) promettre (à qn) de + *inf.*

verständigen (jdn.) prévenir qn

Versteck la cache

sich verstecken se cacher → MB

verstehen (jdn./etw.) comprendre qn/qc; **sich (gut) ~** s'entendre (bien) → 2/2

versuchen (etw.) essayer qc

verteidigen (jdn.) prendre la défense de qn

Verteidigung la défense

Vertrag le traité → MB

Vertrauen la confiance; **jdm. vertrauen** faire confiance à qn

verwechseln (jdn./etw.) confondre qn/qc → MB

Verzeihung pardon

Videospiel le jeu vidéo

viel beaucoup; ~ **Glück!** Bonne chance!

viele beaucoup de; **viel/viele** plein de *adv.* → 3/3

viele Leute beaucoup de monde

Vielen Dank für eure Aufmerksamkeit. Merci de votre attention.

Vielfalt la diversité → ME

vielleicht peut-être

Viertel le quartier

Viertelstunde le quart; **Viertel nach** et quart; **Viertel vor** moins le quart

Vitamin la vitamine

Vogel l'oiseau / les oiseaux *m.*

Vokabular le vocabulaire

voll plein/pleine *adj.* → 3/LA

voll lecker trop bon *fam.*

vollständig complètement *adv.* → MA

von de, parmi → ME

von … bis … de … à …

von dem dont → 3/3

von Nutzen sein servir à qc → 2/3

vor devant; *zeitlich* avant, il y a

vor allem en particulier, surtout *adv.*

vor dem Elend flüchten fuir la misère → ME

vorbeigehen passer → 2/2

vorbeikommen (bei jdm.) passer (chez qn)

vorbereiten (etw.) préparer qc

Vorbild le modèle → 3/2

Vordergrund le premier plan → MA, → MC

Vorhaben le projet

vorhin tout à l'heure

vorläufig provisoire *m./f. adj.* → MB

Vorliebe le goût → MA

Vorname le prénom → MB

Vorort la banlieue

vorprogrammiert programmé/programmée *adj.* → MB

Vorschlag la proposition

vorschlagen (jdm. etw.) proposer qc (à qn); ~ **(jdm./etw. zu tun)** proposer (à qn) de + *inf.*

Vorspeise l'entrée *f.*

vorspielen (etw.) passer qc

vorstellen (jdm. jdn./etw.) présenter qn/ qc (à qn); **sich (jdm.)** ~ se présenter (à qn); **sich etw.** ~ imaginer qc → 1/1; avoir qc en tête → 2/3

Vorstellung le spectacle → MF

Vorurteil le préjugé → ME

vorwerfen (jdm. etw.) reprocher qc à qn → MA

Vorzug la qualité → 1/2

Vulkan le volcan → MC

W

Wachfrau/ Wachmann la gardienne / le gardien

wachsen grandir

Waffe l'arme *f.* → 3/3

Wagen la voiture

wahr vrai/vraie *adj.*

während durant → MF, pendant

Wahrheit la vérité

Wal la baleine

Wald la forêt

Wand le mur

Wanderer/Wanderin le randonneur / la randonneuse → MD

wandern gehen partir en randonnée

Wanderung la randonnée

Wandschrank le placard

Wann …? Quand est-ce que …?

warm chaud/chaude *adj.*

warten (auf jdn./etw.) attendre qn/qc

Warteschlange la file d'attente → 1/LB

Warum? Pourquoi?

was quoi; **was** *wenn du nach dem Subjekt des Satzes fragst* Qu'est-ce qui …?

Was bedeutet das? Qu'est-ce que ça veut dire?; **Was gibt es?, Was ist los?** Qu'est-ce qu'il y a?

Wer macht was? Qui fait quoi?

Was …? Qu'est-ce que …?

Was für ein Glück! Quelle chance!

Was für ein Quatsch! N'importe quoi!

Was geht dich das an? De quoi je me mêle? → 3/LB

Was hast du geschrieben? Qu'est-ce que tu as écrit?

Wasser l'eau *f.*

Watte le coton → 3/1

Webseite le site (web) → 2/2

Weg le chemin; **(jdn.) nach dem** ~ **fragen** demander son chemin (à qn)

wegen à cause de

wegfahren partir

wegnehmen (jdn. etw.) confisquer qc

wegwerfen (etw.) jeter qc → 3/3

wehtun (jdm.) faire mal à qn

Weigerung le refus → 3/2

weil parce que

Wein le vin → 2/LA

weinen pleurer

Weise la façon

weiß blanc/blanche *adj.*

weit (weg) loin; ~ **entfernt von** loin de

weitergehen continuer

welche lesquels/lesquelles

welcher/welche/welches lequel/laquelle/ lesquels/lesquelles, quel/quelle

Welle la vague

Wellensittich la perruche

Welt le monde

wenig, wenige peu (de) *adv.*

weniger moins; **weniger … als** moins … que

wenn *konditional* si; **immer** ~ quand

Wen …? *wenn du nach dem Objekt des Satzes fragst* Qui est-ce que …?; **Wer …?** *wenn du nach dem Subjekt des Satzes fragst* Qui est-ce qui …?; **Wer fängt an?** Qui commence?; **Wer ist dran?** C'est à qui?; **Wer macht was?** Qui fait quoi?

Wer? Qui?

Werbung, Werbespot la publicité, la pub *fam.* → MC

werden devenir

werfen (etw.) jeter qc → 3/3

westlich occidental/occidentale/ occidentaux *m. pl. adj.* → 3/2

Wettbewerb le concours

Wetter le temps; **Es ist schönes** ~. Il fait beau.

wichtig important/importante *adj.*

widerlich dégoûtant/dégoûtante *adj.*, dégueulasse *m./f. adj. fam.*

Widerruf la révocation → MB

widerrufen (etw.) révoquer qc → MB

Widmung la dédicace → MF

wie comme, comment; **wie** *vergleichend* que

Wie alt ist er/sie? Il/Elle a quel âge?

Wie geht's? Ça va?, Comment ça va?

wie viel combien

Wie viel(e) …? Combien de …?

wieder anfangen (etw.) recommencer

wiedererkennen (jdn./etw.) reconnaître qn/qc

wiederholen (etw.) répéter (qc); repasser qc → 1/2

Wiederholung la répétition → MC

sich wiedertreffen se retrouver

Willkommen! Bienvenue! f.

Wind le vent

Winter l'hiver m.

Wir müssen los! Il faut qu'on y aille!; wir müssen, man muss il faut + inf.

wir dürfen/sollten nicht il ne faut pas + inf.

wir müssten/sollten il faudrait + inf.

wirklich vraiment adv.

Wirkung l'effet m. → MF

Wirtschaft l'économie f. → 1/2

Wissen les connaissances f. pl. → 1/3

wissen (etw.) savoir qc

wo où

Woche la semaine; zwei Wochen quinze jours → 1/3

Wochenende, am Wochenende le week-end; ins ~ fahren partir en week-end; Wohin ...? Où est-ce que ...?

Wohlbefinden le bien-être → MC

wohnen habiter

Wohnung l'appartement m.

Wohnzimmer la salle de séjour

wollen (etw.) / etw. tun wollen vouloir qc / + inf.; wenn du willst si ça te dit; ~, dass vouloir que + subj.

Wolof le wolof → 3/1

Workshop l'atelier m.

Wort le mot

Wortschatz le vocabulaire

wortwörtlich mot à mot → 2/2

wunderschön magnifique m./f. adj.

Wunsch la demande → 1/3

Würdest du gern ...? Tu voudrais ...?

Wurst la saucisse → 2/3

Wurstwaren la charcuterie

Wüste le désert → 3/1

wütend furieux / furieuse adj.

Z

Zahl le nombre, le chiffre → MF

zählen (auf jdn.) compter (sur qn)

Zauberei la magie

Zeichen le symbole → 3/2

zeichnen (etw.) dessiner qc

Zeichner/in le dessinateur / la dessinatrice → 1/1; → MF

Zeichnung le dessin

zeigen (jdn./etw.) représenter qn/qc → MF; jdm. etw. ~ montrer qc à qn

Zeit l'époque f., le temps; von ~ zu ~ de temps en temps; die ganze ~ tout le temps; die ganze ~ etw. tun passer son temps à + inf.; Hast du heute ~? Tu as le temps aujourd'hui?, Tu es libre aujourd'hui?

Zeitschrift le magazine

Zeitung le journal

Zeitungsartikel l'article m. → 1/1

Zelt la tente

Zelten le camping; zelten faire du camping

Zensur la censure → 3/2

Zentimeter le centimètre → 1/LA

Zentrum le centre

Zeuge/Zeugin le témoin

ziehen tirer → 3/LA

Ziel le but, l'objectif m. → MB

ziemlich assez, drôlement adv. → 2/1

Zirkus le cirque

Zitrone le citron

zögern hésiter

Zoom le zoom → MF

zu / zu sehr / zu viel trop (de)

zu etw. gehören faire partie de qc → MC

zu Fuß à pied

zu Hause à la maison

Zu Hilfe! Au secours!

Zucht l'élevage m. → 3/1

Zucker le sucre

zuerst au début (de qc) adv., d'abord

Zufall le hasard

zufrieden content/contente adj.

Zug le train

zugeben (etw.) reconnaître qn/qc

zuhören (jdm/etw.) écouter qn/qc

Zukunft l'avenir m. → 1/1, le futur

zum Beispiel / z. B. par exemple / p. ex.

zum Schluss pour finir

zumachen (etw.) fermer (qc)

Zunge la langue

zurechtkommen se débrouiller → 2/2

zurückbekommen (etw.) récupérer qc

zurückkehren (zu/nach) retourner à

zurückkommen revenir → 2/2

zurückrufen (jdn.) rappeler qn

zurückweisen (jdn./etw.) rejeter qc/qn → ME

zurzeit en ce moment

zusammen ensemble; mit jdm. ~ sein sortir avec qn → 1/LA

zusammenarbeiten coopérer → MB

Zusammenfassung le résumé

Zuschauer/in le spectateur / la spectatrice → MA, → MF

zwangsläufig forcément adv. → 2/2

zwei gegen einen à deux contre un

Zweifel le doute

zweisprachig bilingue m./f. adj. → ME

Zweiter Weltkrieg la Seconde Guerre mondiale → MB

zweiter/zweite/zweites deuxième m./f. adj.

Zwinkern le clin d'œil → 3/LA

zwischen entre

zwölf Uhr mittags midi

zwölfeinhalb (Jahre) douze ans et demi

Glossaire | Glossar – Übungsanweisungen

A	**affiche**, l' *f.*	das Plakat
	avantage, l' *m.*	der Vorteil
B	**bulle**, la	die Sprechblase
C	**chacun/chacune**	jeder, jede
	combinaison, la	die Kombination, die Zuordnung
	commenter qc	etw. kommentieren
	comparer qc	etw. vergleichen
	compléter qc	etw. ausfüllen, ergänzen
	convenir	passen, zutreffen
	correspondre à qc	etw. entsprechen
D	**décrire qc**	etw. beschreiben
	devinette, la	das Ratespiel
E	**encadré**, l' *m.*	der Kasten
	enregistrement, l' *m.*	die Aufnahme
	exposer qc	etw. darlegen, etw. vorstellen
	expression, l' *f.*	die Redewendung, der Ausdruck
F	**fiche**, la	die Karteikarte, der Steckbrief
	former qc	etw. bilden
H	**hypothèse**, l' *f.*	die Hypothese, die Vermutung
J	**justifier qc**	etw. begründen
M	**se mettre d'accord**	sich einigen
	mettre qc en commun	etw. zusammentragen
N	**narratrice**, la	die Erzählerin
	nommer qc	etw. nennen
O	**ordre**, l' *m.*	die Reihenfolge
P	**par cœur**	auswendig
	paragraphe, le	der Absatz
	partie, la	der Teil
	passage, le	der Abschnitt
R	**relever qc**	etw. notieren
	remplir qc	etw. ausfüllen
	réponse, la	die Antwort
	résumer qc	etw. zusammenfassen
S	**schéma**, le	das Schaubild
	si nécessaire	wenn nötig
	sous forme de	in Form von, als
	suivant / suivante	folgend
	survoler qc	etw. überfliegen
T	**tableau**, le	die Tabelle
	tour, le	der Rundgang
	traduire qc	etw. übersetzen
U	**utile** *m./f.*	nützlich
V	**vignette**, la	die Comiczeichnung, das Einzelbild

présent

Verben auf **-er**	Verben auf **-ir**, **-re**
-e	-s
-es	-s
-e	-t (-d)
-ons	
-ez	
-ent	

Fast alle Verbformen haben im *présent* diese Endungen.
Beim Verbstamm gibt es aber Unterschiede. (▶ *Verbes*, p. 138–143)
Ausnahmen:

être	nous sommes, vous êtes	**faire**	vous faites, ils font
avoir	j'ai, il a, ils ont	**offrir**	wird wie die Verben auf *-er* konjugiert
aller	il va, ils vont	**ouvrir**	wird wie die Verben auf *-er* konjugiert
découvrir	wird wie die Verben auf *-er* konjugiert	**pouvoir**	je peux, tu peux
dire	vous dites	**vouloir**	je veux, tu veux

subjonctif	imparfait	conditionnel présent	futur simple
-e	-ais	-ais	-ai
-es	-ais	-ais	-as
-e	-ait	-ait	-a
-ions	-ions	-ions	-ons
-iez	-iez	-iez	-ez
-ent	-aient	-aient	-ont

Der Stamm wird abgeleitet vom:

présent, 3. Person Plural:	**présent,** 1. Person Plural:	**infinitif:**
ils parlent	nous parlons	parler
ils réagissent	nous réagissons	réagir
ils perdent	nous perdons	perdre

Ausnahmen:

aller	que j'aille, que nous allions
avoir	que j'aie, que nous ayons
boire	que je boive, que nous buvions
croire	que je croie, que nous croyions
décevoir	que je déçoive, que nous décevions
devoir	que je doive, que nous devions
envoyer	que j'envoie, que nous envoyions
être	que je sois, que nous soyons
faire	que je fasse, que nous fassions
falloir	qu'il faille
pouvoir	que je puisse, que nous puissions
prendre	que je prenne, que nous prenions
savoir	que je sache, que nous sachions
venir	que je vienne, que nous venions
tenir	que je tienne, que nous tenions
voir	que je voie, que nous voyions
vouloir	que je veuille, que nous voulions

Ausnahme:

être	j'étais

Die Formen von *tu*, *il/elle/on* und *ils/elles* haben alle denselben Stamm wie die *je*-Form.
Die *vous*-Form hat denselben Stamm wie die *nous*-Form.

Ausnahmen (*conditionnel présent, futur simple*):

	conditionnel présent	futur simple
acheter	j'achèterais	j'achèterai
aller	j'irais	j'irai
amener	j'amènerais	j'amènerai
appeler	j'appellerais	j'appellerai
avoir	j'aurais	j'aurai
courir	je courrais	je courrai
décevoir	je décevrais	je décevrai
devenir	je deviendrais	je deviendrai
devoir	je devrais	je devrai
être	je serais	je serai
s'ennuyer	je m'ennuierais	je m'ennuierai
envoyer	j'enverrais	j'enverrai
essayer	j'essaierais	j'essaierai
faire	je ferais	je ferai
falloir	il faudrait	il faudra
jeter	je jetterais	je jetterai
payer	je paierais	je paierai
pleuvoir	il pleuvrait	il pleuvra
pouvoir	je pourrais	je pourrai
prévenir	je préviendrais	je préviendrai
savoir	je saurais	je saurai
tenir	je tiendrais	je tiendrai
venir	je viendrais	je viendrai
voir	je verrais	je verrai
vouloir	je voudrais	je voudrai